LES

ŒUVRES

COMPLETES

DE

VOLTAIRE

28A

VOLTAIRE FOUNDATION

OXFORD

2006

ISBN 0 7294 0871 X

Voltaire Foundation Ltd
99 Banbury Road
Oxford OX2 6JX

www.voltaire.ox.ac.uk

PRINTED IN ENGLAND
AT THE ALDEN PRESS
OXFORD

Writings of *1742-1745*

I

The publication of this volume
has been generously sponsored by
the Domaine de Bélesbat and Air Artisan, Paris

CONTENTS

ILLUSTRATIONS

ABBREVIATIONS

Arsenal	Bibliothèque de l'Arsenal, Paris
Barbier	E.-J.-F. Barbier, *Chronique de la régence et du règne de Louis XV (1718-1763), ou Journal de Barbier* (Paris 1851-1856).
Bengesco	Georges Bengesco, *Voltaire: bibliographie de ses œuvres*, 4 vol. (Paris 1882-1890)
BnC	*Catalogue général des livres imprimés de la Bibliothèque nationale: auteurs, tome 214, Voltaire*, ed. H. Frémont *et al.*, 2 vol. (Paris 1978)
BnF	Bibliothèque nationale de France, Paris
Bodley	Bodleian Library, Oxford
BV	M. P. Alekseev and T. N. Kopreeva, *Bibliothèque de Voltaire: catalogue des livres* (Moscow 1961)
CN	*Corpus des notes marginales de Voltaire* (Berlin 1979-)
D	Voltaire, *Correspondence and related documents*, ed. Th. Besterman, in *Œuvres complètes de Voltaire*, vol.85-135 (Oxford 1968-1977)
DP	Voltaire, *Dictionnaire philosophique*
Essai	Voltaire, *Essai sur les mœurs*, 2nd ed., ed. R. Pomeau, 2 vol. (Paris 1990)
ImV	Institut et musée Voltaire, Genève
Kehl	*Œuvres complètes de Voltaire*, ed. J. A. N. de Caritat, marquis de Condorcet, J. J. M. Decroix and Nicolas Ruault, 70 vol. (Kehl 1784-1789)

M	*Œuvres complètes de Voltaire*, ed. Louis Moland, 52 vol. (Paris 1877-1885)
ms.fr.	manuscrits français (BnF)
n.a.fr.	nouvelles acquisitions françaises (BnF)
OC	*Œuvres complètes de Voltaire* (Oxford 1968-) [the present edition]
OH	Voltaire, *Œuvres historiques*, ed. R. Pomeau (Paris 1957)
QE	Voltaire, *Questions sur l'Encyclopédie*
SVEC	*Studies on Voltaire and the eighteenth century*
Taylor	Taylor Institution, Oxford
Trapnell	William H. Trapnell, 'Survey and analysis of Voltaire's collective editions', *SVEC* 77 (1970), p.103-99
VF	Voltaire Foundation, Oxford
VST	René Pomeau, René Vaillot, Christiane Mervaud *et al.*, *Voltaire en son temps*, 2nd ed., 2 vol. (Oxford 1995)

KEY TO THE CRITICAL APPARATUS

The critical apparatus, printed at the foot of the page, gives variant readings from the manuscripts and editions discussed in the introductions to the texts.

Each variant consists of some or all of the following elements:

— The number of the text line or lines to which the variant relates.

— The sigla of the sources of the variant as given in the list of editions. Simple numbers, or numbers followed by letters, stand for separate editions of the work; letters followed by numbers are collections: w is reserved for collected editions of Voltaire's works and T for collected editions of his theatre.

— A colon, indicating the start of the variant; any editorial remarks after the colon are enclosed within square brackets.

— The text of the variant itself, preceded and followed by one or more words from the base text, to indicate its position.

The following signs and typographic conventions are employed:

— Angle brackets < > encompass deleted matter.

— Beta β stands for the base text.

— The forward arrow → means 'replaced by'.

— A superior V precedes text in Voltaire's hand.

— Up ↑ and down ↓ arrows precede text added above or below the line.

— A superior + indicates, when necessary, the end of material introduced by one of the above signs.

— A pair of slashes // indicates the end of a paragraph or other section of text.

ACKNOWLEDGEMENTS

The *Œuvres complètes de Voltaire* rely on the competence and patience of the personnel of many research libraries around the world. We wish to thank them for their generous assistance, in particular the staff of the Bibliothèque nationale de France and the Bibliothèque de l'Arsenal, Paris; the Institut et musée Voltaire, Geneva; the Taylor Institution Library, Oxford; and the National Library of Russia, St Petersburg.

PREFACE

Writing to his future biographer the abbé Duvernet on 7 February 1776, Voltaire looked back over his career and dwelt in particular on the years 1744 and 1745: 'Ceux qui vous ont dit, Monsieur l'abbé, qu'en 1744 et 1745 je fus courtisan, ont avancé une triste vérité. Je le fus; je m'en corrigeai en 1746, et je m'en repentis en 1747. De tout le temps que j'ai perdu en ma vie, c'est sans doute celui-là que je regrette le plus. Ce ne fut pas le temps de ma gloire, si j'en eus jamais' (D19905). If he spent 1746 and 1747 making up for what he claims was lost time, he had nevertheless spent 1742 and 1743 carefully preparing the ground for what he had intended to be his high-profile political career. For the years 1742-1745 – the years covered by this and the next volume – were crucial years in Voltaire's career as a courtier.[1]

These were years, significantly, when Voltaire was almost constantly on the move: he was, he told Cideville on 19 January 1742, 'le plus ambulant de vos amis, le plus écrivain, et le moins écrivant' (D2585). His 'vie désordonnée', as he referred to it in another letter to Cideville in the following March (D2598), often took him far from the rural retreat of Cirey, which he left for Brussels, in the company of Mme Du Châtelet, in May 1739. Hereafter Voltaire plays out his life on the national and international stages: not just Brussels (where there are 'très peu de beaux esprits', he complains in his verse epistle to Frederick, 'Les vers et les galants écrits'), but Berlin, Fontainebleau, Lunéville, Paris, Sceaux and Versailles, amongst other places. For his role as a courtier was to be a complex double one: he sought to serve at both the French and the Prussian courts.

In June 1742 Frederick, who had described himself to Voltaire in

[1] On the origins of Voltaire's career as a courtier in the 1720s, see the preface to *OC*, vol.3A, p.xxi-xxiii.

the previous March as 'ce transfuge d'Apollon qui s'est enrôlé chez Bellone' (D2600), went back on the treaty he had signed with the French in 1741, under which he retained Silesia and Breslau, preferring instead to make peace with Maria Theresa of Austria, to whom Voltaire addressed an *Ode*, celebrating her as a 'Princesse magnanime'. Voltaire also wrote to Frederick on 30 June 1742, quoting two lines from his *Ode* and praising the Prussian king as 'le pacificateur de l'Allemagne et de l'Europe' and the '[allié] du genre humain' (D2623). His letter, however, was opened by the censor, and he was publicly accused of treachery. Voltaire's response, having received from Frederick a number of pressing invitations to Berlin, was to write to Cardinal Fleury in August 1742, offering his services, in effect, as a spy-cum-diplomat (D2644): the poet now sought a role in public life. Fleury seems to have been just as anxious to use Voltaire as Voltaire was to be used: the match, which also had the support of Voltaire's friends the duc de Richelieu and the comte d'Argenson (who became *secrétaire d'Etat de la guerre* in 1743), was perfect, though in the end it bore relatively little fruit.

'Oui, je veux partir; Madame Du Châtelet ne pourra m'en empêcher; je quitterai Minerve pour Apollon', Voltaire proudly announced to Frederick on *c*.15 June 1743, and the following month he finally went on an extended visit to the Prussian king, stopping off first in The Hague, from where he sent back to France coded messages about Frederick's policies. Voltaire sought to profit from his newly found intimacy with Frederick, but Frederick had his own self-image in mind too, as he tells the count von Rothenburg on 17 August 1743: 'Mon intention est de brouiller Voltaire si bien en France, qu'il ne lui reste de parti à prendre que celui de venir chez moi' (D2813). Voltaire was a prize worth winning for the Prussian *roi-philosophe*, hence his flatteringly frequent requests for copies of Voltaire's works, in particular *La Pucelle*, which he was keen to 'dépuceler', as he puts it in a letter to Voltaire of *c*.15 March 1743 (D2732). Hence, too, his teasing letters to Voltaire goading him into leaving France once and for all, a country where, as he observes on 15 June 1743, 'la légèreté des Français ne leur permet pas d'être jamais constants dans leurs suffrages ou dans leur mépris' (D2770). Voltaire maintained a careful distance, however, and Frederick, having discovered that Voltaire had court backing for his visit, was similarly unforthcoming.

Voltaire's visit to Frederick ended in October 1743, and, following what he described to Maupertuis on 16 October as 'un voyage céleste où je passe de planète en planète pour revoir enfin ce tumultueux Paris' (D2866), he was reunited with Mme Du Châtelet the following month. However, his absence had served to expose serious tensions in their ten-year-long relationship. Frederick's star waxes as Du Châtelet's wanes, as she herself seems to acknowledge in a letter of 28 June 1743, written possibly to Jacques-François de Sade: '[Voltaire] s'en est allé en Hollande d'où il ira vraisemblablement en Prusse, qui est tout ce que je crains, car le roi de Prusse est un rival très dangereux pour moi' (D2778); and on the following 22 August she tells d'Argenson of her 'affliction inexprimable' at the prospect of Voltaire's departure for Berlin (D2817). But a brighter star still was about to enter Voltaire's orbit, for some time after his return to Paris in October 1744 he became the lover of his recently widowed niece, Mme Denis; and by December 1745 they were clearly on such intimate terms that he was able to sign off a letter to her: 'Baccio il vostro gentil culo e tutta la vostra vezzoza persona' (D3272).

As the focus of Voltaire's emotional life shifted, so the centre of his political activities shifted from Potsdam to Versailles. By 7 April 1744 Frederick was writing to Voltaire in terms which smacked of closure: 'Adieu adorable historien, grand poète, charmant auteur de cette pucelle invisible et triste prisonnière de Cirey; [...] on démeuble la maison que l'on avait commencé à meubler pour vous à Berlin' (D2953). Indeed, April 1744 marks an important turning-point in this period of Voltaire's life, for not only does he celebrate his fiftieth birthday, but his attentions also turn from Frederick to the French court. He is commissioned by the duc de Richelieu, now in charge of Louis XV's court entertainments, to write a play – *La Princesse de Navarre* – to celebrate the wedding of the dauphin to María-Teresa, the daughter of Philip V of Spain.

Voltaire may have essentially failed as a diplomat, but his credentials as a dramatist were well established by the early 1740s. *Mahomet* was staged at the Comédie-Française in August 1742, following its success in Lille the previous year, though it was infamously banned after only three performances. (Voltaire's *Du fanatisme* followed shortly afterwards, anticipating his *Dictionnaire philosophique* article 'Fanatisme' of 1764.) *Mérope*, too, enjoyed huge popular success in Paris in February 1743, being performed no fewer than thirteen times in its first run; it was revived in April 1743 and again in February 1744, when it was performed a further fourteen times; and it was even performed in 1745 as part of the festivities following the marriage of the dauphin.

Success at court, however, was not all Voltaire might have hoped for. Following the spectacular performance of *La Princesse de Navarre* on 23 February 1745, in honour of which Louis XV would name him *historiographe de France* (D3092), Voltaire would write to his fellow dramatist Moncrif in March: 'Me voilà heureux dans ce monde' (D3086). But writing to Mme Denis on 13 August 1744, as he prepared to leave 'la tranquillité de Cirey pour le chaos de Paris' in order to make preparations for the performance of *La Princesse de Navarre*, Voltaire had been conscious above all of being little more than the king's plaything: 'Je me sens un peu honteux à mon âge de quitter ma philosophie et ma solitude pour être baladin des rois'; the life he was leading, he complained, was quite ridiculous and, tellingly, 'toute contraire à mon humeur et à ma façon de penser' (D3015). On 3 April 1745, he revealed more to Vauvenargues than he had to Moncrif when he admitted: 'La cour ne semblait guère faite pour moi; mais les grâces que le roi m'a faites m'y arrêtent, et j'y suis à présent plus par reconnaissance que par intérêt' (D3093).

Voltaire expressed this gratitude by writing two major works in praise of the French victory at Fontenoy on 11 May 1745: *La Bataille de Fontenoy* and *Le Temple de la gloire*. The magnificent edition of the former, printed on the royal presses and dedicated to the king, was a manifest sign of Voltaire's success at court. That the dedication was accepted was thanks in no small measure to the intervention of Mme de Pompadour, Voltaire's latest prestigious patron. He also wrote, on the orders of the *ministre des affaires étrangères*, his friend the marquis d'Argenson, the *Manifeste du roi de France en faveur du prince Charles Edouard*, an exercise in diplomacy setting out the reasons for the duc de Richelieu's supposedly imminent military intervention in England in support of the Young Pretender. (Voltaire would, of course, give quite a different view of the unsuccessful attempt to re-establish the Stuart succession in the *Précis du siècle de Louis XV*.)

From his position of apparent strength in both Versailles and Paris, Voltaire again sought election to the Académie française – 'la seule récompense que je demandais', he tells d'Argental in March/April 1743, 'après trente années de travail' (D2741) – but in vain. However, intellectual honours did come from abroad: at least partly in recognition of his scientific achievement with the *Eléments de la philosophie de Newton*, Voltaire was elected a foreign member of the Royal Society of London in November 1743 (D2890) and of the Royal Society of Edinburgh in April 1745 (D3099). For Voltaire had not abandoned his scientific interests in the years 1742-1745. Rather, he responded to the 1744 French translation of L. M. Kahle's painstaking *Vergleichung der Leibnitzischen und Newtonischen Metaphysik* (Göttingen 1740), which attacks Voltaire's anti-Leibnizian *Métaphysique de Newton* of 1740, by promptly having printed in 1744 and 1745 reissues of the third (Prault) edition of the *Eléments de la philosophie de Newton* of 1741. (Voltaire sent a copy of the 1745 reissue to the St Petersburg academy in June 1745 when he was hoping to be made a member [D3146].)

The voice of the Newtonian Voltaire can be heard in another text of 1745, the *Relation touchant un maure blanc*: Voltaire's account of the visit to France of an African albino in 1744 leads him both to appreciate the complex variety of nature and to conclude, significantly, on a note of relativism: 'Si nous pensons valoir beaucoup mieux qu'eux, nous nous trompons assez lourdement.' And Voltaire's interest in Newtonian science also gave renewed strength to his deism, to which he gives forceful expression in *Du déisme* in 1742; this echoes the sixth of the *Discours en vers sur l'homme* in its defence of the existence of an 'Etre suprême', to which Voltaire will refer playfully in his *Dictionnaire philosophique* article 'Athée, athéisme': 'Des géomètres non philosophes ont rejeté les causes finales, mais les vrais philosophes les admettent; et, comme l'a dit un auteur connu, un catéchiste annonce Dieu aux enfants, et Newton le démontre aux sages' (*OC*, vol.35, p.391).

Voltaire's attempts to achieve success and secure his status at court remind us that he was passionately interested in his place in history. At the same time he continued to reflect in 1742-1745 on how that history – and modern history more generally – should be written. If the *Remarques sur l'histoire* of 1742 strike a note of frustration about the state of historical writing – 'Ne cessera-t-on jamais de nous tromper sur l'avenir, le présent, et le passé?' – the *Nouvelles considérations sur l'histoire*, by contrast, written two years later, stress the usefulness of shared historical knowledge, comparing ancient history to 'vieilles médailles' and modern history to 'monnaies courantes': 'Les premières restent dans les cabinets; les secondes circulent dans l'univers pour le commerce des hommes'. And Voltaire put his ideas into practice, for although his role at court took up much of his time during the 1740s, he was still able to pursue his historical research for the *Essai sur les mœurs*, a first draft of which he had produced by 1743.

Reflections on writing history went hand in hand with reflections on writing *tout court*. The *Lettre sur l'esprit* offers insights into Voltaire's conception of style: not the contrived 'bel esprit' of writers like Houdar de La Motte, with their 'faux brillants', but 'l'art ou de réunir deux choses éloignées, ou de diviser deux choses qui paraissent se joindre, ou de les opposer l'une à l'autre; c'est celui de ne dire qu'à moitié sa pensée pour la laisser deviner'. And

Voltaire's criticisms of Louis Racine's poem *La Religion* in the *Conseils à M. Racine* are not just philosophical but also literary: he criticises the poem for its monotony and even its grammatical inaccuracy, and he pours scorn on its author for copying (badly) some of his own verse, such as the description in the fourth of the *Discours en vers sur l'homme* of the metamorphoses of the silkworm into chrysalis and butterfly.

If the *Conseils à M. Racine* offer evidence of the disintegration of a friendship into rivalry, they also remind us that Voltaire's literary relationships were important during this period, too: Desfontaines, whose *Observations sur les écrits modernes* ceased publication in 1743, died at the end of 1745; Fréron, who had since 1739 been one of Desfontaines's protégés, started publishing his *Lettres sur quelques écrits modernes* in September 1745; and Jean-Jacques Rousseau addressed his first words to Voltaire on 11 December 1745, claiming that he had spent the last fifteen years of his life working 'pour me rendre digne de vos regards, et des soins dont vous favorisez les jeunes Muses en qui vous découvrez quelque talent' (D3269). This was the beginning of a whole new chapter in the life of a writer who, more than twenty years later, on *c.*15 April 1767, would write to Jacob Vernes: 'Je suis un peu opiniâtre de mon naturel. Jean-Jacques n'écrit que pour écrire et moi j'écris pour agir' (D14117).

Russell Goulbourne

Fragment sur la corruption du style

Critical edition

by

David Williams

CONTENTS

INTRODUCTION

The *Fragment sur la corruption du style* was first printed in the second volume of the 1742 Geneva edition of the *Œuvres mêlées de M. de Voltaire* (w42). There is no separate edition, and no manuscript has survived. Until 1751 the essay appeared in the collective works under the title *Fragment d'une lettre au même sur la corruption du style*, and in most of the editions of Voltaire's collective works printed after 1751, including the 1775 *encadrée*, it was placed immediately after a much better-known piece, the *Lettre sur les inconvénients attachés à la littérature* (w42, ii.286-91). The *Fragment* was thus presented as a continuation of a supposed correspondence initiated in the *Lettre sur les inconvénients*. In certain later editions the text appears as a chapter within a collection of *Mélanges*. The Kehl editors included the text as part of the entry on 'Style' in the *Dictionnaire philosophique* (κ84, xliii.231-33), and this was followed by Moland (M.xx.442-44).

In an editorial comment printed with the *Lettre sur les inconvénients* in w42 the addressee is identified as 'Le Fèvre', and the date of composition is given as 1732: 'Cette lettre paraît écrite en 1732, car en ce temps l'auteur avait pris chez lui ce jeune homme nommé Le Fèvre, à qui elle est adressée; on dit qu'il promettait beaucoup, qu'il était très savant, et faisait bien des vers; il mourut la même année' (w42.ii.286).[1] The Le Fèvre in question is almost certainly the person to whom Voltaire alludes elliptically in a letter to Thiriot written on 27 July 1733 as 'un homme de lettres dont je prends soin' (D638), and more explicitly on 2 October 1733 in a

---

[1] Moland notes that the date of Le Fèvre's death is given elsewhere as 1734 (M.xxxiii.292-93, note 4). On the Le Fèvre connection in the context of the *Lettre sur les inconvénients attachés à la littérature*, see also K. Racevskis's introduction to his edition of that text (*OC*, vol.20A, p.263-87, at p.272-73 and 272, note 11). See also *Discours de M. de Voltaire en réponse aux invectives et outrages de ses détracteurs*, *OC*, vol.16, p.260.

letter to Cideville: 'un jeune homme nommé le Fevre qui fait aussi des vers harmonieux, et qui est né comme Linant, poète et pauvre' (D661). Le Fèvre shared Voltaire's house in the rue de Longpont for a few weeks, as Voltaire's letter to Claude Brossette of 20 November indicates (D681). [2] According to Brossette, the young poet was also known in Lyon as 'Montalque'. [3]

From internal and external evidence, however, Besterman has argued convincingly that the *Lettre sur les inconvénients* is not a *bona fide* letter, is not addressed to Le Fèvre, and was not written in 1732. This earlier text is printed separately by Besterman as D.app.57 (*OC* vol.91, p.482-86). [4] That Voltaire should have written a letter to a young, unknown protégé living under his roof is, in Besterman's view, improbable: 'I consider it most likely that this is not a letter at all, that Voltaire borrowed Le Fèvre's name for the purpose (he did this kind of thing quite often), and that he had composed it fairly recently when it appeared in the 1742 *Œuvres mêlées*, but in any case not before 1735' (*OC*, vol.91, p.483). Besterman's contention regarding the composition of the *Lettre sur les inconvénients* can be extended in support of an approximate dating of that of the *Fragment sur la corruption du style*. Besterman dates the *Lettre sur les inconvénients* around 1740, and the composition of the subsequent 'letter' can be located within the same time-frame, probably 1740-1741.

In this 'letter', known under its final title as the *Fragment sur la corruption du style*, written supposedly to a young aspiring writer as a warning against artistic decadence, Voltaire addresses the relationship between the spoken and the written language, and draws attention to the deleterious effects of confusions of style and

---

[2] See also René Pomeau, *Voltaire en son temps*, 2nd edn (Oxford 1995), i.239.

[3] 'Mr Lefevre, dont vous me parlez dans votre lettre, a demeuré quelque temps à Lyon, où il n'était connu, que sous le nom de Montalque' (D692).

[4] See also Racevskis, Introduction, *Lettre sur les inconvénients*, p.265. Racesvskis sees no reason to disagree with Besterman's interpretation of events. On the internal evidence regarding the date of composition of the *Lettre sur les inconvénients*, see *OC*, vol.91, p.483.

register, not only between prose and poetry, but also within each genre. The consequence of corruption was forced vulgarisation, artificiality, trivialisation of serious subjects, loss of clarity and the general disintegration of good taste. Voltaire treats an issue which reflects one of his central concerns as a literary critic, and which recurs frequently in his criticism of contemporary poetry, linguistic usage and aesthetic doctrine, namely 'le mélange des styles'. This represented for him the enemy of good taste, beauty and eloquence, and he denounced its decadent effects with unrelenting vigour as one of the great aesthetic failings of the century. The issue dominated his battle with Houdar de La Motte, 'patriarche des vers durs' (D450), and the *géomètres*, and is a familiar theme in his long-standing defence of the 'langage des dieux' (D1070) against what he saw as the violation of poetic forms, from ode to tragedy, by the style and the language of prose.[5] Concerns about genre corruption re-surfaced in the 1733 *Essai sur la poésie épique* in his reservations about the poetic status given by some to Fénelon's *Télémaque* (*OC*, vol.3B, p.493). In the same year Voltaire drew clear demarcation lines between the genres in an emphatic formulation in the entry under Molière in the *Catalogue des écrivains*, foreshadowing the tone and argumentation of the *Fragment* itself: 'La bonne poésie est à la bonne prose ce que la danse est à une simple démarche noble, ce que la musique est au récit ordinaire, ce que les couleurs d'un tableau sont à des dessins au crayon' (M.xiv.106). Voltaire's campaign against poetic decadence, the intrusion of prose style and the mixture of styles had thus acquired considerable momentum in the years immediately preceding the composition of the *Fragment*.

In 1735 he complained to Cideville that poetry was no longer in fashion in Paris: 'Tout le monde commence à faire le géomètre et le

---

[5] D. Williams, *Voltaire: literary critic*, *SVEC* 48 (1966), p.75-86, 90-95; 'Voltaire and the language of the gods', *SVEC* 62 (1968), p.57-81, at p.58. On Voltaire's early hostility to La Motte and geometric aesthetics, see also the preface to the second edition (1730) of *Œdipe* (*OC*, vol.1A, p.272-83).

physicien. On se mêle de raisonner. Le sentiment, l'imagination, et les grâces sont bannis' (D863). His hostility to the concept of prose-poetry, and to the merits of translation of poetry into prose, intensified. Prose and poetry were not interchangeable forms even at the basic level of the use of words for the communication of meaning, and in his letter on that point to Frederick the Great of 20 December 1737 there is a foretaste of the opening paragraph of the *Fragment*: 'Mais j'oserai dire que je n'aime point cette liberté qu'on se donne souvent de mêler dans un ouvrage qui doit être uniforme, dans une épître, dans une satire, non seulement les styles différents, mais aussi les langues différentes. Par exemple celle de Marot et celle de nos jours. Cette bigarrure me déplaît autant que ferait un tableau où l'on mêlerait des figures du Calot, et les charges de Tenieres, avec les figures de Raphael. Il me semble que ce mélange gâte la langue, et n'est propre qu'à jeter les étrangers dans l'erreur' (D1407).[6]

The target here, as in the *Fragment*, is Jean-Baptiste Rousseau. Similar views on this 'bigarrure [...] aussi révoltante pour les hommes judicieux que le serait l'architecture gothique mêlée avec la moderne' appeared also in the *Conseils à un journaliste* (*OC*, vol.20A, p.449-516, at p.495-98).[7] Voltaire's preoccupation with the problem of the corruption of style and the defence of the 'language of the gods' would continue in fact for many years, re-emerging, for example, in the articles 'Français' and 'Genre de style' written for the *Encyclopédie* (*OC*, vol.33, p.94-104, 117-20), 'Esprit faux' in the *Dictionnaire philosophique* (*OC*, vol.36, p.62-64) and numerous letters.[8] The ramifications of the problem, exemplified here in the 'style marotique' of Jean-Baptiste Rousseau and his imitators, would extend ultimately to broader questions of

---

[6] See also Besterman's edition of Voltaire's commentary on Frederick's *Art de la guerre*, *SVEC* 2 (1956), p.61-206.

[7] First printed in the *Mercure de France* (November 1744), i.2-41.

[8] For a more detailed survey of Voltaire's views on the impact of geometric aesthetics on style, see R. Naves, *Le Goût de Voltaire* (Paris 1938), p.204-59; Williams, *Voltaire: literary critic*, p.90-101.

taste, affectation, the notion of what Bouhours had termed the 'je ne sais quoi',[9] beauty, the sublime, *bienséance*, the ancients and the moderns, foreign influence, natural simplicity, linguistic licence and tonal register. These ramifications would find their most detailed and cohesive expression in 1764 in the *Commentaires sur Corneille* (*OC*, vol.53-55).

The *Fragment sur la corruption du style* thus represents a minor, succinct polemical piece in the much larger, complex mosaic of Voltaire's criticism of contemporary literary decadence, and his tenacious defence of the neo-classical aesthetic.

Editions

w42

Œuvres mêlées de M. de Voltaire. Nouvelle édition revue sur toutes les précédentes et considérablement augmentée. Genève, Bousquet, 1742. 5 vol. 12°.

Volume 2: 291-93 Fragment d'une lettre au même sur la corruption du style.

An amended reissue of the Amsterdam [Paris], Compagnie [Didot, Barrois], 1741-1742 edition, which had been suppressed at Voltaire's request (Bengesco 2124; D2412). w42 was produced with Voltaire's participation, and contains the first authorised edition of the *Fragment sur la corruption du style*.

Bengesco 2125; Trapnell 42G; BnC 22-24.

Paris, BnF: Rés. Z Beuchot 51(2).

---

[9] Dominique Bouhours, *Les Entretiens d'Ariste et d'Eugène*, ed. R. Radouant (1671; Paris 1920), p.206, 194-213. The debate about the elusive qualities of the 'je ne sais quoi' in poetry continued well into the eighteenth century: see also Marivaux, *Le Cabinet du philosophe* (1734), in *Œuvres complètes*, ed. M. Duviquet (Paris 1825-1830) ix.565-66.; Montesquieu, *Essai sur le goût* (1757), *Œuvres complètes de Montesquieu*, vol.9 (Oxford 2006), p.459-517 (xiii: '*Du je ne sais quoi*'); *Encyclopédie*, vii (1752), p.762A-767B. For a full account of the issue, see W. E. Thormann, 'Again the Je ne sais quoi', *Modern language notes* 73 (1958), p.351-55.

w38 (1745)

Œuvres de Mr. de Voltaire. Amsterdam, Ledet [or] Desbordes, 1738-1750. 8 vol. 8°.

Volume 6 (1745): 277-79 Fragment d'une lettre au même sur la corruption du style.

Volumes 1-4 (1738-1743) of this edition, printed by Ledet, were produced under Voltaire's supervision, though later denounced by him as being inaccurate, volume 5-8 appearing in 1744 and volume 6 in 1745 (BnC 12). The evidence for Voltaire's participation is unclear, but cannot be ruled out. The text of the *Fragment* follows w42, except for one variant at l.32.

Bengesco 2126; Trapnell 39A; BnC 7-11.

Paris, BnF: Rés Z. Beuchot 7 (Ledet).

w43 (1745)

Œuvres de Mr. de Voltaire. Nouvelle édition, revue, corrigée et considérablement augmentée, avec des figures en taille-douce. Amsterdam [or] Leipzig, Arckstée et Merkus, 1743-1745. 6 vol. 8°.

Volume 6: 277-79 Fragment d'une lettre au même sur la corruption du style.

Possibly a reissue of w38, there is no evidence of Voltaire's participation. The text of the *Fragment* follows w38 (1745), except for one variant at l.39.

Bengesco 2126; Trapnell 43; BnC 14.

Paris, BnF: Rés. Z Bengesco 469.

w46

Œuvres diverses de Monsieur de Voltaire. Nouvelle édition recueillie avec soin, enrichie de pièces curieuses et la seule qui contienne ses véritables ouvrages, avec figures en taille-douce. Londres [Trévoux], Nourse, 1746. 6 vol. 12°.

Volume 4: 242-45 Fragment d'une lettre au même sur la corruption du style.

Some evidence of Voltaire's participation in this edition (see BnC 25). The text of the *Fragment* follows w42.

Bengesco 2127; Trapnell 46; BnC 25-26.

Paris, BnF: Rés.Z.Beuchot 8(4).

w48D

Œuvres de Mr. de Voltaire. Nouvelle édition, revue, corrigée et considérablement augmentée par l'auteur. Enrichie de figures en taille-douce. Dresde, Walther, 1748-1754. 10 vol. 8°.

Volume 2: 177-79 Fragment d'une lettre au même sur la corruption du style.

This edition was produced with Voltaire's participation, and is the first edition of the *Fragment* in which a significant textual change occurs at l.47.

Bengesco 2129; Trapnell 48D; BnC 28-35.

Paris, BnF: Rés.Z.Beuchot 10(2).

w50

La Henriade et autres ouvrages du même auteur. Nouvelle édition. Revue, corrigée, avec des augmentations considérables, particulières et incorporées dans tout de recueil. Londres [Rouen], Société, 1750-1752. 10 vol. 12°.

Volume 2: 282-84 Fragment d'une lettre au même sur la corruption du style.

No evidence of Voltaire's participation. The text of the *Fragment* follows w42.

Bengesco 2130; Trapnell 50R; BnC 39.

Grenoble, Bibliothèque municipale: f1887(2).

w51

Œuvres de M. de Voltaire. Nouvelle édition considérablement augmentée, enrichie de figures en taille-douce. [Paris, Lambert], 1751. 11 vol. 12°.

Volume 2: 110-12 Fragment d'une lettre sur la corruption du style.

This edition was produced with Voltaire's participation. The text of the *Fragment* follows w48D, but the title is now modified for the first time.

Bengesco 2131; Trapnell 51P; BnC 40-41.

Paris, BnF: Rés.Z.Beuchot 13.

w52

Œuvres de Mr. de Voltaire. Nouvelle édition revue, corrigée et considérablement augmentée par l'auteur. Enrichie de figures en taille-douce. Dresde, Walther, 1752. 9 vol. 8°.

Volume 2: 302-304 Fragment sur la corruption du style.

Printed as chapter 51 of the *Chapitres de littérature, d'histoire et de philosophie*. This edition, was produced with Voltaire's participation. Two significant textual changes occur at l.53 and 54. In all other respects, except for the title which is modified for the second and final time, the text of the *Fragment* follows w48D.

Bengesco 2132; Trapnell 52; BnC 36-38.

Paris, BnF: Rés.Z.Beuchot 14.

w56

Collection complette des œuvres de Mr. de Voltaire. Première édition. [Genève, Cramer], 1756. 17 vol. 8°.

Volume 4: 350-52 Fragment sur la corruption du style.

Printed as chapter 53 of the *Mélanges de littérature, d'histoire et de philosophie*. This is the first Cramer edition produced under Voltaire's close supervision. No further changes occur to the text of the *Fragment* after this edition. The edition was reissued in 1757 with Voltaire's participation (w57G1, w57G2).

Bengesco 2133; Trapnell 56, 57G; BnC 55-66.

Paris, BnF: Z 24579.

w57P

Œuvres de M. de Voltaire. Seconde édition considérablement augmentée, enrichie de figures gravées en taille-douce. [Paris, Lambert], 1757. 22 vol. 12°.

Volume 7: 528-31 Fragment sur la corruption du style.

Printed as chapter 64 of the *Mélanges de philosophie, de littérature et d'histoire*. This edition was based partly on w56 and was produced with Voltaire's participation. It was reprinted in twenty volumes in the same year (BnC 54, Bengesco iv, p.65). The text of the *Fragment* follows w56, with the exception of two minor variants at l.28 and l.32.

Bengesco 2135; Trapnell 57P; BnC 45-54.

Paris, BnF: Z 24648.

w64G

*Collection complette des œuvres de M. de *******. Dernière édition.* [Genève, Cramer], 1764. 10 vol. 8°.

Volume 4: 367-69 Fragment sur la corruption du style.

Printed as part of the *Mélanges de littérature, d'histoire et de philosophie*. A revised edition of w57G, produced with Voltaire's participation. A new edition of w64G was published in 1770 (w70G; Bengesco 2133; BnC 90-91), with few changes. The text of the *Fragment* follows w56.

Bengesco 2133; Trapnell 64, 70G; BnC 89.

Oxford, Merton College Library: 36F.

w64R

Collection complette des œuvres de Monsieur de Voltaire. Nouvelle édition, augmentée de ses dernières pièces de théâtre, et enrichie de 61 figures en taille-douce. Amsterdam, Compagnie [Rouen, Machuel?]. 1764. 22 tomes in 18 vol. 12°.

Volume 6: 9-12 Fragment d'une lettre au même sur la corruption du style.

Volumes 1-12 were produced in 1748 and belong to the edition suppressed at Voltaire's request (w48R; Trapnell, p.116). The text of the *Fragment* follows w43 (1745), with a further minor variant at l.33.

Bengesco 2136; Trapnell 64R; BnC 145-48.

Paris, BnF: Rés. Z. Beuchot 26.

w68 (1771)

Collection complette des œuvres de M. de Voltaire. [Genève, Cramer; Paris, Panckoucke], 1768-1777. 30 vol. 4°.

Volume 15, Tome 2 (1771): 265-66 Fragment sur la corruption du style.

Volumes 1-24 of this edition were produced by Cramer under Voltaire's supervision. The edition was reissued without Voltaire's participation between 1771 and 1777 by Plomteux in Liège (w71). The text of the *Fragment* follows w56, and is printed as part of the *Mélanges philosophiques, littéraires, historiques.*

Bengesco 2137; Trapnell 68; BnC 141-43.

Paris, BnF: Rés. m. Z. 587.

w72x

Collection complète des œuvres de Mr. de Voltaire. Dernière édition. [Genève, Cramer?], 1772. 10 vol. 8°.

Volume 4: 367-69 Fragment sur la corruption du style.

Printed as chapter 54 of the *Mélanges de littérature, d'histoire et de philosophie.* This is a new edition of w70G, probably printed for Cramer. There is no evidence of Voltaire's participation. The text of the *Fragment* follows w56.

Bengesco 2133; Trapnell 72x; BnC 92-110.

Paris, BnF: 16° Z15081(4).

w70L (1773)

Collection complette des œuvres de Mr. de Voltaire. Lausanne, Grasset, 1770-1781. 57 vol. 8°.

Volume 34 (1773): 1-4 Fragment sur la corruption du style.

Printed as part of the *Mélanges de littérature* (tome 13). This edition was produced in part under Voltaire's supervision. The text of the *Fragment* follows w56.

Bengesco 2138; Trapnell 70L; BnC 149-50.

Oxford, Taylor: V1 1770L(34).

W72P (1773)

Œuvres de Monsieur de V***. Neuchâtel, Société [Paris, Panckoucke], 1772-1777. 34 or 40 vol. 8° and 12°.

Volume 16 (1773): 272-75 Fragment sur la corruption du style.

No evidence of Voltaire's participation. The text of the *Fragment* follows w56, except for the correction made at l.28, and the variant at l.32.

Bengesco 2140; Trapnell 72P; BnC 152-57.

Paris, BnF: Z 24811.

W75G

La Henriade, divers autres poèmes et toutes les pièces relatives à l'épopée. [Genève, Cramer & Bardin], 1775. 37 vol. (40 vol. with the *Pièces détachées*). 8°.

Volume 33: 326-28 Fragment sur la corruption du style.

The *encadrée* edition, produced at least in part under Voltaire's supervision. The text of the *Fragment* follows w56, and is the last to be reviewed by Voltaire.

Bengesco 2141; Trapnell 75G; BnC 158-61.

Oxford, Taylor: VF.

K84

Œuvres complètes de Voltaire. [Kehl]: Société littéraire-typographique, 1784-1789. 70 vol. 8°.

Volume 43: 231-33 Sur la corruption du style.

Printed as Section 2 of the entry 'Style' in the *Dictionnaire philosophique*. One variant from earlier editions remains at l.32. The first octavo issue of the Kehl edition, produced in part upon Voltaire's manuscripts. The text of the *Fragment* follows w75G, with the exception of the title.

Bengesco 2142; BnC 164-93.

Oxford, Taylor: VF.

13

Translation

The Works of M. de Voltaire. Translated from the french, with notes, historical and critical by T. Smollett, M.D., T. Franklin, M.A. and others. London, J. Newbery, R. Baldwin, W. Johnston, S. Crowder, T. Davies, J. Coote, G. Kearsley and B. Collins, 1761-1765. 25 vol. 12°.

Volume 17 (1762): 31-34 A Fragment on the Causes of the Corruption of Style.

Printed in a separately paginated part of volume 17 under the title *Miscellaneous Pieces of M. de Voltaire.* A remarkably accurate and elegant translation of the *Fragment* based on the text of w42. Voltaire's quotations are not translated.

London, BL: 831.a. 13-37(29).

Principles of this edition

The first edition of the *Fragment* appeared in 1742 in the second volume of the *Œuvres mêlées de M. de Voltaire* (w42). The title of the work changed twice in the course of its evolution during Voltaire's lifetime, its second and final form as the *Fragment sur la corruption du style* first appearing in 1752 (w52). Kehl and Moland print the text as part of the *Dictionnaire philosophique* under the title *Sur la corruption du style*. The text itself underwent some modification between 1742 and 1756, but Voltaire made no changes after 1756, the post-1756 collective editions reflecting only minor variations in punctuation, italicisation and capitalisation (with the exception of w64R). Collation includes all relevant collective editions printed in Voltaire's lifetime, including those in which his participation is not proven, and also the Kehl edition. The first edition to print the final form of the text is w56 but the base text remains w75G, this being the last edition of the text to be reviewed by Voltaire.

Treatment of the base text

The spelling of names and places has been retained, but not their italicisation. The original punctuation has been respected.

14

Orthography has been modified to conform to modern usage:

I. Consonants

— *p* was not used in: longtems.
— *t* was not used in plaisans, tems.
— ʒ was used in: hazardées.
— a single consonant was used in: chifoniers.
— double consonants were used in: s'apperçoit.

II. Vowels

— *i* was used in place of *y* in: stile.
— *u* was used in: vuide.

III. Accents

1. The acute accent
— was used in place of the grave in: siécle, piéces.

2. The circumflex accent
— was used in: géomêtre, toûjours.
— was not used in: épitre.

3. The diaeresis
— was used in: poësie.

IV. Various

— the ampersand was used.
— the hyphen was used in: en-bas, de-là, mal-faits.
— the pronoun ce was omitted from: me semble (supplied in w51, w64R, w68 and w72P).

FRAGMENT SUR LA CORRUPTION
DU STYLE

On se plaint généralement, que l'éloquence est corrompue, quoique nous ayons des modèles presqu'en tous les genres. Un des grands défauts de ce siècle, qui contribue le plus à cette décadence, c'est le mélange des styles. Il me semble que nous autres auteurs nous n'imitons pas assez les peintres, qui ne joignent jamais   5
des attitudes de Calot à des figures de Raphaël. Je vois qu'on affecte quelquefois dans des histoires, d'ailleurs bien écrites, dans de bons ouvrages dogmatiques, le ton le plus familier de la conversation. Quelqu'un a dit autrefois, qu'il faut écrire comme on parle;[1] le sens de cette loi est qu'on écrive naturellement. On tolère dans une   10
lettre l'irrégularité, la licence du style, l'incorrection, les plaisanteries hasardées; parce que des lettres écrites sans dessein et sans art, sont des entretiens négligés: mais quand on parle, ou qu'on écrit avec respect, on s'astreint alors à la bienséance. Or, je demande à qui on doit plus de respect qu'au public?   15

Est-il permis de dire dans des ouvrages de mathématique, *qu'un géomètre, qui veut faire son salut, doit monter au ciel en ligne perpendiculaire; que les quantités qui s'évanouissent donnent du nez en terre pour avoir voulu trop s'élever; qu'une semence qu'on a mise le germe en bas s'aperçoit du tour qu'on lui joue, et se relève; que si*   20
Saturne périssait, ce serait son cinquième satellite, et non le premier, qui prendrait sa place, parce que les rois éloignent toujours d'eux leurs

---

a-b   w42, w38 (1745), w43 (1745), w46, w48D, w50, w64R: FRAGMENT
D'UNE LETTRE AU MEME SUR
    w51: FRAGMENT D'UNE LETTRE SUR
12   w72P: sans dessein et

[1] See also the *Supplément du Discours aux Welches* (M.xxv.251-2); D13807; 'A', *Questions sur l'Encyclopédie* (M.xvii.8-12).

héritiers; [2] *qu'il n'y a de vide que dans la bourse d'un homme ruiné:*
qu'Hercule était un physicien, et qu'on ne pouvait résister à un
philosophe de cette force.   25

Des livres très estimables sont infectés de cette tache. La source
d'un défaut si commun vient, ce me semble, du reproche du
pédantisme qu'on a fait longtemps et justement aux auteurs: *In
vitium ducit culpae fuga.* [3] On a tant répété qu'on doit écrire du ton
de la bonne compagnie, que les auteurs les plus sérieux sont   30
devenus plaisants; et pour être de *bonne compagnie* avec leurs
lecteurs, on dit des choses de très mauvaise compagnie.

On a voulu parler de science, comme Voiture parlait à
mademoiselle Paulet de galanterie, [4] sans songer que Voiture
même n'avait pas saisi le véritable goût de ce petit genre, dans   35
lequel il passa pour exceller; car souvent il prenait le faux pour le
délicat, et le précieux pour le naturel. La plaisanterie n'est jamais
bonne dans le genre sérieux, parce qu'elle ne porte jamais que sur
un côté des objets, qui n'est pas celui que l'on considère; elle roule
presque toujours sur des rapports faux, sur des équivoques; de là   40
vient que les plaisants de profession ont presque tous l'esprit faux
autant que superficiel.

27-28   W42, W38 (1745), W43 (1745), W46, W48D, W50, W51, W52, W57P, W64R,
        W72P: reproche de pédantisme
28   W72P: longtemps justement
32   W42, W46, W48D, W50, W51, W52, W57P, W72P, K84: lecteurs, ont dit
        W38 (1745), W43 (1745), W64R: lecteurs, ils ont dit
33   W64R: parler des sciences
39   W43 (1745), W64R: qu'on considère
41-42   W42, W38 (1745), W43 (1745), W46, W48D, W50, W51, W52, W64R: l'esprit
faux et superficiel.

[2] In his letter to d'Olivet of 5 January 1767 (D13807) Voltaire attributes this
'bizarre idée' to Louis Bertrand Castel, author of *La Mathématique universelle
abrégée* (Paris 1728).

[3] Horace, *Ars poetica*, l.31: 'in vitium ducit culpae fuga, si caret arte'.

[4] *A Mademoiselle* ***[Paulet], see *Nouveau Recueil contenant la vie, les amours, les
infortunes* [...], *avec l'histoire de la matrone d'Ephèse* (Amsterdam, Henry Schelte,
1713), p.449-50.

18

Il me semble qu'en poésie on ne doit pas plus mélanger les styles qu'en prose. Le style marotique a depuis quelque temps gâté un peu la poésie, par cette bigarrure de termes bas et nobles, surannés et modernes; on entend dans quelques pièces de morale les sons du sifflet de Rabelais parmi ceux de la flûte d'Horace. 45

> Il faut parler français: Boileau n'eut qu'un langage,
> Son esprit était juste, et son style était sage.
> Sers-toi de ses leçons: laisse aux esprits malfaits, 50
> L'art de moraliser du ton de Rabelais. [5]

J'avoue que je suis révolté de voir dans une épître sérieuse les expressions suivantes.

> *Des rimeurs disloqués, à qui le cerveau tinte,*
> *Plus amers qu'aloës, et jus de coloquinte,* 55
> *Vices portant méchef. Gens de tel acabit,*
> *Chiffonniers, Ostrogoths, maroufles que DIEU fit.* [6]
> De tous ces termes bas l'entassement facile
> Déshonore à la fois le génie et le style. [7]

47   w42, w38 (1745), w43 (1745), w46, w50, w64R: d'Horace. C'est ce qu'a très bien remarqué m. de Genonville dans une lettre à m. de La Faye, qu'on a imprimée souvent sous mon nom. [8] Je fais gloire de penser comme lui.

52-53   w42, w38 (1745), w43 (1745), w46, w48D, w50, w51, w64R: [*sentence missing*]

54   w42, w38 (1745), w43 (1745), w46, w48D, w50, w51, w64R: [*the following note is appended:*] Expressions d'une épître marotique.

[5] Lines 48-51 approximate to those cited in the seventh *discours* (*Sur la vraie vertu*) of the 1737 *Discours en vers sur l'homme* (*OC*, vol.17, p.522, K variant).

[6] Voltaire is echoing here lines from Jean-Baptiste Rousseau's *Epître à Clément Marot*: 'Tout beau, l'ami, ceci passe sottise, / Me direz-vous; et ta plume baptise / De noms trop doux gens de tel acabit. / Ce sont trop bien maroufles que Dieu fit' (*Livre* I, *Epître* iii). See *Œuvres de J. B. Rousseau* (Paris, Crapelet, 1820), ii.35.

[7] See also 'Genre de style' (*Œuvres alphabétiques* I, *OC*, vol.33, p.117-20).

[8] First printed in w32 (i.218-22). The letter criticises in particular the poetic style of Houdar de La Motte and Jean-Baptiste Rousseau.

Thérèse

Critical edition

by

Russell Goulbourne

CONTENTS

INTRODUCTION

Following the success of the celebrated tragic actress Marie-Françoise Dumesnil in *Mérope*, first staged at the Comédie-Française on 20 February 1743, in which she had taken the lead role, Voltaire, writing from The Hague, sent Mlle Dumesnil the manuscript of his latest play, *Thérèse*, on 4 July 1743.[1] Expressions of ecstatic admiration – he refers to her as his 'divinité' – preface his request that she present the play on his behalf to the actors of the Comédie-Française: 'Ne montrez point je vous prie cette lettre, je vous le demande en grâce, mais faites usage des choses qu'elle contient et des prières que je vous fais. Faites jouer César, ma reine; jouez Thérèse; écrivez-moi chez madame Du Châtelet; comptez que partout où je serai vous aurez sur moi un empire absolu' (D2783).[2] Dumesnil, seemingly unimpressed by the play, appears to have passed it on to Voltaire's friend d'Argental, who wrote to Voltaire on *c*.15 July, a letter which is worth quoting extensively (D2790):

Je suis, mon cher ami, très persuadé de l'inutilité de mes conseils: je sais même qu'ils pourront vous déplaire; mais je suis trop tourmenté de votre projet, pour qu'il me soit possible de garder le silence. Vous vous obstinez à donner *Thérèse*. Je sais que vous avez indiqué une répétition. Je ne vais pas si loin que ceux qui condamnent entièrement votre ouvrage: il y a bien des endroits qui me plaisent; mais je ne saurais m'empêcher de vous dire que je le trouve indigne de vous, et par le genre et par l'exécution. Le genre auquel vous êtes descendu est tel que, quand vous réussiriez (ce que je n'espère assurément pas), on aurait de la peine à vous pardonner de l'avoir entrepris; et, si vous tombez (comme cela est très apparent), ce ne

---

[1] Mlle Dumesnil (1713-1803) had made her debut at the Comédie-Française in 1738. On her success in *Mérope*, see *OC*, vol.17, p.145-47.

[2] Mlle Dumesnil was one of Voltaire's main allies in his struggles with the Comédie-Française, as his allusion to *La Mort de César* indicates: see *OC*, vol.8, p.99.

sera pas une simple chute, ce sera un très grand ridicule que d'avoir formé une pareille entreprise et d'y avoir échoué. Il est permis aux grands hommes de faire de mauvais ouvrages, mais jamais des ouvrages de mauvais goût. On pardonne à Corneille d'avoir fait *Pertharite*; on excuse à peine Racine d'avoir fait les *Plaideurs*, malgré leur grand succès. Quant à l'exécution, votre pièce se ressent de la précipitation avec laquelle elle a été faite: le plan n'est qu'ébauché; le style n'est nullement soigné; les caractères ne sont point soutenus, surtout celui de Gripaud, dans lequel il y a un mélange inconcevable. Votre projet a été d'en faire une bête et un ignorant; et il a quelquefois de l'esprit, et dit des choses qui supposent des connaissances. Vous prétendez avoir corrigé; mais je n'ai pas, je vous l'avoue, opinion de corrections qui n'ont pas été plus méditées que l'ouvrage. Il faut que le feu de la composition soit calme pour bien juger des défauts: on ne voit juste que quand on voit de sang-froid, et convenez que vous êtes bien loin de cet état-là. Si vous avez la patience d'attendre six mois, j'en appelle à vous: je suis persuadé que vous serez tout au moins de mon avis, et que vous changerez presque entièrement ce qui vous plaît aujourd'hui. D'ailleurs il est impossible, pour donner votre pièce, de prendre un plus mauvais moment et des circonstances moins favorables. Le temps où vous voulez qu'on la joue sera, sans contredit, le plus mauvais de l'année. Vous aurez contre vous la chaleur, les promenades, les campagnes, la guerre, pour laquelle tout le monde sera parti.

Le succès de *Mérope* a réveillé vos ennemis, excité vos envieux, augmenté l'attente de ceux qui vous ont admiré. Ces derniers vous jugeront avec sévérité, et les autres avec rage. Vous devez vous attendre à une cabale capable de faire tomber le meilleur de vos ouvrages, et assurément *Thérèse* est très éloignée de l'être. Est il possible, quand on est bien, de ne vouloir pas s'y tenir? Au lieu de vous reposer sur vos lauriers et d'en jouir, vous allez exposer une gloire qui vous est entièrement acquise, et sans pouvoir espérer de l'augmenter. J'en reviens à ce que j'ai dit au commencement de ma lettre; tout ce que vous pouvez espérer de mieux d'un succès, est qu'on vous pardonne d'avoir traité un pareil genre, et la chute vous couvrira de ridicule.

D'Argental voices the concerns of a true friend. The implication of phrases like 'je le trouve indigne de vous, et par le genre et par l'exécution' and 'le genre auquel vous êtes descendu' is that

Voltaire's *Thérèse* is a low-brow, farcical comedy, even an 'ouvrage de mauvais goût', as d'Argental puts it. This much can certainly be gleaned from the surviving fragment: Gripaud, of whom d'Argental was particularly disapproving, is a ridiculous, self-regarding villain;[3] and Voltaire derives comic effect from the peasant characters Lubin and Maturine, who speak in a patois dialect, reminiscent of Molière's *Dom Juan*.[4]

Voltaire followed d'Argental's advice to the letter: he makes no further mention of *Thérèse*, though it has been claimed that the play was performed in private, perhaps even at Cirey, with Mme Du Châtelet herself playing the title role, but the evidence for this is unclear.[5]

Manuscript

Moland (M.iv.257-67) reproduces the text first published in 1830 by Beuchot, who received from Decroix some autograph manuscripts that had not been used in the preparation of the Kehl edition; among these manuscripts were the four leaves (eight quarto pages) that constitute the sole surviving fragments of *Thérèse*. The present edition is based on the facsimile of this holograph draft, owned by Desmond Flower and published by him in a limited edition for presentation to the Roxburghe

[3] Gripaud has some of the verbal tics of a *petit-maître*, such as when he cries out to his (non-appearing) servants and when he splutters incredulously 'Qu'est-que c'est que ça? qu'est-ce que c'est que ça?' (scene iv), which recall the similarly ridiculous protagonist of *Le Comte de Boursoufle* (II.vii) and the Comte des Apprêts in *Les Originaux* (II.viii, III.xi-xii).

[4] According to Lilian Willens, however, '*Thérèse* is a sentimental play in line with the contemporary genre', though she goes on to add that 'seriousness of tone and buffoon language vie in this play' (*Voltaire's comic theatre: composition, conflict and critics*, *SVEC* 136, 1975, p.94). Willens's view of the sentimental impact of the play appears to be based on the characters of Mme Aubonne, whose common sense anticipates that of her namesake in *Charlot*, and Germon, who is too shy to reveal his love for Thérèse. Germon is also the name of one of the servants in *Nanine*: he combines the comic impudence of a servant with the noble sentiments of an *homme sensible*.

[5] See *VST*, i.426.

Club in 1981. [6] The manuscript contains what seems to be the whole of scene iii, the whole of scene iv and part of scene v of what is presumably act I of the play.

Principles of this edition

Orthography and punctuation have been modernised. Punctuation has been added where necessary to aid understanding, as much of the manuscript is unpunctuated. The presentation follows that of the other plays in this volume.

[6] Voltaire, *Thérèse: a fragment*, ed. D. Flower (Cambridge 1981). See also Andrew Brown, *Calendar of Voltaire manuscripts other than correspondence*, *SVEC* 77 (1970), p.11-101, who points out (p.41) that the manuscript was sold to A. J. Martin at the Desmond Flower sale at Sotheby's, London, on 11 June 1968; he also points out that a nineteenth-century copy of the manuscript is in the Bibliothèque nationale in Paris (n.a.fr. 25137, ff.203-209).

[*THÉRÈSE*]

[ACTE I]

[*SCÈNE III*]

M. GRIPAUD

Laisse là l'estime, je veux de la complaisance et de l'amitié, entends-tu?

THÉRÈSE

Je la joindrai au respect et je n'abuserai jamais des distinctions dont vous m'honorez, comme vous ne prendrez point trop d'avantages sans doute ni de mon état ni de ma jeunesse.   5

M. GRIPAUD

Je ne sais, mais elle me dit toujours des choses auxquelles je n'ai rien à dire. Comment fais-tu pour parler comme ça?

THÉRÈSE

Comment! Comme ça, et ce monsieur que j'aurais dit quelque chose de mal à propos.

M. GRIPAUD

Non au contraire, mais tu ne sais rien et tu parles mieux que mon   10
bailli, mon bel esprit qui sait tout.

THÉRÈSE

Vous me faites rougir, je dis ce que m'inspire la simple nature. Je tâche d'observer ce milieu qui est, me semble, entre la mauvaise honte et l'assurance, et je voudrais ne point déplaire, sans chercher trop à plaire.   15

DORIMAN *à part*.

L'adorable créature, que je voudrais être à la place de son maître.

27

M. GRIPAUD

Que dis-tu là; eh!

DORIMAN

Je dis qu'elle est bien heureuse, Monsieur, d'appartenir à un tel maître.

M. GRIPAUD

Oui, oui, elle sera heureuse. Mais dis, réponds donc, Thérèse, parle-moi toujours, dis-moi comme tu fais pour avoir tant d'esprit? Est-ce parce que tu lis des romans et des comédies? Parbleu, je veux m'en faire lire. Que trouves-tu dans ces romans, dans ces pièces, dis, dis, parle, jase, dis donc.

THÉRÈSE

M. Germon m'en a prêté quelques-uns dont les sentiments vertueux ont chauffé mon cœur, et dont les expressions me représentent toute la nature plus belle cent fois que je ne l'avais vue auparavant. Il me prête aussi des comédies dans lesquelles je crois apprendre en une heure à connaître le monde plus que j'avais fait en quatre ans: elles me font le même effet que ces petits instruments à plusieurs verres que j'ai vus chez monsieur le bailli: qui font distinguer dans les objets des choses et des nuances qu'on ne voyait pas avec ses simples yeux.

DORIMAN

Oh, oui, comme poésies tu veux dire des microscopes, mademoiselle bonne.

THÉRÈSE

Oui, des microscopes, monsieur Doriman. Ces comédies, je l'avoue, éclairée, attendrie, et j'avoue, madame, que j'ai bien souhaité de vous suivre dans quelque voyage de Paris pour y voir représenter ces pièces qui sont je crois l'école du monde et de la vertu.

28

[SCÈNE III]

MME AUBONNE

Oui, ma chère Thérèse, je te mènerai à Paris, je te le promets.

M. GRIPAUD

Ce sera moi qui l'y mènerai, j'irai voir ces farces-là avec elle, mais je ne veux plus que M. Germon lui prête des livres. Je veux qu'on ne lui prête rien, je lui donnerai tout.

MME AUBONNE

Mon Dieu, que mon neveu devient honnête homme! Mon cher 45
neveu, voilà le bon M. Germon qui vient dîner avec vous!

M. GRIPAUD

Ah bonjour, monsieur Germon, bonjour. Qu'y a-t-il de nouveau?
venez-vous de la chasse? avez-vous lu les gazettes? quelle heure
est-il? comment vous va?

GERMON *bas.*

Monsieur, souffrez qu'en vous faisant ma cour, j'aie encore 50
l'honneur de vous représenter l'état cruel où je suis et le besoin
que j'ai de votre secours.

M. GRIPAUD *assis.*

Oui, oui, faites-moi votre cour, mais ne me représentez rien, je
vous prie. Eh bien, Thérèse.

MME AUBONNE *de l'autre côté.*

Ah, pouvez-vous bien traiter ainsi un pauvre gentilhomme 55
d'importance, qui dîne tous les jours avec le secrétaire Mr
l'intendant?

GERMON

Vous savez, monsieur, que depuis la dernière guerre où les ennemis
brûlèrent mes granges, je suis réduit à cultiver de mes mains une
partie de l'héritage de mes ancêtres. 60

M. GRIPAUD

Eh, il n'y a qu'à le bien cultiver, il produira.

GERMON

Je me suis flatté que si vous pouviez me prêter...

M. GRIPAUD

Nous parlerons de ça, mons Germon, nous verrons ça. Ça m'importune à présent. Que dis-tu de ça, Thérèse?

THÉRÈSE

J'ose dire, monsieur, si vous m'en donnez la permission, que la 65 générosité me paraît la première des vertus, que la naissance de M. Germon mérite bien des égards, son état de la compassion, et sa personne de l'estime.

M. GRIPAUD

Ouais, je n'aime point qu'on estime tant M. Germon, tout vieux qu'il est. 70

[SCÈNE IV]

Les acteurs précédents, Lubin et Maturine
dans l'enfoncement

LUBIN

M'est avis que c'est lui, Maturine.

MATURINE

Oui, le v'là enharnaché comme on nous l'a dit.

LUBIN

Oh, la drôle de métamorphose! eh bonjour donc, Mathieu.

MATURINE

Comme te v'là fait, mon cousin!

30

[SCÈNE IV]

M. GRIPAUD

Qu'est-ce que c'est que ça, qu'est-ce que c'est que ça? Quelle impudence est ça? Mes gens, mon écuyer, qu'on me chasse ces ivrognes-là!

DORIMAN

Allons mes amis; monsieur pardonnez à ces pauvres gens; leur simplicité fait leur excuse.

LUBIN

Ivrognes!

MATURINE

Jarnonce, comme on nous traite. Je ne sommes point ivrognes, je sommes tes cousins, Matthieu. J'avons fait plus de douze lieues à pied pour te venir voir, j'avons tout perdu ce que j'avions, mais je disions, ça ne fait rien, qui a un bon parent n'a rien perdu. Et nous v'là.

M. GRIPAUD

Ma bonne femme, si tu ne te tais... O ciel, devant M. Germon, devant mes gens! devant Thérèse!

LUBIN

Eh pardi, je t'avons vu que tu étais pas plus grand que ma jambe quand ton père était à la cuisine de feu Monseigneur, et qui nous donnais des franches lipées.

M. GRIPAUD

Encore... coquins!

MATURINE

Coquin toi-même. J'étais la nourrice du petit comte qui est mort. Est-ce que tu ne reconnais plus Mathurine?

31

M. GRIPAUD

Je crève, ces enragés-là ne finiront point. Ecoutez (je chasserai mon suisse qui me laisse entrer ces gueux-là), écoutez mes amis, j'aurai 95 soin de vous. Si vous dites que vous vous êtes mépris, si vous me demandez pardon tout haut, et si vous m'appelez monseigneur.

LUBIN

Toi monseigneur, eh, pardi, j'aimerais autant donner le nom de Paris à Vaugirard.

MATURINE

Oh le plaisant cousin que Dieu nous a donné là! Allons, allons, 100 mène-nous dîner, fais-nous bonne chère et ne fais point l'insolent.

MME AUBONNE

Mon neveu!

THÉRÈSE

Quelle aventure.

M. GRIPAUD *à Germon*.

Mons Germon, c'est une pièce qu'on me joue. Retirez-vous, fripons, ou je vous ferai mettre au cachot pour votre vie. Allons, 105 madame ma tante, monsieur Germon, Thérèse, allons nous mettre à table, et vous, mon écuyer, chassez-moi ces impudents par les épaules.

MATURINE *à Mme Aubonne*.

Ma bonne parente, ayez pitié de nous, et ne soyez pas aussi méchante que lui. 110

MME AUBONNE

Ne dites mot. Tenez, j'aurai soin de vous, ayez bon courage.

[*SCÈNE V*]

Thérèse, Doriman, Lubin, Maturine

THÉRÈSE

Tenez mes amis, voilà tout ce que j'ai, votre état et votre réception
me font une égale peine.

DORIMAN

Faites-moi l'amitié d'accepter aussi ce petit secours, si nous étions
plus riches, nous vous donnerions davantage; allez et gardez-nous   115
le secret.

MATURINE

Ah les bonnes gens, les bonnes gens! Quoi, vous ne m'êtes rien et
vous me faites des libéralités, tandis que notre cousin Mathieu nous
traite avec tant de dureté.

LUBIN

Ma foi, c'est vous qu'il faut appeler monseigneur, vous êtes sans   120
doute queuque gros monsieur du voisinage, queuque grande dame.

DORIMAN

Non, nous ne sommes que des domestiques, mais nous pensons
comme notre maître doit penser.

MATURINE

Ah, c'est le monde sens dessus dessous.

LUBIN

Ah, les braves enfants! Ah, le vilain cousin!   125

MATHURINE

Mes beaux enfants, le ciel vous donnera du bonheur puisque vous
êtes si généreux.

33

LUBIN

Ah, ce n'est pas une raison, Maturine. Je sommes généreux aussi, et je sommes misérables, et notre bon seigneur M. le comte de Sambourg était bien le plus digne homme de la terre et cependant 130 ça a perdu-son fils et ça mourut malheureusement.

MATURINE

Oui, hélas, j'avais nourri mon pauvre nourrisson, et ça me perce l'âme. Mais comment est-ce que mon cousin Mathieu a fait une si grande fortune, qu'il la mérite si peu! Oh comme ce monde va!

DORIMAN

Comme il a toujours été. Mais nous n'avons pas le temps d'en dire 135 davantage.

LUBIN

Mais Mathurine, m'est avis que ce beau monsieur a bien l'air de ce pauvre petit enfant tout nu qui vint gueuser dans notre village à l'âge de sept à huit ans.

DORIMAN

Vous avez raison, c'est moi-même, je n'en rougis point. 140

MATURINE

Trédame! ça a fait sa fortune et c'est pourtant honnête et bon.

DORIMAN

C'est apparemment parce que ma fortune est bien médiocre. Je sens pourtant que si elle était meilleure, j'aimerais à secourir les malheureux.

MATURINE

Dieu vous comble de bénédictions, monsieur et mademoiselle. 145

[SCÈNE V]

LUBIN

Si vous aviez besoin des deux bras de Lubin et de sa vie, tout ça est à vous, mon bon monsieur.

A M. *** sur le mémoire de Desfontaines

Edition critique

par

Olivier Ferret

TABLE DES MATIÈRES

INTRODUCTION

Ce court texte, dans lequel Voltaire s'en prend une nouvelle fois à l'abbé Desfontaines, ne laisse pas de poser des questions redoutables. D'une part, l'histoire de la rédaction et le devenir éditorial de cette lettre fictive demeurent à bien des égards entourés de mystères. D'autre part, si, comme on l'a pensé jusqu'à présent, elle s'inscrit dans la série des textes suscités par la publication de *La Voltairomanie*, la teneur même des attaques qui y sont portées contre Desfontaines contraste d'une manière saisissante avec la 'modération' mainte fois réaffirmée, et souvent effective, des deux mémoires que Voltaire rédige successivement au cours de la même période.[1]

1. *Histoire du texte*

Le titre qui lui est conféré, *A M.* *** *sur le mémoire de Desfontaines*, ainsi que la date à laquelle cette lettre est censée avoir été écrite (février 1739), rattachent apparemment le texte à la querelle qui fait suite à la publication, par l'abbé Desfontaines, de *La Voltairomanie*.[2] Pourtant ces quelques observations font immédiatement surgir les questions. La première d'entre elles porte sur la date de la composition du texte. Contrairement à ce que l'on a remarqué au moment de la rédaction des deux mémoires, il n'y a pas en effet, dans la correspondance, de mention explicite qui pourrait confirmer la date de cette lettre. Certaines allusions contenues dans le texte portent même à penser que sa rédaction pourrait être en réalité postérieure de quelques mois, voire de plusieurs années, à février 1739. Il est ainsi question d'un 'petit poème peu louable'

---

[1] Voir *Mémoire du sieur de Voltaire* et *Mémoire sur la satire*, éd. O. Ferret, *OC*, t.20A, p.11-120 et 121-87.

[2] Sur le contexte de cette querelle, voir *OC*, t.20A, p.13-29.

d'un certain Lavau, que l'auteur de la lettre accuse Desfontaines d'avoir loué après avoir empoché 'une tabatière de trois louis' (l.22-23). Or si Lavau publie bien, en 1739, un poème sur *L'Education*, le compte rendu, en effet assez élogieux, que Desfontaines lui consacre ne paraît, dans les *Observations sur les écrits modernes*, que dans la lettre 260 datée du 4 juillet. En outre, il est fait allusion à 'la traduction de Virgile' par Desfontaines et aux louanges que son auteur lui prodigue (l.27-28). Or cette traduction, dont il est aussi question dans les *Observations*,[3] n'est publiée qu'en 1743. Surtout, la 'petite épigramme' de quatre vers citée dans les lignes qui suivent (l.32-35) figure, à une variante près,[4] dans la lettre que Voltaire adresse à Thiriot le 16 août 1743 (D2809): 'Voici quatre petits vers', écrit-il, 'que l'on vient de m'apprendre fort à propos au sujet du Virgile de ce malheureux Desfontaines.' Un tel faisceau convergent d'indices incite donc à penser que la prétendue lettre aurait été faussement datée. Mais, si cette hypothèse est exacte, peut-on admettre que quatre ans au moins après la querelle suscitée par *La Voltairomanie*, Voltaire revienne à la charge contre Desfontaines? Le phénomène ne serait pas de nature à surprendre quiconque connaît, avec la distance critique qu'ont creusée les siècles, l'acharnement dont a pu faire preuve Voltaire au cours des multiples querelles auxquelles il s'est trouvé mêlé.[5] D'autant que les feuilles de Desfontaines font l'objet d'une attention toute particulière: la teneur du *Préservatif* en était déjà la preuve; la correspondance le confirme, par exemple lorsque Voltaire 'prie'

[3] Voir l'annotation du texte, n.15.

[4] Dans la lettre, le deuxième vers est 'Il montre des soins assidus' au lieu de 'Il fit des efforts assidus' (*A M.* ***, l.33).

[5] Pour ne retenir qu'un exemple, la polémique entamée avec Maupertuis en 1752 se prolonge, bien après la mort de l'adversaire, jusque dans les années 1770, en particulier dans les notes assassines dont Voltaire assaisonne des satires comme *Les Systèmes* (1772) ou encore le *Dialogue de Pégase et du vieillard* (1774). Voltaire n'oublie pas non plus Desfontaines, lorsque la polémique avec Fréron l'amène à réunir dans l'opprobre les deux journalistes: chacun se souvient notamment de la présentation du rédacteur de *L'Année littéraire* en 'Vermisseau né du cul de Desfontaines', dans *Le Pauvre Diable* en 1760 (M.x.103).

Moussinot de lui 'envoyer les *Observations sur les écrits modernes* depuis le nombre 225 inclusivement' (D1794). L'abbé étant ainsi mis sous surveillance, il n'est guère étonnant, une fois l'affaire de *La Voltairomanie* apaisée, de voir resurgir la polémique à la première occasion. A tout le moins, en admettant que la lettre adressée 'à M. ***' soit rédigée au plus tôt en 1743, l'éloignement temporel rendrait moins manifeste la contradiction signalée entre le discours hostile à la satire que tient Voltaire dans le *Mémoire sur la satire*, et la teneur de ce texte qui l'apparente, comme on le verra, à une lettre-pamphlet.[6]

Une autre question n'est pas aisée à résoudre: à quel 'Mémoire de Guyot Desfontaines', mentionné dans le titre et évoqué dans les premières lignes du texte, l'auteur de cette lettre fait-il allusion? Beuchot affirme, dans une note ajoutée à son édition, que 'Le *Mémoire* de Desfontaines, qui en est l'objet, fut sans doute publié dans le procès commencé à l'occasion de *La Voltairomanie*, mais qui ne fut pas continué.'[7] Mais il ne précise pas les références éventuelles de ce *Mémoire*, 'sans doute' publié. On a pu encore échafauder quelques conjectures. *La Voltairomanie* est sous-titrée *Lettre d'un jeune avocat en forme de mémoire*, et Voltaire désigne parfois, dans la correspondance, le libelle de Desfontaines par le mot 'mémoire'.[8] Se pourrait-il que le 'Mémoire de Desfontaines' dont il est ici question ne soit autre que *La Voltairomanie* elle-même? L'auteur de la lettre *A M.* *** ironise sur le fait que, dans son *Mémoire*, Desfontaines 'se dit homme de qualité', qu'il 's'intitule homme de bonnes mœurs, parce qu'il n'a été, dit-il, que peu de jours au Châtelet et à Bicêtre', qu''Enfin il pousse l'effronterie jusqu'à dire qu'il a des amis' (l.12-15 et 18). Or le 'jeune avocat' qui se prétend l'auteur de *La Voltairomanie* prend en particulier la défense de 'M. l'abbé D.F.' au sujet de l'affaire de

---

[6] Voir *OC*, t.20A, p.150-52 et, ci-dessous, le §2, 'Une lettre-pamphlet'.

[7] M.xxiii.25, n.1.

[8] Par exemple, dans la lettre à d'Argental du 5 février 1739 (D1848), Voltaire demande 'si selon sa louable coutume' d'envoyer à Frédéric tout ce qui s'écrit contre lui, Thiriot 'ne lui a point envoyé le mémoire'.

Bicêtre:[9] 'sa religion et ses bonnes mœurs sont connues', explique-t-il. 'Après 15 jours d'une disgrâce qu'il n'avait ni prévue ni méritée, il fut honorablement rendu à la société et à son emploi littéraire.' Et d'ajouter: 'Quelle douleur le magistrat ne témoigna-t-il pas plus d'une fois, de s'être laissé trop légèrement prévenir, d'avoir été, sans le savoir, l'instrument d'une basse vengeance, et de n'avoir pas connu plus tôt la naissance, le caractère et les mœurs de celui qu'il avait inconsidérément et indignement maltraité!'[10] Plus loin, il affirme que 'L'abbé D.F. est lié d'amitié avec deux ou trois chirurgiens les plus célèbres de Paris', et lui-même avoue être attaché 'à lui pour toujours' par 'les liens de l'estime, de l'amitié, et de la plus vive reconnaissance'.[11] On serait donc tenté d'établir que les deux textes se répondent, et que le 'Mémoire de Desfontaines' est bien cette *Voltairomanie* contre laquelle Voltaire ne cesse de ferrailler au début de l'année 1739. Reste que le texte adressé 'à M. ***' comporte d'autres allusions qui n'ont pas leur correspondant dans *La Voltairomanie*: à aucun moment l'auteur ne 'compare' l'abbé Desfontaines 'à Despréaux'; nulle part il ne 'dit qu'il va toujours avec un laquais', ni ne 'se défend d'avoir jamais reçu de l'argent' (*A M. ***,* l.8-9, 15 et 21). Aucun passage de *La Voltairomanie*, y compris lorsqu'on consulte la réédition de ce texte précédée d'un 'Avis au public' (Londres 1739), ne paraît susceptible d'élucider ces références, pourtant manifestement en rapport avec des déclarations de Desfontaines.[12] Aucun indice probant ne peut non plus être trouvé dans *Le Médiateur*, ouvrage que Desfontaines fait paraître dans le courant du mois de mars 1739 lorsqu'il entend, selon l'analyse de Mme Du Châtelet, 'préparer le public au désaveu qu'on exige de lui'.[13] Si enfin, comme on en

[9] Sur cette affaire, voir *OC*, t.20A, p.102 et n.55.

[10] *La Voltairomanie*, éd. M. Waddicor (Exeter 1983), p.12-13.

[11] *La Voltairomanie*, p.15 et 3.

[12] Tout en avouant ignorer 'quel est le *Mémoire* de Desfontaines dont veut parler Voltaire', Bengesco signalait déjà que 'Ce n'est pas, comme on pourrait le croire, *La Voltairomanie*' (ii.33).

[13] Mme Du Châtelet à d'Argental, 25 mars 1739 (D1955). Voir *OC*, t.20A, p.22-29.

formule l'hypothèse, la lettre est rédigée au plus tôt en 1743, il est aussi possible que Voltaire fasse allusion à un autre mémoire que l'abbé Desfontaines aurait fait paraître à l'occasion d'une querelle postérieure à celle de *La Voltairomanie*.

La solution pourrait se trouver dans le mémoire que rédige Desfontaines au cours de la querelle qui l'oppose, en 1741-1744, à l'abbé de Gourné:[14] le texte comporte en effet les éléments qui permettent d'expliquer les allusions restées jusque-là obscures.[15] L'histoire des démêlés entre Desfontaines et Gourné[16] ayant été rapportée par Thelma Morris dans son ouvrage sur Desfontaines,[17] on se limitera ici à en rappeler rapidement les jalons essentiels. A la suite de la publication, en 1741-1742, du *Géographe méthodique* de Gourné,[18] la querelle naît des comptes rendus de l'ouvrage qui paraissent dans les *Observations*.[19] Les critiques de Desfontaines suscitent, en retour, la rédaction, en juin 1743, d'une *Lettre de M. de Gourné ... à Dom Gilbert*,[20] suivie de plusieurs

[14] *Mémoire pour Pierre-François Guyot Desfontaines, prêtre du diocèse de Rouen, contre Pierre-Mathias Gourné, prieur commendataire de Taverny* ([Paris], imp. de Quillau, [1743]). Le Catalogue de la BnF restitue, semble-t-il à tort, la date de 1742; dans son ouvrage sur Desfontaines, Thelma Morris donne la date de 1744 (*L'Abbé Desfontaines et son rôle dans la littérature de son temps*, SVEC 19, 1961, p.73). On retiendra la date de 1743 qu'indiquent les éditeurs de la *Correspondance* de Mme de Graffigny (v.137, n.): Mme de Graffigny mentionne pour la première fois ce *Mémoire*, dont elle vient de faire l'acquisition, dans sa lettre à Devaux du 10 mars 1744 (lettre 666); on sait, par la réponse qu'il lui adresse le 28 mars (lettre 674), que Devaux vient à son tour de lire le *Mémoire*.

[15] On trouvera le détail de ces allusions dans l'annotation du texte.

[16] Voir la courte notice consacrée à ce personnage dans le *Dictionnaire des journalistes*, dirigé par J. Sgard, 2 vols (Oxford 1999), i.461.

[17] Voir T. Morris, *L'Abbé Desfontaines*, p.68-73.

[18] *Le Géographe méthodique, ou Introduction à la géographie ancienne et moderne, à la chronologie et à l'histoire, avec un essai sur l'histoire de la géographie*, 2 vols (Paris, J.-A. Robinot, 1741-1742).

[19] Voir, en particulier, la lettre 402 du 23 février 1742 (xxvii.275-82), et la 'Lettre d'un maître de géographie à M. l'abbé D.F.', publiée le 10 mars dans la lettre 405 (xxvii.346-56).

[20] *Lettre de M. de Gourné, ... auteur du 'Géographe méthodique', à Dom Gilbert, bénédictin de la congrégation de Saint-Maur, tant au sujet de cet ouvrage que du sieur abbé Desfontaines* (Amsterdam, F. L'Honoré, 1743).

lettres, publiées sous divers pseudonymes, qui s'en prennent à la nouvelle traduction de Virgile par Desfontaines.[21] Plusieurs mémoires prolongent la querelle: Gourné en fait paraître deux en 1743-1744;[22] Desfontaines publie aussi le sien – celui auquel fait allusion Voltaire dans le texte édité. C'est que l'affaire a pris un tour judiciaire que Desfontaines signale dans son *Mémoire*: Gourné ayant 'inséré' dans la *Lettre ... à Dom Gilbert* 'des calomnies atroces et articulé des faits imaginaires, qui attaquent la probité et la réputation de son censeur et le flétrissent, lui et sa famille', 'c'est [...] ce qui a déterminé l'abbé Desfontaines, non à répliquer à un tel adversaire [...] mais à porter sa plainte en justice, et à poursuivre régulièrement la réparation d'un si sanglant outrage'.[23] De son côté, Gourné a déjà engagé une action en justice en adressant une requête au chancelier d'Argenson:[24] après plusieurs suspensions, l'affaire sert de prétexte, avec les attaques portées par Desfontaines contre l'Académie, à la suppression, par l'arrêt du Conseil d'Etat du 6 septembre 1743, du privilège accordé aux *Observations sur les écrits modernes*.[25]

Comment Voltaire en vient-il à s'impliquer dans cette affaire qui, à l'évidence, ne le concerne guère? Quoique les éléments dont on dispose soient lacunaires, on connaît l'existence d'une lettre adressée par Gourné à Voltaire le 21 février 1743 (D2728), et la querelle entre l'auteur du *Géographe méthodique* et l'abbé Desfontaines pourrait bien éclairer le contexte de la rédaction de cette lettre,

[21] En particulier, la *Lettre de M. Le Tort, ... à M. l'abbé Guyot au sujet de la nouvelle traduction des œuvres de Virgile* (s.l. n.d. [28 juillet 1743]), que mentionne Desfontaines dans les *Observations*: voir la lettre 495 du 12 août 1743 (xxxiii.355-59).

[22] *Mémoire signifié pour Pierre de Gourné, prieur de Taverny, ... contre Pierre Guyot Desfontaines* (La Haye, P. Marteau, 1743); *Mémoire pour l'abbé de Gourné, prieur commendataire de Notre-Dame de Taverny, diocèse de Paris, défenseur et demandeur contre l'abbé Guyot, prêtre du diocèse de Rouen, demandeur et défenseur* (s.l. 1744).

[23] *Mémoire ... contre Pierre-Mathias Gourné*, p.1-2.

[24] *Requête de P.-M. Gourné, relativement aux attaques dont le 'Géographe méthodique' a été l'objet* (s.l. n.d. [17 décembre 1742]).

[25] Voir *Dictionnaire des journaux*, dirigé par J. Sgard, 2 vols (Oxford 1991), ii.1002.

inconnu au moment où Besterman éditait la correspondance.[26] Gourné écrit en effet avoir 'remis' au 'secrétaire' de Voltaire 'les papiers' qu'il avait eu 'la bonté' de lui 'confier': ils fournissent 'd'excellents matériaux' dont Gourné pourrait 'faire usage' dans son 'mémoire', 'si j'en avais', écrit-il, 'des copies authentiques que je pusse mettre entre les mains des gens du roi qui concluront mon affaire'. Il mentionne en particulier 'Le décret de prise de corps que l'abbé Desfontaines n'a pas purgé', qui 'serait un grand moyen', et rapporte ses démarches au Châtelet et à la police pour obtenir 'quelques notions sur l'affaire que l'abbé a eue à la chambre de l'Arsenal'. Il livre enfin le 'fruit' de toutes ses 'recherches':

Il parut en 1736 plusieurs libelles diffamatoires, contre l'abbé Seguy et l'Académie. Ils étaient de la façon de M. Roy. L'abbé Desfontaines avait eu part à leur publication et impression. Il fut décrété de prise de corps sur les charges et informations à la requête du procureur du roi. On commençait à instruire la contumace, et pour lors l'abbé Desfontaines, mieux conseillé, prit le parti d'avoir recours à la clémence du roi, qui lui accorda des lettres de grâce, pardon et abolition et le rétablirent dans la bonne fame et réputation. L'abbé se rendit prisonnier et subit l'interrogatoire sur la sellette et ces lettres furent entérinées. Elles sont en date du 11 mai 1736.

Gourné poursuit en demandant à Voltaire s'il aurait 'quelques pièces' à lui 'administrer' tout en l'assurant de sa discrétion: 'je vous prie d'être bien convaincu que je ne suis pas capable de vous compromettre' car 'Il est toujours disgracieux pour d'honnêtes gens de partager l'attention du public avec un sujet tel que mon adversaire'...

Cette lettre établit donc un lien entre Voltaire et Gourné, mais n'explique toujours pas pour quelles raisons Voltaire fournit ainsi au prieur de Taverny des pièces de nature à compromettre Desfontaines. L'objet des recherches de Gourné porte sur l'affaire de l'emprisonnement de Desfontaines au Châtelet en 1736, alors qu'il est suspecté d'avoir fait paraître le *Discours que doit prononcer l'abbé Séguy pour sa réception à l'Académie française*. Cela explique

[26] Voir D2728, 'Commentary'.

sans doute l'allusion, dans le texte, au fait que celui qui 's'intitule homme de bonnes mœurs' a séjourné non seulement 'à Bicêtre' mais aussi 'au Châtelet' (l.13-15). On se souvient aussi que cette affaire était mentionnée à deux reprises, en 1739, dans le *Mémoire du sieur de Voltaire*:[27] est-ce une manière de faire en sorte, en aidant Gourné dans ses démarches, que l'abbé Desfontaines soit malgré tout traîné en justice, alors que le procès que Voltaire, en rédigeant son propre mémoire, envisageait d'intenter, n'a jamais eu lieu?[28] Il n'est peut-être pas anodin que l'affaire de 1736 ait aussi trait à une élection à l'Académie française dans un contexte où, en 1743, Voltaire effectue une première tentative pour faire partie des Quarante — tentative qui s'avère infructueuse puisque, à la fin du mois de mars, c'est Paul d'Albert de Luynes, évêque de Bayeux, qui succède au défunt cardinal de Fleury. Dans une lettre écrite à d'Argental en mars-avril (D2741), Voltaire évoque l'opposition de Boyer et de Maurepas; il n'est pas interdit de penser qu'il a aussi eu vent des écrits que Desfontaines fait circuler à la même époque. En juin-juillet 1746, alors que Voltaire vient d'être élu à l'Académie, Travenol, dans une lettre adressée au lieutenant général de police Feydeau de Marville (D3432), se défend d'être 'l'auteur' ou même 'l'éditeur' de satires contre Voltaire: l'une d'entre elles — 'la pièce en prose' —, précise-t-il, 'lui avait été lue par M. l'abbé Desfontaines [en] 1743, lorsque le bruit courait que M. de Voltaire allait entrer à l'Académie'.

Une raison plus forte encore, à tout le moins mieux attestée, pourrait expliquer le regain d'hostilité à l'égard de Desfontaines. On connaît les difficultés rencontrées par Voltaire pour faire représenter *Mahomet*: la pièce, jouée avec permission tacite le 9 août 1742, est ensuite défendue par Feydeau de Marville après la troisième représentation.[29] Plusieurs éléments permettent aussi

---

[27] *OC*, t.20A, p.98 (et n.43) et 102.

[28] Voir *OC*, t.20A, p.22-29.

[29] Voir *Le Fanatisme ou Mahomet le prophète*, éd. Christopher Todd, *OC*, t.20B, p.22. Le 22 août 1742, Voltaire écrit au cardinal de Fleury (D2644): 'la cabale des convulsionnaires [...] a obtenu la suppression injurieuse d'un ouvrage public honoré de votre approbation et représenté devant les premiers magistrats de Paris'.

d'établir que Voltaire tient Desfontaines pour l'un des responsables de cette cabale. Alors que tout le monde sait 'quel bruit ont fait des gens peu philosophes, au sujet.d'une tragédie un peu philosophique', il 'supplie' ainsi le lieutenant général de police 'd'ordonner que l'abbé Desfontaines ne verse point ses poisons sur cette blessure' (D2657). L'implication de Desfontaines est confirmée par le témoignage de Mouhy qui écrit au même Feydeau de Marville, le 20 août, que 'L'abbé Desfontaines se vante que c'est à lui qu'il [Voltaire] doit la suppression de sa pièce, par les démarches qu'il a faites auprès de M. l'abbé de Fleury pour faire sentir l'indécence de sa tragédie'.[30] Voltaire ignore d'autant moins le rôle joué par Desfontaines que l'on peut lire, dans l''Avis de l'éditeur' – écrit par Voltaire, selon Ch. Todd – qui précède le texte de *Mahomet* dans l'édition de 1743, la note suivante ajoutée au récit de la 'cabale': 'Le fait est que l'abbé Desfontaines et quelques hommes aussi méchants que lui, dénoncèrent cet ouvrage comme scandaleux et impie; et cela fit tant de bruit, que le cardinal de Fleury, premier ministre, qui avait lu et approuvé la pièce, fut obligé de conseiller à l'auteur de la retirer.'[31]

S'il est avéré que Voltaire a la rancune tenace,[32] il disposait sans doute, dans un tel contexte, de motifs plus que suffisants pour réveiller une hostilité à peine calmée depuis l'affaire de *La Voltairomanie*. Sans que Voltaire soit directement en cause dans la querelle qui suscite la rédaction du *Mémoire pour Pierre-François Guyot Desfontaines ... contre Pierre-Mathias Gourné*, le texte intitulé *A M.* *** lui répond bel et bien, dans le prolongement de l'aide souterraine que Voltaire apporte à Gourné. Si le témoignage de Mme de Graffigny incite à penser que le mémoire de Desfontaines

---

[30] Témoignage rapporté par Barbier, cité par Besterman, D2644, 'Commentary'.

[31] *OC*, t.20B, n.*(b)*, p.145.

[32] Plus de quinze ans après, le 23 décembre 1760, Voltaire évoque encore, dans une lettre au marquis Francesco Albergati Capacelli (D9492), 'une cabale de canailles, et un abbé Des F........ à la tête de cette cabale au sortir de Bicêtre' qui a forcé 'le gouvernement à suspendre les représentations de *Mahomet*, joué par ordre du gouvernement'.

circule au début de l'année 1744,[33] on peut alors émettre l'hypothèse que cette lettre, datée de 'février' mais, comme on le verra, classée fautivement, par les éditeurs de Kehl, dans la correspondance de l'année 1739, pourrait bien avoir été écrite en février 1744. Ce texte a-t-il jamais été publié du vivant de Voltaire? C'est fort douteux. Il est même possible que la mort de Desfontaines, l'année suivante, ait mis (provisoirement) fin à un affrontement qui, dans les années 1742-1744, ne s'effectue que d'une manière indirecte.

Le texte intitulé *A M.* *** a ainsi connu un devenir éditorial quelque peu tortueux. On n'en connaît pas de version imprimée séparée ni de version manuscrite. En revanche, lorsqu'il apparaît pour la première fois dans les œuvres complètes de Voltaire, le texte est classé parmi la correspondance: il ne figure certes pas dans la liste des 'Lettres en prose' que comporte la *Table générale des œuvres de M. de Voltaire, sur l'édition de Genève in-8°* (Genève 1774); mais, dans l'édition de Kehl, il s'agit de la lettre LXXXI, qui prend place au sein du 'Recueil des lettres de Voltaire, 1738-1743'. Les éditions postérieures conservent le même principe de classement et l'on retrouve, par exemple, ce texte dans le volume de la 'Correspondance générale' de l'édition Cramer in-4° de 1796 (lettre CCCXXXIII). Mais c'est Beuchot qui, le premier, a décidé de placer, comme il l'écrit, 'cet opuscule [...] dans les *Mélanges*' de l'édition Lefèvre. On ne peut d'ailleurs que souscrire à ce choix, qui prend en considération le fait qu'il s'agit certes d'une lettre, mais d'une lettre dont le caractère fictif semble exhibé.

2. *Une lettre-pamphlet*

Le texte adopte bien la forme de la lettre, et il respecte l'essentiel des codes en vigueur dans la correspondance: à défaut de lieu d'émission, il comporte une date ('Février') et se conclut par une

[33] Voir ci-dessus, n.14.

formule de prise de congé ('Adieu', l.46). Mais cette prétendue lettre ne s'adresse qu'à un destinataire anonyme (M. ***), et l'auteur ne paraît pas souhaiter préciser cette identité, ni même accentuer davantage, dans le texte, la présence de ce destinataire: aucune formule liminaire ne lui est adressée et il n'est d'ailleurs jamais sollicité dans le texte. Outre la personne de Desfontaines, qui est véritablement au centre du propos, les seules mentions à des instances extérieures au système de l'énonciation renvoient à une généralité anonyme: 'Qui ne sait d'ailleurs que' (l.25), et non pas 'Vous savez d'ailleurs que'; et, à propos de Desfontaines, 'il faudrait le renvoyer à', ou 'Il faudrait encore qu'il se souvînt' (l.28 et 36). L'auteur de la lettre est en revanche très présent. Outre le rappel des circonstances dans lesquelles le 'Mémoire de Guyot Desfontaines' lui est tombé 'entre les mains', et de sa décision de le brûler, il prend aussi la parole pour se poser en témoin oculaire, par là même digne de foi, de ce qu'il avance: 'et moi je sais de science certaine que'; 'ce Lavau me l'a dit en présence de quatre personnes' (l.21-24). Le locuteur prend ainsi consistance, au point d'acquérir, sinon une identité développée, du moins un nom: la lettre est signée 'Malicourt' et, si l'on en juge par la citation qu'il produit (l.7) et par l'allusion qui suit (l.15-17),[34] ce Malicourt connaît bien son Juvénal et son Scarron; on sait également qu'il fréquente l'entourage des gens de lettres puisqu'il se présente comme un familier de Lavau. Mais l'intrusion, à la fin de la lettre, de ce nom de Malicourt, qui est un pseudonyme, renvoie rétrospectivement tout ce qui précède dans la sphère de la fiction. Encore convient-il de préciser que la fiction dont il s'agit ne relève pas de la pure invention: le discours s'ancre sur des faits connus de tous, et il prétend accréditer et renforcer l'impression référentielle par la vertu authentifiante du témoignage sans parti pris.

Cependant l'instauration d'un régime fictif d'énonciation confère également au propos qui se déploie dans le texte la liberté d'une parole proférée sous le masque. Malicourt est à Voltaire ce que le

[34] Voir l'annotation du texte, n.2 et 12.

'jeune avocat' de *La Voltairomanie* est à Desfontaines: non seulement un témoin qui, se posant comme extérieur à la querelle, peut prétendre tenir un discours d'une vérité impartiale, mais aussi peut-être, à l'inverse, un auteur fictif susceptible de porter des jugements dont l'auteur réel ne peut être tenu pour responsable. On voit dès lors comment cette lettre fictive peut devenir une lettre-pamphlet, dans laquelle celui dont on parle se trouve accablé de traits cruels et de plaisanteries odieuses. On retrouve bien, dans la lettre *A M. ***, les centres névralgiques autour desquels gravite l'argumentation de Voltaire dans le *Mémoire du sieur de Voltaire* et dans le dernier développement du *Mémoire sur la satire*, intitulé 'Examen d'un libelle diffamatoire...'. Dans chacun de ces textes, l'évocation de l'affaire de Bicêtre, par exemple, occupe une place privilégiée:[35] dans la lettre, il en est question à deux reprises, sous la plume de Malicourt et dans les vers qu'il cite de Piron et, dans les deux cas, tout comme dans le *Mémoire du sieur de Voltaire*,[36] cette affaire est associée au séjour antérieur que Desfontaines a effectué au Châtelet: soi-disant, l'abbé n'aurait été 'que peu de jours au Châtelet et à Bicêtre' (l.14-15); et, chez Piron, le même Desfontaines (l.41-42),

> Au Châtelet, au Parnasse, à Bicêtre,
> Bien fessé fut, et jamais corrigé.

La lettre de Malicourt se termine en outre par la mention, sur le mode ironique, de l'exemplarité de Desfontaines: 'Il doit bien servir d'exemple aux petits esprits qui ont un vilain cœur' (l.45-46). Et l'on a vu que l'argumentation développée dans le *Mémoire sur la satire* reposait en particulier sur la mise en évidence d'exemples et de contre-exemples, Rousseau servant notamment d''exemple' pour dénoncer l'homme de lettres qui n'a pas 'travaillé de bonne heure à dompter la perversité de ses penchants'.[37] Pourtant la lettre

---

[35] Voir *OC*, t.20A, p.102, 105-106, 109-10 et 186.

[36] L'auteur rappelle que 'le sieur abbé Desfontaines' a été 'enfermé dans une maison de force, après l'avoir été au Châtelet' (*OC*, t.20A, p.102). Voir aussi, ci-dessus, p.45-46 et n.27.

[37] *OC*, t.20A, p.176.

A M. *** paraît franchir un degré supplémentaire dans la dénonciation. Dans l'introduction du *Mémoire du sieur de Voltaire*, il est question, avec *La Voltairomanie*, du 'plus affreux libelle diffamatoire, qui ait jamais soulevé l'indignation publique'. L'idée est reprise, au début du *Mémoire sur la satire*, lorsque Voltaire évoque ce 'libelle infâme' qui a 'révolté le public'. Plus loin, à propos de Rousseau, Voltaire fait état du 'mépris' et de 'l'horreur du public' auquel il aurait 'mieux fait peut-être' d'abandonner les 'crimes' qu'il a 'attaqués' dans l'*Epître sur la calomnie*.[38] Or si, jusque-là, il n'est question que des 'crimes' de Rousseau, ou du 'libelle' de Desfontaines, c'est bien, dans la lettre de Malicourt, la personne tout entière de Desfontaines qui est présentée comme 'le mépris et l'exécration' du 'public' (l.44-45). De surcroît, loin de s'en tenir à de telles attaques *ad hominem*, Voltaire-Malicourt stigmatise aussi les mœurs de son adversaire, s'abandonnant ainsi à la 'licence' qu'il dénonce, dans le *Mémoire sur la satire*, chez les successeurs de Boileau: 'Boylau dans ses satires, quoique cruelles, avait toujours épargné les mœurs de ceux qu'il déchirait. Quelques personnes qui se mêlèrent de poésie après lui poussèrent plus loin la licence'. Dans le même développement, lorsqu'il est question des vers satiriques de Rousseau imprimés dans *La Voltairomanie*, Voltaire évoque en Desfontaines 'un homme qui tient un bureau public de ces horreurs'.[39] Malicourt présente quant à lui comme étant de notoriété publique le fait que 'dans son bureau de médisance on vendait l'éloge et la satire à tant la phrase' (l.25-26). C'est à présent non pas tant le receleur ou le colporteur qui diffuse des calomnies qui est en ligne de mire, mais plutôt la plume mercenaire qui reçoit 'de l'argent pour dire du bien ou du mal' (l.20-21).[40] Mais c'est surtout de l'homosexualité de Desfontaines

---

[38] *OC*, t.20A, p.88, 163 et 175.

[39] *OC*, t.20A, p.173 et 176.

[40] Boyer d'Argens insiste également sur la vénalité de Desfontaines: 'L'abbé Desfontaines', écrit-il, 'pour quatre louis, mettait un écrivain très médiocre à côté d'Horace et de Cicéron; et pour deux que lui donnaient les ennemis de Voltaire, ou d'un autre bon auteur, il en parlait comme de Chapelain ou de la Chaussée'

dont le pamphlétaire fait des gorges chaudes. Alors que le motif du séjour à Bicêtre n'est jamais précisé dans les deux mémoires de Voltaire, peu après avoir mentionné le titre d'‘homme de bonnes mœurs’ que se serait décerné Desfontaines, Malicourt en vient à évoquer le laquais qui, selon l'intéressé, accompagne toujours l'abbé: ‘mais il n'articule point si ce laquais hardi est devant ou derrière’, précise-t-il, avant d'ajouter que ‘ce n'est pas le cas de prétendre qu'il n'importe guère’ (l.15-17). La plaisanterie, somme toute aussi transparente que grossière,[41] est préparée par la mention de la ‘hardiesse’ du laquais, et se trouve explicitée, s'il en était besoin, par le premier vers cité de l'épigramme de Piron: ‘Il fut auteur, et sodomite, et prêtre’ (l.39). Mais il n'est pas non plus interdit de penser que Malicourt, tout comme d'ailleurs l'auteur de ces vers, invite le lecteur à opérer une lecture à double sens du verbe ‘corrompre’, qui intervient à la chute de l'autre épigramme citée quelques lignes plus haut. Il est certes question de ‘la traduction de Virgile’ qu'a commise Desfontaines, et l'auteur de l'épigramme, en affirmant, à propos de Corydon et de Virgile, que Desfontaines ‘les a tous deux corrompus’ (l.35), vise sans doute explicitement un mauvais traducteur. Pourtant, la référence à Corydon n'a rien d'anodin: outre le fait que ce personnage n'intervient que très ponctuellement dans *Les Bucoliques*, aux

---

(*Mémoires secrets de la république des lettres*, vii.84). Une semblable accusation sera notamment reprise à l'encontre de Fréron, que Voltaire présente comme le fils spirituel de Desfontaines: voir en particulier les *Anecdotes sur Fréron* (éd. J. Balcou, *OC*, t.50), p.501.

[41] Voltaire se souvient peut-être de ce trait lorsque, en 1763, il fait écrire à Jean-Jacques Lefranc de Pompignan, dans la *Relation* qu'il adresse au procureur fiscal de son village au sujet de la cérémonie de bénédiction de son église: ‘vous étiez à côté de moi dans cette superbe procession, lorsque j'étais derrière un jeune jésuite’ (M.xxiv.461). M. de l'Ecluse, quant à lui, se plaint à son curé qu'il l'a à peine remercié pour les travaux qu'il a effectués à ses dépens dans l'église du Tilloy. Et, revenant sur cette procession à la tête de laquelle se trouvait ‘un jeune jésuite’, ‘derrière lequel marchait immédiatement M. de Pompignan avec son procureur fiscal’, il ajoute: ‘Mais, monsieur, n'avons-nous pas eu aussi une procession, un procureur fiscal, et un greffier? Et s'il m'a manqué le derrière d'un jeune jésuite, cela ne peut-il pas se réparer?’ (M.xxiv.458).

chants II et VII, et que le choix aurait pu se porter sur d'autres personnages, Corydon est d'abord et avant tout un berger amoureux du 'bel Alexis' qui ne se soucie guère de lui. Cet élément, qui intervient dans un contexte manifestement surdéterminé, ne laisse guère planer de doute sur la nature de la 'corruption' qu'évoque implicitement ici Malicourt.

On le voit, la teneur de cette lettre n'est pas loin d'être injurieuse: outre les attaques portées contre l'homme et contre ses mœurs, Desfontaines fait aussi l'objet d'une animalisation dégradante lorsque Malicourt le compare à un 'hibou' (l.31). Non content de pratiquer la plaisanterie salace et la calomnie, l'auteur de la lettre n'hésite pas à se faire à son tour colporteur de médisances, en convoquant dans son texte deux épigrammes particulièrement mordantes et mortifiantes. [42] C'est dire que cette lettre-pamphlet prend le relais de ces multiples occasions au cours desquelles, comme l'écrit Piron, l'abbé a été 'Bien fessé' et s'est retrouvé 'De ridicule et d'opprobre chargé'. On est fort loin de la modération des deux mémoires dans lesquels Voltaire ne citait des vers satiriques que pour en dénoncer l'indignité. On est encore plus loin des conseils prodigués par l'auteur du *Mémoire sur la satire*, qui déplore notamment 'qu'on se soit aperçu si tard que des injures ne sont pas des raisons', que les successeurs de Boileau n'aient pas 'épargné les mœurs' de leurs adversaires, [43] et qui prétend, à son exemple, ramener les écrivains présents et futurs à la noblesse des procédés. Il est vrai que, en vertu du système énonciatif fictif mis en place dans cette lettre, Malicourt n'est pas Voltaire. Reste que, pour paraphraser le *Mémoire sur la satire*, on peut tirer de l'exemple que

[42] L'auteur de la *Lettre d'un avocat de Rouen ... au sujet du feu abbé Desfontaines* (s.l. 1746) évoque ainsi 'ces haines implacables qui ont aiguisé les traits de la satire, et qui l'ont poursuivi jusqu'au tombeau', et en particulier les 'coups mortels' que portent 'les flèches d'Apollon': 'Une épigramme ne prouve rien; mais elle laisse avec sa pointe dans notre esprit, tout le venin que le poète y a distillé; monument frivole, mais qui se grave plus sûrement dans la mémoire que sur l'airain.' 'Un seul vers de Virgile', conclut-il, 'a consacré pour jamais au mépris les noms des Bavius et des Moevius' (p.26).

[43] *OC*, t.20A, p.165 et 173.

donne ici Voltaire une règle bien sûre pour couvrir un adversaire
de ridicule et d'opprobre: oser dire de biais, sous une identité
d'emprunt et avec les mots des autres, ce que l'on ne saurait lui dire
à lui-même, ni en présence d'un tiers, ni en particulier. L'honnêteté
y perd ce que l'efficacité, peut-être, y gagne.

3. Les éditions

Comme on l'a signalé plus haut, on ne connaît pas d'édition séparée
de ce texte, donc on ne mentionne ici que les éditions majeures des
œuvres complètes qui le comportent, jusqu'à celle de Beuchot.

K84

Œuvres complètes de Voltaire. [Kehl] Société littéraire-typographique,
1784-1789. 70 tomes. in-8°.

Tome 53: 190-92.

Le texte *A M.* *** *sur le mémoire de Desfontaines* constitue la
Lettre LXXXI du 'Recueil des lettres de Voltaire, 1738-1743'. A la
suite du titre figure, entre parenthèses, la mention 'Ecrite sous le nom de
M. *Malicourt*', non reproduite dans la présente édition.

Bengesco 1573.

Oxford, Taylor: VF.

B

Œuvres de Voltaire, avec préface, avertissement, notes, etc. par
M. Beuchot. Paris, 1829-1834. 72 tomes in-8°.

Tome 38: 295-98.

C'est dans cette édition que, pour la première fois, la lettre fictive est
classée dans les *Mélanges*. Beuchot s'en explique en ces termes: 'J'ai cru
cet opuscule plus convenablement placé dans les *Mélanges* que dans la
Correspondance, où il a été jusqu'à ce jour.' La leçon de Beuchot est suivie
dans l'édition Moland (M.xxiii.25-26).

4. *Principes de cette édition*

L'édition choisie comme texte de base est K84, la première en date, même si cette lettre fictive figure indûment dans la *Correspondance*. S'agissant du texte proprement dit, on privilégie en effet la version des éditeurs de Kehl que Beuchot a dû reprendre.[44]

Traitement du texte de base

On a respecté l'orthographe des noms propres de personnes et de lieux à la seule exception de l'abbé Bordelin (l.12),[45] corrigé en 'Bordelon' conformément à la leçon donnée par Beuchot. On a supprimé les italiques qui, dans le texte de base, se trouvaient à tous les noms propres de personnes. On a respecté scrupuleusement la ponctuation. Suivant toujours Beuchot, on a toutefois déplacé la parenthèse qui, dans le texte de base, était fermée après 'célèbre' (l.30).

Par ailleurs, le texte de K84 a fait l'objet d'une modernisation portant sur la graphie et l'accentuation. Les particularités du texte de base dans ces deux domaines étaient les suivantes:

I. Particularités de la graphie

1. Le trait d'union

— présent dans: très-célèbre.

2. Majuscules

— supprimé dans: châtelet.
— supprimé dans: bicêtre.

II. Particularité d'accentuation

1. Tréma

— présent dans: poëme.

[44] D'après les papiers conservés à la Bibliothèque nationale de France (BnF n.a.fr. 25145, f.263), le titre de cette lettre se trouve parmi les ouvrages dont Beuchot ne possède pas l'édition originale.
[45] L'édition Cramer in-4° (Paris, J.-F. Bastien, 1796), mentionnée plus haut, comporte elle aussi cette erreur.

À M. *** SUR LE MÉMOIRE
DE DESFONTAINES

Février.

Le hasard m'a fait tomber entre les mains un des scandales ridicules de ce siècle: c'est le Mémoire de Guyot Desfontaines. Je l'ai brûlé, en attendant mieux. Ce serait bien la chose la plus plaisante, si ce n'était la plus révoltante, qu'un Guyot Desfontaines 5 se plaigne qu'on lui a dit des injures. [1]

Quis tulerit Gracchos de seditione querentes? [2]

J'admire la modestie de ce bon homme: il se compare à Despréaux, [3] parce qu'il a fait un livre en vers [4] et les Seconds voyages de Gulliver, [5] et l'Histoire de Pologne, [6] et des observa- 10 tions sur les écrits modernes; [7] enfin, parce qu'il a écrit autant que

[1] Le Mémoire pour Pierre-François Guyot Desfontaines ... contre Pierre-Mathias Gourné ... s'ouvre sur une distinction entre la 'critique littéraire, sérieuse ou enjouée' que pratique Desfontaines et les 'injures personnelles' dont il s'estime victime (p.2-5).

[2] Juvénal, Satires, ii.24. Traduction: 'mais qui supporterait les Gracques déplorant une sédition?' Cette satire s'en prend à l'hypocrisie des grands personnages qui se proclament philosophes tout en se livrant aux pires débauches. Quelques vers auparavant, le poète s'exclamait: 'Tu gourmandes l'immoralité, toi, l'égoût le plus signalé entre les mignons socratiques?' ('Castigas turpia, cum sis / inter Socraticos notissima fossa cinaedos?', v.9-10).

[3] Dans le Mémoire ... contre Pierre-Mathias Gourné, Desfontaines dit s'être 'exercé souvent dans le genre critique et polémique' en 'marchant sur les traces de plusieurs écrivains distingués': il est alors question de 'l'illustre Despréaux' (p.2-3).

[4] Poésies sacrées, traduites ou imitées des Psaumes (Rouen, M. Lallemant, 1717).

[5] Le Nouveau Gulliver, ou Voyage de Jean Gulliver, fils du capitaine Gulliver, traduit d'un manuscrit anglais, par M.L.D.F. (Paris, Veuve Clouzier, 1730).

[6] Histoire des révolutions de Pologne, depuis le commencement de cette monarchie jusqu'à la mort d'Auguste II (Amsterdam, F. L'Honoré, 1735). Desfontaines n'a fait que revoir cet ouvrage que l'on doit aux avocats Georgeon et Poullin.

[7] Les Observations sur les écrits modernes sont des feuilles périodiques rédigées par Desfontaines, Granet, Destrées, Mairault et Fréron, et publiées chez Chaubert entre 1735 et 1743: voir Dictionnaire des journaux, dirigé par J. Sgard (ii.999-1002). Dans le Mémoire ... contre Pierre-Mathias Gourné, Desfontaines évoque la 'vogue' que

l'abbé Bordelon.[8] Il se dit homme de qualité, parce qu'il a un frère auditeur des comptes à Rouen.[9] Il s'intitule homme de bonnes mœurs, parce qu'il n'a été, dit-il, que peu de jours au Châtelet et à Bicêtre.[10] Il dit qu'il va toujours avec un laquais,[11] mais il n'articule point si ce laquais hardi est devant ou derrière, et ce n'est pas le cas de prétendre qu'il n'importe guère.[12]

Enfin il pousse l'effronterie jusqu'à dire qu'il a des amis: c'est attaquer cruellement l'espèce humaine à laquelle il a toujours joué de si vilains tours. Il se défend d'avoir jamais reçu de l'argent pour dire du bien ou du mal;[13] et moi je sais de science certaine qu'il a

---

connaissent 'ses feuilles, lues avec avidité toutes les semaines, à Paris et dans toutes les provinces de France, et transportées jusque dans les climats les plus éloignés' (p.7).

[8] Laurent Bordelon (1653-1730), auteur d'une centaine de volumes dans des domaines très divers: théologie, morale, politique, linguistique, répertoires bibliographiques, anthologies, traductions, récits de voyages extraordinaires.

[9] Dans le *Mémoire ... contre Pierre-Mathias Gourné*, Desfontaines déclare que c'est à la demande de 'M. Guyot Desfontaines, conseiller au parlement de Normandie, neveu de l'abbé Desfontaines' qu'il consacre un article à Gourné dans les *Observations* (p.19-20). La mention est sans lien avec la 'qualité' dont se prévaut par ailleurs Desfontaines lorsqu'il évoque 'sa naissance' (p.23) et se présente comme 'un gentilhomme' (p.26).

[10] '*Attaquer personnellement* quelqu'un', écrit Desfontaines au début du *Mémoire ... contre Pierre-Mathias Gourné*, c'est l'attaquer dans son origine, dans sa naissance, dans sa famille, dans sa religion, dans ses mœurs, dans sa probité, dans son honneur' (p.5). Il s'agit de la seule mention des 'mœurs' de Desfontaines dans ce texte où il n'est évidemment pas question des séjours au Châtelet et à Bicêtre: sur ces épisodes, mentionnés dans le *Mémoire du sieur de Voltaire* et dans le *Mémoire sur la satire*, voir *OC*, t.20A, p.102 et 186.

[11] Gourné avance-t-il que 'l'abbé Desfontaines [...] a été plusieurs fois maltraité honteusement dans les rues de Paris, et a été puni par voie de fait'? 'La chose n'est pas même possible', réplique l'auteur du *Mémoire ... contre Pierre-Mathias Gourné*: 'car l'abbé Desfontaines ne sort jamais le soir sans être suivi d'un laquais' (p.26-27).

[12] Allusion à Scarron, *Dom Japhet d'Arménie*, II, 1: 'Dom Zapata Pascal / Ou Pascal Zapata, car il n'importe guère / Que Pascal soit devant ou Pascal soit derrière'.

[13] Dans le *Mémoire ... contre Pierre-Mathias Gourné*, Desfontaines repousse à plusieurs reprises cette accusation de vénalité: en particulier, écrit-il, 'Le sieur Gourné suppose témérairement et avec la plus mauvaise foi, que les libraires de

reçu une tabatière de trois louis du sieur Lavau, pour louer un petit
poème peu louable que ce Lavau avait malheureusement mis en
lumière;[14] et ce Lavau me l'a dit en présence de quatre personnes.
Qui ne sait d'ailleurs que dans son bureau de médisance on vendait   25
l'éloge et la satire à tant la phrase. Enfin Desfontaines, pour avoir le
plaisir de dire des choses uniques, loue l'abbé Desfontaines et la
traduction de Virgile;[15] sur quoi il faudrait le renvoyer à cette
petite épigramme qui a couru (et qui est, dit-on, d'un homme très

Paris avaient fait des offres d'argent au sieur Desfontaines, en cas qu'il voulût
critiquer et rabaisser le *Géographe méthodique* du sieur Gourné' (p.22, n.); un
marchandage aurait eu lieu chez le libraire Chaubert pour que Desfontaines fasse
l'éloge de la *Géographie* de Lenglet Du Fresnoy aux dépens de celle de Gourné. Des
chiffres sont aussi avancés, cités d'après les 'libelles' et 'mémoires' de Gourné: *'quatre
louis d'or'* pour l'''éloge' d'un 'demi-tome' (p.25); 'Il ose dire que l'abbé D.F. *a
autrefois vendu à un libraire pour la somme de 84 liv. des MANUSCRITS
INFÂMES, marqués au coin et au poinçon de son bureau'* (p.44).

[14] Desfontaines effectue un compte rendu assez élogieux du 'poème divisé en
deux chants' de Lavau intitulé *L'Education*, dans la lettre 260, datée du 4 juillet 1739
(*Observations*, xviii.97-106): après avoir cité deux vers dans lesquels l'auteur du
poème se fait dire par Apollon 'On ne devient jamais auteur illustre, / Lorsqu'on
commence à son dixième lustre', Desfontaines écrit que 'Chaque vers annonce un
homme grave, un esprit mûr, un génie didactique, un *dixième lustre*, mais réchauffé
par le souffle d'Apollon.' Sur la vénalité de Desfontaines, voir Morris, *L'Abbé
Desfontaines*, p.135-36.

[15] *Les Œuvres de Virgile, traduites en français, avec des remarques, par M. l'abbé
D.*, qui paraissent à Paris en 1743, et dont il est question plusieurs fois dans les
Observations. Desfontaines annonce cette nouvelle traduction dans la lettre 404 du
8 mars 1742 (xxvii.330-34) et, le 3 août 1743 (lettre 494), la parution de ce 'Virgile en
français' dans lequel 'les savants' 'trouveront beaucoup de choses neuves, et de
vraies découvertes' (xxxiii.335). Les louanges les plus fortes se trouvent dans la
lettre 477, datée du 27 avril 1743, lorsque Desfontaines rend compte de la préface des
Amours d'Enée et de Didon, poème traduit de Virgile par le président Bouhier:
l'exposé des points de désaccord avec l'auteur sur l'art de la traduction lui fournit
l'occasion de souligner, dans une digression, les mérites de sa propre traduction
(xxxii.272-75). Dans la lettre 487 (20 mai 1743), Desfontaines imprime aussi une
lettre de Bouhier, dans laquelle le président loue l'abbé de la 'politesse' avec laquelle
il a conduit sa critique, avant d'ajouter: 'Ce que je crains le plus, c'est le parallèle de
votre excellente traduction de Virgile, dont vous venez de nous donner quelques
échantillons, avec ma faible poésie' (xxxiii.154). Le *'Virgile'* est aussi mentionné
dans le *Mémoire ... contre Pierre-Mathias Gourné* (p.34 et 55).

célèbre, d'un aigle qui s'est amusé à donner des coups de bec à un 30
hibou):[16]

> Pour Corydon[17] et pour Virgile
> Il fit des efforts assidus;
> Je ne sais s'il est fort habile:
> Il les a tous deux corrompus. 35

Il faudrait encore qu'il se souvînt de cette inscription pour
mettre au bas de son effigie; elle est de Piron, qui réussit mieux en
inscriptions qu'en tragédies.[18]

> Il fut auteur, et sodomite, et prêtre,
> De ridicule et d'opprobre chargé. 40
> Au Châtelet, au Parnasse, à Bicêtre
> Bien fessé fut, et jamais corrigé.

Il prétend qu'il se raccommodera avec le chancelier:[19] cela sera

---

[16] On ignore l'auteur de cette épigramme, également citée dans D2809 (voir l'introduction), et qui est peut-être de Voltaire lui-même. Piron, dont le nom est mentionné plus loin (voir ci-dessous, n.18), a rédigé une épigramme intitulée 'Sur la traduction de Virgile': 'Pour Alexis, Corydon fut épris / D'un fol amour: il y perdit ses peines. / De ce temps-ci, Virgile est l'Alexis: / Le Corydon est l'abbé Desfontaines. / Du traducteur les amours seront vaines. / Belle vergogne en sera le guerdon. / L'auteur semblait lui jeter son lardon / Et deviner cette prose infidèle, / Quand il a dit: *Corydon! Corydon!* / Quelle marotte a brouillé ta cervelle!' (*Œuvres complètes*, éd. P. Dufay, Paris 1928-1931, viii.414).

[17] C'est au chant II des *Bucoliques* que Virgile évoque Corydon, berger amoureux d'Alexis, esclave d'un autre maître.

[18] Ce texte ne figure pas dans le répertoire des épigrammes contre l'abbé Desfontaines recensées par Pascale Verèb (voir *Alexis Piron, poète (1689-1773), ou la difficile condition d'auteur sous Louis XV*, *SVEC* 349, 1997, p.623-25). P. Verèb fait état de la querelle qui oppose Piron et Desfontaines à la suite de la publication, en 1744, d'une critique dans les *Jugements sur quelques ouvrages nouveaux*. Au cours de cette querelle, Piron a rédigé soixante épigrammes, envoyées '*quotidie*' à l'abbé (p.171-73) dont certaines n'ont pas été retrouvées.

[19] Quoique Gourné ait 'débité témérairement qu'il avait lu' sa *Lettre ... à Dom Gilbert* 'à M. le chancelier' (d'Argenson) et 'osé dire que ce grand magistrat y avait donné son approbation', 'le respect de l'abbé Desfontaines pour M. le chancelier ne l'empêcha point d'intenter une action en justice réglée, contre l'auteur et distributeur de cet écrit diffamatoire' (*Mémoire ... contre Pierre-Mathias Gourné*, p.21).

long. Mais comment se raccommodera-t-il avec le public dont il est le mépris et l'exécration? Il doit bien servir d'exemple aux petits esprits qui ont un vilain cœur. Adieu. 45

MALICOURT.

Sur la police des spectacles

Critical edition

by

David Williams

CONTENTS

INTRODUCTION

This brief essay on the hypocrisy of ecclesiastical censure of the theatre and the theatrical profession first appeared in 1745 under the title *Lettre sur les spectacles* in the sixth volume of the Ledet/Desbordes edition of Voltaire's works, published in Amsterdam between 1738 and 1750 (w38). It was reprinted, with few significant textual changes, in most of the subsequent collective editions of Voltaire's works, and soon lost its original form as a 'letter', often being printed in the collective editions in volumes of miscellaneous *mélanges*. The Kehl editors printed the text as an entry in the *Dictionnaire philosophique* (κ84, xlii.336-40), and this innovation was followed by Moland (M.xx.233-36). The precise date of composition is uncertain.

The first, and most substantial, issue raised by Voltaire in *Sur la police des spectacles* relates to the excommunication of actors and actresses, 'qui sont rois et empereurs trois ou quatre fois par semaine, et qui gouvernent l'univers pour gagner leur vie' (l.9-10). The church's authority over the theatre in this and other matters, at its height in the second half of the seventeenth century, had not diminished after the death of Louis XIV, and ecclesiastical and governmental control tended to increase under Louis XV.[1] The issue had become particularly acute for Voltaire in the controversy over the performance by the Comédie-Française of *Le Fanatisme, ou Mahomet le prophète* on 9 August 1742, a play which Cardinal de

---

[1] On the general question of ecclesiastical and political management of the theatre in eighteenth-century France, see V. Hallays-Dabot, *Histoire de la censure théâtrale en France* (Paris 1862); A. Bachman, *Censorship in France from 1715-1750* (New York 1934); W. Hanley, 'The policing of thought: censorship in eighteenth-century France', *SVEC* 183 (1980), p.265-95, at p.285-86. In 1761 Voltaire reviewed the history of theatrical developments in the context of church attitudes in the *Appel à toutes les nations de l'Europe* (M.xxiv.211-15).

Fleury had initially approved, but over which he then changed his mind as a consequence of jansenist pressure on the Paris *parlement*, leading to the withdrawal of the play after the third performance.[2]

Excommunication of the actors and the denial of other sacraments were prerogatives of the Gallican church, and applied only to the company at the Comédie-Française, Riccoboni having secured an exemption in 1716 for his own troupe at the Comédie-Italienne. In practice, many clergymen exercised flexibility in applying the ordinances, either ignoring the profession of the deceased altogether, or accepting a formal renunciation. The denial of the sacraments to the actors and actresses of the Comédie-Française had arisen with particular urgency for Voltaire on the occasion of the death of Adrienne Lecouvreur in 1730.[3] Mlle Lecouvreur, while leaving a generous legacy to the parish of Saint-Sulpice, had failed to anticipate events in her will by regularising her position with the church. In consequence, her parish priest Languet de Gergy, 'le plus faux et le plus vain de tous les hommes' (D9973), had refused to give the actress a Christian burial, or even to allow the erection of a tomb to mark her grave.

Voltaire had tried unsuccessfully to persuade the actors of the Comédie-Française to strike in protest, and four days after Mlle Lecouvreur's death Grandval gave a public reading of Voltaire's emotional homage in the form of the *Harangue prononcé le jour de la*

---

[2] See D2657. On subsequent events, including Voltaire's decision to dedicate the play to Benedict XIV in 1745, see D2674, D3128, D3192, D3193.

[3] The excommunication issue would arise again in connection with Mlle Clairon's appeal to the Paris *parlement* in 1761; see François-Charles Huerne de La Mothe, *Libertés de la France, contre le pouvoir arbitraire de l'excommunication, ouvrage dont on est spécialement redevable aux sentiments généreux et supérieurs de Mlle Clai***, contenant un mémoire en forme de dissertation sur la question de l'excommunication que l'on prétend encourue par le seul fait d'acteurs de la Comédie-Française* (Amsterdam 1761). Voltaire supported Huerne de La Mothe's advocacy of Mlle Clairon's case in *La Conversation de M. L'Intendant des menus en exercise avec m. l'abbé Grizel* (M.xxiv.239-43).

clôture du théâtre (*OC*, vol.5, p.531-38).[4] In 1732 Voltaire returned
to the issue in *La Mort de Mlle Lecouvreur*, a poem dedicated to the
dancer Marie Sallé, in which he attacked not only 'cruel priests' but
also the French theatre-going public for tolerating what he would
denounce with sharp irony some fifteen years later in *Sur la police
des spectacles* as an honour reserved only for the acting profession
and witches (l.11-12):

> Ils privent de la sépulture
> Celle qui dans la Grèce aurait eu des autels.
> Quand elle était au monde, ils soupiraient pour elle;
> Je les ai vus soumis, autour d'elle empressés:
> Sitôt qu'elle n'est plus, elle est donc criminelle?
> [...]
> Et dans un champs profane on jette à l'aventure
> De ce corps si chéri les restes immortels.[5]

The 'indignité gothique' of the church's treatment of the great
actress resurfaced in 1732 in the dedicatory epistle to *Zaïre*.[6] A year

---

[4] The *Harangue* was delivered on 24 March 1730 by C.-F.-N. Racot de Grandval,
and printed under Voltaire's name in George Wink's [*abbé* d'Allainville] *Lettre à
milord ***, sur Baron et la demoiselle Lecouvreur* (Paris, Heuqueville, 1730). It did not
appear in collective editions of Voltaire's works until 1764. See *VST*, i.208-209;
D9973. Decades later Voltaire's indignation was undiminished. On 1 May 1765,
Voltaire wrote to Mlle Clairon on the occasion of her imprisonment for participation
in an actors' strike: 'L'homme qui s'intéresse le plus à la gloire de Mlle Clairon, et à
l'honneur des beaux arts, la supplie très instamment de saisir ce moment pour
déclarer que c'est une contradiction trop absurde d'être au Fort-L'évêque si on ne
joue pas, et d'être excommunié par l'évêque si on joue; qu'il est impossible de
soutenir ce double affront, et qu'il faut enfin que les Welches se décident [...]. Que
Mlle Clairon réussisse ou ne réussisse pas elle sera révérée du public, et si elle
remonte sur le théâtre comme un esclave qu'on fait danser avec ses fers, elle perd
toute sa considération' (D12577). See H. Lagrave, 'Deux avocats des comédiens
excommuniés, Huerne de La Mothe et Voltaire: l'affaire Clairon (1761-66)', *Regard
de/sur l'étranger au XVIIIᵉ siècle*, ed. J. Mondot (Bordeaux 1985), p.69-88.
[5] *OC*, vol.5, p.558. The second quotation is a variant to lines 14-19 of the poem.
See also D407, D414.
[6] Cideville advised Voltaire against further public statements on the matter
(D549), and Voltaire was informed of the censor's disapproval (D552).

later, in Letter 23 of the *Letters concerning the English nation*, Voltaire compared the fate of her remains to the way in which the English paid honour to the celebrated actress Ann Oldfield, interred at Westminster Abbey, 'with almost the same Pomp as Sir *Isaac Newton*'.[7]

The rehabilitation of Mlle Lecouvreur was never achieved, and although the subject of her burial in unconsecrated ground beside the Seine is not mentioned explicitly in *Sur la police des spectacles*, the controversy still resonates beneath the surface of the text, and its distinctive polemical tone can be explained, at least in part, by Voltaire's raw memory of the indignities of 1730.[8] Lines 29-33, for example, clearly echo the sixth paragraph of Letter 23 of the *Letters concerning the English nation*, where Voltaire had noted: '[The English] are far from being so ridiculous as to brand with Infamy an Art which has immortaliz'd an Euripides and a Sophocles; or to exclude from the Body of their Citizens a Sett of People whose Business is to set off with the utmost grace of Speech and Action, those Pieces which the Nation is proud of'.[9]

Editions

w38 (1745)

Œuvres de Mr. de Voltaire. Amsterdam, Ledet [or] Desbordes, 1738-1750. 8 vol. 8°.

Volume 6 (1745): 344-48 Lettre sur les spectacles.

---

[7] *Letters concerning the English nation*, ed. N. Cronk (Oxford 1994), p.113. Mlle Lecouvreur had died in Voltaire's presence on 20 March 1730, and Mrs Oldfield's death occurred on 23 October of the same year. See *VST*, i.207-208.

[8] See M. I. Aliverti, 'Les acteurs en tant que gens de lettres: occasions et limites d'un combat voltairien', *Voltaire et ses combats*, ed. U. Kölving and C. Mervaud (Oxford 1997), p.1479-86; M. de Rougemont, *La Vie théâtrale en France au XVIIIᵉ siècle* (Paris 1988), p.205-12.

[9] *Letters concerning the English nation*, p.114. The text is virtually unchanged in the 1734 *Lettres philosophiques*.

Volumes 1-4 (1748-1743) of this edition, printed by Ledet, were produced under Voltaire's supervision, though later denounced by him as being inaccurate. Volumes 5-8 appeared in 1744 and volume 6 in 1745 (BnC 12). The evidence for Voltaire's participation in w38 after 1743 is unclear, but cannot be ruled out. This is the first edition of *Sur la police des spectacles*.

Bengesco 2120; Trapnell 39A; BnC 7-11.

Paris, BnF: Rés Z. Beuchot 7 (Ledet).

w43 (1745)

Œuvres de Mr. de Voltaire. Amsterdam [or] Leipzig, Arckstée et Merkus, 1743-1745. 6 vol. 8°.

Volume 6: (1745) 344-48 Lettre sur les spectacles.

This edition is identical to w38 except for place of publication and publisher, and is possibly simply a reissue of that edition. There is no evidence of Voltaire's participation.

Bengesco 2126; Trapnell 43; BnC 12.

Paris, BnF: Rés. Bengesco 469.

w46

Œuvres diverses de Monsieur de Voltaire. Nouvelle édition recueillie avec soin, enrichie de pièces curieuses et la seule qui contienne ses véritables ouvrages, avec figures en taille-douce. Londres [Trévoux], Nourse, 1746. 6 vol. 12°.

Volume 2: 472-77 Sur la police des spectacles.

Some evidence of Voltaire's participation in this edition (see BnC 25). The title changes to its final form, and variants to the first edition occur at l.44, l.47, l.67, l.71, l.81, l.94 and l.112.

Bengesco 2127; Trapnell 46; BnC 25-26.

Paris, BnF: Rés Z. Beuchot 8(4).

w48D

Œuvres de Mr. de Voltaire. Nouvelle édition, revue corrigée et considéra-blement augmentée par l'auteur, enrichie de figures en taille-douce. Dresde, Walther, 1748-1754. 10 vol. 8°.

Volume 4: 461-64 Sur la police des spectacles.

Produced with Voltaire's participation. The text of *Sur la police des spectacles* follows w46.

Bengesco 2129; Trapnell 48D; BnC 28-35.

Paris, BnF: Rés Z. Beuchot 12(4).

w51

Œuvres de M. de Voltaire. Nouvelle édition considérablement augmentée, enrichie de figures en taille-douce. [Paris, Lambert,] 1751. 11 vol. 12°.

Volume 6: 253-58 Sur la police des spectacles.

Produced with Voltaire's participation. The text of *Sur la police des spectcles* follows w46.

Bengesco 2131; Trapnell 51P; BnC 40-41.

Paris, BnF: Rés. Z Beuchot 13(6).

w52

Œuvres de Mr. de Voltaire. Nouvelle édition revue, corrigée et considérablement augmentée par l'auteur. Enrichie de figures en taille-douce. Dresde, Walther, 1752. 9 vol. 8°.

Volume 2: 403-406 Sur la police des spectacles.

Produced with Voltaire's participation. The text of *Sur la police des spectacles* follows w46.

Bengesco 2132; Trapnell 52; BnC 36-38.

Paris, BnF: Rés. Z Beuchot 14(2).

w56

Collection complette des œuvres de Mr. de Voltaire. Première édition. [Genève, Cramer,] 1756. 17 vol. 8°.

Volume 5: 235-39 Sur la police des spectacles.

The first Cramer edition produced under Voltaire's supervision. Volume 5 has *Tome Quatrième* on the title page. A copy of volume 5 of this edition was issued in 1761 (Trapnell 61G) with the title of TS61 (see also Trapnell

61P). *Sur la police des spectacles* is printed as chapter 70 in the *Mélanges de poésies, de littérature, d'histoire et de philosophie*. The last changes that Voltaire made to the text are contained in this edition. The edition was reissued with Voltaire's participation in 1757 (w57G1, w57G2).

Bengesco 2133; Trapnell 56, 57G; BnC 55-56.

Paris, BnF: Z 24580.

w57P

Œuvres de M. de Voltaire. Seconde édition considérablement augmentée, enrichies de figures en taille-douce. [Paris, Lambert,] 1757. 22 vol. 12°.

Volume 7: 341-47 Sur la police des spectacles.

Printed as chapter 42 in the *Mélanges de philosophie, de littérature et d'histoire*. This edition is based partly on w56, and was produced with Voltaire's participation. It was reprinted in twenty volumes in the same year (BnC 54, Bengesco iv, p.65). The text of *Sur la police des spectacles* follows w56 except for one variant at l.52.

Bengesco 2135; Trapnell 57P; Bnc 45-54.

Paris, BnF: Z 24648.

so58

Supplément aux œuvres de Mr. de Voltaire. Londres [Paris, Lambert], 1758. 2 vol. 12°.

Volume 2: 276-81 Sur la police des spectacles.

The text of *Sur la police des spectacles* follows w57P.

Bengesco 2132; BnC 42.

Paris, BnF: Rés. Z Beuchot 16 *bis* (2).

w64G

*Collection complete des œuvres de M. de *******. Dernière édition*. [Genève, Cramer,] 1764. 10 vol. 8°.

Volume 5 (Part 1): 235-39 Sur la police des spectacles.

A revised edition of w57G, produced with Voltaire's participation. The text of *Sur la police des spectacles* is printed as chapter 71 of the *Suite des mélanges de littérature, d'histoire et de philosophie*, and follows w56. This edition was reissued in 1770 (w70G).

Bengesco 2133; Trapnell 64, 70G; BnC 89.

Oxford, Merton College Library: 36F.

w64R (6)

Collection complette des œuvres de Monsieur de Voltaire, nouvelle édition. Amsterdam, Compagnie [Rouen, Machuel?], 1764. 22 tomes in 18 vol. 12°.

Volume 6: 89-94 Lettre sur les spectacles.

Volumes 1-12 of this edition were produced in 1748, and belong to the edition suppressed at Voltaire's request (w48R; Trapnell, p.116). Trapnell describes this edition as 'a catch-all edition with many works repeated under the same title' (Trapnell, p.124). The text of *Sur la police des spectacles* in Volume 6 follows w43 (1745) except for two variants at l.84 and l.94.

Volume 17 (Part 1): 110-14 Sur la police des spectacles.

Printed as part of the *Mélanges de littérature, d'histoire et de philosophie*. The text of *Sur la police des spectacles* in Volume 17 follows w56.

Bengesco 2136; Trapnell 64R; BnC 145-48.

Paris, BnF: Rés. Z Beuchot 26. (6, 17).

w68 (1771)

Collection complette des œuvres de M. de Voltaire. [Genève, Cramer; Paris, Panckcoucke,] 1768-1777. 30 vol. 4°.

Volume 15 (1771): 340-43 Sur la police des spectacles.

Volumes 1-24 of this edition were produced by Cramer under Voltaire's supervision. This edition was reprinted by Plomteux in Liège between 1771 and 1777 (w71). The text of *Sur la police des spectacles* is printed as part of the *Mélanges philosophiques, littéraires, historiques* and follows w56.

Bengesco 2137; Trapnell 68; BnC 141-43.

Paris, BnF: Rés. m. Z 587.

W72P

Œuvres de Monsieur de V***. Neuchâtel: De l'Imprimerie de la Société. [Paris, Panckoucke,] 1771-1777. 34 or 40 vol. 8° and 12°.

Volume 2 (1771): 399-406 Lettre sur la police des spectacles.

Printed as part of the *Mélanges de littérature et de critique*. The text follows w56, except for the title. There is no evidence of Voltaire's participation.

Bengesco 2140; Trapnell 72P; BnC 152-57.

Paris, BnF: Z 24791.

W72X

Collection complète des œuvres de Mr. de Voltaire. Dernière édition. [Genève, Cramer?,] 1772. 10 vol. 8°.

Volume 5 (Part 1): 235-39 Sur la police des spectacles.

Printed as chapter 71 of the *Suite des mélanges de littérature, d'histoire et de philosophie*. The text of *Sur la police des spectacles* follows w56 apart from two variants at l.22 and l.63. There is no evidence of Voltaire's participation.

Bengesco 2133; Trapnell 72X; BnC 92-10.

Paris, BnF: 16° Z 15081(5).

W70L (1773)

Collection complette des œuvres de M. de Voltaire. Lausanne, Grasset, 1770-1781. 57 vol. 8°.

Volume 31 (1773): 286-91 Sur la police des spectacles.

Printed as part of Tome 10 of the *Mélanges de philosophie, de morale et de politique*, and produced in part under Voltaire's supervision. The titlepage of this volume of *Mélanges* gives the place of publication as London and the date of publication as 1783. The text of *Sur la police des spectacles* follows w56.

Bengesco 2138; Trapnell 70L; BnC 149-50.

Oxford, Taylor: V1 1770L (31).

W75G

La Henriade, divers autres poèmes et toutes les pièces relatives à l'épopée. [Genève, Cramer & Bardin,] 1775. 37 vol. (40 vol. with the *Pièces détachées*). 8°.

Volume 33: 415-18 Sur la police des spectacles.

The *encadrée* edition, produced at least in part under Voltaire's supervision. This is the last edition of the text to be reviewed by Voltaire. The text of *Sur la police des spectacles* follows w56, but there is a significant variant at l.102 where the word 'histrions' is changed to 'historiens'.

Bengesco 2141; Trapnell 75G; BnC 158-61.

Oxford, Taylor: VF.

K84

Œuvres complètes de Voltaire. [Kehl,] Société littéraire-typographique, 1784-1789. 70 vol. 8°.

Volume 42: 336-40 Police des spectacles.

Printed as an entry in the *Dictionnaire philosophique*. This is the first issue of the Kehl edition, based in part upon Voltaire's manuscripts. The text of *Sur la police des spectacles* follows w56 (see the commentary to w75G), except for a slight change in title. Moland follows the Kehl editors in retaining the text as an entry in the *Dictionnaire philosophique* (M.xx.233-36).

Bengesco 2142; BnC 164-93.

Oxford, Taylor: VF.

Translation

The Works of M. de Voltaire. Translated from the french, with notes, historical and critical by T. Smollett, M.D., T. Franklin, M.A. and others. London, J. Newbery, R. Baldwin, W. Johnston, S. Crowder, T. Davies, J. Coote, G. Kearsley and B. Collins, 1761-1765. 25 vol. 12°.

Volume 12: 110-15 On the management of publick shows.

An accurate translation based on the text of w56.

London, BL: 831a. 13-37 (12).

Principles of this edition

The essay first appeared in 1745 (w38, vol.vi) under the title of *Lettre sur les spectacles*. It retained this title until 1746 (w46, vol.ii). Voltaire made no further changes to the text after 1756 (w56, vol.v). Apart from differences in punctuation and capitalisation the text of w56 is identical to that of w75G with the exception of l.102 where the word 'histrions' remains unchanged (see the commentary to w75G). w75G is the only collective edition printed in Voltaire's lifetime to print this change. The Kehl editors silently follow w56, as does Moland. The context suggests that 'histrions' is the more logical word to accept, but the last-minute change to 'historiens' cannot be easily dismissed as a double misprint, and has been retained. The base text is w75G.

Treatment of the base text

The spelling of names and places has been retained, but not their italicisation. The original punctuation has been respected.

Orthography has been modified to conform to modern usage:

I. Consonants
- *p* was not used in: longtems, tems.
- *s* was used in: guères.
- *t* was not used in: descendans, présens, puissans, représentans, vivans.
- *x* was used in place of *s* in: loix.
- the double consonant *nn* was not used in: solemnellement.
- a single consonant was used in: falait.

II. Vowels
- the final *e* was not used in: encor.
- *y* was used in place of *i* in: ayent.

III. Accents
1. The acute accent
- was used in place of the grave in: piéces, siécle.

2. The circumflex accent
- was used in: bâteleurs, toûjours.
- was not used in: grace, infames, théatre.

3. The diaeresis
- was used in: poëme, poësis.

IV. Capitalisation
- initial capitals were not used in: palais royal.
- *F* was used in: Flamen.
- *R* was used in the adjective: Romains.
- *V* was not used in: visigoths.

V. Various
- the abbreviation *St.* was used in: St. Pâris.
- the ampersand was used.
- the hyphen was used in: au-lieu, grands-hommes, peu-à-peu, Plût-au-ciel.
- the hyphen was not used in: palais royal.
- the cardinal number *vingt* was not pluralised in: quatre-vingt.
- *opéra* was not pluralised.
- *Euripide* was pluralised in: Euripides.
- *Sophocle* was pluralised in: Sophocles.

SUR LA POLICE DES SPECTACLES

On excommuniait autrefois les rois de France, et depuis Philippe I jusqu'à Louis VIII, tous l'ont été solennellement, de même que tous les empereurs depuis Henri IV jusqu'à Louis de Bavière inclusivement. Les rois d'Angleterre ont eu aussi une part très honnête à ces présents de la cour de Rome. C'était la folie du temps, et cette folie coûta la vie à cinq ou six cent mille hommes. Actuellement on se contente d'excommunier les représentants des monarques: ce n'est pas les ambassadeurs que je veux dire, mais les comédiens, qui sont rois et empereurs trois ou quatre fois par semaine, et qui gouvernent l'univers pour gagner leur vie.

Je ne connais guère que leur profession, et celle des sorciers, à qui on fasse aujourd'hui cet honneur. Mais comme il n'y a plus de sorciers depuis environ soixante à quatre-vingts ans, que la bonne philosophie a été connue des hommes, il ne reste plus pour victimes qu'Alexandre, César, Athalie, Polyeucte, Andromaque, Brutus, Zayre et Arlequin.

La grande raison qu'on en apporte, c'est que ces messieurs et ces dames représentent des passions. Mais si la peinture du cœur humain mérite une si horrible flétrissure, on devrait donc user d'une plus grande rigueur avec les peintres et les statuaires. Il y a beaucoup de tableaux licencieux qu'on vend publiquement, au lieu qu'on ne représente pas un seul poème dramatique qui ne soit dans la plus exacte bienséance. La Vénus du Titien et celle du Corrège sont toutes nues, et sont dangereuses en tout temps pour notre

5

10

15

20

a w38 (1745), w43 (1745), w64r (6): LETTRE SUR LES SPECTACLES
   w72p: LETTRE SUR LA POLICE DES SPECTACLES
   k84: POLICE DES SPECTACLES
17 w57p, so58: en rapporte,
22 w72x: seul poète dramatique
23 w38 (1745), w43 (1745), w46, w48d, w52, w51p, w64r (6): Titien et du Corrège

jeunesse modeste; mais les comédiens ne récitent les vers admi-   25
rables de *Cinna* que pendant environ deux heures, et avec
l'approbation du magistrat, sous l'autorité royale. Pourquoi donc
ces personnages vivants sur le théâtre sont-ils plus condamnés que
ces comédiens muets sur la toile? *Ut pictura poesis erit.*[1] Qu'auraient dit les Sophocle et les Euripide, s'ils avaient pu prévoir, qu'un   30
peuple, qui n'a cessé d'être barbare qu'en les imitant, imprimerait
un jour cette tache au théâtre, qui reçut de leur temps une si haute
gloire?

Esopus et Roscius n'étaient pas des sénateurs romains, il est vrai;
mais le flamen ne les déclarait point infâmes, et on ne se doutait pas,   35
que l'art de Térence fût un art semblable à celui de Locuste. Le
grand pape, le grand prince, Léon X, à qui on doit la renaissance de
la bonne tragédie et de la bonne comédie en Europe, et qui fit
représenter tant de pièces de théâtre dans son palais avec tant de
magnificence, ne devinait pas, qu'un jour dans une partie de la   40
Gaule, des descendants des Celtes et des Goths se croiraient en
droit de flétrir ce qu'il honorait. Si le cardinal de Richelieu eût
vécu, lui qui a fait bâtir la salle du Palais-Royal, lui à qui la France
doit le théâtre, il n'eût pas souffert plus longtemps, que l'on osât
couvrir d'ignominie ceux qu'il employait à réciter ses propres   45
ouvrages.

Ce sont les hérétiques, il le faut avouer, qui ont commencé à se
déchaîner contre le plus beau de tous les arts. Léon X ressuscitait la
scène tragique; il n'en fallait pas davantage aux prétendus
réformateurs pour crier à l'œuvre de Satan. Aussi la ville de   50
Genève et plusieurs illustres bourgades de Suisse, ont été cent
cinquante ans sans souffrir chez elles un violon. Les jansénistes qui
dansent aujourd'hui sur le tombeau de saint Pâris, à la grande

44   w38 (1745), w43 (1745), w64R (6): théâtre, n'eût pas
47   w38 (1745), w43 (1745), w64R (6): il faut l'avouer,
52   w38 (1745), w43 (1745), w46, w48D, w51, w52, w57P, so58, w64R (6): chez
eux un

[1] Horace, *Ars poetica*, l.361.

78

édification du prochain, défendirent le siècle passé à une princesse
de Conti qu'ils gouvernaient, de faire apprendre à danser à son fils,   55
attendu que la danse est trop profane. Cependant il fallait avoir
bonne grâce, et savoir le menuet; on ne voulait point de violon, et le
directeur eut beaucoup de peine à souffrir, par accommodement,
qu'on montrât à danser au prince de Conti avec des castagnettes.
Quelques catholiques un peu visigoths, de deçà les monts,   60
craignirent donc les reproches des réformateurs, et crièrent aussi
haut qu'eux; ainsi peu à peu s'établit dans notre France la mode de
diffamer César et Pompée, et de refuser certaines cérémonies à
certaines personnes gagées par le roi, et travaillant sous les yeux du
magistrat. On ne s'avisa point de réclamer contre cet abus; car qui   65
aurait voulu se brouiller avec des hommes puissants, et des
hommes du temps présent, pour Phèdre et pour les héros des
siècles passés?

On se contenta donc de trouver cette rigueur absurde, et
d'admirer toujours à bon compte les chefs-d'œuvre de notre scène.   70

Rome, de qui nous avons appris notre catéchisme, n'en use point
comme nous; elle a su toujours tempérer les lois selon les temps et
selon les besoins; elle a su distinguer les bateleurs effrontés, qu'on
censurait autrefois avec raison, d'avec les pièces de théâtre du
Trissin et de plusieurs évêques et cardinaux qui ont aidé à   75
ressusciter la tragédie. Aujourd'hui même on représente à Rome
publiquement des comédies dans des maisons religieuses. Les
dames y vont sans scandale; on ne croit point, que des dialogues
récités sur des planches soient une infamie diabolique. On a vu
jusqu'à la pièce de *George Dandin* exécutée à Rome par des   80
religieuses en présence d'une foule d'ecclésiastiques et de dames.
Les sages Romains se gardent bien surtout d'excommunier ces
messieurs qui chantent le dessus dans les opéras italiens; car en

63   w72x: diffamer et César et Pompée
67   w38 (1745), w43 (1745), w64r (6): présent, pour les
71   w38 (1745), w43 (1745), w64r (6): Rome moderne, de
72   w38 (1745), w43 (1745), w64r (6): su tempérer
80-81   w38 (1745), w43 (1745), w64r (6): des religieux en

vérité c'est bien assez d'être châtré dans ce monde, sans être encore
damné dans l'autre.   85

Dans le bon temps de Louis XIV il y avait toujours aux
spectacles qu'il donnait un banc, qu'on nommait *le banc des évêques*.
J'ai été témoin que dans la minorité de Louis XV, le cardinal de
Fleury, alors évêque de Fréjus, fut très pressé de faire revivre cette
coutume. D'autres temps, d'autres mœurs; nous sommes apparem-   90
ment bien plus sages que dans les temps où l'Europe entière venait
admirer nos fêtes; où Richelieu fit revivre la scène en France, où
Léon X fit renaître en Italie le siècle d'Auguste. Mais un temps
viendra où nos neveux, en voyant l'impertinent ouvrage du père Le
Brun contre l'art des Sophocle,[2] et les œuvres de nos grands   95
hommes, imprimés dans le même temps, s'écrieront: Est-il possible
que les Français aient pu ainsi se contredire, et que la plus absurde
barbarie ait levé si orgueilleusement la tête contre les plus belles
productions de l'esprit humain?

Saint Thomas d'Aquin, dont les mœurs valaient bien celles de   100

84   w64R (6):   d'être châtié dans
94   w64R (6):   viendra que nos

[2] Pierre Le Brun, *Discours sur la comédie, où l'on voit la réponse au théologien qui la
défend, avec l'histoire du théâtre et les sentiments des docteurs de l'Eglise, depuis le
premier siècle jusqu'à présent* (Paris, L. Guérin et J. Boudot, 1694). This was in effect
two *discours* given by Le Brun between 26 April and 7 May 1694 to the Saint
Magloire seminary. Written as a response to Boursault's 1694 *Lettre d'un théologien*,
Le Brun's treatise, in which the theatre had been condemned as being anti-Christian,
was republished subsequently as the *Discours sur la comédie, ou Traité historique et
dogmatique des jeux du théâtre et des autres divertissements comiques soufferts ou
condamnés depuis le premier siècle de l'église jusqu'à présent. Avec un discours sur les
pièces de théâtre, tirées de l'Ecriture Sainte*, ed. F. Granet (Paris, Delaulne, 1731). On
the background to this quarrel, see particularly Granet's preface (p.viii-xvi) and the
Premier Discours, p.1-50. In Letter 23 of the *Letters concerning the English nation*
Voltaire wrote that Le Brun had borrowed his ideas from William Prynne's *Histrio-
Matrix: The Player's scourge* [...] *wherein it is largely evidenced by divers arguments*
[...] *that popular stage-plays* [...] *are sinfull, heathenish, lewde, ungodly spectacles*
(1632); see the *Letters concerning the English nation*, p.115. The word 'impertinent' in
the reference to 'Father Le Brun's impertinent Libel against the Stage' in the closing
sentence of Letter 23 was omitted in the 1734 *Lettres philosophiques*.

Calvin et du père Quesnel; Saint Thomas, qui n'avait jamais vu de
bonne comédie, et qui ne connaissait que de malheureux historiens,
devine pourtant que le théâtre peut être utile. Il eut assez de bon
sens, et assez de justice, pour sentir le mérite de cet art, tout informe
qu'il était; il le permit, il l'approuva. Saint Charles Borromée   105
examinait lui-même les pièces qu'on jouait à Milan; il les munissait
de son approbation et de son seing.

Qui seront après cela les Visigoths qui voudront traiter
d'empoisonneurs Rodrigue et Chimène? Plût au ciel que ces
barbares ennemis du plus beau des arts eussent la piété de   110
Polyeucte, la clémence d'Auguste, le vertu de Burrhus, et qu'ils
finissent comme le mari d'Alzire!

102   W38 (1745), W43 (1745), W46, W48D, W51, W52, W56, W57P, SO58, W64G,
W64R (6), W68, W72P, W72X, W70L, K84: malheureux histrions
112   W38 (1745), W43 (1745), W64R (6): Alzire! Ce que je leur souhaite.

La Princesse de Navarre, comédie-ballet

Critical edition

by

Russell Goulbourne

CONTENTS

INTRODUCTION

La Princesse de Navarre was first performed at Versailles on 23 February 1745 as part of the celebrations to mark the wedding of the Dauphin, Louis XV's sixteen-year-old son, to María-Teresa, the eighteen-year-old daughter of Philip V of Spain. [1] It is about the attempts of the duc de Foix, a paragon among French princes, to woo Constance, an unfortunate Navarrese princess. It is set on the borders of Navarra in the fourteenth century, when France was ruled by Charles V, whose troops helped to topple Don Pedro, king of Castile. Constance has fled both the Castilian king, who kept her prisoner, and the duc de Foix, a family enemy whom she has never seen but who has seen her and has fallen in love with her. She takes refuge with Don Morillo, a ridiculous country baron, who is quickly attracted to her. But she is interested only in a soldier, Alamir, who, unknown to her and the other characters, is actually the duc de Foix in disguise, and who tries to woo the Princess by devising entertainments for her and by fighting against Don Pedro. The play revolves around the duc de Foix's attempts to win Constance's affections and her anxiety at falling in love with an apparent commoner. [2]

La Princesse de Navarre is one of eight plays in which Voltaire envisaged the use of music. Following *La Fête de Bélesbat* in 1725, Voltaire wrote five 'operas' between 1733 and 1745: *Tanis et Zélide, Samson, Pandore, La Princesse de Navarre* and *Le Temple de la*

---

[1] Philip V, grandson of Louis XIV, had occupied the Spanish throne since 1700, founding the dynasty of the Spanish Bourbons, who governed the kingdom of Naples (covering the southern portion of the Italian peninsula) from 1734 until Napoleon.

[2] The plot seems superficially to echo Shakespeare's *Love's labour's lost*, which is also set in Navarra and in which the king of Navarra falls in love with a French princess and tries to woo her through disguises and merriment. But the differences between Voltaire's play and Shakespeare's are so numerous and diverse as to make the possibility of influence slight.

gloire; and in 1768 he wrote two *opéras-comiques*: *Le Baron d'Otrante* and *Les Deux Tonneaux*.[3] Voltaire was clearly true to the principle that he expounds in the dedicatory epistle to *Alzire* in 1736: 'Le plus grand génie, et sûrement le plus désirable, est celui qui ne donne l'exclusion à aucun des beaux-arts. Ils sont tous la nourriture et le plaisir de l'âme: y en a-t-il dont on doive se priver?'[4]

Critical opinion, however, has not rewarded Voltaire for his efforts in writing *La Princesse de Navarre*. La Porte's sarcasm is characteristic: 'Les plus grands hommes ne réussissent pas toujours; et de médiocres écrivains font quelquefois de bonnes pièces. Corneille a fait *Agésilas*, M. de Voltaire *La Princesse de Navarre*.'[5] And Voltaire himself, writing in 1776 in his autobiographical *Commentaire historique*, dismisses his *comédie-ballet* as 'une farce de la foire'.[6]

[3] Critics usually term all these works 'operas': see R. S. Ridgway, 'Voltaire's operas', *SVEC* 189 (1980), p.119-51; M. Mat-Hasquin, 'Voltaire et l'opéra: théorie et pratique', in *L'Opéra au XVIIIe siècle* (Aix-en-Provence 1982), p.527-46; and D. J. Fletcher, 'Voltaire et l'opéra', in *L'Opéra au XVIIIe siècle*, p.547-58.

[4] *OC*, vol.14, p.109-10. His openness to all the *beaux-arts* notwithstanding, Voltaire was no musician, as he admitted to Mme Denis on 22 August 1750: 'Je ne m'y connais guère [en musique]; je n'ai jamais trop senti l'extrême mérite des doubles croches' (D4193). His attitude to music is ambivalent: he seems to have regarded it as one of man's supreme achievements, but was troubled by the arbitrary nature of taste in music, as he observed to Chabanon on 16 March 1767: 'Il y a bien de l'arbitraire dans la musique. Les oreilles, que Cicéron appelle superbes [*Orator ad M. Brutum*, xliv.150], sont fort capricieuses' (D14044). For an account of Voltaire's ideas on music, see E. Van der Straeten, *Voltaire musicien* (Paris 1878).

[5] La Porte, *Observations sur la littérature moderne* 1 (1749), p.5.

[6] M.i.89. But that *La Princesse de Navarre* should be mentioned at all is significant, for Voltaire only discusses four of his comedies, the others being *L'Enfant prodigue*, *Nanine* and *L'Ecossaise*. Duvernet will echo the *Commentaire* in his biography of Voltaire: 'Une place de gentilhomme ordinaire de la chambre du Roi, fut la récompense de cette médiocrité que Voltaire lui-même, dans ses plaisanteries, traitait de *farce de la foire*' (*La Vie de Voltaire*, Geneva 1786, p.133). Writing a year later, Condorcet will, by contrast, directly challenge Voltaire's view of his play: 'C'était juger un peu trop sévèrement *La Princesse de Navarre*, ouvrage rempli d'une galanterie noble et touchante' (*Vie de Voltaire*, ed. E. Badinter, Paris 1994, p.69).

But the play cannot be dismissed as a mere 'ouvrage de commande' or 'œuvre de circonstance',[7] as even Palissot acknowledged: 'Si la sévérité de son génie se refusait à des ouvrages de commande, tels que des divertissements de cour, la souplesse de son esprit savait y descendre, quelquefois même y jeter de l'agrément.'[8] *La Princesse de Navarre* is important for what it reveals about Voltaire's career as a court poet; about Voltaire and music, including his collaboration with Rameau; and Voltaire's debt to the seventeenth-century comic tradition, and in particular to Molière.

1. *Commission and composition*

Voltaire left Paris for Cirey on 7 April 1744. Despite claiming to delight in the château's 'délicieuse solitude', as he referred to it in a letter to count von Podewils, the Prussian envoy to the states-general, on 20 April (D2961),[9] he was nevertheless already preoccupied by *La Princesse de Navarre*. His first reference to the play comes in a letter to the same count on 2 April, shortly before leaving Paris, in which he reveals that the unfailingly charming and increasingly influential Louis François Armand de Vignerot Du Plessis, duc de Richelieu, the great-nephew of the

---

[7] But this is precisely the judgement offered, for example, by J. Van den Heuvel and E. Haeringer, 'Les librettistes de Rameau, de Pellegrin à Cahusac', *Cahiers de l'association internationale des études françaises* 41 (1989), p.177-85 (p.185).

[8] Palissot, *Le Génie de Voltaire*, in *Œuvres complètes* (Paris 1809), vi.174.

[9] See also Voltaire's letters to the marquis de Valory of 8 May 1744, in which he refers to 'la charmante solitude de Cirey' (D2971), and to Thiriot of 30 May 1744, in which he evokes 'le bonheur que je goûte dans une retraite délicieuse et dans un loisir toujours occupé des arts et de l'amitié' (D2979). In a letter to Thiriot of 11 June, he tellingly quotes the last line of the final (1738) version of *Le Mondain*: 'Je suis plus détaché que jamais du tourbillon des sots dans la douce solitude qui fait ma consolation, et si la fête de M. le dauphin ne me rapellait pas à Paris, je ne crois pas que j'y revinsse jamais. *Le paradis terrestre est où je suis.* Si vous aviez vu mon appartement, vous me croiriez plus mondain que philosophe. Je me crois pourtant plus philosophe que mondain' (D2990).

famous cardinal,[10] has commissioned him to write a play to celebrate the forthcoming marriage of the Dauphin: 'Je suis chargé de la fête, et je vais y travailler à Cirey. C'est Monsieur le duc de Richelieu qui m'a honoré de cet emploi. Il me semble qu'en travaillant pour lui sous les yeux de Madame Du Châtelet, je suis forcé de bien faire' (D2948). Doing the job well, however, was to take Voltaire a long time.[11]

Although already working on a number of other projects at the time, including *Pandore* and *La Prude*,[12] Voltaire had made a determined start on *La Princesse de Navarre*, as he tells the marquis d'Argenson on 15 April 1744, his fiftieth birthday ('C'est un assez f...u quantième'): 'Je m'occupe à présent à faire un divertissement pour un dauphin et une dauphine que je ne divertirai point. Mais je veux faire quelque chose de joli, de gai, de tendre, de digne du duc de Richelieu, l'ordonnateur de la fête' (D2956). His determination was such that, as early as 24 April, he was able to send the d'Argentals 'le premier acte, et le premier divertissement, qui doit faire bâiller Mr le dauphin et Madame la dauphine, mais qui pourra vous amuser, car il plaît à Madame Du Châtelet et vous êtes dignes

[10] See Voltaire's letter to Thiriot in May 1733, which includes the following comment on the duc de Richelieu: 'Il entend à merveille l'art de plaire. C'est de tous les arts celui qu'en général les Anglais cultivent le moins et que Monsieur de Richelieu connaît le plus' (D616). See also *Le Temple du goût*, in which Voltaire celebrates Richelieu as a patron of the arts (*OC*, vol.9, p.167). Richelieu was appointed *premier gentilhomme ordinaire de la chambre du roi* in February 1744, an honorific post which carried with it responsibility for organising theatre and music at the court, the king's so-called 'menus plaisirs'. On Richelieu's activities in the mid-1740s, see Jacques Levron, *Un Libertin fastueux: le maréchal de Richelieu* (Paris 1971), p.155-214, and Dominique de La Barre de Raillicourt, *Richelieu: le maréchal libertin* (Paris 1991), p.201-17.

[11] Lepan refers witheringly to the time taken by Voltaire: '[*La Princesse de Navarre*] l'occupa la plus grande partie de l'année 1744. Il est assez singulier que l'auteur de tragédies le plus expéditif, celui qui se vantait d'avoir fait *Zaïre* en vingt-deux jours, ait mis presque une année à la composition d'une comédie-ballet en trois actes' (*Vie politique, littéraire et morale de Voltaire*, 6th ed., Paris 1838, p.81).

[12] As early as 14 March 1744, Voltaire described himself in a letter to Mme Denis as 'surchargé de travail au sein de l'oisiveté' (D2944).

de penser comme elle'. He asks them to read it, comment on it, and then send it on to the duc de Richelieu; he also promises them that the *divertissement* from act II, which he refers to as 'la pastorale', will follow shortly: 'On le copie actuellement, et il y a apparence que vous aurez encore ce petit fardeau' (D2963). [13]

On the same day, however, he wrote to Richelieu himself, sending him a copy of act I and alluding to the fact that the duc has already had the *divertissement* from act II for a week (D2964):

Colletet envoie encore ce brimborion au cardinal duc. [14] Cette rhapsodie le trouvera probablement dans un camp entouré d'officiers, et vis-à-vis de vilains Allemands qui se soucient fort peu des amours du duc de Foix et de la princesse de Navarre. Mais votre esprit agile qui se plie à tout trouvera du temps pour songer à votre fête. [...] Pour moi, Monseigneur le duc, je crois avec la dame de Cirey que vous ne haïrez pas ce duc de Foix qui fait la guerre, qui est amoureux, qui est fourré tout jeune dans les affaires, qui combat pour sa maîtresse, qui la gagne à la pointe de l'épée, qui a de l'esprit, et qui berne les Morillo. Si vous êtes content, voulez-vous envoyer ce premier acte à Rameau? Il sera bon qu'il le lise afin que sa musique soit convenable aux paroles et aux situations, et surtout qu'il évite les longueurs dans la musique de ce premier acte; parce que ces longueurs jointes aux miennes feraient ce premier acte éternel. J'attends vos ordres sur le divertissement du second acte que je vous ai envoyé il y a huit jours. [...] C'est à vous et à messieurs les généraux à me fournir à présent le prologue.

It is clear that the subject-matter is already decided, some ten months before the performance. It is clear, too, that Richelieu is playing a key role in the creative process and that Voltaire is keen to ensure his approval for his work at every stage. Voltaire is also

[13] Voltaire will refer again to the work of 'copistes' in a letter to d'Argental of 4 August 1744, when he is reworking act III: 'Je vous dirai en passant que vous conviendrez que dans mon plan votre arrangement du troisième acte ne peut subsister. J'espère bientôt vous soumettre le tout. Mes copistes vont plus lentement que moi' (D3010).
[14] Voltaire playfully compares Richelieu to his great-uncle and himself to Guillaume Colletet, a poet and critic and one of the first members of Richelieu's Académie française.

eager to ensure that Rameau's music fits his words appropriately: this is a foretaste of troubles to come.[15]

Voltaire's concerns about his working relationship with Rameau are paralleled by his concerns about the artistic merits of his own work. Echoing his letters to d'Argenson of 15 April and to the d'Argentals of 24 April, on 8 May 1744 he confides to Cideville (D2968):

Je suis d'ailleurs presque glacé par mon ouvrage pour la cour. Je me représente un dauphin et une dauphine ayant toute autre chose à faire qu'à écouter ma rhapsodie. Comment les amuser, comment les faire rire? Moi, travailler pour la cour! J'ai peur de ne faire que des sottises. On ne réussit bien que dans des sujets qu'on a choisis avec complaisance.
         Cui lecta potenter erit res
nec facundia deseret hunc nec lucidus ordo.[16]
Molière et tous ceux qui ont travaillé de commande y ont échoué.

Working to order is a recipe for failure, Voltaire fears: he even goes so far as to entertain higher hopes for *Pandore* because it is a work of his own devising: 'J'espérerais plus de l'opéra de Prométhée parce que je l'ai fait pour moi.'[17] But it is significant that Voltaire sets his task for the first time in a literary tradition by referring to Molière.[18]

By the end of May 1744, the play was almost complete, it seems, as Voltaire sends Richelieu the third and final act. But his letter of 28 May makes it clear, through a combination of verse and prose, that he needs both more time and Richelieu's seal of approval on what he has already written (D2978):

[15] On Voltaire's problematic collaboration with Rameau, see below, 'Genre and aesthetics'.

[16] Horace, *Ars poetica*, lines 40-41 ('Whoever shall choose a theme within his range, neither speech nor clearness of order will fail him').

[17] Voltaire will reiterate his fear that his work will bore its royal audience in a letter to the marquis de Valory of 8 May 1744: 'Je resterai jusqu'au mois d'octobre dans la charmante solitude de Cirey, tandis qu'on s'égorgera en Italie, en Flandre et en Allemagne. Ensuite je viendrai faire bâiller l'infante d'Espagne et son mari' (D2971).

[18] On Voltaire's debt to, and creative reworking of, Molière's *comédies-ballets*, see below, 'Genre and aesthetics'.

> Vous qui valez mieux mille fois,
> Que cet aimable duc de Foix,
> Recevez d'un œil favorable
> Ce croquis, et ce rogaton.
> Il faudrait vous le lire à table
> Dans votre petite maison;
> Où Mars et la galanterie
> Ont fait une tapisserie
> De lauriers et de poils de con.

Vous avez dû recevoir, Monseigneur de Foix, les très informes esquisses du premier et du second acte. Lisez, si vous avez du loisir, ce troisième acte, et songez je vous supplie qu'il m'est impossible de mettre en deux mois la dernière main à un ouvrage très long, où vous voulez tout ce qui ferait la matière de plusieurs autres ouvrages. J'ai bien peur d'être avec vous comme Arlequin avec ce prince qui lui disait *fa mi ridere*.[19] Il ne peut le faire rire. Cependant si le fond de cet acte, si les divertissements, si l'intérêt qui y règne, si le mélange du tendre, du plaisant, des fêtes et de la comédie, ne trouvent pas grâce devant vous, si les couplets qui regardent la France et l'Espagne ne vous plaisent pas, je suis un homme perdu. Ah monseigneur le duc de Foix, monseigneur le cardinal de Richelieu, monsieur de Candale, laissez-moi faire, donnez-moi du temps, permettez-moi ce petit feu d'artifice qui fera un dénouement délicieux. Voyez, voulez-vous que j'envoie à Rameau les divertissements pendant que je travaillerai le reste du spectacle à tête reposée? Car on ne fait point bien quand on fait vite. Daignez me donner vos conseils et vos ordres, et soyez sûr qu'il ne me manquera que du génie.

Voltaire develops a flattering comparison between Richelieu and the duc de Foix at the same time as maintaining his self-deprecating attitude towards his own work. More interestingly, perhaps, Voltaire gives the first clear sense of the generic interest of his play, which is characterised, he says, by 'le mélange du tendre, du plaisant, des fêtes et de la comédie'. Not only is Voltaire, like Molière before him, combining spoken and sung comedy; he is also

---

[19] The allusion is to scene 6 of Louis de Boissy's *La Vie est un songe*, a *comédie héroïque* first performed at the Théâtre italien in November 1732.

experimenting with tone by mixing the comic and the sentimental.[20]

Far from receiving his seal of approval, however, Voltaire was angered by Richelieu's decision to send the drafts of *La Princesse de Navarre* to Hénault and d'Argenson, as his letter to d'Argental of 5 June 1744 reveals (D2985).[21] He begins by thanking d'Argental for his comments: 'Vous m'avez écrit, adorable ange, des choses pleines d'esprit, de goût, de bon sens, auxquelles je n'ai pas répondu, parce que j'ai toujours travaillé.' But he then proceeds to criticise Richelieu for sending Hénault and d'Argenson 'l'informe esquisse de cet ouvrage':

J'en suis très fâché, car les hommes jugent rarement si l'or est bon quand ils le voient dans la mine tout chargé de terre et de marcassite. J'écris au président pour le prévenir. J'espère qu'avec du temps et vos conseils je pourrai venir à bout de faire quelque chose de cet essai, mais je vous demande en grâce de jeter dans le feu la manuscrit que vous avez.

He subsequently responds in more detail to d'Argental's comments. Perhaps most significantly, the letter gives an invaluable insight into an early version of the play. Of the comic character Sanchette, or 'Sancette', seemingly suggested by a third party ('Je vous avertis d'ailleurs qu'on a voulu une Sanchette, ou Sancette'), he observes: 'Je la fais une enfant simple, naïve, et ayant autant de coquetterie que d'ignorance. C'est du fonds de ce caractère que je prétends tirer des situations agréables.' He then transcribes a conversation between Sanchette and Constance, which was subsequently revised and divided up, in the final version of the play, between II.ii, II.xi and III.iii, while some lines were discarded entirely.

Also on 5 June 1744, Voltaire writes to Richelieu himself

---

[20] For further discussion of this generic experimentation, see below, 'The play of tones'.

[21] Voltaire had written to Hénault on 1 June 1744, thanking him for sending him a copy of his *Nouvel Abrégé chronologique de l'histoire de France* (Paris 1744): 'Je quitte très volontiers ma fête de Versailles [*La Princesse de Navarre*] pour vous dire combien votre livre m'enchante' (D2983).

(D2986). This is an important letter, as it reveals key features of Voltaire's attitude to his work and his progress with it. He begins by thanking Richelieu for his incisive comments on his work so far: 'Vous êtes un grand critique et on ne peut prendre son thé avec plus d'esprit. Je vous admire, Monseigneur, de raisonner si bien sur mon barbouillage quand on ouvre des tranchées.' And, presumably in response to these very comments, he first promises to present the character of Don Pèdre in less crude terms and then later adds: 'A l'égard du second acte, je ferai, comme de raison, ce que vous voudrez.' The rightness of Richelieu's judgement is matched only, it seems, by that of Mme Du Châtelet, as Voltaire suggests at the end of the letter: 'Madame Du Châtelet est fort sévère, et jusqu'à présent je ne l'ai jamais vue se tromper en fait d'ouvrages d'esprit.' But there is a chink in Richelieu's armour, which Voltaire exploits, challenging him on his decision to send d'Argenson and Hénault the work that he has produced so far:

Mais comment avez-vous pu donner mes brouillons à M. d'Argenson et au président? Vous me faites périr à petit feu. Un malheureux croquis, informe, dont il ne subsistera peut-être pas cent vers, qui n'était que pour vous, une idée à peine jetée sur le papier, seulement pour vous obéir, et pour savoir de vous si vous approuviez l'esquisse du bâtiment! Ils prendront cela pour la maison toute faite et ils me trouveront ridicule. [22]

---

[22] See also Voltaire's letter to d'Argenson of 6 June 1744: 'Comment diable Monsieur le duc de Richelieu a-t-il pu vous faire lire une mauvaise esquisse, un croquis informe, que je ne lui ai envoyé que par pure obéissance? Il ne s'agit pas de savoir si cela est bon, mais de prévoir si on en pourra tirer quelque chose de bon. Et c'est, Monseigneur, ce que je vous demande en grâce de prévoir, si vous m'aimez. Mais comment avez-vous le temps de lire cette bagatelle? Soyez béni entre tous les ministres d'aimer les beaux-arts au milieu de la guerre. C'est un mérite bien rare, et qui prouve bien qu'on est au-dessus de son emploi. [...] Je vous demande en grâce de me protéger auprès du duc de Foix-Richelieu et de croire que ma petite drôlerie vaut mieux que la fichue esquisse qu'on vous a montrée. Triomphez et je vous amuserai' (D2987).

That what he had written so far was indeed only a mere draft is then confirmed as Voltaire quotes four lines from what was the end of act I:

> A, V, G, R, C, G, cette énigme me gêne,
> Je veux la deviner avant la fin du jour;
> Ah! je n'aurai pas grande peine,
> Le mot de l'énigme est amour.

There is no trace of this enigma in the published text, nor of the episode of Morillo giving Constance an apple, nor of her hiding in a 'bosquet' and changing her outfit, to which Voltaire also refers. But some of the early draft evidently did survive, as Voltaire also quotes the exchange between Léonor and Constance in I.i ('Mais un homme ridicule [...] les esprits bien faits'). Voltaire goes on to explain why he has not sent Richelieu the whole work in one instalment:

C'est, ne vous déplaise, que je ne trouve pas l'esprit en écrivant aussi vite que vous en parlant; c'est que j'aimerais mieux faire deux tragédies qu'une pièce où il entre de tout, et où il faut que les genres opposés ne se nuisent point. Vous avez ordonné ce mélange, cela peut faire une fête charmante; mais, encore une fois, il faut beaucoup de temps.

Voltaire's insistence on the difficulty of his task is striking, not least because what he is striving to achieve above all, it seems, is an aesthetically unified whole: 'Il s'agit à présent', he explains to Richelieu, 'des divertissements que j'ai tâché de faire de façon qu'ils puissent convenir à tous les changements que je me réservais de faire dans la comédie.' The spoken and musical elements of the work must cohere into a unified whole. He goes further still: 'Songez que les divertissements du premier et du second acte sont des fêtes entrecoupées.'[23]

   This letter also gives further evidence of Voltaire's difficult working relationship with Rameau. Voltaire seeks Richelieu's

---

[23] For further discussion of the relationship between the spoken and musical parts of the comedy, see below, 'The play of words and music'.

advice: 'Voyez si vous voulez que j'envoie à Rameau [les divertissements] des premier et troisième actes; j'attends sur cela vos ordres, et je vous avoue d'avance que je ne crois pas avoir dans mon magasin rien de plus convenable que ceux des deux divertissements.'

Writing again to Richelieu three days later, on 8 June, Voltaire dwells further (but this time wittily and in verse) on the difficulty of his task and revives the architectural metaphor first deployed in the previous letter (D2989):

> Je crains bien qu'en cherchant de l'esprit et des traits,
> > Le bâtard de Rochebrune
> > Ne fatigue et n'importune
> Le successeur d'Armand et les esprits bien faits.

Il faut pourtant s'évertuer pour que les idées de votre maçon ne soient pas absolument indignes de l'imagination de l'architecte.

The metaphor serves to highlight a recurrent feature of Voltaire's attitude to his work: he sees himself as the poet-cum-builder who is working to someone else's designs. When writing to Richelieu, at least, Voltaire usually adopts the role with some grace, as in this letter: 'Je chercherai tant, qu'à la fin j'approcherai de vos idées. Encouragez-moi, je vous supplie.' Accordingly, since Richelieu has evidently requested 'un divertissement au second acte où il soit question du duc de Foix', Voltaire sketches out his (ultimately abandoned) plan for Moorish slaves, a fountain, cherubs and an architectural representation of Jupiter, Europa, Neptune, Calisto, Pluto and Proserpine. [24] He also discusses his ideas for the final *divertissement*: 'Voudriez-vous qu'à la fin du 3, le fonds du théâtre

---

[24] It is presumably the earlier version of this second *divertissement*, which Voltaire had described as 'la pastorale' in his letter to the d'Argentals of 24 April (D2963), that Voltaire is referring to at the end of this letter to Richelieu: 'Madame Du Châtelet regrette toujours la petite fête des bergers', before adding, presumably wary of creating the impression that Mme Du Châtelet is daring to contradict Richelieu: 'Mme Du Châtelet vous aime véritablement. Je vous le dis, c'est une très bonne femme.'

représentât les Pyrénées? L'amour leur ordonnerait de disparaître, afin de ne faire qu'un peuple de la France et de l'Espagne et on ne verrait à leur place une salle de bal, où le duc de Foix danserait avec sa dame etc.' Voltaire ends the letter on a dutifully optimistic note:

Soyez sûr que tous les divertissements seront faits avant le mois de juillet, qu'il ne faudra pas un mois à Rameau, que je travaillerai la pièce avec tout le soin possible et que je n'aurai rien fait en ma vie avec plus d'application. Mais encore une fois ne me jugez point sur cette misérable esquisse; et s'il y a quelques scènes qui vous plaisent, croyez que tout sera travaillé dans ce goût. Soyez sûr enfin que vous serez servi à point nommé, et que tout sera prêt pour votre retour.

Voltaire's optimism, of course, is founded on a very partial view of the collaborative enterprise: his role is paramount, and that of Rameau is dramatically reduced in time and significance. Voltaire's dealings with the composer still seem to be engineered through and by Richelieu, as Voltaire adds: 'Je vous demande toujours la permission d'envoyer à Rameau les autres divertissements.'

Voltaire's comfortable optimism was short-lived, however, for ten days later, on 18 June, he writes to Richelieu in strikingly different terms: 'Vous m'avez donné une terrible besogne. J'aurais mieux aimé faire une tragédie qu'un ouvrage dans le goût de celui-ci. La difficulté est presque insurmontable, mais je me flatte qu'à la fin mon zèle me sauvera' (D2991). He nevertheless encloses a draft of the prologue, which he also sent to the d'Argentals. This draft is now lost, but he describes it in sufficient detail to give at least some sense of its content:

Voici un prologue que la prise de Menin m'a inspiré.[25] Il me paraît qu'il embrasse assez naturellement le sujet de vos victoires, et celui du mariage. Peut-être l'envie de vous servir m'aveugle, mais il me paraît que Mars et Vénus viennent assez à propos, et que l'arbre chargé de trophées dont les rameaux se réunissent, fournit un des heureux corps de devise qu'on ait jamais vus.

[25] The French took Menin, in Belgium, on 7 June 1744.

However, as Voltaire goes on to observe, 'il meglio e l'inimico del bene'.[26] He reiterates his hopes and fears about the *divertissement* for act I:

Si le spectacle de ce premier acte tel qu'il est, ne fait pas un grand effet, je suis l'homme du monde le plus trompé. [...] Je ne parle que du tableau. Il est aisé de se le représenter. Y a-t-il rien de plus contrasté et de plus magnifique? J'ose dire de plus neuf? Où trouvera-t-on une femme persécutée, arrêtée par des fêtes à toutes les portes par où elle veut sortir? Songez bien que je ne prends le parti que de ce tableau, que je soutiens devoir faire un effet charmant. Croyez en l'expérience que j'ai du théâtre.

While once again bewailing the difficulty of his task – 'vous avez ordonné l'alliage des métaux' – and acknowledging that 'ce ne sont pas des morceaux qui flattent assez mon amour-propre pour m'aveugler', he nonetheless clearly sets a great deal of store by the prologue and the first *divertissement*: 'J'abandonne tout, mon style, mes scènes, mes caractères, j'insiste sur ces deux divertissements, dont je peux parler sans faire l'auteur.' And he again asks Richelieu about approaching Rameau, not least because 'Rameau presse': 'Voyez donc monseigneur si vous voulez que j'envoie à Rameau ce prologue et ces fêtes du premier acte, tandis que je travaillerai au reste. [...] Je travaillerai nuit et jour pour vous, mais encouragez-moi un peu, et fiez-vous un peu à qui vous aime et vous respecte si tendrement.'

Work continues apace in late June and early July 1744, so much so that Voltaire contracts a fever, as Mme Du Châtelet tells Cideville on 7 July (D2993). The next day she writes to d'Argental to update him on progress (D2995). She recounts the visit the previous day of Hénault, a visit which gave her the opportunity to read the latest version of *La Princesse de Navarre*:

[26] Voltaire will use this unattributed phrase again at the end of the *Questions sur l'Encyclopédie* article 'Art dramatique' (M.xvii.428). See also *La Bégueule*, which begins: 'Dans ses écrits, un sage Italien / Dit que *le mieux est l'ennemi du bien*' (*OC*, vol.74A, p.217).

Nous avons eu hier le président toute la journée, mon cher ami, vous vous doutez bien que nous avons été ravis de le voir et de causer avec lui de ce ballet. Votre ami a travaillé jour et nuit jusqu'à son arrivée, et effectivement moi qui ne l'avais pas vu depuis la forme que vous avez vue en dernier lieu. J'en ai été étonnée. Je n'ai pas reconnu le 3e acte, je l'ai trouvé admirable, le président et moi nous avons pleuré, je crois qu'il n y a plus que des détails à embellir mais que le fonds de la pièce est très bien. Sanchette est devenue excellente et d'un plaisant très neuf. On transcrit la pièce et vous l'aurez incessament. A l'égard des divertissements, il y travaille encore, et il vous prie de retirer de Rameau celui qu'on lui a donné jusqu'à ce qu'il soit entièrement fini, parce que le président lui a dit que Rameau le traînait dans le ruisseau et le montrait à tout le monde, et vous sentez que cela peut faire grand tort à la pièce. Il a écrit à M. de Voltaire la même lettre qu'à vous, d'où je conclus qu'il est fou, mais pourvu qu'il ne fasse de bonne musique, à lui permis d'extravaguer.

The letter gives further evidence of Voltaire's exploitation of varied tones in the play, from the comedy of Sanchette's role to the sentimentality of act III; it also further highlights Voltaire's difficulties with Rameau, who must have been sent the *divertissement* for act I and who must have written to Voltaire and d'Argental about it.

Two days after his visit to Cirey, Hénault writes to d'Argenson on 9 July 1744, describing what happened there (D2996):

Ils sont là tous deux tout seuls, comblés de plaisirs. L'un fait des vers de son côté, et l'autre des triangles. [...] Il m'a lu sa pièce [*La Princesse de Navarre*]. J'en ai été très content. Il n'a pas omis aucun de mes conseils, ni aucune de mes corrections, et il est parvenu à être comique et touchant. Mais que dites-vous de Rameau, qui est devenu bel esprit et critique, et qui s'est mis à corriger les vers de Voltaire?

J'en ai écrit à M. de Richelieu deux fois. Ce fou-là [Rameau] a pour conseil toute la racaille des poètes. Il leur montrera l'ouvrage. L'ouvrage sera mis en pièces, déchiré, critiqué, etc., et il finira par nous donner de mauvaise musique, d'autant plus qu'il ne travaillera pas là dans son genre.

Like Du Châtelet's letter to Cideville of 7 July, this letter offers another perspective on the tones in Voltaire's play and on Rameau's seemingly disruptive role in the creative process.

Working on *La Princesse de Navarre* seems to have become increasingly taxing for Voltaire. Still unwell, he writes to count von Podewils on 10 July 1744: 'Je n'ai plus de santé, mon cher et respectable ami. J'ai épuisé le peu qui m'en restait à travailler à cette fête de notre dauphine. [...] La dauphine de France m'a sucé. Il ne me reste plus de sang poétique dans les veines' (D2997). Troubled by Voltaire's worsening health, Mme Du Châtelet tells d'Argental on 10 July 1744 that he is about to receive the latest complete version of *La Princesse de Navarre*, and she asks him, like Hénault, to give it a kind-heartedly favourable reading (D2998):

Je vous demande en grâce si vous avez de l'amitié pour moi de l'approuver cette fois-ci et de garder les critiques pour un autre temps. Je vous promets de faire faire toutes les corrections que vous voudrez, mais si vous allez paraître encore mécontent et l'accabler de critiques, vous le ferez mourir. Sa santé est dans un état affreux, il s'est chagriné, il s'est inquiété, il s'est forcé de travail, il s'est donné la fièvre, et il est dans une langueur affreuse. [...] Si dans cet état vous allez lui donner de nouvelle besogne et de nouvelles craintes que son travail ne soit pas approuvé, vous le ferez mourir et moi aussi par conséquent. Il prend les choses si vivement, vous le savez bien. Tâchez surtout que votre rapport à M. de Richelieu soit favorable, et qu'il accepte la pièce. Il embellira encore les détails quand il sera sûr qu'on la prendra, mais comment voulez-vous qu'on mette la dernière main à un ouvrage qu'on n'est pas sûr de conserver? Pour moi, tout intérêt à part, j'en suis très contente, et je crois que vous le devez être, mais je supplie que votre amitié vous engage à le paraître et à écrire à M. de Richelieu comme a fait le président, qui a été très content. Je demande la même grâce à M. de Pont de Veyle et à Mme d'Argental. [27]

---

[27] The dramatist Pont de Veyle was d'Argental's brother. D'Argental evidently bowed to Mme Du Châtelet's polite pressure, for in her letter to him of 28 July 1744, she thanks him for his tact in dealing with Voltaire over *La Princesse de Navarre*: 'En vous remerciant de tout mon cœur, mon cher ami, de la lettre que vous venez d'écrire à M. de Voltaire; elle a achevé sa guérison' (D3009).

If this letter reminds us of the intensity of Voltaire's working methods and the intimacy of his relationship with Mme Du Châtelet, it also underlines the significant role played by d'Argental as a mediator between Voltaire and Richelieu, and it highlights the importance attached to Richelieu's official approval of the play: part of the problem for Voltaire seems to have been that he did not know whether or not his play would actually be accepted.

The next day, 11 July 1744, Voltaire himself writes to d'Argental, telling him that he is sending him 'toute la pièce avec les divertissements, telle à peu près que je suis capable de la faire' and asking him to pass it on approvingly to Richelieu and to 'préparer son esprit à être content' (D2999). This letter is important, as in it Voltaire engages in detail with d'Argental's criticisms of the play, thereby fleshing out his own conception of the work. He begins by defending the character of Sanchette, originally criticised by d'Argental, as an example of theatrical innovation: 'Tenez-moi quelque compte d'avoir mis au théâtre un personnage neuf dans l'année 1744, et d'avoir dans ce personnage comique mis de l'intérêt et de la sensibilité'; he insists that her role is not 'bas' or 'grossier', but 'familier' and 'naïf'.[28] He also defends the character of Morillo as a dramatic necessity: 'Morillo est d'une nécessité absolue. Il est le père de sa fille, une fois, et on ne peut se passer de lui. Or s'il faut qu'il paraisse, je ne vois pas qu'il puisse se montrer sous un autre caractère, à moins de faire une pièce nouvelle.' D'Argental also seems to have had views on the amount of music in the play and its place in the work as a whole:

Je pourrai ajouter quelques airs aux divertissements et surtout à la fin; mais dans le cours de la pièce je me vois perdu si on souffre des divertissements trop longs. Je maintiens que la pièce est intéressante et ces divertissements n'étant point des intermèdes mais étant incorporés au sujet, et faisant parties des scènes, ne doivent être que d'une longueur qui ne refroidisse pas l'intérêt.

[28] Voltaire makes a similar point in his letter to d'Argental of 23 July 1744, in which he describes the role of Sanchette as being both 'tout neuf au théâtre' and 'comique' rather than 'bouffon' (D3006).

Voltaire's eye is again on the overall dramaturgical construction of his *comédie-ballet*. Hence his subsequent references to the novelty of 'cette musique continuellement entrelacée avec la déclamation des comédiens' and to the difficulty of working with a composer who refuses to follow the poet's lead: 'Ne pourrait-on pas lui [Richelieu] faire entendre qu'on peut réserver Rameau pour un ouvrage tout en musique?' And it is precisely this emphasis on dramaturgy that informs Voltaire's comment on the play, which he nevertheless refers to as a 'bagatelle', at the end of the same letter:

Il m'est devenu important que cette drogue soit jouée, bonne ou mauvaise. Elle n'est pas faite pour l'impression, elle produira un spectacle très brillant et très varié, elle vaut bien la princesse d'Elide et c'est tout ce qu'il faut pour le courtisan. Mais c'est aussi ce qu'il me faut, cette bagatelle est la seule ressource qui me reste, ne vous déplaise, après la démission de M. Amelot,[29] pour obtenir quelque marque de bonté qu'on me doit pour des bagatelles d'une autre espèce dans lesquelles je n'ai pas laissé de rendre service. Entrez donc un peu, mon cher ange, dans ma situation, et songez plutôt ici à votre ami qu'à l'auteur et au solide qu'à la réputation. Je ferai pourtant de mon mieux pour ne pas perdre celle-ci.

Voltaire's hard work in sending out complete drafts of the play has by this point seriously affected his health: writing to Clément on 11 July 1744, for example, he refers to 'ma très mauvaise santé et mes travaux de commande qui l'affaiblissent encore' (D3000); and writing to Laurès de Grignac on the same day, he describes himself as 'un pauvre malade, chargé d'ailleurs du difficile emploi de préparer une fête pour le mariage de M. le dauphin' (D3001). His difficulties are evidently increased by having to work with Rameau. Writing to d'Argental from Dunkerque on 15 July, Richelieu discusses the letter passed on to him by Hénault from Rameau to d'Argental, written 'pour vous faire part de la ridicule critique qu'il avait imaginé de faire ou pour mieux dire, de faire faire par les petits poéteraux d'amis, de l'ouvrage que vous lui aviez

---

[29] The allusion is to Voltaire's friend Jean-Jacques Amelot de Chaillou, minister for foreign affairs, who had been relieved of his office on 26 April 1744.

donné à mettre en musique', and he encloses two letters to be sent to Rameau, one from Richelieu himself, the other from Duport ('un huissier de la chambre du roi, bon musicien, et ami intime de Rameau'), in the hope that together they will 'prévenir les démangeaisons qui pourraient lui prendre dorénavant de faire agir cet esprit d'examen qui me paraît l'avoir possédé'; he also passes on to d'Argental the *divertissements* that have been given to Rameau, and he asks d'Argental to 'me faire copier les trois divertissements que je comptais à tous moments recevoir de Voltaire, et que je n'ai point encore vus dans la dernière forme où il les a mis' (D3003).

Rameau's ridiculousness and Voltaire's recent dispatch on 11 July are confirmed by Voltaire's letter to d'Argental of 18 July (D3004):

Ce pauvre malade attend avec impatience mon cher et très respectable ami, que vous accusiez la réception de l'énorme paquet envoyé à vos pieds. Je suppose que Mr de la Reinière vous l'a fait parvenir le 14 ou le 15 du mois, et que vous avez eu la bonté de l'envoyer à M. de Richelieu. J'ai reçu trois lettres de Rameau assez insensées, je n'ai fait réponse à aucune, d'autant plus que je savais à n'en pouvoir douter qu'il avait eu l'imprudence de montrer ces lettres à plusieurs personnes.[30]

Voltaire writes to d'Argental again five days later, on 23 July 1744, informing him that the duc de Richelieu and Hénault already have copies of what must be at least the third version since April of the *divertissement* for act II: 'Le comité peut comparer mes maures, avec mon berger qui tue les monstres tout seul pendant que l'évêque bénit les drapaux; il peut choisir, ou rejeter tout' (D3006). Evidently the decision was the latter, for no trace of this proposed action remains in the published version of the play. However, Voltaire is keen to maintain the 'feu d'artifice' in the last act, about which he had also written to Richelieu at the end of May

---

[30] He goes on to give an account of his dealings with Ballot, a Paris notary who had sought to act as a go-between between Voltaire and Rameau: 'Vous sentez mon cher ange combien son entremise eût été dangereuse.'

(D2978), despite d'Argental's misgivings: 'Mais je vous supplie de ne pas imiter les comédiens italiens [...]. Or ce serait les imiter bien pauvrement que de donner un feu d'artifice sans autre raison que l'envie de le donner. Mais que ce feu d'artifice serve à expliquer un secret, à dénouer une intrigue, alors il me semble que c'est une invention très agréable.' Like the plans for the *divertissement* in act II, this 'feu d'artifice' was to fall by the wayside, as is revealed by Voltaire's letter to d'Argental some three weeks later, on 15 September (D3030).[31] But what is nevertheless striking in Voltaire's proposals is his insistence on the importance of integrating the *divertissements* into the plot structure of the play as a whole. He returns to the point towards the end of his letter of 23 July: 'Enfin il faut se résoudre à quelque chose dans cette besogne où il y a peu d'honneur à acquérir, mais qui est très importante pour moi. Je crois que le tout formera un très beau spectacle' (D3006). And in order to achieve this kind of dramatic consistency and unity, he says, it will be necessary to ensure that Rameau is working on the very latest version of the text: Voltaire again wants to ensure that the words and the music are as one. Significantly, he also reiterates in this letter another of the important features of the play's aesthetics: 'A l'égard des autres [actes], vous sentez bien qu'il y a deux tons qui dominent: celui de la tendresse, et celui du comique.' Comedy and sentimentality are present, he implies, in equal measures and on terms which suggest creative mixing and integration.

Voltaire takes a break from *La Princesse de Navarre* in the latter part of of July, as he tells d'Argental in a letter of 27 July: 'Je laisse encore dormir ma princesse de Navarre mon cher et respectable ami, afin qu'elle endorme moins son monde, et je la reprendrai en sous-œuvre dès que le roi aura fait repasser le Rhin au prince

---

[31] He seems to resurrect the idea, however, on 18 January 1745, when he writes to the d'Argentals: 'Ayez surtout la bonté de me répondre sur le feu d'artifice. Me suis-je trompé? Cette idée ne fournit-elle pas un spectacle plein de galanterie, de magnificence et de nouveauté?' (D3066).

Charles.'[32] But despite his claim, he goes on to voice anxiety over the current state of the text, asking d'Argental if he has passed on his latest version of the *divertissements* to Rameau, whom he refers to disparagingly as 'le roi des quintes', because 'ces divertissements étaient un peu différents dans le dernier manuscrit' and, as in his previous letter, he wants to be sure that Rameau is working on the latest state of the text (D3008).

Voltaire's break from *La Princesse de Navarre* was short-lived indeed, for by 4 August 1744 he is complaining to d'Argental, who has just sent him more comments on the play, that this is 'un ouvrage extrêment difficile [...] qui demanderait plus de six mois d'un travail continu pour être tolérable' (D3010). He is conscious of having written the *divertissements* at great speed, and he is worried that Richelieu wants to organise rehearsals prematurely: 'S'il veut tout précipiter, il gâtera tout. Il a déjà fait assez de tort à la pièce en me forçant d'en faire le plan en un jour chez lui à Versailles.' Setting about revising act III in particular and the *divertissements* more generally, his mind turns to the question of the dramaturgical coherence of words and music (he has recourse twice to the imagery of suffocation), and, unsurprisingly, to the problem of collaborating with Rameau:

Il faut bien prendre garde que les ballets de la pièce n'étouffent l'intérêt, je dis le grand intérêt que j'espère y faire régner. [...] Il y a une chose que je veux encore faire juger par vous, c'est la dose de divertissement qui doit entrer dans ma pièce. Il ne faut pas qu'elle soit étouffée par des doubles croches, il faut que les fêtes soient courtes pour que la pièce ne paraisse pas longue. Je ne sais si Rameau s'accommodera d'une si petite portion, d'ailleurs quel homme! Il est devenu fou; jugez-en par les critiques qu'il a faites.

He goes on to ask d'Argental to take back from Rameau his copy of the *divertissement* for act III, and, more strikingly still at this late

---

[32] An allusion to Charles de Lorraine-Armagnac (1684-1751), known as 'le prince Charles', who had been appointed *grand écuyer de France* in 1718. The French troops would cross the Rhine the following month, in August 1744.

stage, he urges him to instruct a third party to tell the duc de Richelieu that 'Rameau n'est pas du tout fait pour ce genre de divertissement en musique, lequel se mêle à tout moment avec le récit de la déclamation [...]. Encore son genre de musique n'est-il pas convenable à ces pièces mêlées telles que la mienne'.[33] Recalling the point he had made to d'Argental a month earlier (D2999), Voltaire argues that whilst Rameau may be an ideal composer of operatic works that are entirely sung, as *Le Temple de la gloire* will be, works that combine music with spoken dramatic action are better suited to composers such as François Francœur and Rebel: 'Je prévois qu'il sera impossible de travailler avec Rameau. Il n'est bon qu'à entendre, et point à vivre.' And perhaps Voltaire was right, for *La Princesse de Navarre* is in fact the only one of Rameau's dramatic works not to be sung throughout.

As the summer passes, Voltaire seems to grow increasingly weary of his play, referring to it as 'une plate comédie-ballet' and 'ma petite drôlerie' in a letter to the marquis d'Argenson of 8 or 9 August 1744 (D3011); and in a letter to d'Argental of 9 August, he expresses regret that he is having to work with Rameau rather than Francœur (D3012). Indeed, Rameau remains a constant bugbear: he is simply 'fou', Voltaire tells the d'Argentals on *c*.15 August (D3017); writing to Hénault on 14 September he explains, a little more sympathetically: 'Ce Rameau est aussi grand original que grand musicien. Il me mande *que j'aie à mettre en quatre vers tout ce qui est en huit, et en huit tout ce qui est en quatre.* Il est fou; mais je tiens toujours qu'il faut avoir pitié des talents' (D3029). But all sympathy seems to have gone by the next day, when he writes to d'Argental: 'Pour Rameau, je crois sa tête physiquement tournée, on dit qu'il bat sa femme, et qu'ensuite il se met au lit pour elle' (D3030). What is significant, then, is that Rameau seems to have been given a large amount of freedom in the weeks leading up to the first performance to read the text and suggest revisions.

---

[33] Writing to d'Argental on 15 September and again on 18 September 1744, Voltaire suggests that this third party should de Mme de Tencin (D3030, D3031).

That the play is still in a constant state of flux clearly emerges from Voltaire's letter to d'Argental of 10 August 1744, in which he tells him that he has (re)written two acts and two *divertissements* 'en moins de quinze jours': 'Il ne faut donc regarder tout ce que j'ai broché que comme une esquisse dessinée avec du charbon sur le mur d'une hôtellerie où on couche une nuit' (D3014). Indeed, the only settled part of the play, Voltaire suggests, is the *divertissements* for act I; the rest is still 'une ébauche'. [34]

By 13 August 1744, as he prepares to leave 'la tranquillité de Cirey pour le chaos de Paris' in order to make practical preparations for the performance of *La Princesse de Navarre* ('avoir affaire à vingt comédiens, à l'Opéra, aux danseurs, décorateurs, et tout cela'), Voltaire seems to be conscious above all of his being, quite inappropriately in his eyes, little more than the king's plaything, a means for the monarch's self-aggrandisement. He tells Mme Denis: 'Je me sens un peu honteux à mon âge de quitter ma philosophie et ma solitude pour être baladin des rois [...]. Allons, il faut partir puisque je vous verrai, et que nous nous consolerons tous deux, vous de vos pertes, et moi de la ridicule vie que je mène, toute contraire à mon humeur et à ma façon de penser' (D3015). [35]

There seems to have been a kind of play-reading at Champs, the home of Voltaire's bibliophile friend the duc de La Vallière on the Marne a few miles outside Paris, in early September 1744. Voltaire travelled there on 5 September, as he tells Mme d'Argental (D3025), and two days later he reports to her husband: 'La princesse de Navarre a fort réussi à Champs. Réussira-t-elle à Versailles? Croyez-vous seulement qu'on la joue?' (D3026). But the play is still not in its final form, for on 15 September, still at

---

[34] That this is indeed the case is illustrated by the fact that a fortnight later, on 25 August 1744, he writes to the d'Argentals to tell them that he has just sent Hénault 'deux nouveaux divertissements, qui peut-être ne vous divertiront guère, mes anges gardiens' (D3021).

[35] Echoing this letter to Mme Denis, in a poem addressed to Frederick on 2 November 1744 Voltaire mockingly refers to poets as 'les chantres boursouflés des rois' (D3040).

Champs, he writes to d'Argental to ask him to 'renvoyer notre Princesse crayonnée de votre main' (D3030). At this stage the particular bone of contention between Voltaire and d'Argental seems to be how to present the burgeoning relationship in the play between Constance and the duc de Foix: where d'Argental appears to favour immediate sentimental impact, Voltaire, significantly, favours a slow progression: 'Permettez-moi de ménager les teintes, et de ne pas prodiguer des sentiments qui doivent être ménagés et filés jusqu'à la fin.'

By 18 September 1744 the d'Argentals have given Voltaire their latest comments on the play, as his letter from Champs reveals (D3031). Mme d'Argental has seemingly voiced doubts about the character of Don Morillo, apparently on historical grounds, which Voltaire promptly and wittily dismisses: 'Ne croyez pourtant point qu'au temps de Pierre le cruel il n'y eut point de barons. Toute l'Europe en était pleine, et il y a toujours eu des barons ridicules.' He goes on to quote five lines from what will become the scene between Constance and Léonor (III.ii), and he discusses what will become the exchange between the duc de Foix and Sanchette (I.vi): while apparently accepting that the scene 'n'est pas encore aussi bien écrite qu'elle doit l'être', he declares: 'Je défie qu'on leur fasse dire autre chose que ce qu'ils disent.'

By the beginning of October 1744, Voltaire is in Paris, where life is harder than ever as preparations for the performance of *La Princesse de Navarre* gather pace and his day-to-day involvement in them increases, as he tells Berger in a letter of 7 October (D3034):

J'ai été si lutiné depuis mon retour à Paris et par mes maladies et par les fêtes que je prépare à notre dauphine; il a fallu tant faire de vers, tant en refaire, parler à tant de musiciens, de comédiens, de décorateurs, tant courir, tant m'épuiser en bagatelles, que j'avoue que je ne sais plus si j'ai répondu à une lettre que vous m'adressâtes, il y a quelque temps, au Chambonin.

Similarly Voltaire despairs, in a letter to d'Argental in October (D3035), of having to do any further work on the play:

Eh bien mon cher ange, êtes-vous un peu content? Y a-t-il quelque chose à refaire à cette maudite Princesse de Navarre? Que dit Rameau, que veut-il? Je vous demande en grâce de lui faire signifier que je ne changerai rien au divertissement sur lequel il doit travailler. Il faut enfin prendre un parti sans quoi nulle affaire ne finirait dans ce monde. Il me semble que j'ai corrigé tout ce que vous vouliez, excepté *certain ange envoyé du ciel* au 1er acte. Je crois l'avoir oublié, mais c'est une bagatelle.

Voltaire must have made up for this memory lapse at some point, though, as the line is not found in any published version of the play.

Despite Voltaire's desire to be done with *La Princesse de Navarre*, it is still on his mind at the beginning of November 1744, as he tells count von Podewils: 'Bonsoir mon charmant ministre, il faut cacheter son paquet et aller travailler à des fêtes avec le même plaisir que vois travaillez aux plus grandes affaires' (D3041). However, his correspondence is henceforth silent on *La Princesse de Navarre* until 26 December 1744, when Voltaire writes to d'Argenson: 'Je m'occupe à présent à tâcher d'amuser par des fêtes celui que je voudrais servir par mes plaidoyers, mais j'ai bien peur d'être ni amusant, ni utile' (D3057).

By January 1745, however, the play itself appears all but finished; now it is the practical preparations for its staging that become a constant source of complaint for Voltaire. On *c.*1 January, he confides in Thiriot: 'Je deviens plus difficile de jour en jour sur mes faibles ouvrages, et le divertissement du mariage de M. le dauphin me prend toute ma pauvre âme dont l'étui est plus malade que jamais au moment où je vous écris' (D3061). On 18 January, he writes despairingly to the d'Argentals: 'On m'a enfourné dans une bouffonnerie dont j'ai peur de ne pas me tirer. Je travaille avec un dégoût extrême' (D3066). And on 31 January, writing from Versailles, he gives Cideville an account of his activities in both Versailles and Paris (D3073):

Mais ne plaindrez-vous pas un pauvre diable qui est bouffon du roi à cinquante ans, et qui est plus embarrassé avec les musiciens, les décorateurs, les comédiens, les comédiennes, les chanteurs, les danseurs, que ne le seront les huit ou neuf électeurs pour se faire un césar allemand? [36] Je cours de Paris à Versailles, je fais des vers en chaise de poste. [...] Je cours à Paris pour une répétition, je reviens pour une décoration.

The play had its final rehearsal, according to the *Mercure de France*,[37] on 19 February in advance of its performance on 23 February.[38]

2. *Performance and propaganda*

The performance of *La Princesse de Navarre* was just one part of much bigger celebrations to mark the Dauphin's marriage. The festivities at Versailles in February and March 1745 were the first major celebrations of Louis XV's reign, and they were paralleled by carnivals throughout France.[39] The celebrations at Versailles began on 23 February, as described in the official *Gazette* of 27 February:

[36] An allusion to the death of Emperor Charles VII on 20 January 1745 and the subsequent election of Francis I.

[37] *Mercure de France*, February 1745, i.180.

[38] Voltaire's exhaustion can only have been increased by the untimely death of his brother, Armand Arouet, on 18 February, as Mme Du Châtelet's letter to Cideville of *c*.15 February suggests: 'Mr de Voltaire vous fait les plus tendres compliments. Son frère, avec qui il est raccommodé, et qui ne veut ni vivre ni mourir, l'occupe beaucoup ainsi que le mariage de Mme la dauphine' (D3075). Besterman, in his note to this letter, speculates that Voltaire probably both witnessed his brother's death and attended his funeral.

[39] In Paris, for instance, the populace was entertained to banquets in six pavilions, one in each principal district, representing Hymen, the palace of Momus and the four seasons (see the *Mercure de France*, February 1745, ii.114-32). Jean-Jacques Rousseau's view of these entertainments was more critical, as evinced by his letter to Mme de Warens of 1 March 1745: 'J'ai vu danser et sauter toute la canaille de Paris dans ces salles superbes et magnifiquement illuminées qui ont été construites dans toutes les places pour le divertissement du peuple. Jamais il ne s'était trouvé à pareille fête. Ils ont tant secoué leurs guenilles, ils ont tellement bu et se sont si pleinement piffrés que la plupart ont été malades' (*Correspondance complète*, ed. R. A. Leigh, Oxford 1965-1998, ii.74).

A midi leurs majestés allèrent à la Chapelle, où Monseigneur le dauphin et Madame la dauphine reçurent la bénédiction nuptiale avec les cérémonies ordinaires, par les mains du cardinal de Rohan, grand aumônier de France. Le soir, le roi et la reine accompagnés de toute la cour se rendirent dans la salle qui a été préparée pour les fêtes ordonnées à l'occasion du mariage de Monseigneur le dauphin, et leurs majestés assistèrent à la représentation de la comédie intitulée *la Princesse de Navarre*, et mêlée d'intermèdes. [...] L'illumination du château et des écuries, dont toutes les parties étaient éclairées par un triple cordon de lumières et par un grand nombre de lustres et de girandoles, offrit un des plus beaux spectacles qu'on pût voir en ce genre. [40]

The performance of *La Princesse de Navarre* started shortly after 6pm and lasted for three-and-a-half hours. [41] It took place in a massive theatre constructed by the Slodtz brothers in the 'Grande Ecurie', described thus in a special supplement to the *Gazette* of 6 March 1745:

Le théâtre avait cinquante-six pieds de profondeur, et avait été construit avec le goût qu'on connaît depuis longtemps dans ceux qui ont ordonné ces préparatifs. Les peintures, la sculpture et la dorure des loges, et l'art avec lequel toute la salle était décorée et éclairée, répondaient à la magnificence du théâtre. [42]

[40] *Recueil des nouvelles ordinaires et extraordinaires* (Paris 1745), p.107.

[41] See the *Mercure de France*, February 1745, ii.84.

[42] *Recueil des nouvelles ordinaires et extraordinaires*, p.127. For a more detailed physical description of the theatre, see the *Mercure de France*, April 1745, p.150-55. See also T. Boucher, 'Rameau et les théâtres de la cour (1745-1764)', in *Jean-Philippe Rameau: colloque international*, ed. J. de La Gorce (Paris 1987), p.565-77, who notes that 'faute d'aménagement adéquat, le mariage du Dauphin fut l'occasion de renouer en 1745 avec les traditions de faste du Grand Siècle' (p.566), and B. Coeyman, 'Theatres for opera and ballet during the reigns of Louis XIV and Louis XV', *Early music* 18 (1990), p.22-37. The theatre is depicted in a contemporary engraving by C.-N. Cochin, see Fig. 3, p.170: see J. Van Heuvel, *Album Voltaire* (Paris 1983), p.126-27, and P. Beaussant, *Les Plaisirs de Versailles: théâtre et musique* (Paris 1996), p.138-39, 424-25. In fact, Cochin produced four engravings to commemorate the event (the wedding ceremony, the decor of the *salle* and theatre, the decor of the ballroom and the masked ball in the Grands Appartements), for each of which he was paid 4,000 *livres* (see Rameau, *Œuvres complètes*, ed. C. Saint-Saëns, vol.xi, Paris 1906, p.xxxi-xxxii).

The performance brought together actors from the Comédie-Française and musicians and dancers from the Académie royale de musique, also known as the Opéra: 'Les Comédiens ordinaires du roi ont rempli les rôles de la comédie, et les divertissements ont été exécutés par les acteurs chantants et dansants de l'Académie Royale, et par quelques musiciens de la Chapelle et de la Chambre.'[43] The two separate editions of the play published in 1745 reveal that the performance required ten actors,[44] fourteen solo singers, forty chorus singers and forty dancers; there were also 180 extras and a 49-piece orchestra. It necessarily demanded the best performers, with the result that the Comédie-Française and the Opéra were both simply closed from Sunday 21 February until after the first performance on Tuesday 23 February, as Barbier notes:

Il y a eu, le mardi après-midi, dans la salle d'Opéra, qui a été construite dans le manège couvert de Versailles, une représentation d'une comédie faite par Voltaire sous le titre de *la Princesse de Navarre*, avec des intermèdes exécutés par les acteurs de l'Opéra dont la musique a été faite par Rameau, en sorte que pour ces préparatifs et les répétitions, il n'y a point eu à Paris opéra ni comédie, dimanche, lundi et mardi.[45]

[43] *Mercure de France*, February 1745, ii.111.
[44] The actors' names are also listed in the *Mercure de France*, February 1745, ii.111-12.
[45] E. J. F. Barbier, *Chronique de la Régence et du règne de Louis XV (1718-1763)* (Paris 1857), iv.16. The theatres were closed again on Friday 26 February in advance of the second performance on Saturday 27 February. See H. C. Lancaster, 'The Comédie-Française, 1701-1774: plays, actors, spectators, finances', *Transactions of the American philosophical society* 41 (1951), p.593-849 (p.746), and Spire Pitou, 'The Players' return to Versailles, 1723-1757', *SVEC* 73 (1970), p.7-145, who demonstrates that the actors of the Comédie-Française made 26 trips to Versailles in February 1745, giving 47 performances of 40 plays by 20 authors (p.96-100). Lancaster's statistics reveal, interestingly, that by far the highest number of spectators at the Comédie-Française in February 1745 – namely 1062, compared to the average of 435 at the other fourteen performances that month – was recorded on Wednesday 24 February for the first performance after the temporary closure; the plays performed on that occasion were Voltaire's *Mérope* and Regnard's *Le Retour imprévu*.

In theory, the company of actors at the Comédie-Française at least was sufficiently numerous to allow performances in Paris to continue during the absence of the best actors,[46] but that the theatre could not remain open is a measure of the importance attached to the Versailles festivities.

The prologue was performed by Mlle Clairon, who made her acting debut with the Italians in 1736, aged only twelve, before being accepted at the Opéra and then at the Comédie-Française in 1743, where she enjoyed great success in tragic roles, particularly Voltaire's, playing, for example, the title role in *Zulime*, Azéma in *Sémiramis*, Electre in *Oreste*, Aurélie in *Rome sauvée*, Idamé in *L'Orphelin de la Chine*, Aménaïde in *Tancrède* and the title role in *Olympie*.

The role of Constance was played by one of Mlle Clairon's rivals, Jeanne-Catherine Gaussin. Gaussin, who performed in both tragic and comic roles, had made her debut at the Comédie-Française in 1731 as Junie in Racine's *Britannicus*; her first comic role was as Agnès in Molière's *L'Ecole des femmes*. Voltaire, who admired her acting, had entrusted her with the title role in *Zaïre* when it was first performed in 1732: it was to her and her 'grands yeux noirs' that he modestly attributed the play's success in a letter to Formont of *c*.12 September (D526), and in November 1732 he published in the *Mercure de France* an appreciative verse epistle in her honour.[47] In 1734 she performed in the title role at the première of *Adélaïde du Guesclin*, and in 1736 she played Alzire; in 1749, she would play Nanine in the première of Voltaire's comedy and in 1760 Lindane in *L'Ecossaise*.

The role of the duc de Foix was played by François-Charles Racot de Grandval, the author of libertine comedies, who had made his debut at the Comédie-Française in 1729 as Andronic in

[46] This is the source of the distinction within the company of actors between 'grands comédiens' and 'petits comédiens': see H. Lagrave, *Le Théâtre et le public à Paris de 1715 à 1750* (Paris 1972), p.292.

[47] See *OC*, vol.8, p.406-407.

Campistron's tragedy; he later took on the leading roles in both tragedies and comedies. In 1743 he played Mahomet, Egisthe in *Mérope* and Junius Brutus in *La Mort de César*; in 1748 he would play the High Priest in *Sémiramis*, and in 1749 the chevalier d'Olban in *Nanine*.

Playing opposite Gaussin and Grandval were Marie-Anne Dangeville and Arnould Poisson, who played Sanchette and Morillo respectively. Dangeville was a precocious talent, making her Comédie-Française debut in 1730, aged only fifteen, as Lisette in Gresset's *Le Médisant*. Voltaire entrusted her with the role of Tullie in *Brutus*, but she was not a total success,[48] and thereafter she devoted herself to comedy. In 1749 she would play the baronne d'Olban in *Nanine*. Poisson, who had made his debut at the Comédie-Française in 1722 as Sosie in Molière's *Amphitryon*, was known above all for performing the role of Crispin.

Léonor was played by Marie Grandval, the wife of François-Charles Racot de Grandval, who had made her debut at the Comédie-Française in 1734 as Atalide in Racine's *Bajazet*; thereafter she made her name performing the role of *grandes coquettes*. Hernand was played by Armand-François Huguet, or simply Armand, who was best known for playing Scapin and Crispin, having made his debut at the Comédie-Française in 1723 as Pasquin in Baron's *L'Homme à bonnes fortunes*; in 1760 he would perform the role of Fabrice in *L'Ecossaise*. The Officier was played by Jean Legrand, a minor actor who had a relatively undistinguished career playing *confidents*. The Alcade was played by La Thorillière who, like Legrand, was a minor actor, known for playing tragic *confidents* and comic lovers. And the gardener was played by Louis Paulin, who had only made his debut at the

---

[48] See Voltaire's letter to Dangeville of 12 December 1730 (D387), the day after the première of *Brutus*, in which he combines ecstatic praise ('Je serais à vos pieds pour vous remercier de l'honneur que vous me faites') and carefully concealed blame ('Souvenez-vous de ne rien précipiter, d'animer tout, de mêler des soupirs à votre déclamation, de mettre de grands temps').

Comédie-Française in 1741 as Pharasmane in Crébillon's *Rhada-miste et Zénobie*. He had already caught Voltaire's attention for his ability to play both both tragic tyrants and comic peasants.[49]

The *Mercure de France* of April 1745 confirms that the *maître de ballet* was Antoine Bandieri de Laval, who was in the king's service probably from 1745 to 1768; the dances were praised for their 'variété', 'goût' and 'agrément'.[50] It also reveals that 'les desseins de tous les habits de ce ballet faits à neuf et ingénieusement diversifiés ont été exécutés parfaitement par le sieur Peronnet qui en a le goût et le détail à l'Académie Royale de Musique'.[51]

The singers in the chorus, not all of whom it is possible to identify with any detail today, included Mlle Dun, who sang at the Opéra from 1721 until her death in 1756; Madeleine Tulou, who, after a spell as a soloist at the opera house in Lyon, was a member of the chorus at the Académie royale from 1741 until 1753; Person, a *basse-taille* (baritone) who was noted for his performances in Rameau's operas; Antoine Fel, also a *basse-taille* and a friend of Voltaire; and Louis-Antoine Cuvillier, a tenor who sang at the Opéra for twenty-five years, usually in comic roles, sometimes cross-casted ones, but also in allegorical roles. The soloists included Pierre de Jélyotte, the famous *haute-contre*, indeed perhaps the most famous male singer in eighteenth-century France, for whom Rameau specifically wrote a number of roles; Claude-Louis Dominique de Chassé de Chinais, who from 1730 onwards took the main *basse-taille* roles at the Opéra and was so celebrated as to be made a *musicien de la Chambre du Roi*; Albert, who had made his debt at the Académie royale in 1734 and who was usually understudy to Chassé de Chinais; La Tour, a *haute-contre*

---

[49] For further biographical information about these actors, see Henry Lyonnet, *Dictionnaire des comédiens français (ceux d'hier): biographie, bibliographie, icono-graphie* (Geneva 1969).

[50] *Mercure de France*, April 1745, p.156. See also Marie-Françoise Christout, 'Quelques interprètes de la danse dans l'opéra de Rameau', in *Jean-Philippe Rameau: colloque international*, p.533-49 (p.538).

[51] *Mercure de France*, April 1745, p.156.

who had made his debut at the Académie royale in about 1740 and was known particularly for his comic roles; François Poirier, a *haute-contre* who was for a number of years Jélyotte's understudy; the famous Marie Fel, the great friend of the *philosophes* who enjoyed great success, alongside Jélyotte and Chassé de Chinais, in all of Rameau's operas; Mlle Bourbonnais, who sang at the Opéra between 1735 and 1747; and Marie-Angélique Coupé, who sang the role of 'Amour' in a number of Rameau's operas, although in *La Princesse de Navarre* she was one of the three Graces.

The dancers included the two Javilliers brothers; Antoine Bonaventure Pitrot, a much sought-after dancer and choreographer who began his career as a soloist at the Opéra in 1741; the three Dumoulin brothers, François, Pierre and David, the latter, who danced at the Opéra from 1705 to 1751, enjoying by far the greatest sucess; the three Malter brothers, François Antoine, François Louis and François Duval; Louis Dupré, one of the Opéra's most famous dancers and the first to be known as 'le dieu de la danse'; Mlle Puvigné; Marie-Anne Cupis de Camargo, whose brilliance on stage (she first sang at the Opéra in 1726, aged only sixteen) and stormy life off it ensured her a huge popular following; and Camargo's great rival, Marie Sallé, whose innovative ideas about performance style attracted critical interest and who sang with the Académie royale for court perfomances well beyond her official retirement in 1740. [52]

An account, 'Etat de la dépense faite en l'extraordinaire des Menus Plaisirs et affaires de la Chambre du Roi pour le mariage de Monseigneur le Dauphin et fêtes ordonnées à ladite occasion', now in the Archives nationales (O¹3253), [53] gives a table of the fees

---

[52] See Voltaire's 1732 madrigal in praise of Sallé and Camargo (M.x.492). Specifically on Sallé, see M.-F. Christout, 'Quelques interprètes de la danse dans l'opéra de Rameau', p.544-46. Biographical information about the other singers and dancers is drawn from *Dictionnaire de la musique en France aux XVIIe et XVIIIe siècles*, ed. Marcelle Benoit (Paris 1992).

[53] This account is transcribed in the Rameau edition, p.xxxix-xlvi.

payed to the musicians, actors and dancers, as well as all the other people employed in staging the play. Details include 508 *livres* for the dress worn by Mlle Gaussin; 293 *livres* for the gloves worn by the performers; and 201 *livres* for a Mr Dutour, who painted the four flags used in the final *divertissement*.

The spectacle onstage was matched by that offstage and in the audience. As Cochin's engraving of the event shows, the king and the royal party faced the stage, with a large open space in front of them. The *Mercure de France* drew particular attention to this point:

Le roi se plaça au milieu de la salle ayant auprès de lui la reine, Monseigneur le dauphin et Mesdames.

On peut dire que le coup d'œil de l'assemblée formait le spectacle le plus magnifique et le plus imposant qu'il soit possible de voir. [...] Tout concourait à donner l'idée la plus auguste de la majesté et de la magnificence du souverain qui avait ordonné cette fête, et du zèle et de l'amour de la nation.[54]

The king was clearly on show, as Voltaire observed in his 'Avertissement' in the second edition of the play: 'Le roi s'est placé au milieu de la salle, environné de la famille royale, des princes et princesses de son sang, et des dames de la cour, qui formaient un spectacle beaucoup plus beau que tous ceux qu'on pouvait leur donner. Il eût été à désirer qu'un plus grand nombre de Français eût pu voir cette assemblée.' The significance of the position of the royal party was explained by one of the spectators, the duc de Luynes: 'Le roi, la reine et toute la cour étaient en bas; il y avait bien des années que le roi n'avait été à un spectacle en bas.'[55]

---

[54] *Mercure de France*, February 1745, ii.87. In its more detailed account of the evening's entertainment the following April, the *Mercure* again draws attention to the seating arrangements: '[Leurs Majestés] arrivèrent dans leur carosse avec la Famille Royale dans la salle de la comédie, et se placèrent sur une même ligne à la tête du cercle composé des Princesses et de plus de cent cinquante Dames des deux côtés sur trois rangs de pliants' (p.156).

[55] Luynes, *Mémoires sur la cour de Louis XV (1735-1758)*, ed. L. Dussieux and E. Soulié (Paris 1860-1865), vi.319.

This was the first major theatrical performance at Versailles since the 1670s: it was the ideal opportunity for Louis XV to revive the tradition of the monarch sitting centrally and parading himself before his court. Ostensibly spectators, the royal party in turn become a spectacle within the spectacle: they were watched watching a play.

Moreover, the royal family were spectators to the *mise en scène* of their own grandeur and virtue. They watched a play about love and marriage between a French noble and a Spanish princess. The play is about the attempts of the duc de Foix to win over his beloved by entertaining her, just as Louis XV was trying to impress his Spanish daughter-in-law, his court and his nation as a whole by providing them with lavish entertainment. The performance of *La Princesse de Navarre* thus becomes a sort of *mise en abîme*, a metaphorical reply to the King's role as an entertainer.

The political implications of Voltaire's *comédie-ballet* are far-reaching: *La Princesse de Navarre* was designed to make both an aesthetic and a political statement. As Voltaire sought to emulate Molière, so Louis XV sought to emulate his seventeenth-century ancestor, Louis XIV. Versailles was deserted for seven years after the Sun King's death. In 1722 Louis XV established himself there and started completing Louis XIV's plans for the 'salon d'Hercule', the 'bassin de Neptune' and the theatre. Versailles had not seen a major royal celebration since the 1670s: the wedding of the dauphin in 1745 was the first such event in the reign of Louis XV.

As in the seventeenth century, so in the eighteenth court performances offered both multi-media entertainment and political propaganda.[56] To stage an elaborate entertainment at Versailles inevitably involved, both explicitly and implicitly, praise of the king, assertion of his power and celebration of national glory.

[56] On the seventeenth-century tradition, see R. M. Isherwood, *Music in the service of the King: France in the seventeenth century* (Ithaca, NY 1973) and J.-M. Apostolidès, *Le Roi-machine: spectacle et politique au temps de Louis XIV* (Paris 1981).

Voltaire, as the author of a royal commission, recognises the role of art in politics in the 'Avertissement' to *La Princesse de Navarre*:

Le roi a voulu donner à Madame la dauphine une fête qui ne fût pas seulement un de ces spectacles pour les yeux, tels que toutes les nations peuvent les donner, et qui, passant avec l'éclat qui les accompagne ne laissent après eux aucune trace. Il a commandé un spectacle qui pût à la fois servir d'amusement à la cour, et d'encouragement aux beaux-arts, dont il sait que la culture contribue à la gloire de son royaume.[57]

La Princesse de Navarre was part of a major cultural and political event: its performance alone had propaganda value.

The political background of Voltaire's play also had significant propaganda value. The mingling of private and public, personal and political, serves both dramatic and didactic ends. The praise of Louis XV in the prologue and the final *divertissement* is the subtext of the *comédie-ballet* as a whole. The political background is slight, but nevertheless present.[58] The play is set in fourteenth-century Navarra, a kingdom of northern Spain ruled by a succession of French dynasties from the thirteenth to the sixteenth centuries. Crucially, Navarra was annexed by Henri IV in 1589 and was to remain part of France until the 1789 Revolution: it was a symbol of French control around its borders.[59] *La Princesse de Navarre*, therefore, implicitly points forward to later historical developments under Henri IV, whom Voltaire had already celebrated in *La Henriade*.

La Princesse de Navarre is set in 1369, the year of the defeat of Don Pedro, the tyrannical king of Castile from 1350 to 1369 who was finally toppled by his half-brother, Henry of Trastámara, with the help of French troops: this defeat occurs off stage in the interval

[57] This paragraph is reproduced verbatim in the *Mercure de France*, February 1745, ii.84-85.

[58] Voltaire gives a concise account of the historical context in a prefatory essay to *Don Pèdre* (M.vii.250-51). See also C. T. Allmand, *The Hundred Years War* (Cambridge 1989) and R. Neillands, *The Hundred Years War* (London 1990).

[59] Voltaire discusses the political and geographical significance of Navarra in chapters 64, 114 and 123 of his *Essai sur les mœurs* (i.640-48; ii.113-16, 179-85).

between acts II and III of the *comédie-ballet*. [60] Constance refers in I.i to political unrest (l.12-14):

> J'espère que demain, ces dangers, ces malheurs,
> De la guerre civile effet inévitable,
> Seront au moins suivis d'un ennui tolérable.

The context is the revival of the Hundred Years War: halted in 1360, hostilities were resumed in 1367 when the English supported Don Pedro and defeated the French in their first attempt to depose the Castilian king. The year 1369 marked the victory of the French, led by Bertrand Du Guesclin, over Don Pedro and England: it thus offered a propitious parallel with eighteenth-century France. [61] The reign of Charles V (1364-1380) was a high point in France's history, a time of internal peace and external power, as well as cultural development. Charles V revived the splendour of the French monarchy; in Voltaire's hands, he becomes a sort of mirror-image of Louis XV. [62]

---

[60] In the *Essai sur les mœurs* Voltaire presents Don Pedro as the victim of his jealous brother; in his tragedy *Don Pèdre* the supposed tyrant is excused for having been led astray by dishonest women; in *La Princesse de Navarre*, by contrast, Voltaire panders to a stereotypical image of the Castilian king: this is not a play which aims for historical accuracy, but a spectacle designed to flatter Louis XV and his court. See G. Bérubé, 'Don Pèdre dans le théâtre de Voltaire: le cas d'un personnage référentiel', in *L'Age du théâtre en France / The Age of theatre in France*, ed. D. Trott and N. Boursier (Edmonton 1988), p.107-18.

[61] See also the seventh canto of *La Henriade*, where Voltaire counts Du Guesclin, who is one of the characters in *Don Pèdre*, as one of 'Ces guerriers prodigues de leur vie, / Qu'enflamme leur devoir, et non pas leur furie' (*OC*, vol.2, p.524).

[62] Both Voltaire (*Essai sur les mœurs*, ch.76, i.730) and Hénault (*Nouvel abrégé chronologique de l'histoire de France*, 1744, Paris 1756, i.312) praise Charles V's wisdom; for Claude Villaret, Charles V was a 'monarque éclairé' and 'le prince si cher à la nation, restaurateur de l'état, l'objet de l'amour des peuples, le modèle des souverains' (*Histoire de France depuis l'établissement de la monarchie jusqu'au règne de Louis XIV*, Paris 1769-1786, x.244, xi.93); and Claude-François-Xavier Millot also presents him as 'le modèle des rois et le restaurateur du royaume' (*Eléments de l'histoire de France*, 1768, Leyden 1777, i.354). For further discussion of eighteenth-century historians' views of Charles V, see Bernard Grosperrin, *La Représentation de l'histoire de France dans l'historiographie des Lumières* (Lille 1982),

Charles V, Du Guesclin and Don Pedro all remain in the wings of *La Princesse de Navarre*, but the duc de Foix also has his historical counterpart: Gaston de Foix (1331-1391), one of the feudal dynasts of south-western France. Voltaire appears to have intended the duc de Foix as a mirror-image of the duc de Richelieu, as he implied to the latter on 24 April 1744: 'Vous ne haïrez pas ce duc de Foix qui fait la guerre, qui est amoureux, qui est fourré tout jeune dans les affaires, qui combat pour sa maîtresse, qui gagne à la pointe de l'épée, qui a de l'esprit, et qui berne les Morillo' (D2964). Voltaire's duc de Foix is a man of valour who wants to secure the love of a woman by pursuing his noble desire to overcome political tyranny (I.iv, l.263-70):

> Don Pèdre périra, Don Pèdre est trop haï.
> Le fameux Du Guesclin vers l'Espagne s'avance;
>   Le fier Anglais notre ennemi,
> D'un tyran détesté prend en vain la défense:
> Par le bras des Français les rois sont protégés;
> Des tyrans de l'Europe ils domptent la puissance;
> Le sort des Castillans sera d'être vengés
>   Par le courage de la France.

Voltaire's choice of subject and setting certainly reflects the political context of his commission: the choice of Spain as setting and the history of Franco-Spanish relations as subject is no doubt accounted for by the fact that the *comédie-ballet* is designed to celebrate a royal wedding which united the two nations; it also, in the context of the ongoing War of Austrian Succession, serves to signal the Catholic alliance against England.[63] But in addition his

---

p.444-53, who observes: 'En dehors de Charlemagne et de Saint-Louis, aucun roi ne s'est encore vu décerner un tel concert d'éloges' (p.444).

[63] The political and allegorical significance of the play is reflected in Pierre-Antoine Baudouin's illustration in the two editions published in 1745. On Voltaire's attitude to Spain, see P. Ilie, 'Voltaire and Spain: the meaning of *Don Pèdre*', *SVEC* 117 (1974), p.153-78, who argues that, for Voltaire, Spain symbolised 'the pre-Enlightenment morass of European civilisation' (p.156).

choice reflects his own interest in medieval history. For the medieval subject recalls Voltaire's work in other genres, including tragedy: the *Essai sur les mœurs*, the *Annales de l'Empire*, *La Pucelle*, *Zaïre*, *Adélaïde du Guesclin*, *Tancrède* and *Don Pèdre*.[64] The Middle Ages came into vogue in the eighteenth century; Voltaire's *comédie-ballet* is part of that vogue.[65] No doubt, then, Voltaire wanted to show off his credentials as a historian: *La Princesse de Navarre* finally earned Voltaire the post of 'historiographe du roi' on 27 March 1745.[66]

For all the splendour and multi-layered political allegory of the first performance, however, Voltaire gives a quite different view of the evening when writing to d'Argental two days later, on 25 February 1745: 'La cour de France ressemble à une ruche d'abeilles, on y bourdonne autour du roi. Il y avait plus de bruit à la première représentation qu'au parterre de la comédie.

[64] On eighteenth-century attitudes to the Middle Ages, see B. G. Keller, *The Middle Ages reconsidered: attitudes in France from the eighteenth century through the Romantic movement* (New York 1994), p.9-50, whose discussion of Voltaire (p.31-43) makes no reference to *La Princesse de Navarre*. On Voltaire's medieval tragedies, see S. Vance, 'History as dramatic reinforcement: Voltaire's use of history in four tragedies set in the Middle Ages', *SVEC* 150 (1976), p.7-31.

[65] It is possible that Voltaire's interest in Navarra was aroused by the 1732 edition of Du Tillet's influential *Parnasse français*, which includes an entry on Thibaud de Champagne (1201-1253), who was crowned king of Navarra in 1234 and wrote numerous *chansons*: see R. Favre, 'Lueurs médiévales au siècle des Lumières', in *Le Siècle de Voltaire: hommage à René Pomeau*, ed. C. Mervaud and S. Menant (Oxford 1987), i.471-77, especially p.476. Voltaire owned an edition of Du Tillet's text with its two supplements issued in 1743 and 1755 (BV 3313), and it may have influenced *Le Temple du goût* (see *OC*, vol.9, p.41-44). In 1742 Lévesque de La Ravallière published his edition of *Les Poésies du roi de Navarre*, which helped to establish Thibaud's literary fame in the eighteenth century. Voltaire refers to Thibaud in chapter 57 of the *Essai sur les mœurs* (i.590), and his Leningrad notebooks include a transcription of Thibaud's 'Chanson pour la reine Blanche' (*OC*, vol.81, p.274-75).

[66] See the *Mercure de France*, March 1745, p.208-10. See also his letter of *c*.5 April 1745 to d'Argental: 'Le roi m'a accordé verbalement la première charge vacante de gentilhomme ordinaire de sa chambre, et par brevet la place d'historiographe avec deux mille francs d'apointements; me voilà engagé d'honneur à écrire des anecdotes, mais je n'écrirai rien et je ne gagnerai pas mes gages' (D3094).

Cependant le roi a été très content' (D3076). And more than twenty years later, writing to the duc de Richelieu on 19 July 1769, he recalls the evening in strikingly similar terms: 'Il n'y avait certainement qu'un grand opéra qui pût réussir dans la salle du manège où vous donnâtes une si belle fête aux noces de la première Dauphine, mais la voûte était si haute que les acteurs paraissaient des pygmées, on ne pouvait les entendre. Le contraste d'une musique bruyante avec un récit qui était entièrement perdu faisait l'effet des orgues qui font retentir une église quand le prêtre dit la messe à voix basse' (D15763).

Despite the bad acoustic, *La Princesse de Navarre* was performed again in the 'Grande Ecurie' four days later, on 27 February.[67] Ten months later, the play was rewritten at the duc de Richelieu's request by Jean-Jacques Rousseau in the form of a one-act ballet entitled *Les Fêtes de Ramire* for a performance at Versailles on 22 December 1745, which Rousseau and Voltaire discussed in an exchange of letters that month (D3269, D3270).[68] Rousseau's task was to adapt Voltaire's text (nearly half of his text was ultimately retained) and compose a new overture and new recitative, while maintaining Rameau's arias. The ballet tells the story of Fatime, a princess from Grenada who is the prisoner of the king of Castille. The king's son falls in love with her and, in an attempt to win her affections, organises sumptuous *fêtes*, which occupy seven consecutive scenes; only the *divertissements* of *La Princesse de Navarre* were retained.

After the two performances at Versailles in 1745, *La Princesse de Navarre* was revived in Bordeaux in November 1763, less than a year before Rameau's death, for which Voltaire wrote a new prologue. In 1758 the duc de Richelieu had been appointed Governor of Guyenne and *intendant* of Bordeaux, where he

[67] See the *Mercure de France*, February 1745, p.114.

[68] For the text of *Les Fêtes de Ramire*, see Rousseau, *Œuvres complètes*, ed. B. Gagnebin and M. Raymond (Paris 1959-1995), ii.1079-91; see also Rousseau's comments on the work in book VII of *Les Confessions* (*Œuvres complètes*, i.335-37). For the music, see Rameau, *Œuvres complètes*, vol.11.

promptly set about pursuing his theatrical interests: he had the theatre, which had burnt down in 1755, rebuilt, and in 1761 he appointed Franz Beck from Mannheim to direct the opera. The revival of *La Princesse de Navarre* in Bordeaux in 1763 for at least three performances, the first held on 26 November, implicitly points, amongst other things, to the longevity of Voltaire's *comédie-ballet* as a work of royal propaganda, for it recalls Charles-Simon Favart's *L'Anglais à Bordeaux*, a one-act comedy commissioned by Choiseul and first performed at the Comédie-Française on 14 March 1763 in the immediate aftermath of the Seven Years War to commemorate the peace: as in Voltaire's play, a romantic link between representatives of once warring nations reflects political peace, and the play ends with a dance of many nations. The *Mercure de France* of January 1764 gives an account of the revival in the previous November. A certain Louis-Claude Le Clerc writes to the *Mercure* from Bordeaux on 9 December 1763 about the performance of *La Princesse de Navarre*, staged at great expense (he praises 'la profusion dans la dépense, tant pour les décorations que pour les habits') and organised by M. de Belmont, *directeur des spectacles* at Bordeaux, who, Le Clerc informs the readers, recited Voltaire's new prologue at the beginning of the performance on 26 November, which he quotes in full. [69]

Two years later, in September 1765, when Richelieu was reviving *Adélaïde du Guesclin* at the Comédie-Française, Voltaire suggested to him that both *La Femme qui a raison* and *La Princesse de Navarre* should be revived too, adding the comment on the latter: 'La musique du moins en est très belle, et je suis sûr qu'elle ferait grand plaisir; cela vaudrait bien un opéra comique' (D12886). The request, though rejected, is important because it suggests that

---

[69] See the *Mercure de France*, January 1764, i.167-70. See also the baron de Servières, *Mémoires pour servir à l'histoire de M. de Voltaire* (Amsterdam 1785), ii.203, and Lionel Sawkins, 'Rameau's last years: some implications of re-discovered material at Bordeaux', *Proceedings of the Royal musical association* 111 (1984-1985), p.66-91, and 'Voltaire, Rameau, Rousseau: a fresh look at *La Princesse de Navarre* and its revival in Bordeaux in 1763', *SVEC* 265 (1989), p.1334-40.

Voltaire remained confident of the play's aesthetic and polemical value, and saw it as a worthy riposte to the contemporary vogue for *opéras-comiques* which he opposed with such vehemence. [70]

There was, finally, a court performance of *La Princesse de Navarre* at Fontainebleau in 1769, again organised by the duc de Richelieu. On 4 September 1769 Voltaire writes to Richelieu: 'Je vous remercie de tout mon cœur Monseigneur de vos bontés pour la princesse de Navarre. La musique est charmante, et en vérité il y a quelquefois d'assez jolies choses dans les paroles. Je n'aurais pas osé vous la demander. Vous mettez à votre ordinaire des grâces dans vos bienfaits' (D15872). And on 11 September he writes to Mme Denis about the imminent performance: 'On donnera le divertissement de la princesse de Navarre à Fontainebleau, Mérope et Tancrède. J'aimerais mieux qu'on donnât les Scythes' (D15885). [71]

Thereafter the play disappeared from view. In 1977 it was revived in London at the Royal Opera House, Covent Garden, under the auspices of the English Bach Festival and the baton of Jean-Claude Malgoire. [72] But it was performed without any of the spoken comedy: its performance reflected a revival of interest in Rameau's music, [73] not in Voltaire the comic dramatist. [74] But it is

[70] See, for example, Voltaire's letters to d'Argental of 6 June (D11908) and 22 August 1764 (D12057).

[71] See also Voltaire's letter to d'Argental of 20 September 1769 (D15907).

[72] The production was then taken to Versailles for a performance in the Théâtre Royal at the château, and then on to Echternach in Luxembourg and finally to Granada, where it was performed in the grounds of the Alhambra palace before the Spanish queen.

[73] This was the first time any music by Rameau had been performed at Covent Garden.

[74] See R. Savage, 'Rameau at Covent Garden', *Early music* 5 (1977), p.499-505, who quotes various reviews: the reviewer in *The Sunday Times* admitted that he did not know which play Rameau's music came from, while *The Observer*'s critic observed, on the basis of very little evidence, that the music was 'more or less irrelevant' to the play. Savage criticises the decision to separate the music from the spoken play, arguing that the one does not make sense without the other: for him, the Covent Garden performance was 'a series of contextless masques' (p.501). His

precisely because it offers evidence of Voltaire's ongoing experimentation with the comic genre, and in particular with the possibilities of music, that *La Princesse de Navarre* still repays close critical attention.

3. *Genre and aesthetics*

La Princesse de Navarre reveals another facet of Voltaire's complex and evolving response to Molière in his comic theatre.[75] As Molière had done with a number of his plays, so Voltaire wanted to bridge the gulf between court and town with performances of his *comédie-ballet*, as he explained to Cideville on 31 January 1745: 'Il faut louer le roi hautement, madame la dauphine finement, la famille royale tout doucement, contenter la cour, ne pas déplaire à la ville' (D3073).[76] Although *La Princesse de Navarre* was never transferred from Versailles to Paris, unlike *Le Temple de la gloire*, Voltaire was nevertheless aware of writing for a dual audience. His comments on the play suggest that he had one eye on entertaining the court, one eye on interacting with the type of comic drama being performed on the public stage in Paris. In this sense, *La Princesse de Navarre* is integral to Voltaire's ongoing experimentation in comic drama, in terms of both how he writes comedy and

---

call for the play to be performed as a whole has not been answered. About two thirds of Rameau's music for the play was recorded by the English Bach Festival Singers and Baroque Orchestra in 1979, conducted by Nicholas McGegan; a digitally remastered version is available on CD, issued in 1996 by Erato (0630-12986-2).

[75] For further discussion, see Russell Goulbourne, *Voltaire comic dramatist*, *SVEC* 2006:03.

[76] In the *Vie de Molière*, Voltaire shows a keen awareness of the gulf between the taste of the town and the taste of the court in his comments on Molière's *La Princesse d'Elide*, a *comédie-ballet* which won great acclaim at the court but failed in Paris: 'Rarement les ouvrages faits pour des fêtes réussissent-ils au théâtre de Paris. Ceux à qui la fête est donnée, sont toujours indulgents: mais le public libre est toujours sévère' (*OC*, vol.9, p.428). On Molière's different audiences, see C. E. J. Caldicott, 'La cour, la ville et la province: Molière's mixed audiences', *Seventeenth-century French studies* 10 (1988), p.72-87.

the theatrical and didactic effects he wants to achieve. As in *La Prude*, in *La Princesse de Navarre* Voltaire responds critically and creatively to two distinct theatrical traditions: Molière and contemporary sentimental comedy.

In a letter to d'Argental of 24 April 1744, Voltaire presents both *La Princesse de Navarre* and *La Prude*, which he was then revising, as a sort of joint aesthetic manifesto, two attempts to mark a shift in dramatic practice: 'Quoi, faudra-t-il que l'opéra soit toujours fade, et la comédie toujours larmoyante? [...] Je veux mettre ordre à tout cela avant de mourir. Les récompenses seront pour les autres, et le travail pour moi' (D2963). As with *La Prude*, Voltaire sets up his *comédie-ballet* in opposition to contemporary comedy: he looks back to Molière in order to respond to the *comédie larmoyante*, a form of sentimental comedy popularised by La Chaussée in the 1730s and 1740s.

Voltaire labelled his work a *comédie-ballet*, an explicit echo of the generically hybrid form essentially invented and then constantly re-modelled by Molière between 1661 and 1673, in collaboration mainly with Lully and finally with Charpentier.[77] Voltaire's decision to write a *comédie-ballet* was unusual. Critics usually agree that this form died out with Molière.[78] It is true that few works were labelled *comédie-ballet* between the end of the seventeenth century and the middle of the eighteenth. But terminology became fluid in the period, and the label was used to refer to works which actually bear little resemblance to Molière's plays. This is evident from Cahusac's entry on the *comédie-ballet* in the *Encyclopédie*:

On donne ce nom au théâtre français, aux *comédies* qui ont des intermèdes, comme Psyché, la princesse d'Elide, *etc.* [...] Autrefois, et

[77] On Molière's *comédies-ballets*, see C. Mazouer, *Molière et ses comédies-ballets* (Paris 1993) and S. H. Fleck, *Music, dance and laughter: comic creation in Molière's comedy-ballets* (Paris, Seattle, Tübingen 1995).

[78] According to S. H. Fleck, for example, 'without the inspiration of Molière's presence, lost with his death in February 1673, the genre was no longer viable' (*Music, dance and laughter*, p.9).

dans sa nouveauté, Georges Dandin et le Malade imaginaire étaient appelés de ce nom, parce qu'ils avaient des intermèdes.

Au théâtre lyrique, la *comédie ballet* est une espèce de comédie en trois ou quatre actes, précédés d'un prologue. Le *Carnaval de Venise* de Regnard, mis en musique par Campra, est la première *comédie ballet* qu'on ait représentée sur le théâtre de l'opéra: elle le fut en 1699. Nous n'avons dans ce genre que le *Carnaval et la Folie*, ouvrage de la Motte, fort ingénieux et très bien écrit, donné en 1704, qui soit resté au théâtre. La musique est de Destouches.

Cet ouvrage n'est point copié d'un genre trouvé. La Motte a manié son sujet d'une manière originale. L'allégorie est le fond de sa pièce, et c'est presque un genre neuf qu'il a créé. [79]

The term *comédie-ballet* was clearly used after Molière's death to refer to *comédies lyriques*, comedies which are entirely sung: both Regnard-Campra's *Le Carnaval de Venise* (1699) and La Motte-Destouches's *Le Carnaval et la Folie* (1703) are continuous-action comic ballets which are sung throughout. [80] What is unusual about Voltaire's play is that it does warrant the label *comédie-ballet* in the seventeenth-century sense: as James Anthony indicates, 'la dernière vraie *comédie-ballet* est *La Princesse de Navarre*'. [81]

In the 'Avertissement' to his first *comédie-ballet*, *Les Fâcheux*, Molière stresses that he sought to combine spoken comedy with musical and danced interludes to form an aesthetic whole: 'Pour ne point rompre aussi le fil de la pièce par ces manières d'intermèdes, on s'avisa de les coudre au sujet du mieux que l'on put et de ne faire qu'une seule chose du ballet et de la comédie'; and in the 'Avant-propos' to *Les Amants magnifiques*, he emphasises the need to 'embrasser cette vaste idée et enchaîner ensemble tant de choses diverses'. [82]

---

[79] *Encyclopédie*, iii.671.

[80] See J. R. Anthony, *French baroque music from Beaujoyeulx to Rameau*, 2nd ed. (London 1978), p.147-58, and E. Lemaître, 'Comédie lyrique', in *Dictionnaire de la musique en France aux XVIIe et XVIIIe siècles*, ed. Benoit, p.166-68.

[81] J. R. Anthony, 'Intermède', in *Dictionnaire de la musique en France aux XVIIe et XVIIIe siècles*, ed. Benoit, p.360.

[82] Molière, *Œuvres complètes*, ed. G. Couton (Paris 1971), i.484, ii.645.

A similar emphasis on aesthetic unity is found in Voltaire's comments on *La Princesse de Navarre*. For instance, he summarises his aesthetic goal in the 'Avertissement' to the play: 'On a voulu réunir sur ce théâtre tous les talents qui pourraient contribuer aux agréments de la fête, et rassembler à la fois tous les charmes de la déclamation, de la danse et de la musique [...]. On a donc voulu [...] un de ces ouvrages dramatiques, où les divertissements en musique forment une partie du sujet.'[83] The echoes of Molière's theoretical statements underpin Voltaire's revival of his predecessor's theatrical practice.

Voltaire underlines his intention to emulate Molière in *La Princesse de Navarre* in a letter to d'Argental of 5 June 1744, in which he suggests two particular models for his *comédie-ballet*: Molière's *Les Amants magnifiques* and *La Princesse d'Elide* (D2985).[84] These are both *comédies-ballets galantes*, royal commissions with highly artificial subjects, designed to provide a vehicle for visual spectacle and musical display: the parallels with Voltaire's play are clear. Both *Les Amants magnifiques* and *La Princesse d'Elide* are about the wooing of a princess with *divertissements* and her eventual marriage. The title of Voltaire's play partly echoes *La Princesse d'Elide*, which Molière composed to be part of *Les Plaisirs de l'Ile enchantée*, court festivities staged by Louis XIV in 1664 in honour of his queen and mother-in-law, both of whom were Spanish, hence, perhaps, his recourse to a Spanish source text by Moreto. So there are circumstantial parallels, to which Voltaire seems not to have been blind, as he suggested in his bold letter to d'Argental of 11 July 1744: '[*La Princesse de Navarre*] vaut bien la princesse d'Elide' (D2999).

In his letter to d'Argental of 5 June 1744, Voltaire also cites the

[83] These words are quoted verbatim in the *Mercure de France*, February 1745, ii.85-86.

[84] In its account of the play in February 1745, the *Mercure de France* will also make this link: 'C'est un ouvrage semblable à la Princesse d'Elide, et aux Amants magnifiques, ouvrage du second ordre, si l'on ne considère que l'effet qui en résulte, mais qui a plus de difficulté peut-être qu'un autre plus considérable' (ii.87).

example of Thomas Corneille's *L'Inconnu*, a play which suggests two important links with *La Princesse de Navarre*. First, the plot: the play is about a Marquis who disguises himself in order to woo a Comtesse; the Comtesse also has to ward off a grotesque admirer, the Vicomte, a comic bore. And secondly, the *divertissements*: these are found within each act and are devised by the Marquis as part of his persuasive strategy. The play was very popular when first performed in 1675 and remained in the repertory until 1746. According to Charles Mazouer, Thomas Corneille's *L'Inconnu* and *Le Triomphe des dames* (1676), in which music is again pressed into the service of a love intrigue, are the last two examples of the *comédie-ballet* in the seventeenth century.[85]

Voltaire followed the model of seventeenth-century musical-theatrical aesthetics, established notably by Lully, and resisted the trend of eighteenth-century discourse on opera which, as Downing Thomas explains, 'noticeably veered away from the classical emphasis on the dramatic poem [...] and its disregard for the music'.[86] For Voltaire, as for Saint-Evremond before him,[87] the music should be subordinate to the words: the composer should

[85] C. Mazouer, 'Théâtre et musique au XVIIe siècle', *Littératures classiques* 21 (1994), p.5-28 (p.17).

[86] D. Thomas, *Music and the origins of language: theories from the French Enlightenment* (Cambridge 1995), p.162. However, Voltaire changed his position when the situation demanded it: writing to Laborde in November 1765 to persuade him to set *Pandore* to music, he ends his letter: 'Vous écourterez donc, Monsieur, tout ce qui vous plaira, vous disposerez de tout. Le poète d'opéra doit être très humblement soumis au musicien. Vous n'aurez qu'à me donner vos ordres, et je les éxécuterai comme je pourrai' (D12966).

[87] See Saint-Evremond's discussion in *Sur les opéras* (1677): 'Il me reste encore à vous donner un avis pour toutes les comédies où l'on met du chant: c'est de laisser l'autorité principale au poète pour la direction de la pièce. Il faut que la musique soit faite pour les vers, bien plus que les vers pour la musique. C'est au musicien à suivre l'ordre du poète' (*Œuvres en prose*, ed. René Ternois, Paris 1962-1969, iii.155). For a useful account of Saint-Evremond's opposition to opera, see H. T. Barnwell, *Les Idées morales et critiques de Saint-Evremond: essai d'analyse explicative* (Paris 1957), p.179-89. On Voltaire's ambivalent attitude to Saint-Evremond, see José-Michel Moureaux, 'Voltaire et Saint-Evremond', in *Voltaire en Europe: hommage à Christiane Mervaud*, ed. M. Delon and C. Seth (Oxford 2000), p.331-43.

serve the librettist. On 24 April 1744 Voltaire asked the duc de Richelieu to send Rameau a copy of act I: 'Il sera bon qu'il le lise [le premier acte] afin que sa musique soit convenable aux paroles et aux situations' (D2964); the *divertissements* must be integrated and coherent. This emphasis on the music serving the dramatist's ends features again in a letter to Richelieu of 5 June: 'Il s'agit à présent des divertissements que j'ai tâché de faire de façon qu'ils puissent convenir à tous les changements que je me réservais de faire dans la comédie' (D2986). And in a letter to Mme Denis of 13 August, he refers to his efforts to compose a spectacle 'où la musique n'étouffe point les paroles' (D3015).

Rameau was a notoriously difficult musician for any librettist to work with, not least because of what seems to have been his overweening self-belief which made him treat poets with disdain, even going so far as to claim, apparently, that he could succesfully set to great music prose as dull as that in the *Gazette d'Amsterdam*.[88] Following Rameau's death in 1764 and writing from bitter personal experience, Charles Collé, author of *Daphnis et Eglé*, a *pastorale héroïque* set to music by Rameau in 1753, observed of the late composer:

C'était un homme dur et très désagréable à vivre, d'une personnalité aussi bête qu'injuste. [...] Tous ceux qui ont travaillé avec lui étaient obligés d'étrangler leurs sujets, de manquer leurs poèmes, de les défigurer, afin de lui amener des divertissements, et il ne voulait que de cela. Il brusquait les auteurs à un point qu'un galant homme ne pouvait pas soutenir de travailler une seconde fois avec lui; il n'y a eu que le Cahusac qui y ait tenu.[89]

[88] Rameau's boast is recorded in Pierre-Paul Clément, *Les Cinq années littéraires* (Berlin 1755), ii.5.

[89] Charles Collé, *Journal et mémoires sur les hommes de lettres, les ouvrages dramatiques et les événements les plus mémorables du règne de Louis XV (1748-1772)*, ed. H. Bonhomme (Paris 1868), ii.375. Louis de Cahusac collaborated with Rameau on no fewer than eight occasions (*Anacréon, Les Boréades, Les Fêtes de l'Hymen et de l'Amour, Les Fêtes de Polymnie, Naïs, La Naissance d'Osiris, Zaïs, Zoroastre*). Marmontel wrote three libretti for Rameau (*Acanthe et Céphise, La Guirlande, Sibaris*); Pierre-August Bernard (*Castor et Pollux, Les Surprises de l'amour*) and

In 1776, Jacques-Joseph Decroix, who was later to work on the Kehl edition of Voltaire's works as well as on the posthumous edition of Rameau's works, wrote *L'Ami des arts ou justification de plusieurs hommes célèbres*, in which he compares Voltaire and Rameau, beginning with their physical similarity (also captured by Charles-Philippe Campion de Tarsan in his drawing of the two men) before considering the links between their respective artistic trajectories:

Ce n'est pas sans raison que les peintres, les sculpteurs, les graveurs ont souvent mis en regard M. de Voltaire et Rameau. La destinée de ces deux hommes extraordinaires, est marquée par des rapports frappants. Tous deux nés dans le grand siècle de Louis XIV, semblèrent faits pour en perpétuer dans celui-ci, le génie et les lumières. La nature les doua l'un et l'autre d'une âme également forte et sensible. Tous deux pénétrèrent dans le sanctuaire des sciences et des arts, éclairés par le flambeau de la philosophie, et guidés par le goût le plus sûr. Leurs succès furent également nombreux, ainsi que leurs ennemis; ils eurent à combattre perpétuellement l'envie et la calomnie, et ce fut là souvent la récompense de leurs travaux, et des plaisirs qu'ils nous donnèrent. Leur constitution physique ne les rapprocha pas moins que leur être moral. Une statue élevée, une maigreur extrême, une action vive, une physionomie marquée par de grands traits, bien prononcés, où se peignait la fermeté de leur caractère, des yeux d'aigle, étincelants du feu du génie, les distinguèrent du commun des hommes. Parvenus à un âge très avancé, ils purent également jouir de leur réputation, et ce qui est plus rare, c'est qu'on les vit tous deux produire encore des ouvrages admirables à 80 ans. Enfin comblés des faveurs de leur souverain, honorés et chéris des hommes les plus éclairés de leur siècle, ayant réuni les suffrages de presque tous leurs contemporains, ils furent encore, pour ainsi dire, témoins de l'admiration qu'ils doivent inspirer à la postérité, et du mépris qu'elle réserve à leurs détracteurs.

On ne peut assez louer les efforts qu'ils firent dans tout le cours de leur

---

Charles-Antoine Le Clerc de La Bruère (*Dardanus, Linus*) each worked with him twice; and apart from Voltaire, all his other collaborators worked with him only once (Jacques Autreau, *Platée*; Ballot de Sauvot, *Pygmalion*; Collé, *Daphnis et Eglé*; Louis Fuzelier, *Les Indes galantes*; Antoine Gautier de Montdorge, *Les Fêtes d'Hébé*; Duplat de Monticourt, *Les Paladins*; Simon-Joseph Pellegrin, *Hippolyte et Aricie*).

longue carrière pour le maintien du goût dans la littérature et les arts. Ils donnèrent à la fois les préceptes et les exemples. Les écrivains et les artistes ne sauraient trop se pénétrer de la reconnaissance qu'ils doivent à ces deux grands hommes. [90]

But despite their temperamental and other similarities, Voltaire and Rameau differed, crucially, in their perspectives on musical theatre. Voltaire's belief that the music should be subordinate to the words set him on a collision course with Rameau, who appears to have conceived of music as the primary agent. [91] Tensions between the two men emerged not long after they had been introduced by Alexandre Le Riche de la Pouplinière, Rameau's wealthy patron, [92] who appears to have asked Voltaire in 1731-1732 to write an opera libretto for Rameau. This libretto was *Samson*, on which Voltaire worked intermittently from 1733 onwards, but by 1736 – and thanks in part to a determined *cabale* levelled against the work – the project was abandoned and Rameau recycled the music in later works. To add insult to injury, Rameau subsequently declined to write the music for Voltaire's *Pandore*, [93] a disappointment for Voltaire which inevitably influenced his work on *La Princesse de Navarre*. [94] Given this critical difference of opinion

[90] Jacques-Joseph Decroix, *L'Ami des arts ou justification de plusieurs hommes célèbres* (Amsterdam 1776), p.97-100.

[91] On the so-called 'querelle des lullistes et des ramistes' and on Voltaire's collaboration with Rameau, see C. M. Girdlestone, 'Voltaire, Rameau et *Samson*', *Recherches sur la musique française classique* 6 (1965), p.133-43; C. Kintzler, 'Rameau et Voltaire: les enjeux théoriques d'une collaboration orageuse', *Revue de musicologie* 67 (1981), p.139-68; J.-J. Robrieux, 'Rameau et l'opinion philosophique en France au XVIIIe siècle', *SVEC* 238 (1985), p.269-395, especially p.339-43; F. Moureau, 'Les poètes de Rameau', in *Jean-Philippe Rameau: colloque international*, p.61-73; and E. Haeringer, *L'Esthétique de l'opéra en France au temps de Jean-Philippe Rameau*, *SVEC* 279 (1990), p.63-69.

[92] On La Pouplinière, see G. Cucuel, *La Pouplinière et la musique de chambre au XVIIIe siècle* (Paris 1913).

[93] See Voltaire's letter to the d'Argentals of *c*.15 April 1744 (D2957).

[94] Voltaire's experience of working with Rameau informs his profoundly ambivalent attitude towards the composer, spanning admiration and exasperation. In the *Siècle de Louis XIV* Voltaire acknowledges Rameau's talent as the only

between Voltaire and Rameau, it is worth considering, in the light of the dramatist's numerous statements about the structure of his work, how the spoken comedy of *La Princesse de Navarre* fits with the music, singing and dancing.

4. *The play of words and music*

The first striking feature about the *divertissements* in *La Princesse de Navarre* is their position. Apart from the last, which is at the very end of the play, they are all contained within the acts (albeit as climaxes towards the end of each act) and are interspersed with spoken dialogue. Voltaire blurs the distinctions between music and speech in favour of a more flexible structure in which the music is more integrated. He makes this clear in a letter to d'Argental of 11 July 1744: 'Ces divertissements, n'étant point des intermèdes mais étant incorporés au sujet, et faisant partie des scènes, ne doivent être que d'une longueur qui ne refroidisse pas l'intérêt. [...] Cette musique continuellement entrelacée avec la déclamation des comédiens, est un nouveau genre' (D2999). His self-congratulation, however, is disingenuous, for it recalls the close links between Voltaire's play and those of Molière's *comédie-ballets* which have music within the spoken comedy and, conversely, speech within the musical interludes: *Les Fâcheux, Le Sicilien, Le Mariage forcé, La Princesse d'Elide, Monsieur de Pourceaugnac, Le Bourgeois gentilhomme* and *Le Malade imaginaire*.

The *divertissements* in acts I and II ensure the forward movement of the plot and are presented in theatrically self-conscious terms. They are arranged by the duc de Foix as part of his persuasive strategy, a function which recalls *Le Sicilien*, in which Adraste tries to woo Isidore by serenading her, as well as *Le Bourgeois*

---

worthy successor to Lully: 'Après Lulli, tous les musiciens, comme Colasse, Campra, Destouches et les autres, ont été ses imitateurs, jusqu'à ce qu'enfin Rameau est venu, qui s'est élevé au-dessus d'eux par la profondeur de son harmonie, et qui a fait de la musique un art nouveau' (*Œuvres historiques*, p.1216).

gentilhomme and *Le Malade imaginaire*. The singers and dancers address themselves directly to the on-stage characters, in particular Constance, who becomes an on-stage spectator. This theatre-within-theatre device is underscored by the fact that the audience knows from the start that the *divertissements* are theatrical spectacles, but some of the characters do not: they try to involve themselves in them, further blurring the distinction between on-stage spectator and audience, a device which Voltaire uses for the purposes of characterisation; and characters discuss the *divertissements* before, during and after their performance.

The *divertissement* in I.vi is introduced in three stages, each time in self-consciously theatrical terms. First, in I.iii Alamir suggests organising a *fête*, ostensibly to help Morillo woo Constance. He explains that he will hire 'quelques comédiens de France', whom he describes as 'des troubadours experts dans [...] le grand art du plaisir': the references to actors and appropriately medieval-sounding troubadours prepare the audience for the self-consciously fantastic nature of the *fête*. Secondly, in I.iv Hernand encourages his master to use 'l'audace et la feinte', but the duc needs no persuasion: 'En amour comme en guerre une ruse est permise'; the language is conspicuously theatrical. And finally, in I.v Hernand tries to pacify a jealous Sanchette by telling her that the entertainment is being organised for her (l.330-33):

> Vous verrez vingt Français entrer dans un moment;
> Ils sont parés superbement;
> Ils parlent en chansons, ils marchent en cadence,
> Et la joie est leur élément.

The description again foregrounds performance and role-playing, the third line in particular wittily summing up the combination of words, music and dance.

Hernand also gives Sanchette two strikingly self-conscious definitions of the term 'spectacle'. The first is 'un mouvant tableau', which recalls the tradition on which Diderot was later to draw for his 'tableaux vivants': the pantomime. An important figure here is

Jean-Nicolas Servandoni, who made his name in the 1740s staging tableauesque displays at the Tuileries: actors performed a series of *tableaux* on a mythological theme with musical accompaniment. [95] Significantly, writing to the duc de Richelieu on 18 June 1744, Voltaire twice refers to the *divertissement* in act I as a 'tableau' (D2991).

The second definition that Hernand offers of 'spectacle' is a 'fête galante'. The 'fête galante' was a social activity in the seventeenth and eighteenth centuries, conducted out of doors, which revolved around amorous conversation and gallantry: the description is clearly relevant to the duc de Foix's attempt to seduce Constance. [96] But Hernand's definition may have more self-conscious connotations. 'Fête galante' was also the name given to the type of painting developed by Watteau at the turn of the century: idealised country scenes peopled by aristocratic figures who commune with nature and indulge in amorous pursuits in a timeless world of music and dance. A 'fête galante' suggests role-playing, theatricality, a world of illusion. Michael Levey has drawn attention to the theatricality of Watteau's paintings: 'His work is activated by a feeling for drama on the Shakespearean principle that "all the world's a stage". His characters are always engaged in acting a scene, seldom in total repose [...], and rarely out of fancy dress'; the relevance of

[95] See G. Bergman, 'La grande mode des pantomimes à Paris vers 1740 et les spectacles d'optique de Servandoni', *Recherches théâtrales* 2 (1960), p.71-81, and A. Goodden, *Actio and persuasion: dramatic performance in eighteenth-century France* (Oxford 1986), p.96-97. Voltaire was familiar with Servandoni's work: see his letters to Berger of 15 February 1736 (D1014), to d'Argental of 15 May 1762 (D10445) and of 27 March 1764 (D11799), and to Frederick of 21 June 1775 (D19520).

[96] D'Argens's Jewish visitor notes that 'les parties de campagne, les fêtes galantes, sont des occasions favorables pour un amoureux' (*Lettres juives*, The Hague 1738, ii.184-85). The reference in Voltaire's play recalls Dancourt's *La Fête du village* (1700), in which the ridiculous *greffière*, in her attempt to woo a much younger Comte, offers him 'une petite fête galante', which forms the *divertissement* at the end of the play: see P. Gethner, 'Le divertissement dans la comédie de Dancourt', *Littératures classiques* 21 (1994), p.103-12.

Levey's definition of Watteau's subject-matter to Voltaire's *comédie-ballet* is also striking: 'the dialogue of music and love'.[97]

The *divertissement* in I.vi consists of two distinct phases. Constance is unaware of the spectacle awaiting her and she makes to leave, but her exit is prevented by the entry of twenty soldiers, accompanied by suitably martial music. She fears the worst: 'Quoi! Don Pèdre en ces lieux étend sa tyrannie?' Her remark reflects her ignorance and serves self-consciously to highlight an aspect of the dramatic coherence of the *divertissement*: the appearance of soldiers is consistent with the political unrest that forms the backdrop to the play. This is, however, spectacle within spectacle. The soldiers enter and '*tous les acteurs de la comédie se rangent d'un côté du théâtre*': actors become on-stage spectators. For Constance there is an aesthetic shock as one of the dancing soldiers sings to her, urging her to banish her fears and to give free rein to her love.[98] He then sings to her of the subjugation of Mars to Venus, before another soldier stresses how love defeats tyrants. The words, though apparently abstract, have a clear resonance in the plot of the spoken comedy: music is an integral part of the duc's persuasion. By the end of this first part of the *divertissement*,

[97] M. Levey, *Painting and sculpture in France, 1700-1789* (New Haven, Conn. 1993), p.29-30. See also D. Posner, *Antoine Watteau* (London 1984), p.116-95, who stresses the importance of music and dance in Watteau's paintings as either the first moves in a gallant conversation or the later (erotic) bonding of lovers. Voltaire had first-hand experience of Watteau's paintings: Mme de Graffigny tells Devaux on 5 December 1738 that Mme Du Châtelet's 'cabinet' at Cirey is adorned with paintings by Watteau (D1677). Voltaire discusses Watteau's art in a letter of 17 January 1741 to Bonaventure Moussinot, his man of business in Paris (D2407).

[98] The soldier's words are then repeated by the chorus. Specifically on the role of the chorus in *La Princesse de Navarre*, see P. Saby, 'Le chœur dans les œuvres dramatiques de Jean-Philippe Rameau' (doctoral thesis, Université de Lille 1989), p.705-20. On the play's dances, see B. Lespinard, 'De l'adaptation des airs de danse aux situations dramatiques dans les opéras de Rameau', in *Jean-Philippe Rameau: colloque international*, p.477-99, who notes that Rameau wrote a total of 683 dances in his 29 operatic works (p.479); the average is therefore approximately 23 dances per work, which makes *La Princesse de Navarre*, with its 21 dances, an essentially typical example.

Constance's comments on what she now realises to be an entertainment self-consciously highlight the dramatic integration of the music (l.407-408):

> On dirait qu'ils ont su l'objet de mon voyage.
> Ciel! avec mon état quel rapport étonnant!

In contrast, Sanchette responds with characteristic naivety: she has understood nothing, and she complains that she was not allowed to dance, a comment which self-consciously emphasises the on-stage distinction between actors and musicians.

The second part of the *divertissement* is introduced via a comic contrast. The singing and dancing have impressed Constance, but Morillo exploits his supposed advantage with characteristic clumsiness: 'Soyez sage, demeurez-y'; his words send Constance heading for another door. Doors become a focus of the dramatic action as her exit is again prevented by the entrance of singers and dancers: the stylisation is comic. The characters' comments again foreground theatricality: Constance declares 'Quels spectacles charmants!', while Léonor observes 'C'est ici le pays des romans'. The dancers are dressed as Moors and Egyptians, a further element of fantasy which recalls Molière's *Le Sicilien*, *Le Mariage forcé* and *Monsieur de Pourceaugnac*. [99] The dancers also play 'tambours de basque', appropriate in a play set in Spain and an echo of the ending of Molière's *Les Fâcheux* and Boindin's *Les Trois Gascons*. Tambourines also have a symbolic significance: the attribute of Erato, the Greek god of love poetry, they are often used in art to symbolise love, and their depiction in bacchanalia symbolises the fusion of carnivalesque comedy and dancing. [100] The tambourine is, then, an appropriate instrument for Voltaire's *divertissement*.

---

[99] On Molière's debt to the *ballets de cour* for his Moors and Egyptians, see R. Fajon, 'La comédie-ballet, fille et héritière du ballet de cour', *Litteratures classiques* 21 (1994), p.207-19, especially p.213.

[100] See J. Hall, *Dictionary of subjects and symbols in art*, 3rd ed. (London 1996), p.296, and R. Tomlinson, *La Fête galante: Watteau et Marivaux* (Geneva 1981), p.33-34.

The main role in this *divertissement* is played by Arab astrologers, who appear after the dancers. They are another aspect of playful fantasy and make-believe, though they may also reflect the contemporary interest in the Orient. They also recall Molière's *Les Amants magnifiques* and Voltaire's satire of an amateur astrologer in *Les Originaux*. Again the keynote is role-playing. The soothsayers are played by the duc de Foix's actors and do his bidding: in the middle of the *divertissement*, he urges Constance to listen to them (l.495-96):

> Peut-être ils prédiront ce que vous devez faire;
> Des secrets de nos cœurs ils percent le mystère.

The theatre audience is invited to enjoy the spectacle of bogus soothsayers pursuing the amorous ends of the duc de Foix. Their predictions about love are addressed to both Constance and Sanchette and have a direct impact on the plot development: Constance is told that she has aroused love in a supposed enemy who will eventually touch her heart; Sanchette is told to be careful about her choice of lover. Sanchette's enthusiastic response punctuates the music: her interruption becomes part of her characterisation.

The *divertissement* ends with a dance. There is, again, a distinction between actors and performers: '*Les acteurs de la comédie sont rangés sur les côtés.*' But the distinction is blurred for comic effect as Sanchette tries to dance with Alamir, who refuses, and Morillo forces Constance to dance with him. The attempts of the ridiculous characters to involve themselves in the *divertissement* become part of their characterisation: spoken comedy and musical comedy are intimately linked; like words, music and dance have expressive qualities.[101]

[101] F. Dartois-Lapeyre makes the point: 'Mieux que toute autre parole, l'exécution de deux menuets "modérés" et d'un tambourin en rondeau exprime l'opposition entre les personnages: la lourdeur de Morillo devient ridicule face à la majesté du duc de Foix, la vivacité de Sanchette tranche avec la noblesse de port de Constance' ('Les divertissements dansés dans les opéras de Rameau', in *Jean-Philippe Rameau: colloque international*, p.501-17, p.513).

INTRODUCTION

The *divertissement* in act II is prepared in a less self-conscious way than the first, though it is again emphasised that it is a spectacle for Constance's amusement. In II.xi one of the duc de Foix's officers announces the arrival of Constance's 'compagnes fidèles', 'premiers officiers' and 'dames du palais', who turn out to be, in the manner of the *ballet de cour*, 'Les Trois Grâces et une troupe d'Amours et de Plaisirs': as in act I, the dramatic effect relies on an aesthetic shock. And as in act I, the *divertissement* is divided into distinct phases. The first is a courtly sarabande performed by fourteen Cupids and Pleasures. As before, Sanchette's reaction to the music underscores her comic characterisation. She interrupts the dance and expresses bewilderment (l.370-71):

> Ce sont donc là ses domestiques?
> Que les grands sont heureux, et qu'ils sont magnifiques!

Her incongruous remark reminds the audience both that she is obsessed with all things courtly and that the *divertissement* is a consciously staged entertainment.

The second phase alternates lyrical singing with stately dancing. The singing focuses on the power of love in general and of Constance's beauty in particular. An *ariette*, sung by one of the Graces, stands out as the Grace dramatically commands the 'vents furieux' and 'tristes tempêtes' to flee from their domain, before she switches to a more lyrical mode, addressing the 'beaux jours' and the flowers. The singing, predominantly lyrical solos, has an increasing relevance to the plot: one of the Cupids, alternating with the chorus, addresses Constance directly and alludes to the duc de Foix as '[le] plus tendre amant!', before another continues (l.418-23):

> Toi seule es cause
> De ce qu'il ose.
> Toi seule allumas ses feux.
> Quel crime est plus pardonnable?
> C'est celui de tes beaux yeux,
> En les voyant tout mortel est coupable.

139

At this point, speech again cuts into the music as Constance, still ignorant of the truth, reaffirms her opposition to the duc de Foix and her devotion to Alamir. Alamir promptly draws on the evidence of the first *divertissement* to support his alter ego's case by reminding her of the soothsayers' predictions. This reference to the intended persuasive role of the *divertissements* appropriately introduces the final phase of the *divertissement*: the chorus intervenes to remind Constance that resistance is futile and that fate is all powerful, thereby reminding the audience that all will be well. This is swiftly followed by noises off stage: trumpets, drums and shouts announce the approach of the French troops. At the end of act II Alamir exits to fight, Constance exits to cry, and the cowardly Morillo exits to safety: music helps to move the dramatic action forward.

Critics have claimed that the final *divertissement* does not fit with the rest of the play: according to the *Mercure de France* in February 1745, for instance, it is 'absolument étranger à la Comédie'.[102] It is true that, unlike the earlier *divertissements*, it is not part of the duc de Foix's role-playing: it is not used for his persuasive purposes, nor do the characters discuss it or participate in it. However, it is justified by both the plot and the political context. Although the characters of the spoken play disappear, the final *divertissement* brings the plot to its climax. The penultimate line of the spoken play is the duc de Foix's call for celebrations: 'Qu'au plaisir désormais ici tout s'abandonne.' This call is answered in the final *divertissement*.

The final *divertissement* is justified by the political context in that it makes explicit the message implicit in the play as a whole: the unity of France and Spain. It brings about a shift from fourteenth-

---

[102] *Mercure de France*, February 1745, ii.110. Elie-Catherine Fréron, by contrast, observes: 'La pièce est couronnée par un divertissement un peu mieux placé que les deux autres'; but by the end of his account of the play he has seemingly changed his mind and contends that 'ce divertissement ne tenait point du tout à la pièce' (*Lettres sur quelques écrits de ce temps*, XIX, 25 July 1746, in *Opuscules*, Amsterdam 1753, ii.398, 407).

century Navarra to eighteenth-century France, signalled by the dramatic change of décor from an interior to a representation of the Pyrenees. It echoes the prologue: like the Sun at the start of the play, Love descends in a chariot. The symmetry is reinforced by references to Louis XV. But whereas the prologue referred to him periphrastically, the last *divertissement* twice names him explicitly. Love presents herself as acting on the orders of the king, and at her bidding the onstage mountains separate, allowing France and Spain to be united and revealing Love's temple.

The unity of France and Spain is also signalled by the music and dancing. Dancers enter from the temple and form four quadrilles, identified by flags, representing France, Spain, Naples and Philip V, the Spanish king and father of Louis XV's new daughter-in-law. The representatives sing and dance together, celebrating the combined victory of Love and Mars, thus echoing the mythological references in the earlier *divertissements* and the dramatic action as a whole. The visual impact of these different nations dancing recalls the 'Ballet des Nations' at the end of *Le Bourgeois gentilhomme* and the 'Entrée de diverses nations' at the end of *Les Originaux*. But whereas the dancing had a primarily comic function in the earlier plays, here the *divertissement* is invested with political implications, which are made explicit when a Spaniard and a Neapolitan sing in unison: 'Recevons nos rois.'

5. *The play of tones*

Voltaire looks back to the seventeenth-century theatrical tradition, and in particular to Molière, and writes a *comédie-ballet* that serves the ends of royal propaganda. But the play is not entirely backward-looking: Voltaire sought to combine tradition and innovation. His comments on *La Princesse de Navarre* also foreground his experimentation with tone. To d'Argenson on 15 April 1744, shortly after receiving the commission, he insisted: 'Je veux faire quelque chose de joli, de gai, de tendre' (D2956). Writing to the duc de Richelieu on 28 May 1744, he described the play as 'un mélange du tendre, du plaisant, des fêtes et de la comédie' (D2978). He went further in a letter to d'Argental of 5 June 1744: 'Je conviens avec vous que le plaisant et le tendre sont difficiles à allier. Cet amalgame est le grand'œuvre. Mais enfin cela n'est pas impossible, surtout dans une fête. [...] Enfin cela est dans la nature. L'art peut donc le représenter' (D2985). The reference to representing nature echoes the preface to *L'Enfant prodigue*.[103] As in the earlier text, the emphasis is on the amalgamation of different tones, a process which he describes to the duc de Richelieu on 18 June 1744 as 'l'alliage des métaux' (D2991). And in the 'Avertissement' to the play itself, he goes so far as to describe *La Princesse de Navarre* as 'un de ces ouvrages dramatiques [...] où la plaisanterie se mêle à l'héroïque, et dans lesquels on voit un mélange de l'opéra, de la comédie, et de la tragédie'.[104]

---

[103] See *OC*, vol.16, p.94.

[104] Voltaire's reference to 'l'héroïque' recalls his observation on the play in a letter to d'Argental of 7 September 1744: 'Le grand art ce me semble est de passer du familier à l'héroïque et de descendre avec des nuances délicates. Malheur à tout ouvrage de ce genre qui sera toujours sérieux, toujours grand' (D3026). Together these references might suggest Voltaire's debt to the sub-genre of the *comédie héroïque*. The first play to be so called was Pierre Corneille's *Don Sanche d'Aragon* (1649), a play with a Spanish setting about the rise to royal power of an apparently lowly hero; Molière's *Dom Garcie de Navarre* (1661), which is set in Spain and is about the jealous love of the eponymous Navarrese prince for the daughter of the king of León, was also referred to as a *comédie héroïque*. The label was given to plays about elevated characters who engage not in life-endangering affairs of state, but in a love plot which ends happily: see Hélène Baby-Litot, 'Réflexions sur l'esthétique de la comédie héroïque de Corneille à Molière', *Littératures classiques* 27 (1996), p.25-34. Eighteenth-century examples include Marivaux's *Le Prince travesti* (1724), which is set in medieval Spain; Autreau's *Le Chevalier Bayard* (1731), which turns to late medieval French history and depicts events during the siege of Brescia; and Destouches's *L'Ambitieux et l'indiscrète* (1737), which is set in Castile and concerns the attempts of the ambitious Don Fernand to persuade the king of Castile to marry Doña Clarice, whereas Don Philippe, Don Fernand's brother, wants to put an end to the conflict between Castile and Aragon by persuading the king to marry the Aragonese Infanta. Significantly, the frères Parfaict actually label *La Princesse de Navarre* a *comédie héroïque* (*Dictionnaire des théâtres de Paris*, Paris 1767, iv.247).

The coordinating principle that both integrates the words, music and dance, and cements the amalgamation of comedy and sentimentality in *La Princesse de Navarre*, is self-conscious theatricality. This is a comedy about disguise, hidden identity and role-playing. Almost all the main characters engage in role-playing of some sort, which is a source of both comedy and sentimentality, and so offers the key to the amalgamation of the two tones.

Constance's role-playing takes three forms, all of which cause her pain and invite the audience's sympathy. [105] First, in a situation reminiscent of Chimène's in Corneille's *Le Cid*, a family feud demands Constance's opposition to the duc de Foix. This is a role she maintains until the last scene of the play, one consequence of which is a sequence of ironic scenes in which Alamir, the disguised duc de Foix, is forced to defend his alter ego (I.vi, II.viii, II.xi, III.v); Constance is, unknowingly, the enemy of the man she loves.

The second aspect of her role-playing is her self-delusion about Alamir and her nascent love for him, an apparent commoner. She sees in him 'je ne sais quoi de grand [...] de noble [...] de fier', but she balks at Léonor's reference to 'je ne sais quoi de tendre' (I.i). Her self-delusion reaches its most dramatic when the ridiculous Sanchette announces that she is to marry Alamir. She has to struggle to control her emotions, underlined by the way she addresses herself like an actress (III.iii, l.150-51):

> Etouffe tes soupirs, malheureuse Constance;
> Soyons en tous les temps digne de ma naissance...

However, she shows only momentary self-control (III.iv, l.181-84):

> Oublions Alamir, ses vertus, ses attraits,
>   Ce qu'il est, ce qu'il devrait être.
> Tout ce qui de mon cœur s'est presque rendu maître.
>   Non, je ne l'oublierai jamais.

[105] Even her name conjures up ideas of suffering and forbearance; it echoes the name of the long-suffering wife in La Chaussée's *Le Préjugé à la mode*.

This is a crucial preparation for her acceptance of Alamir's love in the following scene, when he reveals his true identity.

The final aspect of Constance's role-playing is her adoption of a false identity in order to escape from Don Pedro and the duc de Foix. Her instructions to Léonor to behave, not as her *suivante*, but as her aunt, make her both a role-player and a sort of theatrical director: 'Point de respect, je te l'ordonne'; the oxymoron is comic. But this is a role which Constance quickly abandons: having expressed anxiety about Alamir's fate in II.vii, she reveals her true identity to him in II.viii, though he, signficantly, maintains his disguise. The result is that she finds herself falling in love with a man who appears to be 'rien qu'un simple officier' (III.i). Her anxiety becomes a source of sentimental appeal to the audience (III.ii, l.73-74):

> Je le crains, je me crains moi-même,
> Je tremble de l'aimer, et je ne sais s'il m'aime.

Her biting insight and intense distress at the prospect of guilty love foreshadow the self-torture of the eponymous heroine of *Nanine*, but with the crucial difference that in the *comédie-ballet*, the audience knows that the misalliance is only apparent and that all will be well. Indeed, the confounding of Constance's anxieties at the end of the play serves to emphasise all the more the play's reaffirmation of the status quo.

The most artful role-player in the play is the duc de Foix, who for almost the whole play maintains his disguise as Alamir. In I.iv he explains to Hernand, his equerry, that he wanted to kidnap Constance in order to punish Don Pedro by uniting her family with his and that he has since fallen in love with her and disguised himself as Alamir to gain access to her. Constance's role puts family before love; that of the duc de Foix does the opposite. His role-playing allows him to win Constance's favour by entertaining her and by fighting against the tyrannical king of Castile; it also allows him to defend his family name. It is significant that he maintains his disguise until the end of the play, for his play-acting invites the audience's sympathy: he is repeatedly forced to listen to Constance attacking the person he really is, and it is only in III.v, as he invites her to kill him, in a pastiche of Rodrigue's heroic gesture in Corneille's *Le Cid*, that he can safely tell her who he is.

But the duc's play-acting sometimes invites the audience's laughter too. In II.ix, for example, his artful verbal ambiguity is comic. Having made his affections clear to Constance in II.viii, he is interrupted in II.ix by a ridiculously jealous Sanchette. His playfully ambiguous words of love are addressed both to Constance (who remains on stage, but only speaks at the end of the scene to address Léonor) and implictly to the theatre audience, who enjoys the comic irony of Sanchette completely misinterpreting his words.

The role-playing of the two central characters is comically debased and parodied by Don Morillo and Sanchette: Voltaire again creates contrasting characters for comic effect. [106] Voltaire's chief source of comic effects in his *comédie-ballet*, as in his earlier comedies, is ridiculous characters. And as he suggests in a letter to Vauvenargues of 7 January 1745, his use of ridiculous characters in *La Princesse de Navarre* seems to be indebted to Molière (D3062):

Je conviendrais sans doute que Molière est inégal dans ses vers, mais je ne conviendrais pas qu'il ait choisi des personnages et des sujets trop bas. Les ridicules fins et déliés dont vous parlez ne sont agréables que pour un petit nombre d'esprits déliés. Il faut au public des traits plus marqués. De plus ces ridicules si délicats ne peuvent guère fournir des personnages de théâtre. Un défaut presque imperceptible n'est guère plaisant. Il faut des ridicules forts, des impertinences dans lesquelles il entre de la passion, qui soient propres à l'intrigue. [...] Je suis d'autant plus frappé de cette vérité que je suis occupé actuellement d'une fête pour le mariage de Mr le dauphin dans laquelle il entre une comédie, et je m'aperçois plus que

---

[106] Palissot was critical of 'l'habitude dominante de Voltaire, qui se permettait toujours d'allier le burlesque au comique, comme s'il eût eu besoin, pour être plaisant, de cette triste ressource', and he dismissed the roles of Morillo and Sanchette in particular as being 'extrêmement chargés' (*Le Génie de Voltaire*, in *Œuvres complètes*, vi.182).

jamais que ce délié, ce fin, ce délicat qui font le charme de la conversation, ne conviennent guère au théâtre. [107]

Though Voltaire wanted to combine comedy and sentimentality, provoking laughter seems to have been his primary goal. He doubts his ability to entertain the royal family, as he admitted to Cideville on 8 May 1744: 'Comment les amuser, comment les faire rire?' (D2968). He is explicit about what sort of comic effect he wants to achieve: writing to d'Argental on 23 July 1744, he distinguishes between 'le comique' and 'le bouffon' and rejects the latter (D3006); and on 10 August 1744 he tells him how he had to struggle against Richelieu's preference for burlesque comedy, and he makes an impassioned plea: 'Je vous en prie, prêtez-vous un peu plus au comique. Il est vrai qu'il est hors de mode, mais ce n'est pas parce que le public n'en veut point, c'est qu'on ne peut lui en donner' (D3014). The play becomes a response to the *comédie larmoyante*, an attempt to resist the fashion for serious comedy.

Morillo, Sanchette's father, is a country lord, a ridiculous character who recalls the Baron in *Le Comte de Boursoufle*. [108] Léonor describes him, in comically oxymoronic terms, as 'grossièrement galant' (I.v): if the duc de Foix is a model of virtue and *galanterie*, Don Morillo is the exact opposite. [109] Voltaire creates

[107] See also Vauvenargues's reply of 21 January 1745, in which he declares: 'J'ai le bonheur que mes sentiments sur la comédie se rapprochent beaucoup des vôtres'; and he goes on to predict that '[l'ouvrage] qui vous occupe présentement [*La Princesse de Navarre*] occupera bientôt la France' (D3069).

[108] Voltaire often insisted on the importance of the role of Morillo, writing to d'Argental on 11 July 1744, for example: 'Morillo est d'une nécessité absolue. Il est le père de sa fille, une fois, et on ne peut se passer de lui. Or s'il faut qu'il paraisse, je ne vois qu'il puisse se montrer sous un autre caractère, à moins de faire une pièce nouvelle' (D2999); see also his letter to the d'Argentals of 18 September 1744 (D3031). The character's name is doubly appropriate: it is a Spanish word, but it means nothing grander than a firedog, a metal support for burning wood in a hearth. For Fréron, '*Morillo* est un personnage ridicule. La franchise et la rusticité villageoise forment son caractère' (*Lettres sur quelques écrits de ce temps*, XIX, 25 July 1746, in *Opuscules*, ii.401).

[109] The *Mercure de France* makes the same point: 'Alamir fait un parfait contraste avec le Baron ridicule' (February 1745, ii.92).

comedy by parodying and subverting the codes of *galanterie*. Like the duc de Foix, Morillo wants to woo Constance, though he is blissfully ignorant of the rivalry between them; unlike that of his rival, however, Morillo's role-playing is comically ineffectual.

In I.ii Morillo resolves to persuade Constance to live with him, but words quickly fail him, and there begins a comic verbal routine between Morillo and Alamir, the former like an actor who has forgotten his lines, the latter like a stage prompter (l.117-26):

MORILLO

Je réponds de leurs complaisances.
(*Il s'avance vers la Princesse de Navarre.*)
Madame, jamais mon château...
(*au Duc de Foix*)
Aide-moi donc un peu.

LE DUC DE FOIX *bas.*

Ne vit rien de si beau.

MORILLO

Ne vit rien de si beau... Je sens en sa présence
Un embarras tout nouveau;
Que veut dire cela? Je n'ai plus d'assurance.

LE DUC DE FOIX

Son aspect en impose, et se fait respecter.

MORILLO

A peine elle daigne écouter.
Ce maintien réservé glace mon éloquence;
Elle jette sur nous un regard bien altier!

This exchange foregrounds Morillo's verbal incompetence in a self-conscious way: the actor-figure's memory fails him, but he nevertheless refers to his 'éloquence', a telling sign of his comic self-obsession. Alamir takes over, claiming to speak on Morillo's behalf, though the audience enjoys the comic spectacle of him implicitly speaking in his own defence. Alamir's display of gallant persuasion jars sharply with Morillo's words. Morillo's response is characteristically self-conscious: 'Quels discours ampoulés! quel diable de langage!' The comedy of linguistic self-consciousness and hollow *galanterie* subverts the serious and sentimental.[110]

The character of Morillo also owes something to the Plautine comic tradition of the braggart soldier, in particular the Matamores of Pierre Corneille's *L'Illusion comique* (1639) and André Mareschal's *Le Véritable Capitan Matamore* (1640), who also have Spanish blood in their veins.[111] Morillo has evidently inherited some of Matamore's comic cowardice. At the end of I.vi, for example, the gardener announces that Don Pedro has sent one of his men to seize Constance. Alamir jumps to her defence, but Morillo exits to safety as quickly as he can: his behaviour recalls Matamore in *L'Illusion comique*, who flees as Clindor is attacked by Adraste and his men (III.xi). Similarly, in II.xi the duc de Foix leaves to fight against Don Pedro, but Morillo explains why he will not join him (l.462-66):

> C'est que j'ai beaucoup de sagesse.
> Deux rois s'en vont combattre à cinq cents pas d'ici,
> Ce sont des affaires fort belles,
> Mais ils pourront sans moi terminer leurs querelles,
> Et je ne prends point de parti.

Morillo clothes comic cowardice with the veil of logic. His words are potentially subversive: his descriptions of Du Guesclin as a 'brigand de son métier' and the duc de Foix as a 'traître' (II.xi), for

---

[110] This sort of linguistic self-consciousness may owe something to Molière. It is a comic device which critics have identified, significantly, in the *comédies-ballets*: see N. Cronk, 'The celebration of carnival in Molière-Lully's *Les Amants magnifiques*', in *The Seventeenth century: directions old and new*, ed. E. Moles and N. Peacock (Glasgow 1992), p.74-87, especially p.81-83; N. Hammond, 'Quel diable de babillard! *Le Mariage forcé* and the fall from language', *Nottingham French studies* 33 (1994), p.37-42; and R. Kenny, 'Molière's tower of Babel: *Monsieur de Pourceaugnac* and the confusion of tongues', *Nottingham French studies* 33 (1994), p.59-70.

[111] See J. Mallinson, 'The braggart: survival and transformation of a type in French comedy of the 1630s', *Australian journal of French studies* 21 (1984), p.3-14.

instance, seem to foreshadow the anti-war satire in chapter 3 of *Candide*. But the comic context undermines this potentially subversive message: the dissenting voice is ridiculed.

Sanchette parodies Constance by her unconscious role-playing, comic naivety and self-obsession. [112] She is neatly summed-up in the duc de Foix's phrase: 'Sanchette prend feu promptement' (I.iv). This introduction serves as a vital distancing mechanism, preparing the audience for her ridiculous entrance in I.v, where the quasi-tragic tone of phrases like 'Je suis au désespoir' and 'C'est un traître' is comically undermined by the context: Sanchette deludes herself about Alamir's feelings for her, interpreting his politeness as love. Her exaggerated complaints comically counterbalance Constance's feelings for Alamir as expressed in the first scene. Both characters delude themselves, but in different ways: Voltaire presses self-delusion into the service of both comedy and sentimentality. If the Constance-Alamir plot seems to echo Marivaux's *comédies d'amour* in its emphasis on nascent love, the Sanchette-Alamir sub-plot parodies this: Sanchette is a gullible man-eater who, like Thérèse in *Le Comte de Boursoufle*, falls in and out of love in an instant.

The comic contrast between Constance and Sanchette is

---

[112] Writing to d'Argental on 5 June 1744, Voltaire described Sanchette as 'une enfant simple, naïve, et ayant autant de coquetterie que d'ignorance' (D2985), and in a letter of 11 July 1744 he called her 'une jeune personne ignorante [...] à qui le nom seul de la cour tourne la tête' (D2999). The *Mercure de France* of February 1745 echoes Voltaire in referring to 'le caractère simple et naïf de cette jeune fille qui est appellée Sanchette dans la pièce [et qui] donne lieu à plusieurs scènes comiques' (ii.94). La Harpe, however, was more critical of the role: he described Sanchette as 'une petite dévergondée, qui court pendant cinq actes après un jeune étranger arrivé de la veille, et ne montre qu'une prodigieuse impatience d'épouser. [...] C'est à quatorze ans, la Bélise de Molière' (*Lycée, ou Cours de littérature ancienne et moderne*, Paris 1837, ii.409). Though some of his comments suggest a questionable familiarity with the text, the parallel with the ridiculously self-obsessed *visionnaire* of Molière's *Les Femmes savantes* is pertinent. Fréron referred to Sanchette as 'une petite folle, une étourdie' and compared her relationship with Constance to that between Don Quixote and Sancho Panza (*Lettres sur quelques écrits de ce temps*, XIX, 25 July 1746, in *Opuscules*, ii.402, 406).

exploited with greatest effect in act II. Don Pedro's magistrate arrives to kidnap Constance, but he first sees Sanchette and assumes that she is his target (II.ii). The comic device of a bungled kidnapping is one that, for instance, Pierre Corneille uses in *La Place Royale* (IV.i). In Corneille's play the comedy relies on the confusion created by darkness. In *La Princesse de Navarre*, the magistrate picks the wrong girl, but Sanchette does nothing to stop him: confusion is comically reinforced by self-obsession as Sanchette is only too eager to be taken away to live at the Castilian court. There is comic incongruity in the magistrate's politeness ('Nous venons vous prier de venir avec nous'), in Sanchette's naive enthusiasm for all things courtly, which recalls Thérèse's in *Le Comte de Boursoufle*, and in her attempts to stop her father from preventing the abduction (II.iii).

Throughout the play laughter undermines seriousness. Voltaire achieves this in two ways. First, as in Marivaux's *comédies d'amour*, potential sentimentality is evaded by audience awareness. There is no place for the seriousness of the *comédie larmoyante* in the dramatic context of fantasy and game-play in this self-conscious *comédie-ballet*. Moreover, the audience at the first performance of *La Princesse de Navarre* knew even before the prologue that all would be well. The first thing that they saw was the curtain, described in detail in the *Mercure de France*: 'Au milieu de ce rideau était peint en coloris un groupe de l'hymen et de l'amour unissant leurs flambeaux, une chaîne de jeux et de fleurs, tandis que d'autres en répandaient sur eux.' [113] The allegory reflects the political reality of which the play forms a part: the play could be about nothing other than true love and happiness. The curtain is also further evidence of Voltaire's far-reaching debt to Molière, for the first royal performance of *Les Amants magnifiques* began with a similarly allegorical curtain: '[La pompe] paraissait jusques dans le Rideau qui fermait le Théâtre, lequel représentait, dans un

---

[113] *Mercure de France*, April 1745, p.151.

Tableau, bordée d'une grande Frise de Trophées, un Soleil au milieu, avec le mot d'Horace, *Aliusque, & idem.*'[114]

Secondly, the interactions of Voltaire's contrasting characters ensure shifts between comedy and seriousness. The shifts occur within scenes, such as in I.i, where the potential seriousness of Constance's sense of entrapment and fear of persecution are punctured by Léonor, the comic servant-figure. The shifts also occur between scenes, such as at the climax of the play, when Alamir reveals his true identity to Constance (III.v). This moment of sentimentality is quickly followed by the comic interruption of Sanchette and Morillo, who expect Alamir to marry Sanchette. The final thread of the plot is thus sown up: the self-deluded Sanchette finally hears the truth, and, like Thérèse in *Le Comte de Boursoufle*, she quickly regains her composure: 'A qui serai-je donc?' (III.vi). The play ends with a self-consciously comic resolution and a call for celebrations: the duc de Foix is confident that 'l'univers est heureux', while Morillo's exclamation, 'Quelle étrange journée!', foreshadows Beaumarchais's *Le Mariage de Figaro* and, in retrospect, emphasises the game-play world that the *comédie-ballet* has depicted.

Throughout *La Princesse de Navarre* Voltaire creates contrasts, patterns and echoes, all of which play with the audience's expectations by showing different reactions to the same events. This is surely the effect he was aiming at when he argued, in the preface to *L'Enfant prodigue*, that the same subject can evoke 'un mélange de sérieux et de plaisanterie', for 'c'est ainsi que la vie des hommes est bigarrée; souvent même une seule aventure produit tous ces contrastes'.[115]

[114] *Gazette de France*, 21 February 1670, quoted in M. Couvreur, *Jean-Baptiste Lully: musique et dramaturgie au service du prince* (Paris 1992), p.185.
[115] *OC*, vol.16, p.94.

6. *Publication*

Writing about *La Princesse de Navarre* to d'Argental on 11 July 1744, Voltaire declared: 'Elle n'est pas faite pour l'impression, elle produira un spectacle très brillant et très varié' (D2999). The play was published, however, though the question of exactly when is a difficult one to answer.

For court performances such as that given on 23 February 1745, the texts of the works performed, particularly if they were newly commissioned works, were usually published in advance of the first performance for distribution to the royal party.[116] *La Princesse de Navarre* was no exception, if the account in the *Mercure de France* of April 1745 is to be believed: 'M. le duc de Richelieu présenta à leurs majestés les livres imprimés de la pièce ainsi qu'à la famille royale, les Intendants des Menus plaisirs de la Chambre avaient l'honneur de les présenter aux princes et princesses du sang, et en faisaient la distribution à toutes les dames et seigneurs de la cour.'[117] But other evidence suggests that this could not have happened on the night of the first performance. Crucially, the description of the occasion in the 'Avertissement' to the two separate editions published in 1745 makes publication on or before the night of the performance impossible.

So how soon after the first performance of *La Princesse de Navarre* did the first edition of it appear? Voltaire, still in Versailles, writes to Cideville two weeks after the first perfor-mance, on 7 March 1745: 'Je compte mon cher ami vous apporter ces sottises de commande, dès que je serai à Paris. Je me ferais à présent une grosse affaire avec vingt messieurs en charge, si je donnais le moindre ordre AU SR BALLARD, IMPRIMEUR DES BALLETS DU ROI TRÈS CHRÉTIEN. Chacun a ici son droit; il n'y a que les arts et les talents qui n'en ont point' (D3082). It seems

---

[116] See Sylvie Bouissou and Denis Herlin, *Jean-Philippe Rameau: catalogue thématique des œuvres musicales. Tome 2. Livrets* (Paris 2003), p.19-20, 25-26.

[117] *Mercure de France*, April 1745, p.156.

that by the beginning of March the play has still not been printed. But by the end of the month, it is possible that the play is about to be published, for Voltaire writes to count von Podewils on 25 March 1745: 'Je vous enverrai par la première occasion cette fête du mariage du dauphin, c'est un ouvrage de commande bien peu digne de vous, et du roi votre maître' (D3088).

But the history of the play's publication is more complex still, for two separate editions in fact appeared in 1745, presumably in relatively quick succession, both of them published at the king's expense by Jean-Baptiste-Christophe Ballard (1674?-1750), an *imprimeur-libraire* operating from the rue St Jean de Beauvais in Paris from 1694 until his death and, more importantly, *imprimeur ordinaire du Roi pour la musique* (or *seul imprimeur du Roi pour la musique et de l'Académie royale de musique*) from 1695.[118] These two 1745 editions differ solely in the wording of the description given in the 'Avertissement' (p.viii) of the seating arrangements of members of the royal family at the first performance; the change in wording introduced in the second edition was maintained in all subsequent editions.[119] It was, however, the first edition that was eventually distributed to the royal family, in copies specially bound and gilded by Vente, the king's official binder and gilder.

An account, 'Etat de la dépense faite en l'extraordinaire des Menus Plaisirs et affaires de la Chambre du Roi pour le mariage de Monseigneur le Dauphin et fêtes ordonnées à ladite occasion', now in the Archives nationales (O¹3253),[120] reveals just how

---

[118] The Ballard family were the most important printers of French music from the middle of the sixteenth century to the beginning of the nineteenth. On Jean-Baptiste-Christophe Ballard, see Anik Devriès and François Lesure, *Dictionnaire des éditeurs de musique français* (Paris 1979-1988), i.24-25, and Jean-Dominique Mellot and Elisabeth Queval, *Répertoire d'imprimeurs/libraires (vers 1500-vers 1810)*, new ed. (Paris 2004), p.42. In 1744 Voltaire had suspected Ballard of printing his *Ode sur les conquêtes du roi*: see his letter to Claude-Henri Feydeau de Marville of *c*.1 September 1744 (D3024).

[119] See below, 'Editions'.

[120] This account is transcribed in the Rameau edition, p.xxxix-xlvi. See also S. Bouissou and D. Herlin, *Jean-Philippe Rameau: catalogue thématique des œuvres musicales*, p.25-26.

important and expensive this edition was. For printing no fewer than 3,000 copies of the play, 'imprimés avec des caractères neufs et tirés sur grand raisin, cousu, rogné et couvert', Ballard was paid 6,250 *livres*; in addition, seven copies were produced in a leather binding bearing the royal coat of arms for the royal family, at an additional cost of 105 *livres*; and Pierre-Antoine Baudoin was paid 585 *livres* for the frontispiece illustration. Crucially, this account also reveals that a certain Cury was paid 318 *livres* for writing out manuscript copies of the play for the use of the King and the royal family. So it was these manuscript copies, now lost, that were distributed on the evening of the first performance, not printed copies, as the *Mercure de France* of April 1745 states, which perhaps suggests that the play was still being revised, conceivably because of interventions from Rameau, until shortly before 23 February 1745.[121]

If there was some delay in publishing *La Princesse de Navarre*, Voltaire nevertheless seems to have secured favourable publicity for it at an early stage through the *Mercure de France*. For as early as February 1745, a detailed account of the play appears in the pages of the *Mercure*, with extensive quotations not just from the play proper, but also from the 'Avertissement', significantly closer to the version in the first edition than that in the second, though it is never referred to as such in the *Mercure*: Voltaire's words merge

---

[121] Significantly, copies of the first edition contain what appear to be late changes in the printing process, seemingly made when the book had already been run off: see below, 'Editions'. There seems, then, to be no evidence to support Lionel Sawkins's claims, firstly, that these editions were 'no doubt prepared by Ballard well in advance of the royal wedding' but that they were only published in '1750 or later' ('Rameau's last years', p.72), and secondly, that Rameau's music gives a more accurate version of what was actually performed than Voltaire's editions ('Voltaire, Rameau, Rousseau', p.1335). As Sawkins himself demonstrates, the earliest surviving manuscript of Rameau's music which offers a 'reliable' source for *La Princesse de Navarre* dates from nearly twenty years after the first performance ('Rameau's last years', p.80): the (minimal) textual variants contained in the score can have no authority in a critical edition of Voltaire's text.

seamlessly, for the unsuspecting reader at least, with those of the *Mercure*.[122]

That Voltaire would have given the editors of the *Mercure de France* an advance copy of the text of *La Princesse de Navarre*, perhaps even in manuscript, is unsurprising. For he was adept at using the *Mercure* as a vehicle for his works and for gaining useful publicity. In the spring of 1739, for example, he sent the editors his *Mémoire sur un ouvrage de physique de Mme la marquise Du Châtelet*, which duly appeared in the second part of the June issue,[123] and similarly his *Exposition du livre des Institutions de phyisque* appeared in the *Mercure de France* for June 1741.[124] And perhaps most significantly, Voltaire first published his *Conseils à un journaliste*, which he had written in 1739, in the *Mercure de France* in November 1744, where it offered a kind of manifesto on the art of journalism under the *Mercure*'s new editors, Louis Fuzelier and Charles-Antoine Le Clerc de La Bruère, both of them, incidentally, dramatists of some repute, the latter having collaborated with Rameau on *Dardanus*, a *tragédie lyrique*, in 1738.[125]

Voltaire's working relationship with Le Clerc de La Bruère was

[122] See the *Mercure de France*, February 1745, ii.84-112. It is worth noting that, in an 'Avis' towards the end of the second volume of the *Mercure de France* in February 1745, the editors Louis Fuzelier and Charles-Antoine Le Clerc de La Bruère explain that the volume has appeared two weeks later than planned because of people's delay in sending in accounts of the festivities surrounding the dauphin's wedding; they end by asking 'ceux qui à l'avenir nous enverront de ces descriptions de le faire plus diligemment', defending their request in the name of public interest: 'C'est l'intérêt du Public qui nous fait parler' (ii.182).

[123] See *Mémoire sur un ouvrage de physique de Mme la marquise Du Châtelet*, ed. R. L. Walters, *OC*, vol.20A, p.194.

[124] See *Exposition du livre des Institutions de physique*, ed. W. H. Barber and R. L. Walters, *OC*, vol.20A, p.215, 226.

[125] See *Conseils à un journaliste*, ed. F. Moureau and D. Gembicki, *OC*, vol.20A, p.460-65. Between April 1745 and June 1746 Voltaire also gave Le Clerc de La Bruère a number of chapters from what was to become his *Essai sur les mœurs*. On Voltaire's relationship with the *Mercure*, see Madeleine Fields, 'Voltaire et le *Mercure de France*', *SVEC* 20 (1962), p.175-215, who notes that the years 1744-1746 were the high point in Voltaire's association with the *Mercure* (p.178).

particularly intimate. He had been introduced to him by Berger, the secretary to the prince de Carignan, in the mid-1730s, and described him in a letter to the same of c.10 April 1738 as 'un des jeunes gens de Paris dont j'ai la meilleure opinion' (D1481); and writing about him to Thiriot on 9 October 1742, he observed: 'Je ne connais guère d'esprit plus juste et plus délicat' (D2668). [126] Perhaps most significant in this context is Voltaire's letter to Vauvenargues of 7 January 1745 about the latter's *Réflexions critiques sur quelques poètes*, which Le Clerc de La Bruère had just published, without Vauvenargues's approval, in the *Mercure de France*: 'Ce M. de La Bruère est un homme de mérite et de goût. Il faudra que vous lui pardonniez. [...] J'ai voulu en arrêter l'impression, mais on m'a dit qu'il n'en était plus temps' (D3062). This letter is particularly important, as it provides evidence of Voltaire's close dealings with Le Clerc de La Bruère, engaging with him about the publication of the *Mercure*, at the very time that he is working on *La Princesse de Navarre*: as he explains to Vauvenargues, 'c'est cette fête qui m'empêche d'entrer avec vous, Monsieur, dans un plus long détail, et de vous soumettre mes idées, mais rien ne m'empêche de sentir le plaisir que me donnent les vôtres'. [127]

Following the publication of the two separate editions of *La Princesse de Navarre* in 1745, Fréron predicted in July 1746 that 'il est probable que M. *de Voltaire* ne fera jamais imprimer parmi ses Œuvres une *comédie-ballet* de sa façon, intitulée la *Princesse de Navarre*'. [128] And to begin with, at least, he was right. Voltaire

---

[126] See his letters to Berger of c.30 July 1736 (D1119), c.15 August 1736 (D1129), 10 September 1736 (D1145), 18 October 1736 (D1173) and 28 June 1739 (D2038). On Le Clerc de La Bruère's *Dardanus*, see Voltaire's letters to Thiriot of 11 October 1738 (D1625), 15 November 1738 (D1657) and 10 December 1738 (D1684).

[127] See also Voltaire's open letter to the *Mercure de France* of c.1 May 1746 (D3375), published that month (p.162-63), which begins with a direct address to Le Clerc de La Bruère: 'Monsieur, il y a longtemps que vous m'honorez de votre amitié et je dois cet avantage à mon goût pour les belles-lettres.'

[128] Fréron, *Lettres sur quelques écrits de ce temps*, XIX, 25 July 1746, in *Opuscules*, ii.398.

excluded *La Princesse de Navarre* from the 1751 edition of his works. He wrote to the publisher Michel Lambert in February 1751, complaining about the whole conception and structure of the edition ('J'avoue que cette édition me fait une peine extrême, mais elle n'en fera pas moins à l'éditeur qui sûrement n'y trouvera pas son compte') and insisting that one point be observed above all: 'Il ne faut point parler de la princesse de Navarre ni du Temple de la gloire dans la préface' (D4381). He went further still in a subsequent letter, apparently written later in February, even denying authorship: 'Je désavoue absolument *le temple de la gloire* et *la princesse de Navarre*. Ils ne sont point dans l'édition de Dresde, et ne doivent point y être. Ce sont des ouvrages de commande que je fis faire par de jeunes gens et que je ne souffrirai jamais dans le recueil de mes ouvrages' (D4382).

However, Voltaire later instructed Cramer to include *La Princesse de Navarre* in his *Nouveaux Mélanges*, writing to him in July 1767: 'La chapelle de la Gloire, et la farce de Navarre sont prêtes aussi et à vos ordres' (D14278); the two plays duly appeared in volume 5 in 1768. The two plays were also published in 1768 in volume 7 of Cramer's *Collection complette des œuvres de M. de Voltaire*, about which Voltaire wrote to Cramer on *c*.5 April 1768: 'Je vais lire le mémoire de M. de Chapeau Rouge, et si vous voulez m'envoyer les inepties de la navarroise et de la gloire, je verrai si on peut laver ces têtes de maures' (D14923). [129]

7. Éditions [130]

45P1

LA PRINCESSE / DE / NAVARRE, / *COMÉDIE-BALLET;* / FESTE DONNÉE PAR LE ROY / en son Château de Versailles, / *Le*

---

[129] According to the *Mercure de France* for that month, the first seven volumes were already on sale in May 1768 (p.102).

[130] I am grateful to David Adams (University of Manchester), Martine David (Médiathèque municipale, Niort), John Dunkley (University of Aberdeen), Michael

Mardi 23. Février 1745. / *[coat of arms]* / DE L'IMPRIMERIE / DE BALLARD Fils, reçu en survivance de la Charge / de Seul Imprimeur du Roy pour la Musique. / *[thick-thin rule]* / *Par exprès Commandement de SA MAJESTÉ.* [1745]

8°. a⁸, A-F⁸, G⁴, H¹. xvi-106 pp (pp. i-v, xiii, 1, 41, 75 unnumbered). Includes an allegorical frontispiece by Pierre-Antoine Baudouin (p.[ii]).

Watermark: *[bunch of grapes]* / *[fleur de lys]* / I *[heart and flowers]* SAUVADE / C *[star and half-moon]* RICHARD 1742.

The first edition, which gives a version of part of the 'Avertissement' (p.viii) reproduced in part in the *Mercure de France* of February 1745 but not found in any subsequent editions. [131] The presence of cancels (p.vii/viii, ix/x, 67/68, 71/72) in this edition is one piece of evidence which argues in favour of its being the first edition: both p.vii/viii and ix/x (the middle pages of the gathering) are cancels, though they are a single piece of paper and are pasted to the stub of the old p.vii/viii; the stubs of two cancellanda occur between p.x and xi; p.67/68 is pasted to a stub; the stub of a cancellandum occurs between p.69/70 and 71/72; and p.71/72 itself is sewn and pasted to p.73-74 (this replacement leaf has an asterisk just before the signature in the bottom margin on p.71, a common feature of cancels). In addition, p.65/66 and 67/68 are pasted together, indicating a late change in the printing process, when the book had been run off, and perhaps sewn, so that it would have been uneconomic to reprint the whole gathering.

A further piece of evidence in favour of this being the first edition is the presence of Voltaire's MS correction in the copy in the Institut et Musée Voltaire, Geneva (BE 26, 1) and in one of the three copies in the Bibliothèque municipale in Versailles (G.C.596). This autograph correction on p.viii introduces a variant that forms the basis of the text of the 'Avertissement' in the second and all subsequent editions: the lines 'Les princes et les princesses du sang achevaient le cercle. Les Grands Officiers de la Couronne étaient derrière la famille royale' are struck

---

Hawcroft (Keble College, Oxford), François Jacob (IMV, Geneva) and Monique Muller (Bibliothèque municipale, Versailles) for their help.

[131] Cf. Sylvie Bouissou and Denis Herlin, *Jean-Philippe Rameau: catalogue thématique des œuvres musicales*, who consider that this is the second edition (p.196-97).

LA PRINCESSE

DE

NAVARRE,

COMÉDIE-BALLET;

Feste donnée par le Roy
en son Château de Versailles,

Le Mardi 23. Février 1745.

DE L'IMPRIMERIE

DE BALLARD Fils, reçû en survivance de la Charge
de Seul Imprimeur du Roy pour la Musique.

Par exprès Commandement de Sa Majesté'.

1. *La Princesse de Navarre*, title page of 45P1, the first edition.
Oxford, Taylor Institution Library.

2. Frontispiece from *La Princesse de Navarre*, 45P1. Oxford,
Taylor Institution Library.

out and replaced by the words 'Les dames de la cour qui composaient le cercle formaient un spectacle plus beau que tous ceux qu'on pouvoit leur donner.'

It is highly likely in the case of *La Princesse de Navarre* that Voltaire would have wanted the royal family to be presented with copies of the play as soon as it was first published. Hence the anxiety to get the text right, even at the cost of sticking the leaves together. Hence, too, the survival of three finely bound copies for the royal readers. At the BnF, Yf.7489 is a copy in a red leather binding bearing the coat of arms of Louis XV on the front and back. Also at the BnF, Rés.p.Yf.243 is a copy lined with green silk and bound in brown leather and decorated in the centre with the conjoined arms of the Dauphin and María-Teresa of Spain; the gold embossed border on the front and back covers shows two towers and two crowned dolphins in the corners, and half-way down on either side are two hands intertwined and surmounted by a *fleur de lys* between two doves. The first page of this copy has a short handwritten note about the binding, and this information is repeated in a longer handwritten note stuck onto the first page, probably by an early librarian, though it is unsigned. This note indicates that this is the copy of the play given by the king to his new daughter-in-law. Lastly, at the Bibliothèque municipale in Versailles, Rés.in-8°E.356d is a copy lined with yellow silk and sumptuously bound in blue leather with gold embossing, depicting the coat of arms of Louis XV.

Bengesco 179.

Paris, BnF: 8°Yth.14720, 8°Yth.14721, 8°Yth.14722, 8°Yth.14724, Yf.7489, Yf.7870, Rés.p.Yf.243; Arsenal: G.D.8°1084, Ra³186, Rf.14393; Bibliothèque Ste Geneviève: 51.455 pièce 4. Geneva, Institut et Musée Voltaire: BE 26, 1. Montpellier, Bibliothèque municipale: 35131 Rés. Nantes, Bibliothèque municipale: 28770. Nîmes, Bibliothèque Carré d'art: 8345 (17). Oxford, Taylor: V3.P7.1745. Versailles, Bibliothèque municipale: G.C.596, Rés.in-8°E.356d, Versaillais E.106. Cambridge, Mass., Harvard University Library: *FC7 V8893 745p.

45P2

LA / PRINCESSE / DE / NAVARRE, / *COMÉDIE-BALLET;* / FESTE DONNÉE PAR LE ROY / en son Château de Versailles, / *Le*

Mardi 23. Février 1745. / [*coat of arms*] / DE L'IMPRIMERIE / DE BALLARD Fils, reçu en survivance de la Charge / de Seul Imprimeur du Roy pour la Musique. / [*double rule*] / *Par exprès Commandement de SA MAJESTÉ.* [1745]

8°. a⁸, A-F⁸, G⁴, H¹. xvi-106 pp (pp. i-v, xiii, 1, 41, 75 unnumbered). Includes frontispiece by Baudouin (p.[ii]).

Watermark: [*bunch of grapes*] / [*fleur de lys*] / I [*heart and flowers*] SAUVADE / C [*star and half-moon*] RICHARD 1742.

The second edition. [132] As in the first edition, p.vii/viii, ix/x, 67/68 and 71/72 are cancels. But p.vii/viii is a new cancel which gives the text of p.viii of the 'Avertissement' as it appears in all subsequent editions: the evidence of this added cancel must mean that this is the second edition. In addition, p.65-68 are printed normally, rather than being stuck together as they are in the first edition, which also indicates a later stage of printing than the first edition.

Paris, BnF: 8°Yth.14723, Rés. Z Bengesco 61, Rés. Z Beuchot 700; Arsenal: Rf. 14392. Chicago, Illinois, Newberry Library: E5.L92705.v.1; University of Chicago Special Collections: PQ.2011.P7 1745.

45PX

LA PRINCESSE / DE / NAVARRE, / *COMÉDIE-BALLET;* / FESTE DONNE'E PAR LE ROY / En son Château de Versailles, / Le Mardi 23. Février 1745. / [*rule*] / Cette Piéce est du Sr. ARROUET DE VOLTAIRE. / [*rule*] / [*coat of arms*] / DE L'IMPRIMERIE / DE BALLARD Fils, reçu en survivance de la Charge / de Seul Imprimeur du Roy pour la Musique. / [*triple rule*] / *Par exprès Commandement de* SA MAJESTE'.

8°. 88pp (pp.1-3, 6-9, 13, 41, 65, 82-83 unnumbered).

Watermark: [*bunch of grapes*] / BARRI / ANGOUMOIS.

A provincial piracy. The edition has no cancels and is shorter than the first two editions, which would suggest that it is later than either of them,

---

[132] Cf. Bouissou and Herlin, *Jean-Philippe Rameau*, who claim that this is the first edition (p.193-96).

though it is impossible to date with any certainty. [133] The text follows that of 45P1, most significantly in the wording of the 'Avertissement' (p.viii), but this merely shows that the printer obtained a copy of the latter and used it for his base text, unconcerned about subsequent changes shown in cancels as long as he had a copy to sell to his customers, which is presumably also why he put Voltaire's name on the title-page; this might also suggest that it dates from 1745 and was designed to take advantage of the play's contemporary renown. The poor-quality paper dates from c.1745 and originates from a maker in Angoulême; [134] and the typography, characterised by the use of some stock *bandeaux*, is indifferent: these are strong arguments in favour of a provincial piracy.

Paris, Arsenal: Rf.14394; Bibliothèque de la Sorbonne: Rra 1247 (8) in-12°. Angers, Bibliothèque municipale: Belles-lettres 2046. Lyon, Bibliothèque municipale: 359243. Niort, Médiathèque municipale: 1541-6. Toulouse, Bibliothèque municipale: Fa.C.536(8). Geneva, Bibliothèque publique et universitaire: lb.2460(3). Washington DC, Library of Congress: ML52.2.P7.

w48r

[Title unknown]. Amsterdam, Compagnie [Rouen, Machuel], 1748. 12 vol. 8°.

Vol.ix [Pt.3], p.iii-xii, 1-116. Includes Baudouin's illustration (between p.xii and p.1).

Volumes i-xii of this edition, produced in or before 1748, were suppressed at Voltaire's request (see D3667, D3677, D3669, D3884). No copy of the original issue is known, but the sheets were reissued under new title pages in 1764 as part of w64r. The description given above is that of the 1764 issue.

Bengesco 2128, 2136; Trapnell 48r; BnC 27, 145-48.

---

[133] Bouissou and Herlin, *Jean-Philippe Rameau*, refer to this as the third edition of the play, and tentatively date it 'après 1745' (p.197-98).

[134] This is indicated by the watermark: see Raymond Gaudriault, *Filigranes et autres caractéristiques des papiers fabriqués en France aux XVIIe et XVIIIe siècles* (Paris 1995).

PT

Le Portefeuille trouvé, ou tablettes d'un curieux. Ed. P. L. d'Aquin de Château-Lyon. Geneva, Les Libraires associés [Paris, Duchesne], 1757. BnC 389-92.

Vol.ii, p.253-55 contain 'Prologue par Monsieur de V***'.

Paris, BnF: Rés. Z Bengesco 479, Rés. Z Beuchot 684.

OC61

Œuvres choisies de M. de Voltaire. Avignon, Alexandre Giroud, 1761. 12°. p.177-80 contain the 'Prologue pour le mariage de M. le dauphin'.

Bengesco 2182, 2206; Trapnell 61A; BnC 430-33.

Paris, BnF: Ye 9209, Rés. Z Beuchot 53.

W64R

Collection complette des œuvres de M. de Voltaire. Amsterdam, Compagnie [Rouen, Machuel?], 1764. 18 vol. 12°.

Vol.ix [Pt.3], p.i-xii, 1-116. Includes the frontispiece by Baudouin (between p.xii and p.1). The 'Prologue' is printed again in vol.xvii, p.455-57.

Volumes i-xii were produced in 1748 for publication as part of the edition suppressed at Voltaire's request (W48R). The paper on which *La Princesse de Navarre* is printed has a watermark dating it to 1745 and 1746. The watermark of the paper used in volume xvii dates it to 1762. The text follows that of 45P2.

Bengesco 2136; Trapnell 64R; BnC 145-48.

Paris, BnF: Rés. Z Beuchot 26 (9, 17).

T67

Œuvres de théâtre de M. de Voltaire. Paris, Veuve Duchesne, 1767. 6 vol. 12°.

Vol. vi, pp.389-490.

The title page of this edition states 'Nouvelle édition, revue et corrigée exactement sur l'édition de Genève in-4°'.

Bengesco 312; Trapnell T67; BnC 622-25.

Paris, BnF: Rés. Yf 3392. London, BL: C 69 b 10 (6).

NM (1768, 1770)

Nouveaux mélanges philosophiques, historiques, critiques, &c. &c. &c. [Geneva, Cramer], 1765-1776. 19 vol. 8°.

Vol.v (1768), the main text, p.5-96. Vol.x (1770), p.387-88, contains for the first time the 'Nouveau Prologue', which had appeared in the *Mercure de France* in January 1764 (i.169-70).

Bengesco 2212; Trapnell NM; BnC 111-35.

Paris, BnF: Rés. Z Beuchot 28 (5, 10)

W68

Collection complette des œuvres de M. de Voltaire. [Geneva, Cramer; Paris, Panckoucke], 1768-1777. 30 vol. 4°.

Vol.vii, p.329-418. Includes (facing p.329) the illustration by Hubert Gravelot, engraved by Jean-Baptiste Simonet, of III.v, showing the duc de Foix kneeling before Constance. Vol.xviii, p.478, contains the 'Nouveau Prologue'.

Volumes i-xxiv were produced by Cramer under Voltaire's supervision.

Bengesco 2137; Trapnell 68; BnC 141-44.

Paris, BnF: Rés m Z 587 (7, 18).

W70L (1772)

Collection complette des œuvres de M. de Voltaire. Lausanne, Grasset, 1770-1781. 57 vol. 8°.

Vol.xxi (1772), p.61-158. Excludes the 'Nouveau Prologue'.

The theatre volumes were produced with Voltaire's participation.

Bengesco 2138; Trapnell 70L; BnC 149-50.

Oxford, Taylor: V1 1770L (21). Paris, BnF: Rés. Z Bengesco 124 (8); Arsenal: 8 BL 13060 (8).

w71 (1772, 1774)

Collection complète des œuvres de M. de Voltaire. Geneva [Liège, Plomteux], 1771-1777. 32 vol. 8°.

Vol.vi (1772), p.271-341. Vol.xviii (1774), p.412, contains the 'Nouveau Prologue'.

This edition follows w68. No evidence of Voltaire's participation.

Bengesco 2139; Trapnell 71; BnC 151.

Uppsala, Universitetsbiblioteket: Litt. fransk.

w72P (1773)

Œuvres de M. de V... Neufchâtel [Paris, Panckoucke], 1771-1777. 34 or 40 vol. 8° and 12°.

Vol.ix (1773), p.193-284. Vol.xv (1773), p.339, contains the 'Nouveau Prologue'. Follows the text of w68, but excludes the 'Avertissement'. No evidence of Voltaire's participation.

Bengesco 2140; Trapnell 72P; BnC 152-57.

Paris, Arsenal: Rf 14095 (9, 15)

w75G

La Henriade, divers autres poèmes et toutes les pièces relatives à l'épopée. [Geneva, Cramer & Bardin], 1775. 37 vol. (40 vol. with the *Pièces détachées*). 8°.

Vol.ix, p.101-96. Includes (facing p.109) Gravelot's illustration of III.v, but in the opposite direction to w68. The Cramer *encadrée* edition, the last to be revised by Voltaire. The base text.

Bengesco 2141; Trapnell 75G; BnC 158-61.

Oxford, Taylor: V1 1775 (9). Paris, BnF: Z 24847.

W75G*

The Leningrad *encadrée*, the copy of W75G annotated by Voltaire in the last months of 1777. [135]

T76

Théâtre complet de Monsieur de Voltaire. 1776. 7 vol. 8°.

Vol.v, p.478-575.

Paris, Arsenal: Rf. 14096 (5).

K

Œuvres complètes de Voltaire. [Kehl], Société littéraire-typographique, 1784-1789. 70 vol. 8°.

Vol.ix, p.47-143.

Bengesco 2142; Trapnell K; BnC 164-93.

Paris, BnF: Rés. p Z 2209 (9). Oxford, Taylor: V1 1785/2 (9).

8. *Principles of this edition*

The base text is W75G, the last edition to be revised by Voltaire. Variants have been taken from 45P1, 45P2, NM, W68, W70L, W75G* and K.

Treatment of the base text

The spelling of names and places has been retained, but not their italicisation. The original punctuation has been respected.

Orthography has been modified to conform to modern usage:

I. Consonants

– *p* was not used in: domter, longtems, promt, promte, tems.
– the final *s* was not used in: fai.

---

[135] See Samuel Taylor, 'The definitive text of Voltaire's works: the Leningrad *encadrée*', *SVEC* 124 (1974), p.7-132 (here p.56).

— *t* was used instead of *d* in: étendarts.
— *t* was not used in agrémens, amans, amusemens, bienfaisans, chantans, charmans, châtimens, commandemens, complaisans, conquérans, constans, dansans, déguisemens, descendans, différens, divertisse-mens, embellissemens, empressemens, enfans, enlévemens, étonnans, fumans, innocens, menaçans, monumens, naissans, ornemens, parens, piquans, précédens, puissans, raccommodemens, savans, sentimens, suivans, talens.
— *x* was used instead of *s* in: loix.
— *ʒ* was used instead of *s* in: azile, aziles, hazard, hazarder, hazards.
— a single consonant was used in: aprendre, couroux, falu, falut, flame, flate, pourai.
— double consonants were used in: allarme, allarmée, allarmes, chommerez, discrette, fidelles, indiscrette, inquiette.

II. Vowels

— *a* was used instead of *e* in: avantures.
— the final *e* was not used in: encor.
— *y* was used instead of *i* in: asyle, croye, déploye, employerai, envoye, gayeté, joye, yvresse.

III. Accents

1. The acute accent

— was used in: toújours.
— was used instead of the grave in: enlévement, fidélement, niéce, sincérement.
— was not used in: desirs.

2. The grave accent

— was not used in: discrette, fidelles, indiscrette, inquiette.

3. The circumflex accent

— was used in: sû, toûjours, vîte, vraîment.
— was not used in: ame, chommerez, disgrace, grace, théatre.

4. The diaeresis

— was used in: jouïssance, réjouïr, réjouïssons.

IV. Capitalisation

Initial capitals were attributed to: Acteurs, Arts, Aubade, Baron, Cavalier, Chambre, Cour, Dames, Dauphine, Duc, Etats, Famille, Février, Gentilhomme, Héros, Hommage, Intendant, Maison, Monarque, Muses, Notaire, Premier, Prince, Princes, Princesse, Princesses, Reine, Reines, Religion, Roi, Rois, Royale, Royaume, Sang, Troubadours.

IV. Various

- the ampersand was used throughout.
- the hyphen was used in: aussi-bien, si-tôt, tour-à-tour, tout-à-l'heure, tout-d'un-coup.
- the final two consonants were absent in: descen, pren, répon.
- archaic forms were used in: avoûrai, avoûrez, oublîrai, oublîrez.

3. A contemporary engraving by N.-C. Cochin of the
theatre constructed in the 'Grande Ecurie' for the
performance of *La Princesse de Navarre*.

LA PRINCESSE DE NAVARRE,
COMÉDIE-BALLET

AVERTISSEMENT

Le roi a voulu donner à Mme la dauphine une fête qui ne fût pas seulement un de ces spectacles pour les yeux, tels que toutes les nations peuvent les donner, et qui passant avec l'éclat qui les accompagne, ne laissent après eux aucune trace. Il a commandé un spectacle qui pût à la fois servir d'amusement à la cour, et d'encouragement aux beaux arts, dont il sait que la culture contribue à la gloire de son royaume. M. le duc de Richelieu, premier gentilhomme de la chambre en exercice, a ordonné cette fête magnifique.[1]

Il a fait élever un théâtre de cinquante-six pieds de profondeur dans le grand manège de Versailles, et a fait construire une salle, dont les décorations et les embellissements sont tellement ménagés, que tout ce qui sert au spectacle doit s'enlever en une nuit, et laisser la salle ornée pour un bal paré, qui doit former la fête du lendemain.

Le théâtre et les loges ont été construits avec la magnificence convenable, et avec le goût qu'on connaît depuis longtemps dans ceux qui ont dirigé ces préparatifs.[2]

On a voulu réunir sur ce théâtre tous les talents qui pourraient contribuer aux agréments de la fête, et rassembler à la fois tous les charmes de la déclamation, de la danse et de la musique, afin que la personne auguste, à qui cette fête est consacrée, pût connaître tout d'un coup les talents qui doivent être dorénavant employés à lui plaire.

On a donc voulu que celui qui a été chargé de composer la fête, fît un de ces ouvrages dramatiques, où les divertissements en musique forment une partie du sujet,[3] où la plaisanterie se mêle à

[1] On the political context of the commission of *La Princesse de Navarre* and Richelieu's role in it, see the Introduction, 'Commission and composition'.

[2] For further discussion of the specially constructed theatre at Versailles, see the Introduction, 'Performance and propaganda'.

[3] On the echoes of Molière in Voltaire's conception of his *comédie-ballet*, see the Introduction, 'Genre and aesthetics'.

l'héroïque, et dans lesquels on voit un mélange de l'opéra, de la comédie, et de la tragédie. [4]

On n'a pu ni dû donner à ces trois genres toute leur étendue; on s'est efforcé seulement de réunir les talents de tous les artistes qui se   30
distinguent le plus, et l'unique mérite de l'auteur a été de faire valoir celui des autres.

Il a choisi le lieu de la scène sur les frontières de la Castille, et il en a fixé l'époque sous le roi de France Charles V, Prince juste, sage et heureux, contre lequel les Anglais ne purent prévaloir, qui   35
secourut la Castille, et qui lui donna un monarque.

Il est vrai que l'histoire n'a pu fournir de semblables allégories pour l'Espagne. Car il régnait alors un prince cruel et sans foi; et sa femme n'était point une héroïne, dont les enfants fussent des héros. [5] Presque tout l'ouvrage est donc une fiction dans laquelle il   40
a fallu s'asservir à introduire un peu de bouffonnerie, au milieu des plus grands intérêts, et des fêtes au milieu de la guerre.

Ce divertissement a été exécuté le 23 février 1745, vers les six heures du soir. Le roi s'est placé au milieu de la salle, environné de la famille royale, des princes et princesses de son sang, et des dames   45

34   45P1, 45P2: Charles Cinq,
37   w75G*: fournir à ce qu'on dit de [*ms revision*]
38   45P1, 45P2: alors en Castille un Prince
      w75G*: Prince cruel; <et sans foi> et sa
      K: Prince cruel, à ce qu'on dit, et sa
43   45P1, 45P2: le 23 Février de cette année 1745,
44-48   45P1: au milieu de la salle, ayant auprès de lui, la Reine, Monsieur le Dauphin, Madame la Dauphine et Mesdames. ¶Les Princes et les Princesses du Sang achevaient le cercle. Les Grands Officiers de la Couronne étaient derrière la Famille Royale. ¶Il eût

[4] Fréron criticised Voltaire's apparent pride in his experimentation with genre and tone: 'Il n'y avait que M. *de Voltaire* dont le génie éminent pût se flatter de composer un tout raisonnable de trois genres si différents, et de mêler avec adresse la bouffonnerie aux plus grands intérêts' (*Lettres sur quelques écrits de ce temps*, XIX, 25 July 1746, in *Opuscules*, ii.398-99). For further discussion of this experimentation, see the Introduction, 'The play of tones'.

[5] On the significance of the historical setting of the play, see the Introduction, 'Performance and propaganda'.

de la cour, qui formaient un spectacle beaucoup plus beau que tous ceux qu'on pouvait leur donner. [6]

Il eût été à désirer qu'un plus grand nombre de Français eût pu voir cette assemblée, tous les princes de cette maison qui est sur le trône longtemps avant les plus anciennes du monde, cette foule de 50 dames parées de tous les ornements qui sont encore des chefs-d'œuvre du goût de la nation, et qui étaient effacés par elles; enfin cette joie noble et décente qui occupait tous les cœurs et qu'on lisait dans tous les yeux.

On est sorti du spectacle à neuf heures et demie dans le même 55 ordre qu'on était entré, et alors on a trouvé toute la façade du palais, et des écuries illuminée. La beauté de cette fête n'est qu'une faible image de la joie d'une nation qui voit réunir le sang de tant de princes auxquels elle doit son bonheur et sa gloire.

Sa Majesté, satisfaite de tous les soins qu'on a pris pour lui plaire, 60 a ordonné que ce spectacle fût représenté encore une seconde fois. [7]

56   κ: entré; alors

[6] On the significance of this seating arrangement, see the Introduction, 'Performance and propaganda'.
[7] This second performance took place on 27 February 1745.

PROLOGUE DE LA FÊTE
POUR LE MARIAGE DE MONSIEUR LE DAUPHIN [1]

LE SOLEIL *descend dans son char, et prononce ces paroles.*

L'inventeur des beaux arts le Dieu de la lumière,
Descend du haut des cieux dans le plus beau séjour,
Qu'il puisse contempler en sa vaste carrière.

La Gloire, l'Hymen et l'Amour,
Astres charmants de cette cour,   5
Y répandent plus de lumière
Que le flambeau du Dieu du jour.
J'envisage en ces lieux le bonheur de la France,
Dans ce roi qui commande à tant de cœurs soumis;
Mais tout Dieu que je suis, et Dieu de l'éloquence,   10
Je ressemble à ses ennemis,
Je suis timide en sa présence. [2]

Faut-il qu'ayant tant d'assurance,
Quand je fais entendre son nom,

a   45P1, 45P2: ['Prologue' *placed after the list of singers and actors.*]
c   45P1, 45P2: [*with note*] La Demoiselle CLAIRON.
1-2 W70L: L'Astre des cieux descend dans le plus beau séjour
             Qu'il

---

[1] See the description of the decor and stage machinery used at the first performance in the *Mercure de France* of April 1745: 'Les décorations du théâtre pour le Prologue et pour la Comédie de la Princesse de Navarre étaient composées au premier acte d'un jardin avec des figures de marbre blanc, Thermes, berceaux et fontaines, les berceaux étaient en or sur les charmilles. A ce Prologue a paru un char du Soleil descendant du ceintre, dont les rênes des chevaux, ainsi que les mords, étaient des pierreries de diverses couleurs' (p.152).

[2] On the praise of Louis XV in the prologue, see the Introduction, 'Performance and propaganda'.

Il ne m'inspire ici que de la défiance? 15
    Tout grand homme a de l'indulgence,
    Et tout héros aime Apollon.
Qui rend son siècle heureux, veut vivre en la mémoire.
Pour mériter Homère, Achille a combattu.
    Si l'on dédaignait trop la Gloire, 20
    On chérirait peu la Vertu.

(*Tous les acteurs bordent le théâtre, représentant les muses
et les beaux arts.*)

O vous qui lui rendez tant de divers hommages,
Vous qui le couronnez, et dont il est l'appui,
N'espérez pas pour vous avoir tous les suffrages,
    Que vous réunissez pour lui. 25
Je sais que de la cour la science profonde,
    Serait de plaire à tout le monde;
C'est un art qu'on ignore; et peut-être les Dieux
En ont cédé l'honneur au maître de ces lieux.
Muses, contentez-vous de chercher à lui plaire, 30
Ne vantez point ici d'une voix téméraire
La douceur de ses lois, les efforts de son bras,
    Thémis, la Prudence, et Bellone,[3]
    Conduisant son cœur et ses pas,
La bonté généreuse assise sur son trône; 35
Le Rhin libre par lui, l'Escaut épouvanté,

---

[3] Themis was, in Greek mythology, the personification of justice, the goddess of wisdom and good counsel, and the interpreter of the gods' will; she was often represented carrying a pair of scales. Bellona was the Roman goddess of war and the counterpart of the Greek goddess Enyo. There is an apostrophe to Bellona in *Le Poème de Fontenoy*, l.17, *OC*, vol.28B, forthcoming; there is also a reference to her in act III of *Le Temple de la gloire*, see below, l.38. Voltaire similarly calls on Themis and Bellona in his praise of Frederick in the *Epître au roi de Prusse* ('Du héros de la Germanie', 1744), l.44-46. Prudence was one of the four cardinal virtues, the others being temperance, fortitude and justice.

Les Apennins fumants que sa poudre environne;[4]
Laissons ces entretiens à la postérité,
Ces leçons à son fils, cet exemple à la terre.
Vous graverez ailleurs, dans les fastes des temps,   40
    Tous ces terribles monuments,
    Dressés par les mains de la guerre.
Célébrez aujourd'hui l'hymen de ses enfants,
Déployez l'appareil de vos jeux innocents.
L'objet qu'on désirait, qu'on admire, et qu'on aime,   45
Jette déjà sur vous des regards bienfaisants:
On est heureux sans vous; mais le bonheur suprême
    Veut encor des amusements.

Cueillez toutes les fleurs, et parez-en vos têtes;
Mêlez tous les plaisirs, unissez tous les jeux,   50
Souffrez le plaisant même; il faut de tout aux fêtes,
Et toujours les héros ne sont pas sérieux.
Enchantez un loisir, hélas! trop peu durable.
Ce peuple de guerriers qui ne paraît qu'aimable,
Vous écoute un moment, et revole aux dangers.   55
Leur maître en tous les temps veille sur la patrie.
Les soins sont éternels, ils consument la vie;
    Les plaisirs sont trop passagers.

37   45P1, 45P2, W70L, K: sa foudre environne
    W75G*: sa <poudre> foudre

[4] Allusions to France's contemporary might in Europe, notably in the context of the ongoing War of Austrian Succession (1740-1748). French troops crossed the Rhine in August 1744. The 'Escaut' is the French name for the Schelde River, which rises in northern France and flows across Belgium into Dutch territory, and on whose banks lies Tournai; the French siege of that town was an important preliminary to the victory at Fontenoy: see the references in the *Discours en vers sur les événements de 1744* (l.31), the *Poème de Fontenoy* (l.153, 312), both in *OC*, vol.28B, forthcoming, and in chapters 15 and 18 of the *Précis du siècle de Louis XV*. The allusion to Italy refers to the fact that the kingdom of Naples (covering the southern portion of the Italian peninsula) had been under Bourbon control since 1734, and specifically the reign of Philip V, the father of the Dauphin's bride.

Il n'en est pas ainsi de la vertu solide,
Cet hymen l'éternise, il assure à jamais,   60
A cette race auguste, à ce peuple intrépide
    Des victoires et des bienfaits.

Muses que votre zèle à mes ordres réponde.
Le cœur plein des beautés dont cette cour abonde,
Et que ce jour illustre assemble autour de moi;   65
Je vais voler au ciel, à la source féconde
    De tous les charmes que je voi;
      Je vais, ainsi que votre roi,
Recommencer mon cours pour le bonheur du monde.

65   w70l: illustre rassemble autour

ACTEURS CHANTANTS DANS TOUS LES CHŒURS

Quinze femmes et vingt-cinq hommes.

ACTEURS DE LA COMÉDIE

CONSTANCE, Princesse de Navarre.
LE DUC DE FOIX.
DON MORILLO, Seigneur de Campagne.
SANCHETTE, fille de Morillo.   5
LÉONOR, l'une des femmes de la Princesse.
HERNAND, Ecuyer du Duc.
Un Officier des Gardes.
Un Alcade.
Un Jardinier. [1]   10
Suite.

La scène est dans les jardins de Don Morillo, *sur les confins
de la Navarre.*

1   45P1, 45P2: [*the singers' names are listed between the* 'Avertissement' *and the*
'Prologue':] 'LES DEMOISELLES: Dun. Delorge. Varquin. Thulou. Dalmand.
Larcher. Delastre. Rivière. Cartou. Monville. Maçon. Jaquet. Adélaïde. De
Verneuille. Rolet. LES SIEURS: Person. Lefebvre. Rochette. Chabourd. Lebreton.
Houbault. Gallard. Duchenet. Fel. Bourque. Bornet. Lepage. Marcelet. Lefebvre.
Gratin. De Serre. Le Mesle. Rhone. Orban. Belot. Levasseur. Cordelet. Cuvillier.
Saint-Martin. Forestier.'
2-10   45P1, 45P2: [*the actors' names are given for each character:*] Constance, Mlle
Gaussin; Duc de Foix, Grandval; Don Morillo, Poisson; Sanchette, Mlle Dangeville;
Léonor, Mlle Grandval; Hernand, Armand; Officier, Legrand; Alcade, La Thor-
illière; Jardinier, Paulin.

[1] In the text of the play the gardener is called Guillot, a name which recalls
Guillot-Gorju (1600-1648), the farcical actor who replaced Gaultier-Garguille at the
Hôtel de Bourgogne. Voltaire will also introduce a gardener into *Nanine*.

ACTE PREMIER [1]

SCÈNE PREMIÈRE

CONSTANCE, LÉONOR

LÉONOR

Ah quel voyage, et quel séjour,
Pour l'héritière de Navarre!
Votre tuteur Don Pèdre est un tyran barbare,
    Il vous force à fuir de sa cour. [2]
Du fameux Duc de Foix vous craignez la tendresse;   5
    Vous fuyez la haine et l'amour;
    Vous courez la nuit et le jour,
    Sans page et sans dame d'atour,
    Quel état pour une princesse! [3]
    Vous vous exposez tour à tour   10
    A des dangers de toute espèce.

CONSTANCE

J'espère que demain, ces dangers, ces malheurs,
De la guerre civile effet inévitable,
Seront au moins suivis d'un ennui tolérable; [4]
    Et je pourrai cacher mes pleurs,   15
    Dans un asile inviolable.

---

[1] For a description of the decor in act I at the first performance, see the Prologue, n.1.

[2] On the significance in the play of references to Don Pedro, the tyrannical king of Castile from 1350 to 1369, see the Introduction, 'Performance and propaganda'.

[3] Léonor's concerns for the Princesse echo those of Albine for Agrippine at the start of Racine's *Britannicus* (I.i.1-4).

[4] On the political unrest in the 1360s that informs the historical context of the dramatic action, see the Introduction, 'Performance and propaganda'.

Ô sort! à quels chagrins me veux-tu réserver?
    De tous côtés infortunée,
  Don Pèdre aux fers m'avait abandonnée,
    Gaston de Foix veut m'enlever.   20

LÉONOR

Je suis de vos malheurs comme vous occupée;
Malgré mon humeur gaie ils troublent ma raison;
Mais un enlèvement, ou je suis fort trompée,
    Vaut un peu mieux qu'une prison.
Contre Gaston de Foix quel courroux vous anime?   25
    Il veut finir votre malheur;
Il voit ainsi que nous Don Pèdre avec horreur.
    Un roi cruel qui vous opprime,
    Doit vous faire aimer un vengeur.

CONSTANCE

Je hais Gaston de Foix autant que le roi même.   30

LÉONOR

Eh pourquoi? parce qu'il vous aime?

CONSTANCE

Lui m'aimer? nos parents se sont toujours haïs.

LÉONOR

Belle raison!

CONSTANCE

Son père accabla ma famille.

LÉONOR

Le fils est moins cruel, Madame, avec la fille;
Et vous n'êtes point faits pour vivre en ennemis.   35

CONSTANCE

De tout temps la haine sépare
Le sang de Foix, et le sang de Navarre.

LÉONOR

Mais l'amour est utile aux raccommodements.
Enfin dans vos raisons je n'entre qu'avec peine;
 Et je ne crois point que la haine   40
 Produise les enlèvements.
Mais ce beau Duc de Foix que votre cœur déteste,
L'avez-vous vu, Madame?

CONSTANCE

 Au moins mon sort funeste,
A mes yeux indignés n'a point voulu l'offrir.   45
Quelque hasard aux siens m'a pu faire paraître.

LÉONOR

 Vous m'avouerez qu'il faut connaître
 Du moins avant que de haïr.

CONSTANCE

J'ai juré, Léonor, au tombeau de mon père,
De ne jamais m'unir à ce sang que je hais.[5]   50

LÉONOR

Serment d'aimer toujours, ou de n'aimer jamais,
 Me paraît un peu téméraire.
Enfin, de peur des rois et des amants, hélas!
Vous allez dans un cloître enfermer tant d'appas.

---

43 W75G*: [*line deleted then restored as a marginal revision*]

[5] On the echoes in *La Princesse de Navarre* of Chimène's dilemma in Pierre
Corneille's *Le Cid*, see the Introduction, 'The play of tones'.

CONSTANCE

Je vais dans un couvent tranquille,   55
Loin de Gaston, loin des combats,
Cette nuit trouver un asile.

LÉONOR

Ah! c'était à Burgos,[6] dans votre appartement,
    Qu'était en effet le couvent.
        Loin des hommes renfermée,   60
    Vous n'avez pas vu seulement
    Ce jeune et redoutable amant
    Qui vous avait tant alarmée.
Grâce aux troubles affreux dont nos états sont pleins,
Au moins dans ce château nous voyons des humains.   65
Le maître du logis, ce baron qui vous prie
A dîner malgré vous, faute d'hôtellerie,
Est un baron absurde, ayant assez de bien,
Grossièrement galant avec peu de scrupule;
        Mais un homme ridicule   70
        Vaut peut-être encor mieux que rien.

CONSTANCE

Souvent dans le loisir d'une heureuse fortune,
Le ridicule amuse, on se prête à ses traits;
        Mais il fatigue, il importune
Les cœurs infortunés et les esprits bien faits.   75

LÉONOR

Mais un esprit bien fait peut remarquer, je pense,
Ce noble cavalier si prompt à vous servir,
Qu'avec tant de respects, de soin, de complaisance,
Au-devant de vos pas nous avons vu venir.

[6] Capital of the kingdom of Castile and, therefore, the seat of Don Pedro.

ACTE I, SCÈNE I

CONSTANCE

Vous le nommez?

LÉONOR

Je crois qu'il se nomme Alamir. [7]   80

CONSTANCE

Alamir? il paraît d'une toute autre espèce
Que Monsieur le baron.

LÉONOR

Oui, plus de politesse,
Plus de monde, de grâce.

CONSTANCE

Il porte dans son air
Je ne sais quoi de grand.

LÉONOR

Oui.

CONSTANCE

De noble.

LÉONOR

Oui.

CONSTANCE

De fier.

---

[7] The name assumed by the duc de Foix partly foreshadows (in a masculine form) the name of the heroine of *Alamire*, Voltaire's third reworking of *Adélaïde du Guesclin*, which is set in the eleventh century in the Castilian town of Osma under Moorish occupation.

LÉONOR

Oui. J'ai cru même y voir je ne sais quoi de tendre.[8]   85

CONSTANCE

Oh point. Dans tous les soins qu'il s'empresse à nous rendre
   Son respect est si retenu!

LÉONOR

Son respect est si grand qu'en vérité j'ai cru
   Qu'il a deviné votre altesse.

CONSTANCE

Les voici, mais surtout point d'altesse en ces lieux: 90
      Dans mes destins injurieux
Je conserve le cœur, non le rang de princesse.
Garde de découvrir mon secret à leurs yeux:
Modère ta gaîté déplacée, imprudente;
      Ne me parle point en suivante.   95
      Dans le plus secret entretien,
Il faut t'accoutumer à passer pour ma tante.

LÉONOR

Oui, j'aurai cet honneur, je m'en souviens très bien.

CONSTANCE

   Point de respect, je te l'ordonne.

---

[8] Flaubert suggests that this exchange echoes the comically stichomythic dialogue between Pouceaugnac and Sbrigani, the Neapolitan *homme d'intrigue*, in Molière's *Monsieur de Pourceaugnac*, I.iii; he comments: 'C'est du moins une réminiscence comme effet' (*Le Théâtre de Voltaire*, ed. T. Besterman, *SVEC* 50-51, 1967, ii.680).

SCÈNE II

DON MORILLO, ET LE DUC DE FOIX en jeune
Officier, *d'un côté du théâtre. De l'autre,*
CONSTANCE ET LÉONOR

MORILLO *au Duc de Foix, qu'il prend toujours pour Alamir.*

Oh, oh, qu'est-ce donc que j'entends?   100
La tante est tutoyée? Ah, ma foi, je soupçonne
Que cette tante-là n'est pas de ses parents.
Alamir, mon ami, je crois que la friponne
    Ayant sur moi du dessein,
    Pour renchérir sa personne,   105
    Prit cette tante en chemin.

LE DUC DE FOIX

Non, je ne le crois pas; elle paraît bien née.
La vertu, la noblesse éclate en ses regards.
De nos troubles civils les funestes hasards,
Près de votre château l'ont sans doute amenée.   110

MORILLO

Parbleu, dans mon château je prétends la garder;
    En bon parent tu dois m'aider:
C'est une bonne aubaine, et des nièces pareilles
Se trouvent rarement, et m'iraient à merveilles.

LE DUC DE FOIX

Gardez de les laisser échapper de vos mains.   115

LÉONOR *à la Princesse.*

On parle ici de vous, et l'on a des desseins.

MORILLO

Je réponds de leurs complaisances.

189

(*Il s'avance vers la Princesse de Navarre.*)

Madame, jamais mon château...

(*au Duc de Foix*)

Aide-moi donc un peu.

LE DUC DE FOIX *bas.*

Ne vit rien de si beau.

MORILLO

Ne vit rien de si beau... Je sens en sa présence   120
    Un embarras tout nouveau;
Que veut dire cela? Je n'ai plus d'assurance.

LE DUC DE FOIX

Son aspect en impose, et se fait respecter.

MORILLO

    A peine elle daigne écouter.
Ce maintien réservé glace mon éloquence;   125
Elle jette sur nous un regard bien altier!
Quels grands airs! Allons donc, sers-moi de chancelier,
Explique-lui le reste, et touche un peu son âme.

LE DUC DE FOIX

    Ah! que je le voudrais!... Madame,
Tout reconnaît ici vos souveraines lois;   130
    Le ciel, sans doute, vous a faite
    Pour en donner aux plus grands rois.
Mais du sein des grandeurs, on aime quelquefois,
    A se cacher dans la retraite.
    On dit que les Dieux autrefois,   135
Dans de simples hameaux se plaisaient à paraître:
    On put souvent les méconnaître,

On ne peut se méprendre aux charmes que je vois.⁹

MORILLO

Quels discours ampoulés, quel diable de langage!
Es-tu fou?

LE DUC DE FOIX

  Je crains bien de n'être pas trop sage.   140

(*à Léonor*)

Vous qui semblez la sœur de cet objet divin,
De nos empressements daignez être attendrie,
Accordez un seul jour, ne partez que demain;
Ce jour le plus heureux, le plus beau de ma vie,
Du reste de nos jours va régler le destin.   145

 (*à Morillo*)

Je parle ici pour vous.

MORILLO

  Eh bien, que dit la tante?

LÉONOR

Je ne vous cache point que cette offre me tente:
Mais, madame, ma nièce.

MORILLO *à Léonor*.

    Oh, c'est trop de raison;
A la fin, je serai le maître en ma maison.¹⁰
Ma tante, il faut souper alors que l'on voyage;   150

---

⁹ Voltaire uses lines 135-138 as his undated poem *A Mme la marquise de M****, *pendant son voyage à Ferney* (M.x.581).

¹⁰ Morillo's ridiculous posturing recalls the comic frustration of Molière's Arnolphe (*L'Ecole des femmes*, II.v) and Sganarelle (*Le Médecin malgré lui*, I.i); see also Duru in Voltaire's *La Femme qui a raison*, III.v.

Petites façons et grands airs,
A mon avis, sont des travers.
Humanisez un peu cette nièce sauvage.
Plus d'une reine en mon château,
A couché dans la route, et l'a trouvé fort beau.   155

CONSTANCE

Ces reines voyageaient en des temps plus paisibles,
Et vous savez quel trouble agite ces états.
A tous vos soins polis nos cœurs seront sensibles;
Mais nous partons, daignez ne nous arrêter pas.

MORILLO

La petite obstinée! Où courez-vous si vite?   160

CONSTANCE

Au couvent.

MORILLO

Quelle idée, et quels tristes projets!
Pourquoi préférez-vous un aussi vilain gîte?
Qu'y pourriez-vous trouver?

CONSTANCE

La paix.

LE DUC DE FOIX

Que cette paix est loin de ce cœur qui soupire!

MORILLO

Eh bien, espères-tu de pouvoir la réduire?   165

LE DUC DE FOIX

Je vous promets du moins d'y mettre tout mon art.

192

MORILLO

J'emploierai tout le mien.

LÉONOR

Souffrez qu'on se retire;
Il faut ordonner tout pour ce prochain départ.

(*Elles font un pas vers la porte.*)

LE DUC DE FOIX

Le respect nous défend d'insister davantage;
Vous obéir en tout est le premier devoir.   170

(*Ils font une révérence.*)

Mais quand on cesse de vous voir,
En perdant vos beaux yeux, on garde votre image.

SCÈNE III

LE DUC DE FOIX, DON MORILLO

MORILLO

On ne partira point, et j'y suis résolu.

LE DUC DE FOIX

Le sang m'unit à vous, et c'est une vertu
D'aider dans leurs desseins des parents qu'on révère.   175

MORILLO

La nièce est mon vrai fait, quoique un peu froide et fière;
    La tante sera ton affaire.
Que me conseilles-tu?

---

177   w75G*: affaire, et nous serons tout deux contents.

LE DUC DE FOIX

D'être aimable, de plaire.

MORILLO

Fais-moi plaire.

LE DUC DE FOIX

Il y faut mille soins complaisants,
Les plus profonds respects, des fêtes et du temps.   180

MORILLO

J'ai très peu de respect, le temps est long; les fêtes
    Coûtent beaucoup, et ne sont jamais prêtes;
C'est de l'argent perdu.

LE DUC DE FOIX

L'argent fut inventé
Pour payer, si l'on peut, l'agréable et l'utile.
Eh jamais le plaisir fut-il trop acheté?   185

MORILLO

Comment t'y prendras-tu?

LE DUC DE FOIX

La chose est très facile.
    Laissez-moi partager les frais.
    Il vient de venir ici près
    Quelques comédiens de France,
Des troubadours experts dans la haute science,   190
Dans le premier des arts, le grand art du plaisir:
    Ils ne sont pas dignes, peut-être,
Des adorables yeux qui les verront paraître;
Mais ils savent beaucoup, s'ils savent réjouir.

MORILLO

Réjouissons-nous donc.

LE DUC DE FOIX

Oui, mais avec mystère. 195

MORILLO

Avec mystère, avec fracas,
Sers-moi tout comme tu voudras;
Je trouve tout fort bon quand j'ai l'amour en tête.
Prépare ta petite fête;
De mes menus plaisirs je te fais l'intendant.[11] 200
Je veux subjuguer la friponne
Avec son air important,
Et je vais pour danser ajuster ma personne.

SCÈNE IV

LE DUC DE FOIX, HERNAND

LE DUC DE FOIX

Hernand, tout est-il prêt?

HERNAND

Pouvez-vous en douter?
Quand Monseigneur ordonne, on sait exécuter. 205
Par mes soins secrets tout s'apprête,
Pour amollir ce cœur et si fier et si grand.
Mais j'ai grand'peur que votre fête
Réussisse aussi mal que votre enlèvement.

[11] A playfully incongruous allusion to the duc de Richelieu's own position: see the Introduction, n.10.

LE DUC DE FOIX

Ah! c'est là ce qui fait la douleur qui me presse;   210
Je pleure ces transports d'une aveugle jeunesse,
Et je veux expier le crime d'un moment
    Par une éternelle tendresse.
Tout me réussira; car j'aime à la fureur.

HERNAND

Mais en déguisements vous avez du malheur: 215
Chez Don Pèdre en secret j'eus l'honneur de vous suivre
    En qualité de conjuré,
Vous fûtes reconnu, tout prêt d'être livré,
    Et nous sommes heureux de vivre;
Vos affaires ici ne tournent pas trop bien,   220
Et je crains tout pour vous.

LE DUC DE FOIX

          J'aime et je ne crains rien.
Mon projet avorté, quoique plein de justice,
    Dut sans doute être malheureux;
Je ne méritais pas un destin plus propice,
    Mon cœur n'était point amoureux.   225
Je voulais d'un tyran punir la violence;
    Je voulais enlever Constance,
Pour unir nos maisons, nos noms et nos amis;
La seule ambition fut d'abord mon partage.
    Belle Constance je vous vis,   230
    L'amour seul arme mon courage.

HERNAND

Elle ne vous vit point, c'est là votre malheur.
    Vos grands projets lui firent peur;
    Et dès qu'elle en fut informée,
Sa fureur contre vous dès longtemps allumée,   235
    En avertit toute la cour.

Il fallut fuir alors.

LE DUC DE FOIX
Elle fuit à son tour.
Nos communs ennemis la rendront plus traitable.

HERNAND

Elle hait votre sang.

LE DUC DE FOIX
            Quelle haine indomptable
Peut tenir contre tant d'amour?   240

HERNAND

Pour un héros tout jeune et sans expérience,
Vous embrassez beaucoup de terrain à la fois:
Vous voudriez finir la mésintelligence
        Du sang de Navarre et de Foix;
Vous avez en secret avec le roi de France,   245
        Un chiffre de correspondance.
Contre un roi formidable ici vous conspirez;
Vous y risquez vos jours et ceux des conjurés.
Vos troupes vers ces lieux s'avancent à la file;
Vous préparez la guerre au milieu des festins,   250
Vous bernez le seigneur qui vous donne un asile;
Sa fille pour combler vos singuliers destins,
Devient folle de vous, et vous tient en contrainte;
Il vous faut employer et l'audace et la feinte;
Téméraire en amour et criminel d'état,   255
Perdant votre raison, vous risquez votre tête.
        Vous allez livrer un combat,
        Et vous préparez une fête?

248   45P1, 45P2: [absent]
249   45P1, 45P2: lieux vont venir à
250   45P1, 45P2: [absent]

197

LE DUC DE FOIX

Mon cœur de tant d'objets n'en voit qu'un seul ici.
Je ne vois, je n'entends que la belle Constance. 260
Si par mes tendres soins son cœur est adouci,
    Tout le reste est en assurance.
Don Pèdre périra, Don Pèdre est trop haï.
Le fameux Du Guesclin vers l'Espagne s'avance;
    Le fier Anglais notre ennemi,[12] 265
D'un tyran détesté prend en vain la défense:
Par le bras des Français les rois sont protégés,
Des tyrans de l'Europe ils domptent la puissance;
Le sort des Castillans sera d'être vengés
    Par le courage de la France. 270

HERNAND

    Et cependant en ce séjour
Vous ne connaissez rien qu'un charmant esclavage.

LE DUC DE FOIX

Va; tu verras bientôt ce que peut un courage,
    Qui sert la patrie et l'amour.
    Ici tout ce qui m'inquiète, 275
C'est cette passion dont m'honore Sanchette,
    La fille de notre baron.

HERNAND

C'est une fille neuve, innocente, indiscrète,
    Bonne par inclination,
    Simple par éducation, 280

---

[12] An allusion to Edward III, whose claim to the French throne in right of his mother Isabella sparked off the Hundred Years War in 1337, and, by extension, his son, Edward, Prince of Wales, known as the Black Prince, who led the English troops against the French in 1367, but who was unable to intervene in 1369 because of ill health.

Et par instinct un peu coquette;
C'est la pure nature en sa simplicité.

LE DUC DE FOIX

Sa simplicité même est fort embarrassante,
Et peut nuire aux projets de mon cœur agité.
J'étais loin d'en vouloir à cette âme innocente.   285
J'apprends que la princesse arrive en ce canton.
Je me rends sur la route, et me donne au baron
Pour un fils d'Alamir, parent de la maison.
En amour comme en guerre une ruse est permise.
    J'arrive, et sur un compliment,   290
    Moitié poli, moitié galant,
    Que partout l'usage autorise,
    Sanchette prend feu promptement,
    Et son cœur tout neuf s'humanise:
    Elle me prend pour son amant,   295
    Se flatte d'un engagement,
    M'aime, et le dit avec franchise.
    Je crains plus sa naïveté,
    Que d'une femme bien apprise
    Je ne craindrais la fausseté.   300

HERNAND

Elle vous cherche.

LE DUC DE FOIX

    Je te laisse:
Tâche de dérouter sa curiosité,
    Je vole aux pieds de la princesse.

SCÈNE V

SANCHETTE, HERNAND

SANCHETTE

Je suis au désespoir.

HERNAND

Qu'est-ce qui vous déplaît,
Mademoiselle?

SANCHETTE

Votre maître.   305

HERNAND

Vous déplaît-il beaucoup?

SANCHETTE

Beaucoup; car c'est un traître,
Ou du moins il est prêt de l'être;
Il ne prend plus à moi nul intérêt.
Avant-hier il vint, et je fus transportée
De son séduisant entretien;   310
Hier il m'a beaucoup flattée,
A présent il ne me dit rien.
Il court, ou je me trompe, après cette étrangère:
Moi je cours après lui, tous mes pas sont perdus;
Et depuis qu'elle est chez mon père,   315
Il semble que je n'y sois plus.
Quelle est donc cette femme, et si belle et si fière,
Pour qui l'on fait tant de façons?
On va pour elle encor donner les violons,
Et c'est ce qui me désespère.   320

HERNAND

Elle va tout gâter... Mademoiselle, eh bien
Si vous me promettiez de n'en témoigner rien,
D'être discrète.

SANCHETTE

Oh oui, je jure de me taire,
Pourvu que vous parliez.

HERNAND

Le secret, le mystère
Rend les plaisirs piquants.

SANCHETTE

Je ne vois pas pourquoi.   325

HERNAND

Mon maître né galant, dont vous tournez la tête,
Sans vous en avertir, vous prépare une fête.

SANCHETTE

Quoi tous ces violons!

HERNAND

Sont tous pour vous.

SANCHETTE

Pour moi!

HERNAND

N'en faites point semblant, gardez un beau silence,
Vous verrez vingt Français entrer dans un moment;   330
    Ils sont parés superbement;
Ils parlent en chansons, ils marchent en cadence,
    Et la joie est leur élément.

SANCHETTE

Vingt beaux messieurs français! j'en ai l'âme ravie;
J'eus de voir des Français toujours très grande envie: 335
Entreront-ils bientôt?

HERNAND

Ils sont dans le château.

SANCHETTE

L'aimable nation! que de galanterie!

HERNAND

On vous donne un spectacle, un plaisir tout nouveau.
Ce que font les Français est si brillant, si beau!

SANCHETTE

Eh qu'est-ce qu'un spectacle?

HERNAND

                Une chose charmante.   340
Quelquefois un spectacle est un mouvant tableau
Où la nature agit, où l'histoire est parlante,
Où les rois, les héros sortent de leur tombeau:
Des mœurs des nations, c'est l'image vivante. [13]

SANCHETTE

Je ne vous entends point.

HERNAND

                Un spectacle assez beau   345
Serait encore une fête galante; [14]

---

[13] On the possible self-conscious allusion here to the tradition of *tableaux vivants* in eighteenth-century France, see the Introduction, 'The play of words and music'.
[14] On the implications of this term, see the Introduction, 'The play of words and music'.

C'est un art tout français d'expliquer ses désirs,
Par l'organe des jeux, par la voix des plaisirs;
Un spectacle est surtout un amoureux mystère,
Pour courtiser Sanchette et tâcher de lui plaire,   350
    Avant d'aller tout uniment,
    Parler au baron votre père,
    De notaire, d'engagement,
    De fiançaille et de douaire.

SANCHETTE

Ah! je vous entends bien; mais moi, que dois-je faire?   355

HERNAND

Rien.

SANCHETTE

    Comment, rien du tout?

HERNAND

                 Le goût, la dignité
    Consistent dans la gravité,
Dans l'art d'écouter tout finement sans rien dire,
D'approuver d'un regard, d'un geste, d'un sourire.
    Le feu dont mon maître soupire,   360
Sous des noms empruntés, devant vous paraîtra.
    Et l'adorable Sanchette,
    Toujours tendre, toujours discrète,
    En silence triomphera.

SANCHETTE

    Je comprends fort peu tout cela;   365
Mais je vous avouerai que je suis enchantée
De voir de beaux Français, et d'en être fêtée.

SCÈNE VI

SANCHETTE ET HERNAND *sont sur le devant,*
LA PRINCESSE DE NAVARRE *arrive par un des côtés du fond sur
le théâtre, entre* DON MORILLO ET LE DUC DE FOIX, Suite.

LÉONOR *à Morillo.*

Oui, monsieur, nous allons partir.

LE DUC DE FOIX *à part.*

Amour, daigne éloigner un départ qui me tue.

SANCHETTE *à Hernand.*

On ne commence point. Je ne puis me tenir;   370
Quand aurai-je une fête aux yeux de l'inconnue?
Je la verrai jalouse, et c'est un grand plaisir.

CONSTANCE *voulant passer par une porte, elle s'ouvre, et paraît remplie
de guerriers.*

Que vois-je, oh ciel, suis-je trahie?
Ce passage est rempli de guerriers menaçants!
Quoi Don Pèdre en ces lieux étend sa tyrannie?   375

LÉONOR

La frayeur trouble tous mes sens.

(*Les guerriers entrent sur la scène précédés de trompettes, et tous
les acteurs de la comédie se rangent d'un côté du théâtre.*)

UN GUERRIER *chantant.*

Jeune beauté cessez de vous plaindre,
Bannissez vos terreurs,
C'est vous qu'il faut craindre:
Bannissez vos terreurs,   380

376c   45P1, 45P2: [*with note*] Le sieur Jeliotte.

C'est vous qu'il faut craindre,
Régnez sur nos cœurs. [15]

LE CHŒUR *répète.*

Jeune beauté cessez de vous plaindre, etc.

(*Marche de guerriers dansants*)

UN GUERRIER

Lorsque Vénus vient embellir la terre,
C'est dans nos champs qu'elle établit sa cour.   385
Le terrible Dieu de la guerre,
Désarmé dans ses bras sourit au tendre Amour.
Toujours la beauté dispose
Des invincibles guerriers;
Et le charmant Amour est sur un lit de rose   390
A l'ombre des lauriers.

LE CHŒUR

Jeune beauté, cessez de vous plaindre, etc.

(*On danse.*)

UN GUERRIER

Si quelque tyran vous opprime,
Il va tomber la victime
De l'amour et de la valeur,   395
Il va tomber sous le glaive vengeur.

383a   45P1, 45P2: [*with note*] Le sieur Javilliers *l'aîné*; Les sieurs Monservin,
Dumay, Pitro, Javilliers *cadet*, La Feuillade, Gherardi, Dangeville, P. Dumoulin.
383b   45P1, 45P2: [*with note*] Le sieur Jeliotte.
392b   45P1, 45P2: [*with note*] Le sieur Le Page.
396a   45P1, 45P2: [*with note*] Le sieur Jeliotte.

[15] C. M. Girdlestone describes this as 'an erotico-hortatory air' (*Jean-Philippe
Rameau: his life and work*, London 1957, p.442).

UN GUERRIER

A votre présence
Tout doit s'enflammer,
Pour votre défense
Tout doit s'armer;   400
L'amour, la vengeance
Doit nous animer.

LE CHŒUR *répète.*

A votre présence
Tout doit s'enflammer, etc.

(*On danse.*)[16]

CONSTANCE *à Léonor.*

Je l'avouerai, ce divertissement   405
    Me plaît, m'alarme davantage;
On dirait qu'ils ont su l'objet de mon voyage.
Ciel! avec mon état quel rapport étonnant!

LÉONOR

    Bon, c'est pure galanterie,
    C'est un air de chevalerie,   410
Que prend le vieux baron pour faire l'important.

(*La Princesse veut s'en aller, le Chœur l'arrête en chantant.*)[17]

---

[16] A lively *passepied*, according to the score of Rameau's music.

[17] Voltaire uses doors as a focus of the dramatic action. The stylised movement is comic, and seems to have been destined for the play from an early stage, as Voltaire's proud letter to d'Argental of 23 July 1744 suggests: 'Il me semble que ce n'est imiter personne que de faire arrêter les gens à chaque porte par des fêtes. C'est principalement dans cette invention que consiste toute la galanterie et pour peu que la musique soit bonne, il me paraît que ce premier acte doit beaucoup réussir' (D3006).

LE CHŒUR

Demeurez, présidez à nos fêtes,
Que nos cœurs soient ici vos conquêtes.

DEUX GUERRIERS

Tout l'univers doit vous rendre
L'hommage qu'on rend aux Dieux; 415
  Mais en quels lieux
  Pouvez-vous attendre
  Un hommage plus tendre,
  Plus digne de vos yeux?

LE CHŒUR

Demeurez, présidez à nos fêtes, 420
Que nos cœurs soient vos tendres conquêtes.

(*Les acteurs du divertissement rentrent par le même portique.
Pendant que Constance parle à Léonor, Don Morillo qui est
devant elles, leur fait des mines. Et Sanchette qui est alors auprès
du Duc de Foix, le tire à part sur le devant du théâtre.*)

SANCHETTE *au Duc de Foix.*

Ecoutez donc, mon cher amant,
L'aubade qu'on me donne est étrangement faite,
Je n'ai pas pu danser. Pourquoi cette trompette?
Qu'est-ce qu'un Mars, Vénus, des tyrans, des combats, 425
  Et pas un seul mot de Sanchette?
A cette dame-ci, tout s'adresse en ces lieux.
  Cette préférence me touche.

LE DUC DE FOIX

Croyez-moi, taisons-nous; l'Amour respectueux
Doit avoir quelquefois son bandeau sur la bouche, 430
  Bien plus encor que sur les yeux.

413a 45P1, 45P2: [*with note*] Les sieurs Jeliotte et Le Page.

SANCHETTE

Quel bandeau, quels respects! ils sont bien ennuyeux!

MORILLO *s'avançant vers la Princesse.*

Eh bien, que dites-vous de notre sérénade?
La tante est-elle un peu contente de l'aubade?

LÉONOR

Et la tante et la nièce y trouvent mille appas.   435

LA PRINCESSE *à Léonor.*

Qu'est-ce que tout ceci? Non, je ne comprends pas
Les contrariétés qui s'offrent à ma vue;
Cette rusticité du seigneur du château,
       Et ce goût si noble, si beau,
D'une fête si prompte et si bien entendue.   440

MORILLO

Eh bien donc, notre tante approuve mon cadeau.

LÉONOR

Il me paraît brillant, fort heureux et nouveau.

MORILLO

La porte était gardée avec de beaux gens d'armes,
Eh, eh, l'on n'est pas neuf dans le métier des armes.

CONSTANCE

C'est magnifiquement recevoir nos adieux;   445
Toujours le souvenir m'en sera précieux.

MORILLO

Je le crois. Vous pourriez voyager par le monde
Sans être fêtoyée, ainsi qu'on l'est ici:
       Soyez sage, demeurez-y;

Cette fête, ma foi, n'aura pas sa seconde,　　　　　　　450
Vous chômerez ailleurs. Quand je vous parle ainsi,
C'est pour votre seul bien; car pour moi, je vous jure,
Que si vous décampez, de bon cœur je l'endure,
Et quand il vous plaira, vous pourrez nous quitter.

CONSTANCE

De cette offre polie il nous faut profiter;　　　　　　455
Par cet autre côté, permettez que je sorte.

LÉONOR

On nous arrête encore à la seconde porte?

CONSTANCE

Que vois-je, quels objets! quels spectacles charmants!

LÉONOR

Ma nièce, c'est ici le pays des romans.

(*Il sort de cette seconde porte une troupe de danseurs et de
danseuses avec des tambours de basque et des tambourins.*[18]
Après cette entrée, Léonor se trouve à côté de Morillo, et lui dit:)

Qui sont donc ces gens-ci?

MORILLO *au Duc de Foix*.

　　　　　　　　　C'est à toi de leur dire　　　　460
Ce que je ne sais point.

459a-b　45P1, 45P2: [*with note*] Le Sr Malter, 3. Les Dlles Dalmand et Le
Breton, *en Maures*. Les Srs Hamoche, Levoir; les Dlles Puvigné, Thierry *en
Maures*. Les sieurs Matignon, Dupré; Les Demoiselles Courcelle, Saint-Germain,
en Egyptiens.[19]

[18] On the significance of these tambourines, see the Introduction, 'The play of
words and music'.
[19] The dancers are dressed as Moors and Egyptians, a further element of fantasy
which recalls Molière's *Le Sicilien*, *Le Mariage forcé* and *Monsieur de Pourceaugnac*.

LE DUC DE FOIX *à la Princesse de Navarre.*

Ce sont des gens savants,
Qui dans le ciel tout courant savent lire,
Des mages d'autrefois illustres descendants,
A qui fut réservé le grand art de prédire.

(*Les astrologues arabes qui étaient restés sous le portique pendant
la danse, s'avancent sur le théâtre, et tous les acteurs de
la comédie se rangent pour les écouter.*)

UNE DEVINERESSE *chante.*

Nous enchaînons le temps, le plaisir suit nos pas;   465
Nous portons dans les cœurs la flatteuse espérance;
        Nous leur donnons la jouissance
        Des biens même qu'ils n'ont pas;
        Le présent fuit, il nous entraîne,
        Le passé n'est plus rien.   470
Charme de l'avenir, vous êtes le seul bien
        Qui reste à la faiblesse humaine.
Nous enchaînons le temps, etc.

(*On danse.*)

UN ASTROLOGUE

L'astre éclatant et doux de la fille de l'onde,
        Qui devance ou qui suit le jour,   475
        Pour vous recommençait son tour.
Mars a voulu s'unir pour le bonheur du monde
        A la planète de l'Amour.
        Mais quand les faveurs célestes
Sur nos jours précieux allaient se rassembler,   480
        Des Dieux inhumains et funestes
        Se plaisent à les troubler.

464b   45P1, 45P2: [*with note*] La Demoiselle Metz.
473a   45P1, 45P2: [*with note*] Le sieur Malter 3. La Demoiselle Le Breton.
473b   45P1, 45P2: [*with note*] Le sieur De Chassé.

UN ASTROLOGUE *alternativement avec le Chœur.*

Dieux ennemis, Dieux impitoyables,
    Soyez confondus:
    Dieux secourables,   485
    Tendre Vénus
Soyez à jamais favorables.

CONSTANCE

    Ces astrologues me paraissent
Plus instruits du passé que du sombre avenir;
    Dans mon ignorance ils me laissent;   490
Comme moi sur mes maux, ils semblent s'attendrir,
Ils forment comme moi des souhaits inutiles,
    Et des espérances stériles,
Sans rien prévoir, et sans rien prévenir.

LE DUC DE FOIX

Peut-être ils prédiront ce que vous devez faire;   495
Des secrets de nos cœurs ils percent le mystère.

UNE DEVINERESSE *s'approche de la Princesse et chante.*

Vous excitez la plus sincère ardeur,
    Et vous ne sentez que la haine;
    Pour punir votre âme inhumaine
Un ennemi doit toucher votre cœur: 500

(*ensuite s'avançant vers Sanchette*)

Et vous, jeune beauté que l'amour veut conduire,
    L'amour doit vous instruire,
    Suivez ses douces lois.
    Votre cœur est né tendre;
    Aimez, mais en faisant un choix,   505

482a   45P1, 45P2: [*with note*] Le sieur La Tour.
496a   45P1, 45P2: [*with note*] La Demoiselle De Canavasse.

Gardez de vous méprendre.

SANCHETTE

Ah l'on s'adresse à moi, la fête était pour nous.
J'attendais, j'éprouvais des transports si jaloux.

UN DEVIN ET UNE DEVINERESSE *s'adressant à Sanchette.*

En mariage
Un sort heureux,   510
Est un rare avantage;
Ses plus doux feux
Sont un long esclavage.

Du mariage
Formez les nœuds;   515
Mais ils sont dangereux.
L'amour heureux
Est trop volage.

Du mariage
Craignez les nœuds,   520
Ils sont trop dangereux.[20]

508a   45P1, 45P2: [*with note*] Le sieur De Chassé, et la Demoiselle De Canavasse.

[20] Fréron quotes approvingly the soothsayers' words, giving them as an example of '[des paroles] noblement sententieuses' (*Lettres sur quelques écrits de ce temps*, XIX, 25 July 1746, in *Opuscules*, ii.406-407). Rameau's score, however, introduces a variant in the soothsayers' words: 'En mariage / Un sort heureux / Est un doux avantage; / Ses plus doux feux / Sont un long esclavage. / Du mariage / Formez les nœuds, / Formez les nœuds! / Mais ils sont dangereux. / L'amour heureux / Fuit l'esclavage. / En mariage / L'égalité, l'égalité / Fait la félicité.' Lionel Sawkins claims that these are the words most likely to have been sung in the actual performance in 1745 rather than the words printed in all the editions published in Voltaire's lifetime, including, of course, the edition presented to the royal family, because, Sawkins argues, Voltaire's criticism of marriage would have been

SANCHETTE *au Duc de Foix.*

Bon! quels dangers seraient à craindre en mariage?
Moi, je n'en vois aucun; de bon cœur je m'engage:
    Nous nous aimons, tout ira bien.
Puisque nous nous aimons, nous serons fort fidèles;   525
Donnez-moi bien souvent des fêtes aussi belles,
    Et je ne me plaindrai de rien.

LE DUC DE FOIX

Hélas! j'en donnerais tous les jours de ma vie,
    Et les fêtes sont ma folie;
Mais je n'espère point faire votre bonheur.   530

SANCHETTE

Il est déjà tout fait, vous enchantez mon cœur.

(*On danse.*)[21]

(*Les acteurs de la comédie sont rangés sur les ailes; Sanchette
veut danser avec le Duc de Foix, qui s'en défend; Morillo prend
la Princesse de Navarre et danse avec elle.*)

531a   45P1, 45P2: [*with note*] La Demoiselle Dalmand seule. Le sieur Malter 3. la
Demoiselle Le Breton.

---

misplaced in the context of a wedding celebration: see 'Voltaire, Rameau, Rousseau:
a fresh look at *La Princesse de Navarre* and its revival in Bordeaux in 1763', *SVEC*
265 (1989), p.1334-40. But this is to attach unwarranted authority to the music in
preference to the text of Voltaire's play (see the Introduction); it is also to neglect the
comic irony of Voltaire's text, which is in fact underlined, significantly, by the
lighthearted nature of Rameau's music here: for Girdlestone, this duet 'shows
[Rameau] in *opéra-comique* vein' (*Jean-Philippe Rameau*, p.442).

[21] Two *menuets* followed by a cheerful *tambourin en rondeau*, according to the
score of Rameau's music.

GUILLOT *avec un garçon jardinier vient interrompre la danse, dérange*
tout, prend le Duc de Foix et Morillo par la main, fait des signes en
leur parlant bas; et ayant fait cesser la musique, il dit au Duc de Foix.

Oh! vous allez bientôt avoir une autre danse,
 Tout est perdu, comptez sur moi.

LE DUC DE FOIX à Morillo.

Quelle étrange aventure! Un Alcade! Eh pourquoi?

MORILLO

Il vient la demander par ordre exprès du roi.   535

LE DUC DE FOIX

De quel roi?

MORILLO

 De Don Pèdre.

LE DUC DE FOIX

    Allez; le roi de France
Vous défendra bientôt de cette violence.

LÉONOR à la Princesse.

Il paraît que sur vous roule la conférence.

MORILLO

Bon; mais en attendant qu'allons-nous devenir?
Quand un Alcade parle, il faut bien obéir.   540

LE DUC DE FOIX

Obéir, moi?

MORILLO

 Sans doute, et que peux-tu prétendre?

LE DUC DE FOIX

Nous battre contre tous, contre tous la défendre.

MORILLO

Qui toi te révolter contre un ordre précis,
Emané du roi même? es-tu de sang rassis?

LE DUC DE FOIX

Le premier des devoirs est de servir les belles;   545
    Et les rois ne vont qu'après elles.

MORILLO

Ce petit parent-là m'a l'air d'un franc vaurien:
Tu seras... Mais ma foi je ne m'en mêle en rien.
Rebelle à la justice! allons, rentrez Sanchette,
Plus de fête.

(*Morillo pousse Sanchette dans la maison, renvoie la musique
et sort avec son monde.*)

SANCHETTE

    Eh quoi donc!

LÉONOR

          D'où vient cette retraite,   550
Ce trouble, cet effroi, ce changement soudain?

CONSTANCE

Je crains de nouveaux coups de mon triste destin.

LE DUC DE FOIX

Madame, il est affreux de causer vos alarmes:
Nos divertissements vont finir par des larmes.
Un cruel...

CONSTANCE

Ciel! qu'entends-je? Eh quoi jusqu'en ces lieux   555
Gaston poursuivrait-il ses projets odieux?

LÉONOR

Qu'avez-vous dit?

LE DUC DE FOIX

Quel nom prononce votre bouche?
Gaston de Foix, Madame, a-t-il un cœur farouche?
Sur la foi de son nom, j'ose vous protester,
Qu'ainsi que moi, pour vous, il donnerait sa vie;   560
Mais d'un autre ennemi craignez la barbarie,
De la part de Don Pèdre on vient vous arrêter.

CONSTANCE

M'arrêter?

LE DUC DE FOIX

Un Alcade avec impatience,
Jusqu'en ces lieux suivit vos pas.
Il doit venir vous prendre.

CONSTANCE

Eh sur quelle apparence,   565
Sous quel nom, quel prétexte?

LE DUC DE FOIX

Il ne vous nomme pas,
Mais il a désigné vos gens, votre équipage;
Tout envoyé qu'il est d'un ennemi sauvage,
Il a surtout désigné vos appas.

LÉONOR

Ah, cachons-nous, Madame.

216

CONSTANCE

Où?

LÉONOR

Chez la jardinière,   570

Chez Guillot.

LE DUC DE FOIX

Chez Guillot on viendra vous chercher.
La beauté ne peut se cacher.

CONSTANCE

Fuyons.

LE DUC DE FOIX

Ne fuyez point.

LÉONOR

Restons donc.

CONSTANCE

Ciel! que faire?

LE DUC DE FOIX

Si vous restez, si vous fuyez,
Je mourrai partout à vos pieds.   575
Madame, je n'ai point la coupable imprudence,
D'oser vous demander quelle est votre naissance:
Soyez reine ou bergère, il n'importe à mon cœur:
Et le secret que vous m'en faites,
Du soin de vous servir n'affaiblit point l'ardeur;   580
Le trône est partout où vous êtes.
Cachez, s'il se peut, vos appas,
Je vais voir en ces lieux si l'on peut vous surprendre,
Et je ne me cacherai pas,

217

Quand il faudra vous défendre. 585

SCÈNE VII

CONSTANCE, LÉONOR

LÉONOR

Enfin, nous avons un appui,
Le brave chevalier! nous viendrait-il de France?

CONSTANCE

Il n'est point d'Espagnol plus généreux que lui.

LÉONOR

J'en espère beaucoup, s'il prend votre défense.

CONSTANCE

Mais que peut-il seul aujourd'hui 590
Contre le danger qui me presse?
Le sort a sur ma tête épuisé tous ses coups.

LÉONOR

Je craindrais le sort en courroux,
Si vous n'étiez qu'une princesse;
Mais vous avez, Madame, un partage plus doux. 595
La nature elle-même a pris votre querelle.
Puisque vous êtes jeune et belle,
Le monde entier sera pour vous.

Fin du premier acte.

ACTE II[1]

SCÈNE PREMIÈRE

SANCHETTE, GUILLOT jardinier

SANCHETTE

Arrête, parle-moi, Guillot.

GUILLOT

Oh, Guillot est pressé.

SANCHETTE

Guillot, demeure; un mot;
Que fait notre Alamir?

GUILLOT

Oh, rien n'est plus étrange.

SANCHETTE

Mais que fait-il, dis-moi?

GUILLOT

Moi, je crois qu'il fait tout,
Libéral comme un roi, jeune et beau comme un ange. 5

SANCHETTE

L'infidèle me pousse à bout.
N'est-il pas au jardin avec cette étrangère?

---

[1] See the description of the decor at the first performance in the *Mercure de France* of April 1745: 'Au second acte, la décoration représentait une chambre fond petit vert, ornements rehaussés d'or, bustes et tableaux avec plafonds d'architecture' (p.152).

GUILLOT

Eh vraiment oui!

SANCHETTE

Qu'elle doit me déplaire!

GUILLOT

Eh mon Dieu! d'où vient ce courroux?
Vous devez l'aimer au contraire,
Car elle est belle comme vous.

SANCHETTE

D'où vient qu'on a cessé si tôt la sérénade?

GUILLOT

Je n'en sais rien.

SANCHETTE

Que veut dire un Alcade?

GUILLOT

Je n'en sais rien.

SANCHETTE

D'où vient que mon pére voulait
M'enfermer sous la clef? d'où vient qu'il s'en allait?

GUILLOT

Je n'en sais rien.

SANCHETTE

D'où vient qu'Alamir est près d'elle?

GUILLOT

Eh, je le sais, c'est qu'elle est belle;

Il lui parle à genoux, tout comme on parle au roi;
C'est des respects, des soins, j'en suis tout hors de moi.
Vous en seriez charmée.

SANCHETTE

Ah, Guillot, le perfide! 20

GUILLOT

Adieu; car on m'attend, on a besoin d'un guide,
Elle veut s'en aller.

(*Il sort.*)

SANCHETTE *seule*.

Puisse-t-elle partir,
Et me laisser mon Alamir!
Oh, que je suis honteuse, et dépitée!
Il m'aimait en un jour; en deux, suis-je quittée? 25
Monsieur Hernand m'a dit que c'est là le bon ton.
Je n'en crois rien du tout. Alamir! quel fripon!
S'il était sot et laid, il me serait fidèle,
Et ne pouvant trouver de conquête nouvelle,
Il m'aimerait faute de mieux. 30
Comment faut-il faire à mon âge?
J'ai des amants constants, ils sont tous ennuyeux,
J'en trouve un seul aimable, et le traître est volage.

SCÈNE II

SANCHETTE, L'ALCADE et sa suite

L'ALCADE

Mes amis, vous avez un important emploi;
Elle est dans ces jardins; ah, la voici, c'est elle; 35
Le portrait qu'on m'en fit me semble assez fidèle;

Voilà son air, sa taille, elle est jeune, elle est belle,
    Remplissons les ordres du roi.
Soyez prêts à me suivre et faites sentinelle.

UN LIEUTENANT DE L'ALCADE

Nous vous obéirons, comptez sur notre zèle.   40

SANCHETTE

Ah, Messieurs, vous parlez de moi.

L'ALCADE

Oui, Madame, à vos traits nous savons vous connaître;
Votre air nous dit assez ce que vous devez être;
Nous venons vous prier de venir avec nous;
La moitié de mes gens marchera devant vous,   45
L'autre moitié suivra, vous serez transportée
Sûrement et sans bruit, et partout respectée.

SANCHETTE

Quel étrange propos! Me transporter! Qui? moi!
Eh, qui donc êtes-vous?

L'ALCADE

      Des officiers du roi;
Vous l'offensez beaucoup d'habiter ces retraites;   50
    Monsieur l'Amirante en secret,
    Sans nous dire qui vous êtes,
    Nous a fait votre portrait.

SANCHETTE

Mon portrait dites-vous?

L'ALCADE

    Madame, trait pour trait.

222

SANCHETTE

Mais je ne connais point ce monsieur l'Amirante.   55

L'ALCADE

Il fait pourtant de vous la peinture vivante.

SANCHETTE

Mon portrait à la cour a donc été porté?

L'ALCADE

Apparemment.

SANCHETTE

      Voyez ce que fait la beauté.
Et de la part du roi vous m'enlevez?

L'ALCADE

             Sans doute,
C'est notre ordre précis, il le faut quoi qu'il coûte.   60

SANCHETTE

Où m'allez-vous mener?

L'ALCADE

      A Burgos, à la cour;
Vous y serez demain avant la fin du jour.

SANCHETTE

A la cour! mais vraiment ce n'est pas me déplaire;
La cour, j'y consens fort; mais que dira mon père?

L'ALCADE

Votre père? il dira tout ce qu'il lui plaira.   65

SANCHETTE

Il doit être charmé de ce voyage-là.

L'ALCADE

C'est un honneur très grand qui sans doute le flatte.

SANCHETTE

On m'a dit que la cour est un pays si beau!
Hélas! hors ce jour-ci, la vie en ce château
    Fut toujours ennuyeuse et plate.   70

L'ALCADE

Il faut que dans la cour votre personne éclate.

SANCHETTE

Eh, qu'est-ce qu'on y fait?

L'ALCADE

              Mais, du bien et du mal;
On y vit d'espérance, on tâche de paraître;
Près des belles toujours on a quelque rival,
    On en a cent auprès du maître.   75

SANCHETTE

Eh, quand je serai là, je verrai donc le roi?

L'ALCADE

C'est lui qui veut vous voir.

SANCHETTE

             Ah, quel plaisir pour moi!
Ne me trompez-vous point? eh quoi, le roi souhaite
Que je vive à sa cour? il veut avoir Sanchette?
Hélas! de tout mon cœur, il m'enlève, partons.[2]   80
Est-il comme Alamir? quelles sont ses façons?
Comment en use-t-il, messieurs, avec les belles?

---

[2] Sanchette's obsession with the court recalls Thérèse's similar infatuation in *Le Comte de Boursoufle*.

224

L'ALCADE

Il ne m'appartient pas d'en savoir des nouvelles;
A ses ordres sacrés, je ne sais qu'obéir.

SANCHETTE

Vous emmenez sans doute à la cour Alamir? 85

L'ALCADE

Comment? quel Alamir?

SANCHETTE

          L'homme le plus aimable,
Le plus fait pour la cour, brave, jeune, adorable.

L'ALCADE

   Si c'est un gentilhomme à vous,
Sans doute, il peut venir, vous êtes la maîtresse.

SANCHETTE

Un gentilhomme à moi, plût à Dieu!

L'ALCADE

                 Le temps presse, 90
La nuit vient, les chemins ne sont pas sûrs pour nous.
Partons.

SANCHETTE

   Ah, volontiers.

SCÈNE III

MORILLO, SANCHETTE, L'ALCADE, Suite

MORILLO

   Messieurs, êtes-vous fous?

92b K: MORILLO, SANCHETTE, LE DUC DE FOIX, Suite.

Arrêtez donc, qu'allez-vous faire?
Où menez-vous ma fille?

SANCHETTE

A la cour, mon cher père.

MORILLO

Elle est folle; arrêtez, c'est ma fille.

L'ALCADE

                              Comment?
Ce n'est pas cette dame, à qui je...   95

MORILLO

                    Non vraiment,
C'est ma fille, et je suis Don Morillo son père;
      Jamais on ne l'enlèvera.

SANCHETTE

Quoi, jamais!

MORILLO

      Emmenez, s'il le faut, l'étrangère,
Mais ma fille me restera.   100

SANCHETTE

Elle aura donc sur moi toujours la préférence;
C'est elle qu'on enlève!

MORILLO

      Allez en diligence.

SANCHETTE

L'heureuse créature! on l'emmène à la cour:
      Hélas! quand sera-ce mon tour?

MORILLO

Vous voyez que du roi la volonté sacrée   105
Est chez Don Morillo comme il faut révérée,
Vous en rendrez compte.

L'ALCADE

Oui, fiez-vous à nos soins.

SANCHETTE

Messieurs, ne prenez qu'elle au moins.

SCÈNE IV

MORILLO, SANCHETTE

MORILLO

Je suis saisi de crainte; ah! l'affaire est fâcheuse.

SANCHETTE

Eh, qu'ai-je à craindre moi?

MORILLO

La chose est sérieuse,   110
C'est affaire d'état, vois-tu, que tout ceci.

SANCHETTE

Comment d'état?

MORILLO

Eh, oui, j'apprends que près d'ici
Tous les Français sont en campagne
Pour donner un maître à l'Espagne.

SANCHETTE

Qu'est-ce que cela fait?

MORILLO

On dit qu'en ce canton 115
Alamir est leur espion;
Cette dame est errante, et chez moi se déguise;
Elle a tout l'air d'être comprise
Dans quelque conspiration;
Et si tu veux que je le dise, 120
Tout cela sent la pendaison.
J'ai fait une grosse sottise,
De faire entrer dans ma maison
Cette dame en ce temps de crise,
Et cet agréable fripon, 125
Qui me joue, et qui la courtise:
Je veux qu'il parte tout de bon,
Et qu'ailleurs il s'impatronise.

SANCHETTE

Lui, mon père, ce beau garçon?

MORILLO

Lui-même; il peut ailleurs donner la sérénade. 130

SCÈNE V

MORILLO, SANCHETTE, GUILLOT

GUILLOT *tout essoufflé.*

Au secours, au secours, ah, quelle étrange aubade!

MORILLO

Quoi donc?

SANCHETTE

Qu'a-t-il donc fait?

GUILLOT

Dans ces jardins là-bas.

MORILLO

Eh bien!

GUILLOT

Cet Alamir, et ce monsieur l'Alcade,
Les gens d'Alamir, des soldats,
Ayant du fer partout, en tête, au dos, aux bras,   135
L'étrangère enlevée au milieu des gens d'armes,
Et le brave Alamir tout brillant sous les armes,
Qui la reprend soudain, et fait tomber à bas,
Tout alentour de lui, nez, mentons, jambes, bras,
Et la belle étrangère en larmes,   140
Des chevaux renversés, et des maîtres dessous,
Et des valets dessus, des jambes fracassées,
Des vainqueurs, des fuyards, des cris, du sang, des coups,
Des lances à la fois, et des têtes cassées,
Et la tante, et ma femme, et ma fille, avec moi,   145
C'est horrible à penser, je suis tout mort d'effroi.

SANCHETTE

Eh, n'est-il point blessé?

GUILLOT

C'est lui qui blesse et tue,
C'est un héros, un diable.

MORILLO

Ah, quelle étrange issue!
Quel maudit Alamir! quel enragé, quel fou!
S'attaquer à son maître, et hasarder son cou!   150
Et le mien, qui pis est! Ah, le maudit esclandre!
Qu'allons-nous devenir? Le plus grand châtiment

Sera le digne fruit de cet emportement;
Et moi bien sot aussi de vouloir entreprendre
De retenir chez moi cette fière beauté;   155
    Voilà ce qu'il m'en a coûté.
Assemblons nos parents, allons chez votre mère,
Et tâchons d'assoupir cette effroyable affaire.

SANCHETTE *en s'en allant.*

Ah, Guillot! prends bien soin de ce jeune officier;
Il a tort, en effet, mais il est bien aimable,   160
Il est si brave!

SCÈNE VI

GUILLOT *seul.*

GUILLOT

    Ah, oui, c'est un homme admirable!
On ne peut mieux se battre, on ne peut mieux payer:
Que j'aime les héros, quand ils sont de l'espèce
    De cet amoureux chevalier!
J'ai vu ça tout d'un coup. La dame a sa tendresse.   165
    J'aime à voir un jeune guerrier,
Bien payer ses amis, bien servir sa maîtresse,
C'est comme il faut me plaire.

SCÈNE VII

CONSTANCE, LÉONOR, GUILLOT

CONSTANCE

    Où me réfugier?
Hélas! qu'est devenu ce guerrier intrépide,
Dont l'âme généreuse et la valeur rapide   170
Etalent tant d'exploits avec tant de vertu?

Comme il me défendait! comme il a combattu!
L'aurais-tu vu? réponds.

GUILLOT

J'ai vu, je n'ai rien vu.
Je ne vois rien encore. Une semblable fête
  Trouble terriblement les yeux.   175

LÉONOR

Eh, va donc t'informer.

GUILLOT

Où, Madame?

CONSTANCE

En tous lieux.
Va, vole, réponds donc: que fait-il? cours, arrête:
Aurait-il succombé? Que ne puis-je à mon tour
Défendre ce héros et lui sauver le jour?

LÉONOR

Hélas! plus que jamais, le danger est extrême,   180
Le nombre était trop grand.

GUILLOT

Contre un, ils étaient dix.

LÉONOR

Peut-être qu'on vous cherche, et qu'Alamir est pris.

GUILLOT

Qui? lui! vous vous moquez; il aurait pris lui-même
  Tous les Alcades d'un pays.
  Allez, croyez sans vous méprendre,   185
Qu'il sera mort cent fois avant que de se rendre.

231

CONSTANCE

Il serait mort?

LÉONOR

Va donc.

(*Il sort.*)

CONSTANCE

Tâche de t'éclaircir.
Va vite... Il serait mort!

LÉONOR

Je vous en vois frémir;
Il le mérite bien, votre âme est attendrie;
Mais, sur quoi jugez-vous qu'il ait perdu la vie?   190

CONSTANCE

S'il vivait, Léonor, il serait près de moi.
De l'honneur qui le guide, il connaît trop la loi.
Sa main pour me servir par le ciel réservée,
M'abandonnerait-elle après m'avoir sauvée?
Non; je crois qu'en tout temps il serait mon appui.   195
Puisqu'il ne paraît pas je dois trembler pour lui.

LÉONOR

Tremblez aussi pour vous, car tout vous est contraire.
En vain partout vous savez plaire,
Partout on vous poursuit, on menace vos jours;
Chacun craint ici pour sa tête.   200
Le maître du château qui vous donne une fête,
N'ose vous donner du secours.
Alamir seul vous sert; le reste vous opprime.

CONSTANCE

Que devient Alamir? et quel sera mon sort?

LÉONOR

Songez au vôtre, hélas! quel transport vous anime!   205

CONSTANCE

Léonor, ce n'est point un aveugle transport,
      C'est un sentiment légitime.
Ce qu'il a fait pour moi. [3]

SCÈNE VIII

CONSTANCE, LÉONOR, ALAMIR

ALAMIR [4]

J'ai fait ce que j'ai dû.
J'exécutais votre ordre, et vous avez vaincu.

CONSTANCE

Vous n'êtes point blessé?

ALAMIR

Le ciel, ce ciel propice,   210
De votre cause en tout seconda la justice.
Puisse un jour cette main, par de plus heureux coups,
De tous vos ennemis vous faire un sacrifice!

204   45P1, 45P2: sera son sort?

[3] The *Mercure de France* comments on Constance's role in this scene: 'L'intérêt
tendre qu'elle y prend annonce un sentiment plus vif que la simple reconnaissance,
mais elle est bien éloignée de s'avouer à elle-même – même ce que le spectateur
pénètre aisément' (February 1745, ii.96).

[4] When subsequently identifying the character, 45P1, 45P2, NM, W68, W70L and
W75G all waver between 'Alamir' and 'Le Duc de Foix'; this has been respected here.
K, by contrast, refers to him throughout this scene as 'Le Duc de Foix'.

Mais un de vos regards doit les désarmer tous.

CONSTANCE

Hélas! du sort encor je ressens le courroux;   215
De vous récompenser il m'ôte la puissance.
Je ne puis qu'admirer cet excès de vaillance.

ALAMIR

Non, c'est moi qui vous dois de la reconnaissance.
Vos yeux me regardaient, je combattais pour vous,
    Quelle plus belle récompense!   220

CONSTANCE

    Ce que j'entends, ce que je vois,
Votre sort et le mien, vos discours, vos exploits,
Tout étonne mon âme; elle en est confondue;
Quel destin nous rassemble, et par quel noble effort,
Par quelle grandeur d'âme en ces lieux peu connue,   225
Pour ma seule défense affrontiez-vous la mort?

LE DUC DE FOIX

Eh n'est-ce pas assez que de vous avoir vue?

CONSTANCE

Quoi, vous ne connaissez ni mon nom, ni mon sort,
    Ni mes malheurs, ni ma naissance?

LE DUC DE FOIX

Tout cela dans mon cœur eût-il été plus fort   230
    Qu'un moment de votre présence?

CONSTANCE

Alamir, je vous dois ma juste confiance,
    Après des services si grands.
Je suis fille des rois et du sang de Navarre;

Mon sort est cruel et bizarre: 235
   Je fuyais ici deux tyrans:
Mais vous de qui le bras protége l'innocence,
   A votre tour daignez vous découvrir.

ALAMIR

Le sort juste une fois me fit pour vous servir,
   Et ce bonheur me tient lieu de naissance: 240
      Quoi puis-je encor vous secourir?
Quels sont ces deux tyrans de qui la violence
      Vous persécutait à la fois?
Don Pèdre est le premier? Je brave sa vengeance.
Mais l'autre quel est-il?

CONSTANCE

        L'autre est le Duc de Foix.   245

LE DUC DE FOIX

Ce Duc de Foix qu'on dit et si juste, et si tendre!
   Eh que pourrai-je contre lui?

CONSTANCE

Alamir, contre tous vous serez mon appui;
Il cherche à m'enlever.

LE DUC DE FOIX

      Il cherche à vous défendre;
On le dit, il le doit, et tout le prouve assez.   250

CONSTANCE

Alamir! Et c'est vous! C'est vous qui l'excusez!

ALAMIR

Non, je dois le haïr si vous le haïssez.
Vous étant odieux, il doit l'être à lui-même;

235

Mais comment condamner un mortel qui vous aime?
On dit que la vertu l'a pu seule enflammer;   255
S'il est ainsi, grand Dieu, comme il doit vous aimer!
On dit que devant vous il tremble de paraître,
Que ses jours aux remords sont tous sacrifiés;
    On dit qu'enfin si vous le connaissiez,
        Vous lui pardonneriez peut-être.   260

CONSTANCE

    C'est vous seul que je veux connaître,
Parlez-moi de vous seul, ne trompez plus mes vœux.

LE DUC DE FOIX

Ah daignez épargner un soldat malheureux;
Ce que je suis dément ce que je peux paraître.

CONSTANCE

Vous êtes un héros, et vous le paraissez.   265

LE DUC DE FOIX

Mon sang me fait rougir. Il me condamne assez.

CONSTANCE

    Si votre sang est d'une source obscure,
        Il est noble par vos vertus,
        Et des destins j'effacerai l'injure.
Si vous êtes sorti d'une source plus pure,   270
Je... Mais vous êtes prince, et je n'en doute plus;
Je n'en veux que l'aveu, le reste me l'assure,
        Parlez.

LE DUC DE FOIX

        J'obéis à vos lois;
Je voudrais être prince, alors que je vous vois.
Je suis un cavalier.

SCÈNE IX

CONSTANCE, LE DUC DE FOIX,
LÉONOR, SANCHETTE

SANCHETTE

Vous? Vous êtes un traître,   275
Vous n'échapperez pas, et je prétends connaître
Pour qui la fête était, qui vous trompiez des deux.

LE DUC DE FOIX

Je n'ai trompé personne, et si je fais des vœux,
Ces vœux sont trop cachés, et tremblent de paraître.
Ne jugez point de moi par ces frivoles jeux.   280
      Une fête est un hommage,
Que la galanterie, ou bien la vanité,
    Sans en prendre aucun avantage,
    Quelquefois donne à la beauté.
Si j'aimais, si j'osais m'abandonner aux flammes   285
De cette passion, vertu des grandes âmes,
J'aimerais constamment sans espoir de retour;
    Je mêlerais dans le silence
Les plus profonds respects au plus ardent amour.
J'aimerais un objet d'une illustre naissance.   290

SANCHETTE *à part.*

Mon père est bon baron.

LE DUC DE FOIX

Un objet ingénu.

SANCHETTE

Je la suis fort.

LE DUC DE FOIX

Doux, fier, éclairé, retenu,

Qui joindrait sans effort l'esprit et l'innocence.

SANCHETTE *à part.*

Est-ce moi?

LE DUC DE FOIX

J'aimerais certain air de grandeur,
Qui produit le respect sans inspirer la crainte,   295
La beauté sans orgueil, la vertu sans contrainte,
L'auguste majesté sur le visage empreinte,
Sous les voiles de la douceur.

SANCHETTE

De la majesté! moi!

LE DUC DE FOIX

Si j'écoutais mon cœur,
Si j'aimais, j'aimerais avec délicatesse,   300
Mais en brûlant avec transport:
Et je cacherais ma tendresse,
Comme je dois cacher mes malheurs et mon sort.

LÉONOR

Eh bien, connaissez-vous la personne qu'il aime?

CONSTANCE *à Léonor.*

Je ne me connais pas moi-même,   305
Mon cœur est trop ému pour oser vous parler.

SCÈNE X

MORILLO et les personnages précédents

MORILLO

Hélas tout cela fait trembler:

Ta mère en va mourir, que deviendra ma fille?
L'enfer est déchaîné, mon château, ma famille,
Mon bien, tout est pillé, tout est à l'abandon,   310
Le Duc de Foix a fait investir ma maison.

CONSTANCE

Le Duc de Foix? Qu'entends-je? O ciel, ta tyrannie
Veut encor par ses mains persécuter ma vie!

MORILLO

Bon ce n'est là que la moindre partie
    De ce qu'il nous faut essuyer.   315
Un certain Du Guesclin, brigand de son métier,
Turc de religion, et Breton d'origine,
Avec des spadassins, devers Burgos chemine.
Ce traître Duc de Foix vient de s'associer
    Avec toute cette racaille.   320
Contre eux, tout près d'ici, le roi va guerroyer,
    Et nous allons avoir bataille.

CONSTANCE

Ainsi donc à mon sort je n'ai pu résister;
    Son inévitable poursuite
    Dans le piège me précipite,   325
Par les mêmes chemins choisis pour l'éviter.
Toujours le Duc de Foix! sa funeste tendresse
Est pire que la haine, il me poursuit sans cesse.

MORILLO

C'est bien moi qu'il poursuit, si vous le trouvez bon:
Serait-ce donc pour vous que je suis au pillage?   330

326-28   45P1, 45P2:
                                        l'éviter.
    (au Duc de Foix)
    Eh bien vous le voyez, il me poursuit sans cesse.

On fera sauter ma maison.
Est-ce vous qui causez tout ce maudit ravage?
Quelle personne étrange êtes-vous, s'il vous plaît,
    Pour que les rois et les princes
    Prennent à vous tant d'intérêt,   335
Et qu'on coure après vous au fond de nos provinces?

CONSTANCE

Je suis infortunée, et c'est assez pour vous,
Si vous avez un cœur.

SCÈNE XI

Les acteurs précédents, UN OFFICIER du Duc de Foix, Suite

L'OFFICIER

    Voyez à vos genoux,
Madame, un envoyé du Duc de Foix mon maître;
    De sa part je mets en vos mains   340
Cette place, où lui-même il n'oserait paraître:
    En son nom je viens reconnaître
    Vos commandements souverains.
Mes soldats sous vos lois vont, avec allégresse,
Vous suivre, ou vous garder, ou sortir de ces lieux;   345
Et quand le Duc de Foix combat pour vos beaux yeux,
Nous répondons ici des jours de votre altesse.

MORILLO

Son altesse! Eh bon Dieu, quoi Madame est princesse?

L'OFFICIER

Princesse de Navarre, et suprême maîtresse
De vos jours et des miens, et de votre maison.   350

331   45P1, 45P2: [absent]

CONSTANCE

Je suis hors de moi-même.

MORILLO

Ah, Madame, pardon.
Je me jette à vos pieds.

LÉONOR

Vous voilà reconnue.

MORILLO

De mes desseins coquets la singulière issue!

SANCHETTE

Quoi, vous êtes princesse, et faite comme nous!

L'OFFICIER

Nous attendons ici vos ordres à genoux.   355

CONSTANCE

Je rends grâce à vos soins, mais ils sont inutiles;
        Je ne crains rien dans ces asiles;
Alamir est ici; contre mes oppresseurs
Je n'aurai pas besoin de nouveaux défenseurs.

L'OFFICIER

Alamir! de ce nom je n'ai point connaissance;   360
Mais je respecte en lui l'honneur de votre choix;
        S'il combat pour votre défense,
Nous serons trop heureux de servir sous ses lois:
Je vous ramène aussi vos compagnes fidèles,
Vos premiers officiers, vos dames du palais,   365
Echappés aux tyrans, ils nous suivent de près.

LÉONOR

Ah! les agréables nouvelles!

CONSTANCE

Ciel! qu'est-ce que je vois!

(LES TROIS GRÂCES *et une troupe d'Amours et de Plaisirs paraissent sur la scène.*)

LÉONOR

Les Grâces, les Amours!

LE DUC DE FOIX

Ainsi Gaston de Foix veut vous servir toujours.

(*On danse.*)⁵

SANCHETTE *au Duc de Foix.*

(*interrompant la danse*)
Ce sont donc là ses domestiques?   370
Que les grands sont heureux, et qu'ils sont magnifiques!
Quoi de toute princesse est-ce là la maison?
Ah! que j'en sois, je vous conjure:
Quel cortège! quel train!

LE DUC DE FOIX

Ce cortège est un don
Qui vient des mains de la nature;   375
Toute femme y prétend.

369a   45P1, 45P2: [*with note*] Le sieur Laval, et la Demoiselle Puvigné. Les sieurs Malter *l'aîné*, Malter 3. F. Dumoulin, Matignon, Hamoche, Levoir, les Demoiselles Beaufort, Auguste, Saint-Germain, Courcelle, Puvigné *mère*, Thiery.

⁵ A *sarabande*, according to the score of Rameau's music.

SANCHETTE

Puis-je y prétendre aussi?

LE DUC DE FOIX

Oui sans doute, avec vous les Grâces sont ici:
  Les Grâces suivent la jeunesse,
Et vous les partagez avec cette princesse.

SANCHETTE

Il le faut avouer, on n'a point de parent   380
    Plus agréable et plus galant.
Venez que je vous parle; expliquez-moi de grâce
Ce qu'est un Duc de Foix, et tout ce qui se passe:
Restez auprès de moi, contez-moi tout cela,
Et parlez-moi toujours, pendant qu'on dansera.   385

  (*Elle s'assied auprès du Duc de Foix.*)

        (*On danse.*)[6]

LES TROIS GRÂCES *chantent.*

La nature en vous formant,
    Près de vous nous fit naître;
  Loin de vos yeux nous ne pouvions paraître:
    Nous vous servons fidèlement:
Mais le charmant Amour est notre premier maître.   390

        (*On danse.*)[7]

385b   45P1, 45P2: [*with note*] Le sieur Dumoulin, et la Demoiselle Camargo.
385c   45P1, 45P2: [*with note*] Les Demoiselles Fel, Coupée, et Gondrée.
390a   45P1, 45P2: [*with note*] La Demoiselle Salé.

[6] A *reprise* of the graceful *sarabande*, according to the score of Rameau's music.
[7] A *rondeau gavotte*, according to the score of Rameau's music.

UNE DES GRÂCES

Vents furieux, tristes tempêtes,
   Fuyez de nos climats: [8]
Beaux jours, levez-vous sur nos têtes,
   Fleurs, naissez sur nos pas.

(*On danse.*) [9]

Echo, voix errante,   395
Légère habitante,
De ce séjour,
Echo, fille de l'Amour,
Doux rossignol, bois épais, onde pure,
Répétez avec moi ce que dit la nature,   400
Il faut aimer à son tour. [10]

(*On danse.*) [11]

390b   45P1, 45P2: [*with note*] La Demoiselle Fel.
394a   45P1, 45P2: [*with note*] Le sieur Laval, la Demoiselle Puvigné.
401a   45P1, 45P2: [*with note*] La Demoiselle Salé.

[8] The dramatic first couplet of this *ariette* in Rameau's setting is 'worthy of a *tragédie lyrique*' (Girdlestone, *Jean-Philippe Rameau: his life and work*, p.442).

[9] A *reprise* of the earlier *gavotte*, according to the score of Rameau's music.

[10] These lines (from 'Echo, voix errante' to 'Il faut aimer à son tour') recall Delila's soliloquy at the end of act III of *Samson* after the eponymous hero's departure: 'Echo, voix errante, / Légère habitante / De ce beau séjour, / Echo, monument de l'amour, / Parle de ma faiblesse au héros qui m'enchante. / Favoris du printemps, de l'amour et des airs, / Oiseaux dont j'entends les concerts, / Chers confidents de ma tendresse extrême, / Doux ramage des oiseaux, / Voix fidèle des échos, / Répétez à jamais: Je l'aime, je l'aime' (III.v.498-508); these lines are also echoed in *Le Temple de la gloire*, III.v. The lines from *La Princesse de Navarre* were in turn appropriated by Cahusac in 1753 when reviving his *Fêtes de Polymnie* (1745), a *ballet héroïque* set to music by Rameau: he used Voltaire's lines in III.vi and printed them in the *livret* in inverted commas to signal the borrowing. On this borrowing, see Graham Sadler, 'A re-examination of Rameau's self-borrowings', in *Jean-Baptiste Lully and the music of the French baroque: essays in honour of James R. Anthony*, ed. J. H. Heyer (Cambridge 1989), p.259-90 (p.269).

[11] Two *menuets*, according to the score of Rameau's music.

UN PLAISIR

(*Paroles sur un menuet.*)
(*Premier couplet.*)

Non, le plus grand empire
Ne peut remplir un cœur,
   Charmant vainqueur,
   Dieu séducteur,   405
   C'est ton délire,
   Qui fait le bonheur.

(*On danse.*) [12]

UNE BERGÈRE	UN BERGER
J'aime, et je crains ma flamme.	Ah le refus, la feinte,
Je crains le repentir.	Ont des charmes puissants;
Tendre désir,	Désirs naissants, 410
Premier plaisir,	Combats charmants,
Dieu de mon âme,	Tendre contrainte,
Fais-moi moins gémir.	Tout sert les amants.

(*On danse.*)

UN AMOUR *alternativement avec le Chœur.*

Divinité de cet heureux séjour,
   Triomphe et fais grâce,   415
   Pardonne à l'audace,
   Pardonne à l'amour.

(*On danse.*)

401b   45P1, 45P2: [*with note*] Le sieur Jeliotte.
407a   45P1, 45P2: [*with note*] Le sieur D. Dumoulin, la Demoiselle Camargo.
407b   45P1, 45P2: UNE BERGÈRE [*with note*] La Demoiselle Coupée.
                  UN BERGER [*with note*] Le sieur Jeliotte.
413a   45P1, 45P2: [*with note*] La Demoiselle Salé.
413b   45P1, 45P2: [*with note*] La Demoiselle Coupée.

[12] This is a moderate *gavotte*, according to the score of Rameau's music.

LE MÊME AMOUR

Toi seule es cause
De ce qu'il ose.
Toi seule allumas ses feux.   420
Quel crime est plus pardonnable?
C'est celui de tes beaux yeux,
En les voyant tout mortel est coupable.

LE CHŒUR

Divinité de cet heureux séjour,
Triomphe et fais grâce,   425
Pardonne à l'audace;
Pardonne à l'amour.

CONSTANCE

On pardonne à l'amour, et non pas à l'audace.
Un téméraire amant, ennemi de ma race,
Ne pourra m'apaiser jamais.   430

LE DUC DE FOIX

Je connais son malheur, et sans doute il l'accable;
Mais serez-vous toujours inexorable?

CONSTANCE

Alamir, je vous le promets.

LE DUC DE FOIX

On ne fuit pas sa destinée:
Les devins ont prédit à votre âme étonnée,   435
Qu'un jour votre ennemi serait votre vainqueur.

CONSTANCE

Les devins se trompaient, fiez-vous à mon cœur.

434   K: fuit point sa

246

LE CHŒUR *chante.*

On diffère vainement;
Le sort nous entraîne,
L'amour nous amène   440
Au fatal moment.

(*trompettes et timbales*)

CONSTANCE

Mais d'où partent ces cris, ces sons, ce bruit de guerre?

HERNAND *arrivant avec précipitation.*

On marche, et les Français précipitent leurs pas,
Ils n'attendent personne.

LE DUC DE FOIX

           Ils ne m'attendront pas;
Et je vole avec eux.

CONSTANCE

           Les jeux et les combats   445
Tour à tour aujourd'hui partagent-ils la terre?
    Où fuyez-vous, où portez-vous vos pas?

LE DUC DE FOIX

Je sers sous les Français, et mon devoir m'appelle;
Ils combattent pour vous; jugez s'il m'est permis
De rester un moment loin d'un peuple fidèle,   450
Qui vient vous délivrer de tous vos ennemis.

(*Il sort.*)

CONSTANCE *à Léonor.*

Ah Léonor! cachons un trouble si funeste.
La liberté des pleurs est tout ce qui me reste.

(*Elles sortent.*)

SANCHETTE

Sans ce brave Alamir que devenir hélas!

MORILLO

Que d'aventures, quel fracas!   455
Quels démons en un jour assemblent des Alcades,
    Des Alamir, des sérénades,
    Des princesses et des combats!

SANCHETTE

Vous allez donc aussi servir cette princesse?
Vous suivrez Alamir, vous combattrez.

MORILLO

                                        Qui, moi?   460
Quelque sot! Dieu m'en garde.

SANCHETTE

                        Et pourquoi non?

MORILLO

                                    Pourquoi?
C'est que j'ai beaucoup de sagesse.
Deux rois s'en vont combattre à cinq cents pas d'ici,
    Ce sont des affaires fort belles,
Mais ils pourront sans moi terminer leurs querelles,   465
    Et je ne prends point de parti.

Fin du second acte.

ACTE III

SCÈNE PREMIÈRE

CONSTANCE, LÉONOR, HERNAND

LÉONOR

Quel est notre destin?

HERNAND

Délivrance et victoire.

CONSTANCE

Quoi, Don Pèdre est défait?

HERNAND

Oui, rien ne peut tenir
Contre un peuple né pour la gloire,
Pour vaincre, et pour vous obéir.
On poursuit les fuyards.

CONSTANCE

Et le brave Alamir?   5

HERNAND

Madame, on doit à sa personne
La moitié du succès que ce grand jour nous donne:
Invincible aux combats, comme avec vous soumis,
Il vole à la mêlée aussi bien qu'aux aubades;
Il a traité nos ennemis,   10
Comme il a traité les Alcades.
Il est en ce moment avec le Duc de Foix,
Dont nos soldats charmés célèbrent les exploits;
Mais il pense à vous seule, et pénétré de joie,

A vos pieds Alamir m'envoie,   15
Et je sens, comme lui, les transports les plus doux,
   Qu'il ait deux fois vaincu pour vous.

CONSTANCE

Je veux absolument savoir de votre bouche...

HERNAND

Eh quoi, Madame?

CONSTANCE

      Un secret qui me touche;
Je veux savoir quel est ce généreux guerrier.   20

HERNAND

Puis-je parler, Madame, avec quelque assurance?

CONSTANCE

Ah, parlez; est-ce à lui de cacher sa naissance?
Qu'est-il? Répondez-moi.

HERNAND

      C'est un brave officier
   Dont l'âme est assez peu commune,
   Elle est au-dessus de son rang;   25
Comme tant de Français, il prodigue son sang,
Il se ruine enfin pour faire sa fortune.

LÉONOR

Il la fera, sans doute.

CONSTANCE

    Eh, quel est son projet?

23   45P1, 45P2: Répondez.

HERNAND

D'être toujours votre sujet;
D'aller à votre cour, d'y servir avec zèle,   30
De combattre pour vous, de vivre et de mourir,
    De vous voir, de vous obéir,
    Toujours généreux et fidèle;
Appartenir à vous, est tout ce qu'il prétend.

CONSTANCE

Ah, le ciel lui devait un sort plus éclatant!   35
Rien qu'un simple officier! mais dans cette occurrence,
    Quel parti prend le Duc de Foix?

HERNAND

Votre parti, le parti de la France,
    Le parti du meilleur des rois.

CONSTANCE

Que n'osera-t-il point? que va-t-il entreprendre?   40
Où va-t-il?

HERNAND

    A Burgos il doit bientôt se rendre.
Je cours vers Alamir; ne lui pourrai-je apprendre
    Si mon message est bien reçu?

CONSTANCE

Allez; et dites-lui que le cœur de Constance
    S'intéresse à tant de vertu,   45
    Plus encor qu'à ma délivrance.

SCÈNE II

CONSTANCE, LÉONOR

CONSTANCE

Rien qu'un simple officier?

LÉONOR

Tout le monde le dit.

CONSTANCE

Mon cœur ne peut le croire, et mon front en rougit.

LÉONOR

J'ignore de quel sang le destin l'a fait naître,
Mais on est ce qu'on veut avec un si grand cœur.   50
C'est à lui de choisir le nom dont il veut être,
        Il lui fera beaucoup d'honneur.

CONSTANCE

        Que de vertu! que de grandeur!
Combien sa modestie illustre sa valeur!

LÉONOR

C'est peu d'être modeste, il faut avoir encore   55
        De quoi pouvoir ne l'être pas.
Mais ce héros a tout, courage, esprit, appas;
S'il a quelques défauts, pour moi je les ignore,
        Et vos yeux ne les verraient pas.
J'ai vu quelques héros assez insupportables;   60
        Et l'homme le plus vertueux,
        Peut être le plus ennuyeux;
Mais comment résister à des vertus aimables?

CONSTANCE

        Alamir fera mon malheur.

Je lui dois trop d'estime et de reconnaissance.   65

LÉONOR

Déjà dans votre cœur il a sa récompense,
　　J'en crois assez votre rougeur;
C'est de nos sentiments le premier témoignage.

CONSTANCE

　　C'est l'interprète de l'honneur.
Cet honneur attaqué dans le fond de mon cœur,   70
　　S'en indigne sur mon visage.
O ciel! que devenir, s'il était mon vainqueur!
　　Je le crains, je me crains moi-même,
Je tremble de l'aimer, et je ne sais s'il m'aime.

LÉONOR

Il voit que votre orgueil serait trop offensé   75
Par ce mot dangereux, si charmant et si tendre;
　　Il ne vous l'a pas prononcé,
　　Mais qu'il sait bien le faire entendre!

CONSTANCE

Ah! son respect encore est un charme de plus.
Alamir! Alamir a toutes les vertus.   80

LÉONOR

Que lui manque-t-il donc?

CONSTANCE

Le hasard, la naissance. [1]

[1] As she realises she is in love with Alamir, an apparent commoner, Constance on a number of occasions attacks the social barriers which divide them, as does Léonor. But, as in *L'Enfant prodigue*, the dramatic context determines the didactic force of such pithy sayings: the audience knows from the start that this is not really a misalliance. Only in *Nanine* does Voltaire explicitly attack the social hierarchy, a comedy intended, significantly, for a Paris audience, not for royal consumption.

Quelle injustice! ô ciel!... mais sa magnificence,
Ces fêtes, cet éclat, ses étonnants exploits,
Ce grand air, ses discours, son ton même, sa voix...

LÉONOR

Ajoutez-y l'amour, qui parle en sa défense.   85
          Sans doute il est du sang des rois.

CONSTANCE

          Tout me le dit, et je le crois.
Son amour délicat voulait que je rendisse,
A tant de grandeur d'âme, à ce rare service,
Ce qu'ailleurs on immole à son ambition.   90
Ah! si pour m'éprouver, il m'a caché son nom,
          S'il n'a jamais d'autre artifice,
S'il est prince, s'il m'aime!... O ciel! que me veut-on?

SCÈNE III

CONSTANCE, LÉONOR, SANCHETTE

SANCHETTE

Madame, à vos genoux souffrez que je me jette.
          Madame, protégez Sanchette;   95
Je vous ai mal connue, et pourtant, malgré moi,
Je sentais du respect, sans savoir bien pourquoi.
Vous voilà, je crois, reine; il faut à tout le monde
          Faire du bien à tout moment,
A commencer par moi.

CONSTANCE

                    Si le sort me seconde,   100
C'est mon projet, du moins.

LÉONOR

Eh bien, ma belle enfant,
Madame a des bontés; quel bien faut-il vous faire?

SANCHETTE

On dit le Duc de Foix vainqueur;
Mais je prends peu de part au destin de la guerre;
Tout cela m'épouvante, et ne m'importe guère;   105
J'aime, et c'est tout pour moi.

CONSTANCE

Votre aimable candeur
M'intéresse pour vous; parlez, soyez sincère.

SANCHETTE

Ah, je suis de très bonne foi.
J'aime Alamir, Madame, et j'avais su lui plaire;
Il devait parler à mon père;   110
Il est de mes parents; il vint ici pour moi.

CONSTANCE *se retournant vers Léonor.*

Son parent, Léonor!

SANCHETTE

En écoutant ma plainte,
D'un profond déplaisir votre âme semble atteinte!

CONSTANCE

Il l'aimait!

SANCHETTE

Votre cœur paraît bien agité!

111a   45P1, 45P2, NM, W68, W70L: *se tournant vers*

CONSTANCE

Je vous ai donc perdue, illusion flatteuse!   115

SANCHETTE

Peut-on se voir princesse, et n'être pas heureuse?

CONSTANCE

Hélas! votre simplicité
Croit que dans la grandeur est la félicité;
Vous vous trompez beaucoup; ce jour doit vous apprendre
Que dans tous les états, il est des malheureux.   120
Vous ne connaissez pas mes destins rigoureux.
Au bonheur, croyez-moi, c'est à vous de prétendre.
Mon cœur, de ce grand jour, est encore effrayé;
Le ciel me conduisit de disgrâce en disgrâce,
        Mon sort peut-il être envié?   125

SANCHETTE

        Votre altesse me fait pitié;
        Mais je voudrais être à sa place.
Il ne tiendrait qu'à vous de finir mon tourment.
Alamir est tout fait pour être mon amant.
Je bénis bien le ciel que vous soyez princesse,   130
        Il faut un prince à votre altesse;
Un simple gentilhomme est peu pour vos appas.
        Seriez-vous assez rigoureuse,
Pour m'ôter mon amant, en ne le prenant pas?
        Vous qui semblez si généreuse!   135

CONSTANCE *ayant un peu rêvé.*

Allez, ... ne craignez rien, ... quoi! le sang vous unit?

SANCHETTE

Oui, Madame.

CONSTANCE

Il vous aime!

SANCHETTE

Oui, d'abord il l'a dit,
Et d'abord je l'ai cru; souffrez que je le croie:
Madame, tout mon cœur avec vous se déploie.
Chez messieurs mes parents je me mourais d'ennui;   140
Il faut qu'en l'épousant, pour comble de ma joie,
J'aille dans votre cour vous servir avec lui.

CONSTANCE

Vous! avec Alamir?

SANCHETTE

Vous connaissez son zèle,
Madame, qu'avec lui, votre cour sera belle!
Quel plaisir de vous y servir!   145
Ah! quel charme de voir, et sa reine, et son prince!
Un chagrin à la cour donne plus de plaisir
Que mille fêtes en province.
Mariez-nous, Madame, et faites-nous partir.

CONSTANCE

Etouffe tes soupirs, malheureuse Constance;   150
Soyons en tous les temps digne de ma naissance...
Oui, vous l'épouserez... comptez sur mon appui.
Au vaillant Alamir, je dois ma délivrance;
Il a tout fait pour moi... je vous unis à lui;
Et vous serez sa récompense.   155

SANCHETTE

Parlez donc à mon père.

CONSTANCE

Oui.

257

SANCHETTE

Parlez aujourd'hui,

Tout à l'heure.

CONSTANCE

Oui... quel trouble et quel effort extrême!

SANCHETTE

Quel excès de bonté! je tombe à vos genoux,
  Madame, et je ne sais qui j'aime,
Le plus sincèrement d'Alamir ou de vous.   160

(*Elle fait quelques pas pour s'en aller.*)

CONSTANCE

De mon sort ennemi la rigueur est constante.

SANCHETTE *revenant.*

C'est à condition que vous m'emmènerez?

CONSTANCE

C'en est trop.

SANCHETTE

De nous deux vous serez si contente.

(*à Léonor*)

Avertissez-moi, vous, lorsque vous partirez.

(*en s'en allant*)

  Que je suis une heureuse fille!   165
Qu'on va me respecter ce soir dans ma famille!

SCÈNE IV

CONSTANCE, LÉONOR

CONSTANCE

A quels maux différents tous mes jours sont livrés!
Léonor, connais-tu ma peine et mon outrage?

LÉONOR

Je supportais, Madame, avec tranquillité,
Les persécutions, le couvent, le voyage;   170
    J'essuyais même avec gaîté
    Ces infortunes de passage.
Vous me faites enfin connaître la douleur,
Tout le reste n'est rien près des peines du cœur;
    Le vrai malheur est son ouvrage.   175

CONSTANCE

Je suis accoutumée à dompter le malheur.

LÉONOR

Ainsi par vos bontés, sa parente l'épouse.
    Il méritait d'autres appas.

CONSTANCE

    Si j'étais son égale, hélas!
    Que mon âme serait jalouse!   180
Oublions Alamir, ses vertus, ses attraits,
    Ce qu'il est, ce qu'il devrait être.
Tout ce qui de mon cœur s'est presque rendu maître.
    Non, je ne l'oublierai jamais.

LÉONOR

Vous ne l'oublierez point! vous le cédez!

CONSTANCE

Sans doute. 185

LÉONOR

Hélas! que cet effort vous coûte!
Mais ne serait-il point un effort généreux,
  Non moins grand, beaucoup plus heureux?
Celui d'être au-dessus de la grandeur suprême?
Vous pouvez aujourd'hui disposer de vous-même. 190
Elever un héros, est-ce vous avilir?
  Est-ce donc par orgueil qu'on aime?
  N'a-t-on que des rois à choisir?
Alamir ne l'est pas, mais il est brave et tendre.

CONSTANCE

Non, le devoir l'emporte, et tel est son pouvoir. 195

LÉONOR

Hélas! gardez-vous bien de prendre
  La vanité pour le devoir.
Que résolvez-vous donc?

CONSTANCE

              Moi! d'être au désespoir,
D'obéir en pleurant à ma gloire importune,
D'éloigner le héros dont je me sens charmer, 200
De goûter le bonheur de faire sa fortune,
Ne pouvant me livrer au bonheur de l'aimer.

(On entend derrière le théâtre un bruit de trompettes.)

CHŒUR

Triomphe Victoire,[2]
L'équité marche devant nous;

[2] The words and music of this opening phrase are re-used by Marmontel and
Rameau in *Acante et Céphise* (III.iii), a *pastorale héroïque* first performed at the

Le ciel y joint la Gloire, 205
L'ennemi tombe sous nos coups.
Triomphe Victoire.

LÉONOR

Est-ce le Duc de Foix qui prétend par des fêtes,
Vous mettre encor, Madame, au rang de ses conquêtes?

CONSTANCE

Ah! je déteste le parti, 210
Dont la Victoire a secondé ses armes;
Quel qu'il soit, Léonor, il est mon ennemi.
Puisse le Duc de Foix auteur de mes alarmes,
Puissent Don Pèdre et lui l'un par l'autre périr!
Mais, ô ciel! conservez mon vengeur Alamir, 215
Dût-il ne point m'aimer, dût-il causer mes larmes.

SCÈNE V

LE DUC DE FOIX, CONSTANCE, LÉONOR

LE DUC DE FOIX

Madame, les Français ont délivré ces lieux;
Don Pèdre est descendu dans la nuit éternelle.
Gaston de Foix victorieux,
Attend encore une gloire plus belle, 220
Et demande l'honneur de paraître à vos yeux.

CONSTANCE

Que dites-vous, et qu'osez-vous m'apprendre?
Il paraîtrait en des lieux où je suis!

Académie royale in November 1751: see Sadler, 'A re-examination of Rameau's self-borrowings', p.273.

Don Pèdre est mort, et mes ennuis
Survivraient encore à sa cendre!   225

LE DUC DE FOIX

Gaston de Foix vainqueur en ces lieux va se rendre.
J'ai combattu sous lui; j'ai vu dans ce grand jour,
Ce que peut le courage, et ce que peut l'amour.
Pour moi, seul malheureux, (si pourtant je peux l'être,
Quand des jours plus sereins pour vous semblent renaître)   230
Pénétré, plein de vous, jusqu'au dernier soupir,
Je n'ai qu'à m'éloigner, ou plutôt qu'à vous fuir.

CONSTANCE

Vous partez!

LE DUC DE FOIX

Je le dois.

CONSTANCE

Arrêtez, Alamir.

LE DUC DE FOIX

Madame!

CONSTANCE

Demeurez, je sais trop quelle vue
Vous conduisit en ce séjour.   235

LE DUC DE FOIX

Quoi, mon âme vous est connue?

CONSTANCE

Oui.

LE DUC DE FOIX

Vous sauriez?

229   K: je puis l'être,

CONSTANCE

    Je sais que d'un tendre retour
On peut payer vos vœux. Je sais que l'innocence,
Qui des dehors du monde a peu de connaissance,
    Peut plaire et connaître l'amour.   240
Je sais qui vous aimiez, et même avant ce jour...
Elle est votre parente, et doublement heureuse.
Je ne m'étonne point qu'une âme vertueuse,
    Ait pu vous chérir à son tour.
Ne partez point, je vais en parler à sa mère.   245
La doter richement, est le moins que je dois;
Devenant votre épouse elle me sera chère;
Ce que vous aimerez aura des droits sur moi.
    Dans vos enfants je chérirai leur père;
Vos parents, vos amis, me tiendront lieu des miens;   250
Je les comblerai tous de dignités, de biens.
C'est trop peu pour mon cœur et rien pour vos services.
Je ne ferai jamais d'assez grands sacrifices;
Après ce que je dois à vos heureux secours,
Cherchant à m'acquitter je vous devrai toujours.   255

LE DUC DE FOIX

Je ne m'attendais pas à cette récompense.
Madame, ah! croyez-moi, votre reconnaissance
Pourrait me tenir lieu des plus grands châtiments.
Non, vous n'ignorez pas mes secrets sentiments;
Non, vous n'avez point cru qu'une autre ait pu me plaire.   260
Vous voulez, je le vois, punir un téméraire;
Mais laissez-le à lui-même, il est assez puni.
Sur votre renommée, à vous seule asservi,
Je me crus fortuné pourvu que je vous visse;
Je crus que mon bonheur était dans vos beaux yeux;   265
Je vous vis dans Burgos, et ce fut mon supplice.
    Oui, c'est un châtiment des Dieux,

D'avoir vu de trop près leur chef-d'œuvre adorable:
Le reste de la terre en est insupportable:
Le ciel est sans clarté, le monde est sans douceurs: 270
On vit dans l'amertume, on dévore ses larmes;
Et l'on est malheureux auprès de tant de charmes,
    Sans pouvoir être heureux ailleurs.

CONSTANCE

Quoi, je serais la cause et l'objet de vos peines!
    Quoi, cette innocente beauté   275
    Ne vous tenait pas dans ses chaînes!
Vous osez!

LE DUC DE FOIX

    Cet aveu plein de timidité,
Cet aveu de l'amour le plus involontaire,
Le plus pur à la fois, et le plus emporté,
Le plus respectueux, le plus sûr de déplaire;   280
Cet aveu malheureux peut-être a mérité
    Plus de pitié que de colère.

CONSTANCE

Alamir, vous m'aimez!

LE DUC DE FOIX

        Oui, dès longtemps ce cœur,
D'un feu toujours caché brûlait avec fureur;
De ce cœur éperdu voyez toute l'ivresse;   285
A peine encor connu par ma faible valeur,
Né simple cavalier, amant d'une princesse,
    Jaloux d'un prince et d'un vainqueur,
Je vois le Duc de Foix amoureux, plein de gloire,
Qui, du grand Du Guesclin compagnon fortuné,   290
    Aux yeux de l'Anglais consterné,
Va vous donner un roi des mains de la victoire.

264

Pour toute récompense, il demande à vous voir;
Oubliant ses exploits, n'osant s'en prévaloir,
Il attend son arrêt, il l'attend en silence.   295
Moins il espère, et plus il semble mériter;
  Est-ce à moi de rien disputer,
Contre son nom, sa gloire, et surtout sa constance?

CONSTANCE

A quoi suis-je réduite! Alamir, écoutez:
Vos malheurs sont moins grands que mes calamités;   300
Jugez-en; concevez mon désespoir extrême.
Sachez que mon devoir est de ne voir jamais
  Ni le Duc de Foix, ni vous-même.
Je vous ai déjà dit à quel point je le hais,
Je vous dis encor plus; son crime impardonnable   305
  Excitait mon juste courroux;
Ce crime jusqu'ici le fit seul haïssable,
Et je crains à présent de le haïr pour vous.
Après un tel discours, il faut que je vous quitte.

LE DUC DE FOIX

Non, Madame, arrêtez; il faut que je mérite   310
Cet oracle étonnant qui passe mon espoir.
Donner pour vous ma vie, est mon premier devoir;
Je puis punir encor ce rival redoutable;
Même au milieu des siens je puis percer son flanc,
Et noyer tant de maux dans les flots de son sang;   315
J'y cours.

CONSTANCE

  Ah! demeurez, quel projet effroyable!
Ah! respectez vos jours à qui je dois les miens;
Vos jours me sont plus chers que je ne hais les siens.

Punißez donc son crime en terminant sa peine;

4. 'Punissez donc son crime en terminant sa peine'.
La Princesse de Navarre, act III, scene v.
(Engraving in w75G.)

LE DUC DE FOIX

Mais est-il en effet si sûr de votre haine?

CONSTANCE

Hélas! plus je vous vois, plus il m'est odieux.   320

LE DUC DE FOIX *se jettant à genoux, et présentant son épée.*

Punissez donc son crime en terminant sa peine,
Et puisqu'il doit mourir, qu'il expire à vos yeux.
Il bénira vos coups; frappez, que cette épée
Par vos divines mains soit dans son sang trempée;
Dans ce sang malheureux, brûlant pour vos attraits.   325

CONSTANCE *l'arrêtant.*

Ciel! Alamir, que vois-je, et qu'avez-vous pu dire?
Alamir, mon vengeur, vous par qui je respire...
  Etes-vous celui que je hais?

LE DUC DE FOIX

  Je suis celui qui vous adore;
  Je n'ose prononcer encore   330
Ce nom haï longtemps, et toujours dangereux;
Mais parlez, de ce nom faut-il que je jouisse?
Faudra-t-il qu'avec moi ma mort l'ensevelisse,
Ou que de tous les noms il soit le plus heureux?
J'attends de mon destin l'arrêt irrévocable;   335
  Faut-il vivre, faut-il mourir?

CONSTANCE

Ne vous connaissant pas je croyais vous haïr;
Votre offense à mes yeux semblait inexcusable.
Mon cœur à son courroux s'était abandonné;
Mais je sens que ce cœur vous aurait pardonné,   340
  S'il avait connu le coupable.

LE DUC DE FOIX

Quoi! ce jour a donc fait ma gloire et mon bonheur!

CONSTANCE

De Don Pèdre et de moi vous êtes le vainqueur.

SCÈNE VI

MORILLO, SANCHETTE, HERNAND, et les acteurs de la
scène précédente, Suite

MORILLO

Allons, une princesse est bonne à quelque chose;
    Puisqu'elle veut te marier,   345
    Et que ton bon cœur s'y dispose,
    Je vais au plus vite, et pour cause,
    Avec Alamir te lier,
    Et conclure à l'instant la chose.

(*apercevant Alamir qui parle bas, et qui embrasse les genoux
de la Princesse*)

Oh! oh! que fait donc là mon petit officier?   350
    Avec elle tout bas il cause,
    D'un air tant soit peu familier.

SANCHETTE

    A genoux il va la prier
    De me donner à lui pour femme:
Elle ne répond point, ils sont d'accord.

CONSTANCE *au Duc de Foix, à qui elle parlait bas auparavant.*

                      Mon âme,   355
Mes états, mon destin, tout est au Duc de Foix;
Je vous le dis encor, vos vertus, vos exploits
    Me sont moins chers que votre flamme.

SANCHETTE

Le Duc de Foix? Mon père, avez-vous entendu?

MORILLO

Lui, Duc de Foix! te moques-tu?   360
Il est notre parent.

SANCHETTE

S'il allait ne plus l'être?

HERNAND

Il vous faut avouer que ce héros mon maître,
Qui fut votre parent pendant une heure ou deux,
Est un prince puissant, galant, victorieux;
    Et qu'il s'est fait enfin connaître.   365

LE DUC DE FOIX *en se retournant vers Hernand.*

Ah! dites seulement qu'il est un prince heureux;
Dites que pour jamais, il consacre ses vœux
A cet objet charmant notre unique espérance,
La gloire de l'Espagne, et l'amour de la France.

SANCHETTE

Adieu mon mariage! Hélas trop bonnement,   370
Moi j'ai cru qu'on m'aimait.

MORILLO

    Quelle étrange journée!

SANCHETTE

A qui serai-je donc?

CONSTANCE

    A ma cour amenée,
Je vous promets un établissement;

J'aurai soin de votre hyménée.

LÉONOR

Ce sera, s'il vous plaît, avec un autre amant.   375

SANCHETTE *à la Princesse.*

Si je vis à vos pieds, je suis trop fortunée.

MORILLO

Le Duc de Foix, comme je voi,
Me faisait donc l'honneur de se moquer de moi?

LE DUC DE FOIX

Il faudra bien qu'on me pardonne.
La victoire et l'amour ont comblé tous nos vœux;   380
Qu'au plaisir désormais ici tout s'abandonne:
Constance daigne aimer, l'univers est heureux.

Fin du troisième acte.

DIVERTISSEMENT QUI TERMINE
LE SPECTACLE

Le théâtre représente les Pyrénées, L'AMOUR
descend sur un char, son arc à la main. [1]

L'AMOUR

De rochers entassés, amas impénétrable,
Immense Pyrénée, en vain vous séparez
Deux peuples généreux à mes lois consacrés,
 Cédez à mon pouvoir aimable;
Cessez de diviser les climats que j'unis;   5
 Superbe montagne obéis;
Disparaissez, tombez, impuissante barrière.
 Je veux dans mes peuples chéris,
 Ne voir qu'une famille entière.
Reconnaissez ma voix et l'ordre de Louis: 10
Disparaissez, tombez, impuissante barrière.

CHŒUR D'AMOURS

Disparaissez, tombez, impuissante barrière.

c 45P1, 45P2: [*with note*] La Demoiselle Romainville.

[1] See also the description of the decor at the first performance in the *Mercure de France* of April 1745: 'Au troisième acte, une chaîne des Pyrénées d'un côté, et dans le fond une forêt se terminant à un point de vue de mer. A cette décoration succédait le Temple de l'Amour composé de groupes de colonnes, de pilastres accouplés de marbre brêche bleu, d'ordre Corinthien, les bases, chapitaux dorés, ainsi que les moulures des tiers des colonnes, ornements des entablements, trophées de tous les états de la vie, semés dans divers panneaux. [...] l'Amour descendu de son char était assis avec l'Hymen dans le sanctuaire du Temple sur un trône brillant des pierreries, élevé de six marches, que renfermait une balustrade enrichie de même, et éclairée de girandoles de cristal. Quantités d'Amours tenant des fleurs voltigeaient autour de leurs têtes' (p.152-53).

(*La montagne s'abîme insensiblement, les acteurs chantants et dansants sur le théâtre qui n'est pas encore orné.*)

L'AMOUR

Par les mains d'un grand roi, le fier Dieu de la guerre
A vu les remparts écroulés,
    Sous les coups redoublés,   15
    De son nouveau tonnerre;
Je dois triompher à mon tour:
Pour changer tout sur la terre,
Un mot suffit à l'Amour.

CHŒUR *des suivants de l'Amour.*

Disparaissez, tombez, impuissante barrière.   20

(*Il se forme à la place de la montagne un vaste et magnifique temple consacré à l'Amour, au fond duquel est un trône que l'Amour occupe. Ce temple est rempli de quatre quadrilles distinguées par leurs habits et par leurs couleurs; chaque quadrille a ses drapeaux. Celle de* FRANCE *porte dans son drapeau pour devise un lis entouré de rejetons.* Lilia per orbem. L'ESPAGNE *un soleil et un parélie.* Sol è Sole. *La quadrille de* Naples. Recepit et servat. *La quadrille de* DON PHILIPPE. Spe et animo.*)

(*On danse.*)[2]

20k   45P1, 45P2: [*with note*] *Français* Les sieurs Dumay, Pitro, les Demoiselles Rosaly, Hernie. *Espagnols* Les sieurs Montservin, Gherardi, les Dlles Rabon, Carville. *Napolitains* Les sieurs Cailly, De Visce, Les Demoiselles Thierry, Beaufort. *Milanais* Les sieurs Javilliers *le jeune*, Malter 2. les Demoiselles Courcelle, Saint-Germain. Le sieur Dupré *seul*.

  [2] A *chaconne*, according to the score of Rameau's music.

DIVERTISSEMENT

(*Paroles sur une chaconne*)

Amour, Dieu charmant, ta puissance
A formé ce nouveau séjour;
Tout ressent ici ta puissance,
Et le monde entier est ta cour.

UNE FRANÇAISE

Les vrais sujets du tendre Amour   25
Sont le peuple heureux de la France.

LE CHŒUR

Amour, dieu charmant, ta puissance
A formé ce nouveau séjour, etc.

(*On danse.*)

(*Après la danse*, UNE VOIX *chante alternativement avec le Chœur.*)

Mars, Amour sont nos Dieux,
Nous les servons tous deux.   30

Accourez après tant d'alarmes,
Volez, plaisirs, enfants des cieux,
Au cri de Mars, au bruit des armes,
Mêlez vos sons harmonieux:
A tant d'exploits victorieux;   35
Plaisirs, mesurez tous vos charmes.

(*On danse.*)

20l   45P1, 45P2: [*with note*] La Demoiselle Bourbonnais, le sieur Albert, *Espagnols.*

24a   45P1, 45P2: [*with note*] La Demoiselle Varquin.

28a   45P1, 45P2: [*with note*] Les sieurs Gherardi, Montservin, *Espagnols.* Pitro, *Français.*

28b   45P1, 45P2: [*with note*] Le Sieur Poirier.

36a   45P1, 45P2: [*with note*] Les Demoiselles Hernie, Rosaly, *Françaises.* Rabon, Carville, *Espagnoles.*

CHŒUR

La gloire toujours nous appelle,
Nous marchons sous ses étendards,
Brûlant de l'ardeur la plus belle
Pour Louis, pour l'Amour et Mars. 40

DUO

Charmants plaisirs, nobles hasards,
Quel peuple vous est plus fidèle?

CHŒUR

Mars, Amour sont nos Dieux,
Nous les servons tous deux.

(*On continue la danse.*)

UN FRANÇAIS

Amour, Dieu des héros, sois la source féconde 45
De nos exploits victorieux;
Fais toujours de nos rois, les premiers rois du monde,
Comme tu l'es des autres dieux.

(*On danse.*)

UN ESPAGNOL ET UN NAPOLITAIN

A jamais de la France
Recevons nos rois; 50
Que la même vaillance

36b   45P1, 45P2: [*with note*] *On danse pendant ce Chœur.*
40a   45P1, 45P2: [*with note*] Le Sieur Albert, la Demoiselle Varquin.
44a   45P1, 45P2: [*with note*] La Demoiselle Camargo, *Napolitaine.*
44b   45P1, 45P2: [*with note*] Le Sieur De Chassé.
48a   45P1, 45P2: [*with note*] Le Sieur Malter 3, la Demoiselle Auguste, *en Espagnols.*
48b   45P1, 45P2: [*with note*] Le Sieur Jeliotte, *Espagnol.* Le Sieur Le Page, *Napolitain.*

Triomphe sous les mêmes lois.

(*On danse.*)³

(*Air de trompettes suivi d'un air de musettes. Parodies sur l'un et
l'autre.*)

UN FRANÇAIS

Hymen, frère de l'Amour,
Descends dans cet heureux séjour.

Vois ta plus brillante fête   55
Dans ton empire le plus beau,
C'est la gloire qui l'apprête,
Elle allume ton flambeau,
Ses lauriers ceignent ta tête.

Hymen, frère de l'Amour,   60
Descends dans cet heureux séjour.

(L'HYMEN *descend dans un char accompagné de l*'AMOUR,
pendant que le Chœur chante; l'HYMEN *et l*'AMOUR *forment
une danse caractérisée; ils se fuient, ils se chassent tour à tour; ils
se réunissent, ils s'embrassent et changent de flambeau.*)⁴

DUO

Charmant Hymen, Dieu tendre, Dieu fidèle,

52a   45P1, 45P2: [*with note*] Le Sieur Dumoulin, la Demoiselle Salé. La
Demoiselle Camargo *seule.*
52d   45P1, 45P2: [*with note*] Le Sieur Poirier.
55   NM, W70L: Vois ta brillante fête.
61a-b   45P1, 45P2: [*with note*] *L'AMOUR*, La Demoiselle Puvigné. *L'HY-
MEN*, Le Sieur Laval *fils.*
61e   45P1, 45P2: [*with note*] Le Sieur Poirier, *en Français.* Le Sieur Jeliotte, *en
Espagnol.*

³ A *sarabande* followed by two *gavottes*, according to the score of Rameau's music.
⁴ A *tambourin*, according to the score of Rameau's music.

Sois la source éternelle
Du bonheur des humains:
Régnez, race immortelle,   65
Féconde en souverains.

PREMIÈRE VOIX   SECONDE VOIX
Donnez de justes lois.   Triomphez par les armes.

PREMIÈRE VOIX
Epargnez tant de sang, essuyez tant de larmes;

SECONDE VOIX
Non, c'est à la Victoire à nous donner la paix.

ENSEMBLE
Dans vos mains gronde le tonnerre,   70
Effrayez ⎫
Rassurez ⎬ la terre.
Frappez vos ennemis, répandez vos bienfaits.

(*On reprend.*)

Charmant Hymen, Dieu tendre, etc.

(*On danse.*)

BALLET GÉNÉRAL DES QUATRE QUADRILLES[5]

GRAND CHŒUR
Régnez, race immortelle,   75
Féconde en souverains, etc.

73a   45P1, 45P2: [*with note*] La Demoiselle Camargo, *en Napolitaine.*

[5] A *tambourin*, according to the score of Rameau's music.

NOUVEAU PROLOGUE (*) DE LA PRINCESSE DE NAVARRE, ENVOYÉ À MR. LE MARÉCHAL DUC DE RICHELIEU, POUR LA REPRÉSENTATION QU'IL FIT DONNER À BORDEAUX[1]

Le 26 Novembre 1763

Nous osons retracer cette fête éclatante,
Que donna dans Versaille au plus aimé des rois
    Le héros qui le représente,
    Et qui nous fait chérir ses lois.
Ses mains en d'autres lieux ont porté la victoire;   5
Il porte ici le goût, les beaux arts, et les jeux,
    Et c'est une nouvelle gloire.
Mars fait des conquérants, la paix fait des heureux.

Des Grecs et des Romains les spectacles pompeux,
De l'univers encore occupent la mémoire;   10
Aussi bien que leurs camps, leurs cirques sont fameux.
Melpomène, Thalie, Euterpe et Terpsichore
Ont enchanté les Grecs et savent plaire encore
A nos Français polis et qui pensent comme eux.
    La guerre défend la patrie,   15
    Le commerce peut l'enrichir;
Les lois sont son repos, les arts la font fleurir.
La valeur, les talents, les travaux, l'industrie,

a NM, w68: [*note absent*]
a-20 45P1, 45P2, w70L: '*Nouveau prologue*' absent.
17 w75G*: lois <sont> font son
    NM, w68, K: lois font son

[1] On the circumstances surrounding the 1763 revival of *La Princesse de Navarre*, for which Voltaire composed this new prologue, see the Introduction, 'Performance and propaganda'.

Tout brille parmi vous; que vos heureux remparts
Soient le temple éternel de la paix et des arts.   20

(*) Nous savons que cette pièce n'est pas de l'auteur; cependant on
a cru devoir l'insérer ici.

Le Temple de la gloire

Critical edition

by

Russell Goulbourne

CONTENTS

INTRODUCTION

1. *Genesis*

Some two years before his death, writing to his future biographer the abbé Duvernet on 7 February 1776, [1] Voltaire looked back over his career and dwelt in particular on his time as a supposedly reluctant courtier thirty years earlier (D19905):

Ceux qui vous ont dit, Monsieur l'abbé, qu'en 1744 et 1745 je fus courtisan, ont avancé une triste vérité. Je le fus; je m'en corrigeai en 1746, et je m'en repentis en 1747. De tout le temps que j'ai perdu en ma vie, c'est sans doute celui-là que je regrette le plus. Ce ne fut pas le temps de ma gloire, si j'en eus jamais. J'élevai pourtant dans le cours de l'année 1745, un temple à la gloire. C'était un ouvrage de commande, comme Mr le Mal de Richelieu et Mr le duc de Lavallière peuvent le dire. Le public ne trouva point agréable l'architecture de ce temple; je ne la trouvai pas moi-même trop bonne.

Amidst the regrets stands out just one work: *Le Temple de la gloire*, which was, like *La Princesse de Navarre* before it, an 'ouvrage de commande' for Louis XV, indeed a work serving the ends of royal propaganda. One important difference between the two plays, however, was that *Le Temple de la gloire* took up far less of Voltaire's time than *La Princesse de Navarre*.

Voltaire began work on his new project, commissioned by the duc de Richelieu, in June 1745. *Le Temple de la gloire* was intended as a celebration of the French victory, under Maurice de Saxe, at Fontenoy in the Austrian Netherlands. Voltaire's private response to that victory was ecstatic: writing to d'Argenson on 13 May 1745, for example, just two days after the victory, he declared: 'Ah! le bel

---

[1] Based partly on his brief correspondence with Voltaire between 1771 and 1776, Duvernet was to publish the first biography of Voltaire, *La Vie de Voltaire* (Geneva 1786). He begins chapter 12, devoted to the years 1745-1748, thus: 'Voici encore un temps de mort pour le génie de Voltaire: de plusieurs années nous ne verrons en lui le philosophe: nous ne verrons qu'un bel esprit attaché au char de la fortune' (p.131).

emploi pour votre historien! Il y a trois cents ans que les rois de France n'ont rien fait de si glorieux. Je suis fou de joie!' (D3117). This victory, Voltaire suggests, was perfectly timed for the new *historiographe du roi*, an honour bestowed on him only some six weeks earlier, on 27 March. His first literary response to the French defeat of the English, Austrian and Dutch troops was the *Le Poème de Fontenoy*.[2] His second was *Le Temple de la gloire*. This was to be the third and final time Voltaire and Rameau worked together.

Echoing Rameau's *Castor et Pollux* (1737), a *tragédie lyrique* on a libretto by Pierre-Joseph Bernard which was written to celebrate the Peace of Vienna, and anticipating his *Naïs* (1749), a three-act opera on a libretto by Louis de Cahusac which was written to celebrate the Treaty of Aix-la-Chapelle, *Le Temple de la gloire* is an example of art pressed into the service of politics. The subject was important, as Voltaire explains in a letter to Hénault written between 13 and 15 June 1745 (D3142). He dwells first on what he presents as the undeserved success of *Le Poème de Fontenoy*: 'Je souhaite que l'ouvrage ne soit pas médiocre puisqu'il a été honoré de vos avis, et qu'il est consacré à la gloire de vos amis et de vos parents. Voilà la sixième édition de Paris conforme à la septième de Lille. L'importance du sujet l'a emporté sur la faiblesse du poème. Il n'y a guère de ville du royaume où il n'en fait une édition.' He then moves on to the subject of his next work, 'une nouvelle fête': 'Je vais passer de tout le tracas que m'a donné cette belle victoire, à celui d'une nouvelle fête; mais je la ferai dans mon goût, dans un goût noble, et convenable aux grandes choses qu'il faut exprimer, ou faire entendre. On ne me forcera plus à m'abaisser aux Morillo.' *Le Temple de la gloire* is implicitly linked to *Le Poème de Fontenoy*, at least in terms of the 'grandes choses qu'il faut exprimer', and explicitly distanced, in aesthetic terms, from *La Princesse de Navarre*: this play will have no place, Voltaire implies, for ridiculous characters.[3]

---

[2] See *OC*, vol.28B, forthcoming.

[3] The following day, on 16 June 1745, Voltaire, writing to d'Argenson, again links *Le Temple de la gloire* (still unnamed, however) and *Le Poème de Fontenoy*: 'Je

Voltaire appears to have worked intensively and at speed,[4] for by 20 June he had sent Richelieu a draft of at least some of the play: 'J'eus l'honneur de vous envoyer hier de nouveaux essais de la fête, mais il y en a bien d'autres sur le métier. Il ne s'agit que de voir avec Rameau ce qui conviendra le plus aux fantaisies de son génie. Je serai son esclave pour vous faire voir que je suis le vôtre' (D3152). Two days later, however, writing to Moncrif from Champs, where he was staying with the duc de La Vallière, Voltaire gives little away about the progress of the *fête*, though he echoes his letter to Hénault in referring to the nobility of the work: 'Il est vrai qu'on a pensé à donner une fête au héros de Fontenoy. Je ne sais pas encore bien précisément ce que ce sera, mais je sais très certainement qu'il la faut dans le genre le plus noble' (D3154).[5] That work is still ongoing is suggested a week later, on 28 June 1745, when Voltaire writes to d'Argenson, congratulating him on his role in securing France's military glory: 'On prétend Monseigneur que vous nous donnerez bientôt une paix glorieuse. Il n'y a que cela au-dessus d'une victoire. Votre nom sera aussi cher à la nation qu'à moi. J'ajouterai un acte pour vous à ma fête. [...] La tête me tourne de vers et de fêtes' (D3161).

Just two months after starting work on it and some three months before it was to be first performed, the five-act *Le Temple de la gloire* is finished and Voltaire is a man of leisure, as he proudly announces to d'Argenson in a letter of 17 August 1745: 'Mes fêtes pour le roi sont faites, il ne tient qu'à vous d'employer mon loisir' (D3191).

---

vous prépare une fête pour votre retour. J'y couronnerai le roi de lauriers. En attendant vous recevrez une septième édition de Lille, et voici la sixième faite à Paris, de ce petit monument que j'ai élevé à la gloire de notre monarque' (D3147).

[4] Writing to an unknown addressee in June 1745, Voltaire ends his letter: 'Il pleut des victoires, mais je ne songe qu'à un ballet' (D3144).

[5] For a nostalgic evocation in verse of life at Champs with the duc de La Vallière ('le beau pays / Et des amours et des perdrix'), see Voltaire's letter to Voisenon in August 1745 (D3190).

2. *Performance*

A little over a week before the first performance of *Le Temple de la gloire*, Voltaire writes to Mme Denis on 19 November 1745 to invite her to attend the rehearsal the following day: 'Benche questo tiempo della gloria non sia per vedersi tutto edificato, ma a pena sbozzato, se vuole elle colla sua sorella vederi i materiali benche informi e mal disposti, mi fara un gran piacere' (D3262). [6]

A week after this rehearsal, on 27 November 1745, the play was performed for the first time at Versailles on the same specially constructed stage in the 'Grande Ecurie' that had been designed by the Slodtz brothers and used for the two royal performances of *La Princesse de Navarre* in the preceding February. [7] The performance of *Le Temple de la gloire* is described in the official *Gazette* of 4 December:

Le 27 [Novembre], le roi et la reine, accompagnées de Monseigneur le dauphin, de Madame la dauphine, de Mesdames de France et de toute la cour, se rendirent vers les six heures après-midi à la salle construite dans le Manège couvert de la Grande Ecurie. Leurs majestés y assistèrent à la première représentation du ballet intitulé *le Temple de la gloire*, dont les paroles sont du sieur de Voltaire, et la musique a été composée par le sieur Rameau. Cette fête, qui a formé un spectacle très magnifique, a été préparée sous les ordres du duc de Richelieu, premier gentilhomme de la chambre en année. [8]

The performance is also described at the end of the November 1745 issue of the *Mercure de France*:

Le samedi 27 la salle de spectacles qui a été construite au commencement de cette année dans la cour du Manège, servit à la représentation d'un

---

[6] See also Voltaire's letter to Mme Denis, written on an unspecified date in November 1745: 'Il tempio della [gloria] non m'impedisce di dormire' (D3256).

[7] See the introduction to *La Princesse de Navarre*, p.110. See also François Souchal, *Les Slodtz, sculpteurs et décorateurs du roi (1685-1764)* (Paris 1967), and, in the Archives nationales, O1 29 95.

[8] *Recueil des nouvelles ordinaires et extraordinaires* (Paris 1745), p.622.

nouveau ballet intitulé le *Temple de la gloire*. C'est une allégorie ingénieuse où sans nommer le roi l'auteur rappelle l'idée des vertus de ce grand monarque en peignant celles de Trajan le plus glorieux et le plus juste des césars. Les paroles sont de M. de Voltaire, et la musique de M. Rameau. Nous en rendrons compte au public dans le mois prochain.[9]

The *Mercure* kept its promise, offering in December 1745 a detailed plot summary with extensive (and largely accurate) quotations from both Voltaire's preface and the play itself.[10] The account ends with favourable comments on Rameau's music, comparing it to his music for *Les Fêtes de Polymnie*, a *ballet-héroïque* on a libretto by Cahusac, first performed at the Académie royale de musique on 12 October 1745:

La musique de ce ballet n'a pas eu moins de succès à la cour et à la ville que celle des fêtes de Polymnie. Nous avions remarqué le caractère neuf de l'ouverture de ce premier ballet, celle-ci est incomparablement plus surprenante, c'est une carrière absolument nouvelle que M. R. s'est ouverte, et on se trouve dans un pays entièrement inconnu, sans que la singularité coûte rien à l'agrément. La musique de l'Envie, les Chœurs de sa suite sont comparables aux plus beaux morceaux que M. R. ait faits en ce genre, car ce serait le rabaisser que de le comparer à d'autres qu'à lui-même. Nous dirons la même du Chœur des cinq rois auxquels Trajan rend leurs états.[11]

The overture to *Le Temple de la gloire* in fact echoes that to *La*

---

[9] *Mercure de France*, November 1745, p.238. The *Mercure* also refers to the collaboration of the king's *pensionnaires* and the performers of the Opéra (the Académie royale de musique) in staging the play (p.181).

[10] See the *Mercure de France*, December 1745, i.141-52. The only point in its quotations at which the *Mercure* diverges from the published text is in some of the passages from acts IV and V: Trajan's line 'Plautine est en ces lieux, il faut qu'en sa présence' becomes 'Plautine vous a vus; il faut qu'en sa présence' (l.122); the line 'Vous avez leur puissance', sung by the chorus of kings, becomes 'Vous avez leur clémence' (l.126); Glory's line 'Au héros qui leur ressemble' becomes 'Au mortel qui leur ressemble' (l.173); and Trajan's 'Montez au haut du ciel' becomes 'Montez au ciel' (l.50).

[11] *Mercure de France*, December 1745, i.151-52.

Princesse de Navarre in its Italianate structure in three sections, itself an extension of the opening triumphal fanfare. [12]

Such was the success of *Le Temple de la gloire* that on Saturday 4 December, a week after the first performance, it was staged again on the king's orders, as Voltaire, who was still ensconced in Versailles, told Mme Denis, who was in Paris, on 2 December (D3265):

Ma chère enfant, mandez-moi combien vous serez de bayeuses pour voir la seconde fête, qui sera plus belle que la première. Le roi a été très content de la première représentation et c'est lui-même qui en a demandé une seconde. J'ai à tout hasard demandé cinq billets, c'est beaucoup parce qu'il y aura un rang de loges de moins. Et si vous me demandez pourquoi ce rang de moins, c'est que la salle a été changée pour le bal paré. Tout cela fait le plus beau coup d'œil que vous puissiez imaginer. Les fêtes de Louis XIV n'étaient pas si belles. [...] Tâchez d'amener Mme de Fontaine et Mme Dosseur. Il faudra être à Versailles à trois heures après midi samedi prochain. Vous ferez avancer votre carrosse dans la cour des princes. Je vous enverrai samedi matin un petit laquais gros comme le poing qui vous conduira au trou où je demeure, je vous rendrai vos diamants, je vous mènerai à la salle et je vous placerai.

The *Gazette* of 11 December makes a passing reference to this second performance: 'Le 4 [décembre], leurs majestés, accompagnées de Monseigneur le dauphin, de Madame la dauphine, et de Madame Adélaïde, assistèrent dans la salle, construite dans le Manège couvert de la Grande Ecurie, à la second représentation du ballet intitulé *le Temple de la gloire*'. [13]

The *Mercure de France* of December 1745 confirms this second performance at Versailles; but more importantly it also refers to the public performance in Paris at the Académie royale de musique, also known as the Opéra, the following Tuesday, 7 December, where it replaced *Les Fêtes de Polymnie*, and notes that *Le Temple*

[12] See C. Girdlestone, *Jean-Philippe Rameau: his life and work* (London 1957), p.449.
[13] *Recueil des nouvelles ordinaires et extraordinaires*, p.635.

de la gloire enjoyed equal success 'à la cour et à la ville'. [14] Unlike *La Princesse de Navarre*, which was performed for royal eyes (and ears) only, [15] *Le Temple de la gloire* made the transition from court to town, from Versailles to Paris. [16] Indeed, between 7 December 1745 and 6 January 1746, the play was performed at the Opéra no fewer than eighteen times, and it received the first of ten further performances there on 19 April 1746, just a week before Voltaire was elected to the Académie française, the last performance taking place on 10 May. In total, then, there were thirty performances of *Le Temple de la gloire* between November 1745 and May 1746.

However, the play staged at the Opéra in April and May 1746 was not the same as that performed hitherto in Versailles and Paris. Rather, Voltaire had altered the text significantly. In May 1746 the *Mercure de France* describes the changes made to the text of *Le Temple de la gloire* for its recent performances at the Opéra:

Ils [the changes made to the first act] ne regardent la musique qu'autant que les paroles sont changées, car à l'égard des divertissements, ils sont à fort peu de chose près les mêmes, et il aurait été difficile que l'on n'eût pas perdu en changeant d'avantage; il n'est rien de plus agréable que la musette qui forme ensuite un chœur, les deux gavottes en forme de tambourins et les deux menuets. A l'égard des paroles, M. de Voltaire ne

[14] *Mercure de France*, December 1745, i.141, 151.

[15] In this respect, *La Princesse de Navarre* was like two other operas also staged at Versailles in 1745: Rebel and Francœur's *La Félicité*, a *ballet héroïque* on a libretto by Pierre-Charles Roy, performed on 15 January, and Collin de Blamont's *Jupiter vainqueur des Titans*, a *tragédie-ballet* on a libretto by Michel de Bonneval, the *intendant des menus plaisirs du roi*, performed on 11 December, to which Voltaire refers in a letter to Hénault of *c*.25 August 1745 as 'un magnifique ouvrage' (D3205). On the question of performances reserved for the court, see Henri Lagrave, *Le Théâtre et le public à Paris de 1715 à 1750* (Paris 1972), p.156-63.

[16] This significant transition had in fact already been made by Rebel and Francœur's *Zélindor, roi des sylphes*, a *ballet héroïque* on a libretto by François-Augustin de Moncrif, first performed at Versailles on 17 March 1745 (see Voltaire's letter of that date to Moncrif, D3086) and then at the Opéra on 10 August 1745, where it went on to enjoy great success, as Voltaire tells Hénault on *c*.25 August (D3205). On the theatrical fortunes of *Zélindor*, see Lagrave, *Le Théâtre et le public à Paris*, p.162, 611.

fait plus paraître les Muses, et ne les fait plus braver par Bélus; ce double spectacle était d'une exécution trop compliquée pour être bien rendu. Bélus étonné d'avoir vu le Temple de la gloire se fermer devant lui, se trouve au milieu des bergers qui dans leurs chants célèbrent l'humanité, la bienfaisance, la constance; Bélus s'attendrit par degrés et Lydie qui paraît à la fin achève d'adoucir la férocité de ce conquérant injuste.

The writer concludes by observing:

Nous aurions souhaité que parmi les changements faits en petit nombre à l'acte de Trajan, on n'eût point fait chanter à ce prince un ramage d'oiseaux; c'est pousser trop loin le privilège qu'a la musique de ne pas toujours s'accorder avec les convenances; elle peut les esquiver, mais non les heurter de front, et l'on ne peut disconvenir que la plaisanterie qui a fait dire que désormais on appellerait *Trajan, Trajan l'Oiseleur*, ne soit méritée. [17]

What was an *opéra-ballet* in five acts had been truncated into an *opéra-ballet* in three acts.

In act I of the first version of *Le Temple de la gloire* Apollo and the Muses banish Envy from the Temple. In acts II and III Belus and Bacchus are each denied entry, the first for his bellicose bloodthirstiness, the second for his belligerent hedonism. In act IV Trajan, the perfect hero, vanquishes five rebellious kings and is crowned with glory in the Temple; and act V is a celebration in his honour. For the shorter 1746 version, the play is reduced to a prologue (corresponding to act I of the 1745 version) and three acts (corresponding to acts II-V of the 1745 version), the final scene of act III being a reworking of act V of the 1745 version. Act I of this new version is mostly new, though it includes some elements from act II of the 1745 version. Act II similarly retains material from act III of the 1745 version. Act III is closest of all to the 1745 version, using significant amounts of material from act IV.

The idea that the 1745 version of *Le Temple de la gloire* was really a three-act work in a five-act form had already been suggested by the *Mercure de France* as early as December 1745 in its comment on act V: 'C'est une espèce d'épilogue, comme le premier acte n'était

---

[17] *Mercure de France*, May 1746, p.142-43, 144.

qu'une espèce de prologue.'[18] The point is reiterated fifteen years later in the anonymous *Ballets, opéra et autres ouvrages lyriques par ordre chronologique*: 'Quoique cet opéra soit réellement en cinq actes, il n'y en a proprement que trois, et l'on n'y traite que trois sujets historiques. Le premier acte est une espèce de prologue [...]. Le cinquième est une suite du précédent.'[19]

On 13 June 1746, a month after the last performance of *Le Temple de la gloire* at the Opéra, Voltaire writes to Berger, the former *receveur général des finances* and now director of the Opéra, to assure him that he does not expect any payment for his work and that instead any money should be offered to Rameau, on whom Voltaire lavishes richly ironic praise (D3417):

Il me serait bien peu séant, Monsieur, qu'ayant fait le Temple de la gloire pour un roi qui en a tant acquis, et non pour l'opéra, auquel ce genre de spectacle trop grave et trop peu voluptueux ne peut convenir, je prétendisse à la moindre rétribution et à la moindre partie de ce qu'on donne d'ordinaire à ceux qui travaillent pour le théâtre de l'académie de musique. Le roi a trop daigné me récompenser, et ni ses bontés ni ma manière de penser ne me permettent de recevoir d'autres avantages que ceux qu'il a bien voulu me faire. D'ailleurs la peine que demande la versification d'un ballet est si au-dessous de la peine et du mérite du musicien, M. Rameau est si supérieur en son genre, et de plus sa fortune est si inférieure à ses talents, qu'il est juste que la rétribution soit pour lui tout entière.[20]

Rameau's music for the 1745 performances of *Le Temple de la gloire*, like that for *La Princesse de Navarre*, was never printed, though a number of manuscript sources survive.[21] The most

---

[18] *Mercure de France*, December 1745, i.151.

[19] *Ballets, opéra et autres ouvrages lyriques par ordre chronologique* (Paris 1760), p.207.

[20] On Voltaire's difficult working relationship with Rameau, see the introduction to *La Princesse de Navarre*, 'Commission and composition'.

[21] See Jean-Philippe Rameau, *Le Temple de la gloire*, ed. Alexandre Guilmant, introduction Charles Malherbe, in *Œuvres complètes*, ed. C. Saint-Saëns, vol.14 (Paris 1909), p.xiii-xciv.

important of these is preserved at the Bibliothèque de l'Opéra and contains many, but not all, of the sheets of the original version performed at the court in 1745, into which new pages are inserted and onto which pieces of paper are even stuck, sometimes in Rameau's hand, to give the 1746 version. It is therefore impossible fully to reconstitute what was actually performed in 1745.[22]

Though we may not know exactly what music was performed in the first version of the play, we do know who the singers and dancers were, as we do for the 1746 version. The three editions of the play published in 1745 provide the distribution for the first version; the 1746 edition similarly provides the distribution for the second. What is striking is that the vast majority of the performers were involved in staging both versions.[23]

Of the male singers, by far the most famous was the *haute-contre* Pierre de Jélyotte (1713-1797), the leading singer at the Académie royale de musique; he sang the role of Apollo in the first two acts and the role of Trajan in the last two. Claude-Louis Dominique de Chassé de Chinais (1699-1786), who from 1730 onwards took the main *basse-taille* roles at the Opéra, sang the role of Bélus. The baritone François Le Page (1709-1780) sang the the role of Envy in act I and the role of Glory's High Priest in act III. The *haute-contre* François Poirier (d.1759) abandoned his status as an *abbé* in order to be a professional singer; he joined the Académie royale de musique in 1745, and that year sang the role of Bacchus in *Le Temple de la gloire*. The chorus included Louis-Antoine Cuvillier (d.1752), a singer at the Académie royale de musique between 1725

---

[22] There is a modern recording, issued in 1984, of *Le Temple de la gloire* by Jean-Claude Malgoire (CBS Masterworks 12M 37858), but though it claims to offer the complete music, it is actually severely cut and reworked. In addition, there is a 1999 recording of the orchestral suites from *Le Temple de la gloire* by the Philharmonia Baroque Orchestra under Nicholas McGegan (Harmonia Mundi, HMU907121); and three movements feature at the end of the 1999 recording of *Pigmalion* made by the Concert Spirituel under Hervé Niquet (Virgin Veritas, VM5615392).

[23] Biographical information about the performers is drawn from *Dictionnaire de la musique en France aux XVIIe et XVIIIe siècles*, ed. Marcelle Benoit (Paris 1992).

and 1750;[24] Antoine Fel (d. *c*.1772), a friend of Voltaire and the brother of the more famous Marie Fel; and M. Person (d.1773), who sang secondary *basse-taille* roles at the Académie royale de musique between 1740 and 1757.

The dancers included Antoine Bonaventure Pitrot (*c*.1720-?), who began his career as a soloist at the Opéra in 1741 and who in *Le Temple de la gloire* performed in Glory's entourage in act III; and Louis Dupré (1690-1774), one of the Opéra's most famous dancers and the first to be known as 'le dieu de la danse'. Whole families of dancers were involved, too, notably the three Dumoulin brothers (François, Pierre and David), and the three Malter brothers (François Antoine, François Louis and François Duval). The *maître de ballet* for all the performances was Antoine Bandieri de Laval, who was *maître de ballet* at the Académie royale de musique from 1739 to 1748.

Of the female singers, the most famous was Marie Fel (1713-1794), the great friend of the *philosophes*; in *Le Temple de la gloire* she sang the role of Erigone in act III and Glory in act IV. Less famous was Marie-Jeanne Fesch (1722-1789), also known as Mlle Chevalier, who made her debut at the Académie royale de musique in 1740; in *Le Temple de la gloire* she sang the role of Lidie in act II and Plautine in act IV. Mlle Romainville (d.1752), sang the roles of a muse and Junie in 1745, but in 1746 she was replaced by Mlle Jacquet, who had in 1745 sung the role of Arsine, Lidie's confidante; in 1746 the role of Arsine was sung by Mlle Bourbonnois, who had sung the role of the Roman woman in act V in 1745. Clara Canavas (1715-?), also known as Mlle Canavasse, sang the role of Fanie, but that role was excised in the 1746 version of the text, and Canavas played no part in that production. Marie-Angélique Coupé (1723-1789), a singer at the Académie between 1738 and 1753, sang the role of the shepherdess in act V. The hugely popular Marie-Anne Cupis de Camargo (1710-1770) sang the role

[24] Cuvillier did not, however, sing in the chorus in the productions at the Opéra in 1746.

of a 'Bacchante'; she also performed in one of the 'quadrilles' at the end of the play in 1745 and took the role of a Roman woman in the second *divertissement* at the end of the play in 1746. Camargo's great rival, Marie Sallé, was in 1745 one of the shepherdesses in act II, and also performed in one of the final 'quadrilles'; she did not perform in the Opéra productions. [25] The chorus included Mlle Dun (d.1756); Mlle Puvigné; [26] and Madeleine Tulou (1698-1777), who, was a member of the chorus at the Académie royale from 1741 until 1753.

3. *Form, subject-matter and interpretation*

In both its 1745 and 1746 versions, *Le Temple de la gloire* is an *opéra-ballet*, a genre defined thus by Marmontel in the *Encyclopédie*: 'Ce sont des actes détachés et réunis sous un titre commun. [...] L'avantage de ces petits poèmes lyriques est de n'exiger qu'une action très simple, qui donne un tableau, qui amène une fête, et qui par le peu d'espace qu'elle occupe, permet de rassembler dans un même spectacle trois *opéra* de genres différents.' *Le Temple de la gloire* differs most noticeably from *La Princesse de Navarre*, Voltaire's previous work written in collaboration with Rameau, in being sung throughout. It seems not to be an entirely typical *opéra-ballet*, however. The first version at least is unusually long: it is in five acts rather than what Marmontel suggests is the usual three. And while it is true that the setting and characters change in each act, even of the first version, Voltaire nevertheless invests his *opéra-ballet* with greater unity of theme and characterisation than is

[25] See Voltaire's 1732 madrigal in praise of Sallé and Camargo (*OC*, vol.9, p.473). Specifically on Sallé, see M.-F. Christout, 'Quelques interprètes de la danse dans l'opéra de Rameau', in *Jean-Philippe Rameau: colloque international*, ed. J. de La Gorce (Paris 1987), p.533-49 (p.544-46).
[26] Mlle Puvigné did not, however, sing in the chorus in the productions at the Opéra in 1746.

found in earlier examples, such as *Les Fêtes vénitiennes* (1710)[27] and, perhaps most famously, *Les Indes galantes* (1735).[28] In Voltaire's *Le Temple de la gloire*, the thematic unity lies in the fact that each act demonstrates a different attitude to glory.

Le Temple de la gloire is also distinctive in terms of its dramatic blend of history and mythology. Bacchus is obviously a mythological figure. His appearance in the play recalls Lully's *Fêtes de l'Amour et de Bacchus* and the prologue to Rameau's *Platée*, as well as the tradition of drinking songs (Rameau himself composed two *chansons à boire* early in his career). It also anticipates the third *entrée* of Rameau's *Les Surprises de l'amour*, an *opéra-ballet* based on a libretto by Gentil-Bernard and first performed at Versailles in October 1748.

Another mythological character in the play is Erigone, the daughter of the Athenian Icarius, who was friendly towards Dionysus, and who gave his shepherds wine. They became intoxicated and killed Icarius, thinking he had poisoned them. Erigone and her dog, Marea, found his body, whereupon Erigone hanged herself. In his anger, Dionysus punished Athens with a plague, and caused insanity in all the unmarried women, who also committed suicide.

Voltaire's Belus is a marginally more 'historical' figure, albeit one about whom little is known. Belus was the name of several kings of Assyria, though Voltaire appears to be alluding here to the first, the father of Ninus, who seems to have ruled in Babylon from 1322 BC and was known above all for his cruelty (he was king at the time when Zeus and the other gods fought first the Titans and then

---

[27] This consists of a prologue (*Le Triomphe de la Folie sur la Raison dans le temps du Carnaval*) and three *entrées* (*La Fête des Barquerolles*, *Les Sérénades et les joueurs*, *L'Amour saltimbanque*) on a libretto by Antoine Danchet and set to music by André Campra.

[28] This consists of a prologue and three *entrées* (*Le Turc généreux*, *Les Incas du Pérou*, *Les Fleurs: fête persane*) on a libretto by Louis Fuzelier and set to music by Rameau.

the giants). The details seem to matter little to Voltaire. In chapter 10 of *La Philosophie de l'histoire*, for instance, where he gives an account of the etymology of Babylon, Voltaire presents Belus as a figure of legend:

Il paraît, par le nom même de Babylone, qu'elle existait longtemps avant Nabonassar. C'est la ville du père *Bel. Bab* signifie *père* en chaldéen, comme l'avoue d'Herbelot. *Bel* est le nom du Seigneur. Les Orientaux ne la connurent jamais que sous le nom de Babel, la ville du Seigneur, la ville de Dieu, ou, selon d'autres, la porte de Dieu.

Il n'y a pas eu plus de Ninus fondateur de Ninvah, nommée par nous Ninive, que de Bélus fondateur de Babylone. Nul prince asiatique ne porta un nom en *us*. [29]

Likewise, Voltaire's reference to Belus at the start of *La Princesse de Babylone* serves to give the *conte*, like his earlier *opéra-ballet*, more than a hint of *le merveilleux*. [30]

The presence of Trajan and his wife Plotina, however, gives the play a firmer grounding in ancient history. Marcus Ulpius Trajanus (*c.*53-117 AD), commonly called Trajan, was Roman emperor from 98 to 117, the second of the so-called 'five good emperors' of the Roman Empire in the second century, succeeding Nerva (the three others were Hadrian, Antoninus Pius and Marcus Aurelius); his administration was firm, humane and progressive. His wife, Pompeia Plotina, was born in Nemausus (modern-day Nîmes) in France (Gaul) during the reign of Nero. She was renowned for her interest in philosophy, virtue, dignity and simplicity: through her influence, for example, she helped to provide Romans with fairer taxation and improved education.

From as early as *La Pucelle*, Voltaire's image of Trajan is a

[29] *OC*, vol.59, p.123.

[30] *OC*, vol.66, p.71. When he was writing *Le Temple de la gloire*, Voltaire's interest in Babylon seems to have been stimulated by reading Thomas Hyde's *Historia religionis veterum Persarum* (1700); and in the summer of 1746 he started work on his Babylonian tragedy *Sémiramis*, in which two of the characters, Azéma and Assur, are descendants of Belus: see Robert Niklaus's comments in the introduction to his edition of *Sémiramis* (*OC*, vol.30A, p.54).

positive one: 'Ce bon Trajan, des princes le modèle.'[31] In a number of other works in addition to *Le Temple de la gloire*, Voltaire presents him as unfailingly just. In particular, he is at pains to highlight the Emperor's humane treatment of the Christians, referring at least implicitly to Trajan's letter to Pliny the Younger in *c.*112 in which he sets out his belief that as long as the Christians did not disturb public order or engage in conspiracy, they were not to be treated like common criminals.[32]

Voltaire's defence of Trajan may have been in response to his reading of Moreri's not entirely favourable treatment of the Emperor: 'Au reste ses admirateurs n'ont pu justifier sa cruauté envers les chrétiens, son incontinence dans l'amour des garçons et ses excès dans le vin.'[33] In the *Essai sur les mœurs*, for instance, Voltaire is eager to exculpate Trajan of the charge of religious intolerance: 'Nerva, Vespasien, Tite, Trajan, Adrien, les Antonins, ne furent point persécuteurs. Trajan [...] écrit à Pline: "Il ne faut faire aucune recherche contre les chrétiens". Ces mots essentiels: *il ne faut faire aucune recherche*, prouvent qu'ils purent se cacher, se maintenir avec prudence, quoique souvent l'envie des prêtres et la haine des Juifs les traînât aux tribunaux et aux supplices.'[34] He went

---

[31] *OC*, vol.7, p.348. See also Voltaire's footnote to the *Questions sur l'Encyclopédie* article 'Arianisme', in which he observes: 'L'épithète de *bon prince* convient à Titus, à Trajan, à Marc-Antonin, à Marc-Aurèle, et même à Julien le philosophe, qui ne versa jamais que le sang des ennemis de l'empire en prodiguant le sien' (M.xvii.360).

[32] See Pliny the Younger, *Epistularum libri decem*, ed. R. A. B. Mynors (Oxford 1963).

[33] Louis Moréri, *Le Grand dictionnaire historique* (Lyon 1683), art. 'Trajan'. Voltaire alludes to Trajan's pederasty in the *Dictionnaire philosophique* article 'Julien le philosophe' (*OC*, vol.36, p.271); see also the *Discours de l'empereur Julien contre les chrétiens* (*OC*, vol.71B, p.245, 246n, 452).

[34] *Essai sur les mœurs*, ed. René Pomeau, 2 vol. (Paris 1995), ch.8, i.281-82. In his *Erreurs de Voltaire* (Liège 1766), however, Nonnotte declares himself unconvinced by this special pleading and accuses Voltaire of 'beaucoup d'altération, d'exagération et de fausseté' (p.8); he goes on to denounce Trajan for having consented to the death sentences passed by Pliny on those Christians who had refused to abjure their faith. Voltaire responds directly to Nonotte's reply in the twenty-second of the

further still in the *Questions sur l'Encyclopédie* article 'Conspirations', detailing how the Jews under Trajan repayed 'ce prince humain [qui] les traitait avec bonté' by conspiring against him. [35]

Voltaire's defence of Trajan is perhaps most marked in chapter 9 of the *Traité sur la tolérance* ('Des martyrs'), where Voltaire states: 'Les Titus, les Trajan, les Antonins, les Décius, n'étaient pas des barbares: peut-on imaginer qu'ils auraient privé les seuls chrétiens d'une liberté dont jouissait toute la terre?'; later in the chapter he continues: 'Il n'est guère possible que la seule accusation de christianisme ait fait périr saint Ignace sous le clément et juste Trajan, puisqu'on permit aux chrétiens de l'accompagner et de le consoler, quand on le conduisit à Rome.' [36]

Given his positive view of Trajan, it is unsurprising that Voltaire should frequently cite him as a model for what he sees as the sound leaders of his own day. As early as January 1737 Voltaire compared Frederick of Prussia to Trajan: 'Vous pensez comme Trajan, vous écrivez comme Pline, et vous parlez français comme nos meilleurs écrivains' (D1243). Little over a week later, on *c*.10 January 1737, Voltaire tells the Prussian king that he intends to place the inscription 'Vultus Augusti, mens Trajani' [The face of Augustus, the mind of Trajan] beneath a portrait that the king has sent him (D1251). A year later, on 5 February 1738, Voltaire calls Frederick 'le Trajan et le Mécène du Nord' (D1444), and the following year he writes of Frederick in a letter to

---

Honnêtetés littéraires, where he states: 'En attaquant un *Essai sur les moeurs et l'esprit des nations*, tu ne devais pas commencer par dire que Trajan, si connu par ses vertus, était un barbare et un persécuteur. [...] Un roi aussi bon que Trajan pourrait aujourd'hui, sans être cruel, punir légèrement le chrétien Nonotte s'il était dénoncé comme calomniateur, s'il était convaincu d'avoir publié ses erreurs sous le nom des erreurs d'un autre; d'avoir mis le titre d'Amsterdam, au mépris des ordonnances royales; et d'avoir méchamment et proditoirement médit de son prochain' (M.xxvi.141).

[35] M.xxvi.3.
[36] *OC*, vol.56c, p.168, 176.

d'Argenson of 2 May 1739: 'Il est capable d'imiter Trajan dans ses conquêtes comme il l'imite dans ses vertus' (D1999).[37]

In *Le Temple de la gloire*, however, the comparison is, implicitly at least, between Trajan and Louis XV, a parallel which Voltaire will revisit three years later in the preface to his *Panégyrique de Louis XV* (1748), in which, reflecting self-consciously on the art of eulogy, Voltaire implicitly casts himself as Pliny the Younger, author of the *Panegyricus Traiani*:

On ne conçoit pas comment Trajan put avoir ou assez de patience ou assez d'amour-propre pour entendre prononcer le long panégyrique de Pline: il semble qu'il n'ait manqué à Trajan, pour mériter tant d'éloges, que de ne les avoir pas écoutés.[38]

It is clear that Voltaire intended the allegorical nature of *Le Temple de la gloire* to support its moral function. This function is one of the key points Voltaire develops in the preface to the play, with reference, significantly, to the example of Metastasio. In this way, the preface to *Le Temple de la gloire* strikes a chord, perhaps surprisingly, with the *Dissertation sur la tragédie ancienne et moderne*, published as a preface to *Sémiramis*. In the *Dissertation* Voltaire presents Metastasio's operas as modern-day equivalents of Greek tragedies and the worthy successors to Racine's tragedies: 'Ces pièces sont pleines de cette poésie d'expression, et de cette élégance continue, qui embellissent le naturel sans jamais le charger, talent que depuis les Grecs le seul Racine a possédé.' But more than that, he argues, they dramatise sound moral principles: *La Clemenza di Tito*, for example, offers, through the words of the character Titus, 'l'éternelle leçon de tous les rois'; and

---

[37] In October 1740, however, when Voltaire seems first to have doubts about Frederick's political intentions, he writes to Paul Heinrich Tilio von Camas: 'Je ne lui suis attaché par aucun intérêt; ainsi rien ne m'aveugle. Ce sera au temps à décider si j'ai eu raison ou non de lui donner les surnoms de Titus et de Trajan' (D2342). This same tone of regret rings through the poem that he sends to Claude Etienne Darget, Frederick's private secretary, in June 1749: 'Ce roi, ce Trajan d'aujourd'hui, / Plus gai que le Trajan de Rome; / Ce roi dont je fus tant épris' (D3951).
[38] *OC*, vol.30c, p.300.

Metastasio's plays more generally are concerned not merely with romantic love but with 'les nobles sentiments du cœur humain'.[39] Likewise *Le Temple de la gloire* offers, through the character of Trajan, a philosophical message of *bienfaisance* and humanity, or, in the words of the 'Discours préliminaire' to *Alzire*, 'cette humanité qui doit être le premier caractère d'un être pensant'.[40]

Voltaire's response to Metastasio, to whom he refers in a letter to Algarotti of 15 January 1747 as 'l'élégant et l'aimable Metastasio' (D3504), is important because his is one of the first voices in what will subsequently become, in the second half of the eighteenth century, a chorus of praise both for the dramatist's clear, seemingly natural style, and for his sententiousness and moral force, making him, in Norbert Jonard's words, 'à la fois le poète du cœur et celui de la raison'.[41] This view of Metastasio is neatly summed up by Jérôme Lalande in 1769: 'Ses vers sont harmonieux et agréables, ses peintures souvent magnifiques, l'héroïsme même s'y trouve avec toute sa dignité.'[42]

[39] *OC*, vol.30A, p.142-23, 146, 147. On some of the links between the *Dissertation* and *Le Temple de la gloire*, see Dennis Fletcher, 'Voltaire et l'opéra', in *L'Opéra au XVIIIe siècle* (Aix-en-Provence 1982), p.547-58 (p.552-54), and Michèle Mat-Hasquin, 'Voltaire et l'opéra: théorie et pratique', also in *L'Opéra au XVIIIe siècle*, p.527-46 (p.530-33).

[40] *OC*, vol.14, p.118.

[41] Norbert Jonard, 'La fortune de Métastase en France au XVIIIe siècle', *Revue de littérature comparée* 40 (1966), p.552-66 (p.562). See also Herbert Schneider, 'Metastasio in der Musik ausserhalb Italiens', *Händel-Jahrbuch* 45 (1999), p.186-205. The precociousness of Voltaire's praise is perhaps explained by the fact that, some time before French translations appeared, he saw a performance in Berlin in 1743 of Hasse's *Tito Vespasiano*, his 1735 opera on a libretto by Metastasio: see his letter to Thiriot of 8 October 1743 (D2857).

[42] J. Lalande, *Voyage d'un Français en Italie* (Venice 1769), v.353. See also the président de Brosses, *Lettres familières écrites d'Italie en 1739 et 1740*, 2nd ed., ed. R. Colomb (Paris 1885), in which he praises Metastasio for putting on stage 'beaucoup de ces caractères vertueux au-dessus de l'humanité, qu'on se plaît à voir au théâtre' (ii.328). Perhaps Voltaire's most stirring praise of Metastasio, however, comes in his letter to the comtesse Bentinck of 9 March 1756: 'Mr Metastasio est un homme unique en son genre, et ce n'est qu'en étant unique qu'on passe à la postérité. J'ose dire que je fus il y a longtemps le premier en France qui sentit tout son mérite. Je le

4. *Reception*

Significantly, it is precisely in terms of its interest as an allegory that many of Voltaire's contemporaries discussed *Le Temple de la gloire*. The *Mercure de France* of December 1745, for example, dwells on what it described in the previous November as the play's 'allégorie ingénieuse'; of act I, for instance, it observes: 'Rien n'est plus ingénieux ni plus juste que cette allégorie. Le Trône de la Gloire élevé auprès du séjour des Muses et la Caverne de l'Envie placée entre ces deux temples, font une image fidèle de la vérité.' It then focuses at greater length on the significance of the characterisation of Trajan:

Quoique ces traits avec lesquels M. de Voltaire a peint Trajan lui conviennent assèz bien, ce n'est pas cet Empereur romain que l'on a reconnu à ce portrait; il ressemblait trop bien à un autre monarque pour que l'on put s'y méprendre, et méconnaître le Trajan de la France. Il était difficile de donner des louanges plus fines, plus naturelles et plus proportionnées au sujet, car la seule manière de bien louer les héros du premier ordre, est de faire une peinture fidèle de leur caractère. [43]

Voltaire's allegory was, it seems, easily, if not too easily, translatable.

The possibility that Voltaire's allegory was too transparent was a subject of controversy from the night the play was first performed at Versailles. On Tuesday 30 November 1745, for instance, without having actually attended the first performance, the duc de Luynes gives this description of the event:

Je n'ai point ouï dire qu'il se fût rien passé de remarquable au ballet de samedi dernier. Le roi y alla, comme l'hiver dernier, dans le carosse de la reine. Mme la dauphine y fut en chaise à porteurs, et Mme de Modène

---

mis hardiment au-dessus de notre Quinault qu'on regardait comme incomparable. Il est le seul qui ait su joindre aux agréments de l'opéra les grands mouvements de la tragédie, il a vaincu des obstacles qui semblaient insurmontables' (D6771).

[43] *Mercure de France*, December 1745, i.144, 149.

remplit dans le carosse de la reine la sixième place qui restait. Mme de Tallard n'alla point dans les carosses de la reine. Le spectacle et les décorations m'ont paru être approuvés. La musique est de Rameau; on a trouvé plusieurs morceaux qui ont plu; et le roi même, à son grand couvert le soir, en parla devant Rameau comme en ayant été content. Les paroles sont de Voltaire; elles sont fort critiquées. Voltaire était le soir aussi au souper du roi, et le roi ne lui dit mot. Le sujet est le *Temple de la gloire*, où les conquérants ne sont point admis par le seul titre de leurs victoires; Belus, Bacchus en sont exclus, et Trajan y est reçu comme joignant les plus grandes vertus aux plus grands exploits. [44]

The king's failure to speak to Voltaire on this formal occasion has given rise to much critical comment, interpretation and even imaginative reconstruction. [45] Lepan gives this account in his *Vie de Voltaire*: 'S'étant approché de Louis XV après la représentation, il [Voltaire] lui demanda: "Trajan est-il content?" Cette familiarité ne plut point au roi, qui fixa l'auteur sans lui répondre. Le favori de Frédéric fut très surpris de cette sévérité.' [46] Lepan in turn seems to have read Condorcet's *Vie de Voltaire*: 'On prétend que Voltaire s'était approché de Louis XV après la représentation du *Temple de la gloire*, où Trajan, donnant la paix au monde après ses victoires, reçoit la couronne refusée aux conquérants, et réservée à un héros, ami de l'humanité, et lui ayant dit: *Trajan est-il content?* le roi fut moins flatté du parallèle que blessé de la familiarité.' [47] Marmontel records the episode in similar terms:

Le troisième acte, dont le héros était Trajan, présentait une allusion flatteuse pour le roi: c'était un héros juste, humain, généreux, pacifique et digne de l'amour du monde, à qui le temple de la gloire était ouvert. Voltaire n'avait pas douté que le roi ne se reconnût dans cet éloge. Après

---

[44] Charles-Philippe d'Albert, duc de Luynes, *Mémoires sur la cour de Louis XV (1735-1758)*, ed. L. Dussieux and E. Soulié (Paris 1860-1865), vii.132.

[45] See P. M. Conlon, *Voltaire's literary career from 1728 to 1750*, *SVEC* 14 (1961), p.298.

[46] Edouard-Marie-Joseph Lepan, *Vie politique, littéraire et morale de Voltaire* (1825), 6th ed. (Paris 1838), p.84.

[47] Condorcet, *Vie de Voltaire* (1787), ed. E. Badinter (Paris 1994), p.76.

le spectacle, il se trouva sur son passage; et voyant que sa majesté passait sans lui rien dire, il prit la liberté de lui demander: *Trajan est-il content?* Trajan, surpris et mécontent qu'on osât l'interroger, répondit par un froid silence; et toute la cour trouva mauvais que Voltaire eût osé questionner le roi. [48]

What seems clear is that Voltaire was unable, or perhaps unwilling, to play by the rules of court etiquette, breaching the contract between court poet and king by exposing the implied allegory. [49]

A significantly different account of the king's reaction to the play is offered by Voltaire's disciple and friend La Harpe, who explains, apparently upon Thiriot's testimony, that Voltaire put the question to Richelieu, not directly to Louis XV, but in such a way that the king could hear it:

La vérité est (et j'en suis parfaitement sûr) qu'il [Voltaire] vint, après le spectacle, à la loge du roi, qui était fort entouré, et que, se penchant jusqu'à l'oreille du maréchal, qui était derrière le roi, il lui dit assez haut pour que le roi l'entendît: *Trajan est-il content?* Le maréchal ne répondit rien, et Louis XV, qu'on embarrassait aisément, laissa voir sur son visage son mécontentement de cette saillie poétique. [50]

But it is perhaps a police report dated 26 December 1745 that could be said to settle once and for all what actually happened after that first performance: 'On raconte que Voltaire, étant ces jours passés à la cour, se donna les airs d'adresser la parole au roi, mais que Sa Majesté lui tourna le dos en lui jetant un regard aussi méprisant qu'il le méritait et sans lui dire un seul mot. L'on en fait des risées

---

[48] J.-F. Marmontel, *Mémoires*, ed. J. Renwick (Clermont-Ferrand 1972), p.122. Palissot also recounts the episode in his *Génie de Voltaire*, adding the comment: 'On voit qu'à la cour les philosophes mêmes sont réduits à flatter, et que l'adulation leur réussit moins qu'aux courtisans: c'est donc un séjour qui doit être étranger pour eux' (*Œuvres complètes*, Paris 1809, vi.183).

[49] See Matthew H. Wikander, *Princes to act: royal audience and royal performance, 1578-1792* (Baltimore, Md 1993), p.212-13.

[50] La Harpe, *Cours de littérature ancienne et moderne* (Paris 1825-1826), xiv.89.

partout, et l'on est charmé que cette aventure ait un peu humilié sa sotte vanité.'[51]

The moral import of *Le Temple de la gloire* was highlighted by Duvernet, Voltaire's first biographer: '*Le Temple de la gloire* [...] est dans le goût des poèmes de Métastase. On y voit un but moral et philosophique, but qu'on ne trouve dans aucun des poèmes représentés aux fêtes données sous Louis XIV.'[52] Jean-Louis Favier went further still in his admiration for the play. In his tendentious interpretation in 1748 of *Sémiramis* as a morally edifying play, he cites both *La Princesse de Navarre* and *Le Temple de la gloire* as examples of what he sees as Voltaire's reformed character:

Plus jeune, il se livrait aux fougues d'un génie indompté [...]: tous ses écrits portaient l'empreinte de cette liberté de penser, si chère aux beaux esprits modernes, et souvent si mal soutenue. [...] Ne cherchons plus en lui l'auteur de ces écrits aussi dangereux que célèbres, dont nous avons parlé; mais celui de la *Princesse de Navarre*, du *Temple de la gloire*, et de tant d'autres ouvrages, qu'on n'accusera pas de pouvoir jamais gâter l'esprit de personne.[53]

Other contemporaries, by contrast, were more alive to the play's mixed fortunes on the royal and public stages. Writing to his maternal grandfather J.-E. Rehn on 10 January 1746, the engraver J.-P. Lebas discusses the performances of *Le Temple de la gloire*:

L'on a joué le Temple de la gloire à Versailles où on a fait des dépenses dignes d'un roi plein de goût comme le nôtre [...]. C'est M. Voltaire qui a composé les paroles et Rameau la musique; et à Paris, à l'Opéra, l'on dit que la musique est de Voltaire et les paroles de Rameau; on l'a même retiré, pour y faire quelque changement apparemment.[54]

[51] C. H. F. de Marville, *Lettres de Mr de Marville, lieutenant-général de police, au ministre Maurepas (1742-1747)*, ed. A. de Boislisle (Paris 1896-1905), ii.209.

[52] Duvernet, *La Vie de Voltaire*, p.136.

[53] J.-L. Favier, *Le Poète réformé, ou apologie pour la Sémiramis de M. de V**** (Amsterdam 1748), p.6-7.

[54] *Archives de l'art français: recueil de documents inédits relatifs à l'histoire des arts en France*, ed. P. de Chennevières (Paris 1853-1855), iii.120-21.

Four months later, on 23 May 1746, the marquis de Vauvenargues writes to Voltaire from Paris, denouncing the city's 'gens de lettres' for their attitude to Voltaire: 'Le succès médiocre de la Princesse de Navarre et du Temple de la gloire leur fait déjà dire que vous n'avez plus de génie. Je suis si choqué de ces impertinences, qu'elles me dégoûtent non seulement des gens de lettres, mais des lettres elles-mêmes' (D3400).

But if the play was not entirely successful, it nevertheless did well enough to arouse the jealousy of Piron, who, in 1745-1746, wrote a verse epistle to the marquis de Livry, a mutual friend of his and Voltaire:

> Déférez au bel usage
> Et pour cela que le sage
> Et glorieux Templier
> Corps aussi léger que l'âme
> Et fourreau qu'usa la lame
> A jamais chez vous, Seigneur,
> Soit le poète de Madame
> Et moi celui de Monsieur.

Crucially, a footnote to the third line reads: 'Il s'agit de l'architecte du temple de l'Amitié, du temple de l'Amour, du temple du Goût, du temple de la Gloire, et de tous les temples tombés en ruine.'[55] This was the last of Voltaire's *temples*, and Piron's attitude to all of them is clear.

One of the most sustained critiques of the first version of *Le Temple de la gloire* comes in the form of the anonymous *Lettre d'un rhétoricien du collège des Grassins, à M. Arrouet de Voltaire, sur son Temple de la gloire*. The letter begins by praising Voltaire, as the author refers to *Le Temple de la gloire* as 'votre dernier triomphe' and claims that all the members of the Collège are avid readers of

---

[55] Piron, *Œuvres complètes*, ed. J.-A. Rigoley de Juvigny (Paris 1776), viii.13. Duvernet alludes to Piron's response to the play: '*Le Temple de la gloire*, applaudi à Versailles, fut beaucoup critiqué à Paris. Piron fut aussi courroucé des éloges qu'à la cour on prodigua à ce drame, que si ç'eût été un chef-d'œuvre, il s'en vengea par une chanson assez plaisante' (*La Vie de Voltaire*, p.136).

his works, not least the *Poème de Fontenoy*: 'Votre poème de Fontenoy, dont vous avez distribué gratis l'édition faite au Louvre, m'a paru le modèle de l'épopée. Vous êtes le *Creteus*, le poète favori de toute l'armée, ou peu s'en faut.'[56] But praise is gradually tempered by sarcastic criticism. The writer praises the preface in exaggerated terms: 'Que j'aime l'enthousiasme de votre préface! C'est du vrai sublime bien placé, et que la pièce vous laissait en reste'. He draws particular attention to Voltaire's claim to have banished 'déclarations d'amour' from his play: 'Que l'Université est charmée [...] que vous ayez découvert cet art ignoré de Quinault, d'intéresser les spectateurs sans autre ressource que celle des symphonies, des danses, des machines et des décorations!' But he is quick to point out inconsistencies between Voltaire's prefatory claims and his dramatic practice: 'N'entrevoit-on pas au deuxième et quatrième acte des ébauches de déclarations amoureuses? Il est vrai qu'elles ne font point sur les cœurs le dangereux effet de celles de Quinault, et de ses serviles imitateurs. Vous avez évité le chemin battu'. His praise of Voltaire's use of Trajan is similarly double-edged, as he quotes from the preface: 'Je ne passerai pas sous silence vos louanges pour Trajan. Louanges dont on démêle le chiffre. Trajan, dites-vous, *récompensait le mérite modeste*. Je suis charmé de voir combien le mérite modeste vous intéresse'. The writer proceeds to a detailed act-by-act summary-cum-critique of the play, highlighting and mocking what he sees as Voltaire's stylistic and theatrical infelicities.[57] He ends the *Lettre* with sarcastic praise, presenting himself as a would-be dramatist who has much to learn from Voltaire: 'Je veux travailler pour la scène. La tête me tourne quand j'entends parler du rang que vous tenez à la cour. [...] Vive un génie neuf, indépendant de toutes les loix'.

[56] *Lettre d'un rhétoricien du collège des Grassins, à M. Arrouet de Voltaire, sur son Temple de la Gloire* (n.p. 1745), p.1-2. Subsequent references to the *Lettre* will be included in the editorial notes to the text. There is no evidence of Voltaire's having read or owned this work.

[57] See the text at act I, l.19, 45, 61; act II, l.4, 32a, 136; act III, l.10, 63; act IV, l. 8, 26, 138; and act V, l.15.

An account of the play is also to be found in *Le Controlleur du Parnasse, ou nouveaux mémoires de littérature française et étrangère en forme de lettres*, published in December 1745 by Lesage de l'Hydrophonie, a pseudonym adopted by the abbé Jacques Destrées.[58] Destrées begins by identifying *Le Temple de la gloire* as Voltaire's fourth (but only the second successful) attempt to collaborate with Rameau and highlights what he sees as the author's 'envie de montrer qu'il a du talent pour tous les genres' (p.50). He goes on: 'Cette conjonction de deux Muses l'une et l'autre également du premier ordre dans son genre, promettait un spectacle qui devait ne rien laisser à désirer; et le poète avait même épuisé toutes les ressources de son admirable génie pour disposer favorablement le spectateur' (p.51). He then gives a crucial detail about the text itself when giving an example of how Voltaire sought to win over the audience: 'D'abord à la tête de l'imprimé qui s'est distribué à Versailles avant le spectacle, il avait eu soin de mettre une espèce de préface où raisonnant à sa manière ordinaire il fait entendre que jusqu'ici personne n'avait connu le véritable genre de poésie lyrique, que cette découverte lui était réservée en France, et que son œuvre doit être trouvée charmante' (p.51). He quotes from the preface and gives a brief summary of the action of the play, observing, significantly, that act I succeeds in performing the role normally assigned to a prologue (p.52); he also draws attention to the contrasting characters of the three male protagonists in the next four acts (p.52-53). Picking up on the reference to 'on se flatte' at the end of the preface, he goes on to give an account of the reception of the play on its first performance at the Opéra on 7 December 1745 (p.55-56):

Malheureusement *on* s'est *flatté* en vain. Le public a été sourd à toute cette éloquence. Les accents de la seule Terpsichore Gallico-Italienne lui ont paru répondre à son attente. Pour le poème il a été unanimement sifflé et

---

[58] Lesage de l'Hydrophonie [abbé Jacques Destrées], *Le Controlleur du Parnasse, ou nouveaux mémoires de littérature française et étrangère en forme de lettres* (Berne 1745), vol.ii (Pt.2), letter ix, p.50-66. References will be included in the text.

au théâtre et à la lecture; et le 7 de ce mois ayant été porté sur la scène de l'Académie Royale de Musique à Paris, il y a encore eu le même sort. Le *hardi* imitateur du *célèbre Metastasio* voit par là si *on* est toujours raisonnable dans *sa hardiesse* à tenter des routes nouvelles et à vouloir paraître un *génie singulier*. [59]

In addition to his account of the play, Destrées also speculates on the authorship of the *Lettre d'un rhétoricien*. [60] He attributes it to Pierre-Charles Roy, 'qui était en possession de faire seul depuis quelques années tous les divertissements de Versailles, avec qui personne n'avait encore prétendu partager le glorieux titre de *Poète de la Cour*, et qui ne peut manquer d'être un peu fâché qu'un autre ose aspirer au même titre' (p.61-62). The attribution is plausible, since it is true that Voltaire was no fan of Roy, and that indeed he had had to share with him some of the glory of the celebrations of the Dauphin's wedding, for which Voltaire had written *La Princesse de Navarre*, but for which Roy was commissioned to write no fewer than four works: *L'Idylle de Saint-Cyr*, performed at Saint-Cyr in the presence of the newly married couple on 13 March 1745; *La Félicité*; *Les Quatre parties du monde*; and *L'Année galante*, which was in fact only performed at Versailles two years later, in February 1747, to celebrate the Dauphin's second marriage.

In this context, Voltaire's letter of 22 June 1745 to Moncrif, with whom he had also had to share the billing in the spring – Moncrif's *Zélindor, roi des Sylphes*, was performed at Versailles on 17 and 24 March 1745 – is important. In the letter, he refers to his ongoing work on *Le Temple du goût*: in writing a *fête* 'dans le genre le plus noble', he says, 'je n'ai qu'une ambition, c'est de mêler ma voix à la vôtre et de

---

[59] Destrées goes on to quote sections of the play in order to give 'une idée du grand talent de M. de V pour le genre lyrique et en même temps de la force *mâle* ou *masculine* qu'a toujours sa judicieuse Muse' (p.56): see the text at act I, l.47, 65; act II, l.90; act III, l.93; act IV, l.4; and act V, l.55.

[60] Destrées notes how the author of the *Lettre* moves subtly from praise to blame, even 'satire amère' (p.64), but concludes that it is simply 'un badinage innocent' (p.66).

306

faire voir aux ennemis des gens de lettres et des honnêtes gens, par exemple à M. Roy, CHEVALIER DE ST MICHEL, et à l'abbé de Bicêtre [Desfontaines] que les cœurs et les talents se réunissent pour louer notre monarque, sans connaître la jalousie' (D3154).

Voltaire's other well-known enemy, Fréron, offered his criticisms of the five-act version of *Le Temple de la gloire* in the *Lettres sur quelques écrits de ce temps* on 18 January 1746.[61] Comparing him unfavourably with Pierre Corneille, Fréron suggests that Voltaire should follow his predecessor's example and spend less time writing new works and more time carefully revising old ones: 'Si au lieu de songer à de nouvelles productions, il prenait la peine de revoir ses premiers enfants avec un œil sévère, et d'en relever héroïquement les défauts, n'aurait-il pas assez d'occupation pour le reste de sa vie?' (p.179). The critical tone thus established, Fréron proceeds to denounce *Le Temple de la gloire* as 'un monstre': commenting on act I, he writes acerbically 'Le début du monstre est admirable. La force de la musique répond au sublime fracas des paroles' (p.181). Significantly, preferring Rameau's music to Voltaire's words, Fréron goes on implicitly to echo a number of the criticisms of the play's language made in the earlier *Lettre d'un rhétoricien*.[62] In addition, he takes Voltaire to task for his representation of Belus in the play: 'la vérité historique y est étrangement blessée', he observes. Voltaire presents Belus as 'un monarque cruel, l'effroi de ses sujets et le fléau de l'humanité', whereas he was in reality, according to Fréron, 'un des meilleurs rois qui eussent gouverné l'Assyrie, l'inventeur de plusieurs arts utiles à la société' (p.184). The conclusion to Fréron's review echoes the beginning in its thinly veiled sarcasm towards Voltaire:

[61] Fréron, *Opuscules* (Amsterdam 1753), ii.178-90. Further references will be included in the editorial notes to the text.

[62] On 29 January 1746 Fréron writes a short review of the *Lettre d'un rhétoricien*, observing: 'Il y a de l'esprit, du feu, et quelques bonnes plaisanteries dans cette brochure, qui n'a que le défaut d'être un peu trop prolixe' (*Opuscules*, ii.240). For echoes of the *Lettre* in Fréron's review, see the text at act I, l.45; act II, l.4; and act V, l.15.

'Ses succès brillants et ses nombreux lauriers lui donnent assurément le droit de faire désormais de mauvais ouvrages' (p.188). And
as a final twist, he implicitly recalls Piron's allusion to Voltaire's
four *temples*: 'Si j'osais, je proposerais à l'auteur d'en construire un
cinquième, *le Temple de l'amour-propre*' (p.189).

5. Publication

As was the conventional practice for court performances such as
that given on 27 November 1745, the text of *Le Temple de la gloire*
was published in advance of the first performance for distribution
to the royal party. [63] This is confirmed by Jacques Destrées in *Le
Controlleur du Parnasse*, where he observes that a printed version of
the text was distributed in Versailles 'avant le spectacle' and that it
included 'une espèce de préface' (p.51).

Voltaire was quick to send copies of the play to his friends. On 5
December 1745, for example, little over a week after the first
performance, he sends the d'Argentals a copy of 'une fête que j'ai
voulu rendre raisonnable, décente et à qui j'ai retranché exprès les
fadeurs et les sornettes de l'opéra qui ne conviennent ni à mon âge,
ni à mon goût, ni à mon sujet' (D3266). And on 9 December Luigi
Riccoboni writes to him to thank him for sending him *Le Temple
de la gloire* (D3268).

There was, however, not just one edition of *Le Temple de la
gloire* in 1745. There are three editions bearing the date 1745 with
exactly the same title pages and pagination (see the descriptions
below). The differences between them are to be found partly in the
text proper (there are significant variants in act II in the first two
editions), and partly in the *mise en page*, in particular in the
engravings of the *bandeaux* and *culs de lampe* at the beginning and
end of each act, as well as in the presence or absence of engravings
outside the text.

[63] See Sylvie Bouissou and Denis Herlin, *Jean-Philippe Rameau: catalogue
thématique des œuvres musicales. Tome 2. Livrets* (Paris 2003), p.19-20, 25-26.

In 1746 Voltaire published the revised, shortened version of his play (46P) and in the same year, the original five-act version of *Le Temple de la gloire* appeared in the edition of his *Œuvres diverses*. Five years later, however, he excluded the five-act version from the 1751 edition of his works, complaining to the publisher Michel Lambert in February of that year about the whole conception and structure of the edition ('J'avoue que cette édition me fait une peine extrême, mais elle n'en fera pas moins à l'éditeur qui sûrement n'y trouvera pas son compte') and insisting that one point be observed above all: 'Il ne faut point parler de la princesse de Navarre ni du Temple de la gloire dans la préface' (D4381). He went further still in a subsequent letter, apparently written later in February: 'Je désavoue absolument *le temple de la gloire* et *la princesse de Navarre*. Ils ne sont point dans l'édition de Dresde, et ne doivent point y être. Ce sont des ouvrages de commande que je fis faire par de jeunes gens et que je ne souffrirai jamais dans le recueil de mes ouvrages' (D4382).

Voltaire later instructed Cramer to include *Le Temple de la gloire* in his *Nouveaux Mélanges*, writing to him in July 1767: 'La chapelle de la Gloire, et la farce de Navarre sont prêtes aussi et à vos ordres' (D14278); the two plays appeared in volume 5 in 1768. The two plays were also published in 1768 in volume 7 of Cramer's *Collection complette des œuvres de M. de Voltaire* (w68), about which Voltaire wrote to Cramer on *c*.5 April 1768: 'Je vais lire le mémoire de M. de Chapeau Rouge, et si vous voulez m'envoyer les inepties de la navarroise et de la gloire, je verrai si on peut laver ces têtes de maures' (D14923). [64] Thereafter the play appeared, with Voltaire's approval, in collective editions of his works in 1770, 1772 and 1775.

---

[64] According to the *Mercure de France* of May 1768, the first seven volumes were already on sale (p.102).

6. *Manuscript and editions*

Le Temple / de / La Gloire / feste / Donnée à Versailles / le 27 Novembre 1745. / sur l'original / De l'Imprimerie / de Jean-Baptiste-Christophe Ballard, / Doyen des Imprimeurs du Roi, seul pour la Musique / MDCCXLV. / par exprès commandement de Sa Majesté.

A fair copy, in the hand of Henri Rieu[65] and consisting of 27 leaves; as it appears with the 'Nouveau Prologue' of the *Princesse de Navarre*, it can be dated to the mid-1760s. It is found among the miscellaneous papers catalogued as part of Voltaire's library in the National Library of Russia, St Petersburg (*BV*, *Annexes manuscrites*, no. 59). The two variants indicate that the copy was based on 45P3 or w46 (see below).

Leningrad: 9-27 (Pieces de theat[re. *1*]).

LE TEMPLE / DE / LA GLOIRE, / *FESTE* / *DONNÉE A VERSAILLES,* / [*double rule*] / *Le 27 Novembre 1745.* / [*double rule*] / [*coat of arms*] / DE L'IMPRIMERIE / DE JEAN-BAPTISTE-CHRISTOPHE BALLARD, / Doyen des Imprimeurs du Roi, seul pour la Musique. / M. DCC XLV. / [*rule*] / *Par exprès Commandement de Sa Majesté.*

4°. viii-48 pp (pp. i-iv, 3, 11, 23, 33, 45 unnumbered).

Bengesco 180.

Unnumbered engravings face the *faux-titre* of each act: between p.viii and p.1 (Pasquier after Baudouin), p.8 and 9, p.20 and 21, and p.30 and 31 (unsigned).

Watermark: [*bunch of grapes in a coat of arms surmounted by a crown*] / C

---

[65] See Jean-Daniel Candaux, 'Précisions sur Henri Rieu', in *Le Siècle de Voltaire: hommage à René Pomeau* (Oxford 1987), i.203-43, especially p.221-22.

[heart surmounted by an ear of wheat] SAUVADE FIN / P *[double heart]*
GOURBEYRE / AUVERGNE 1742.

This is the first edition.[66] It contains engravings by Pasquier after Baudouin: the frontispiece (facing the *faux-titre* of act I between p.viii and p.1) shows five men fighting in the centre, with figures seated on a cloud above and a dead dragon in the foreground; the *bandeau* at the start of act I (p.[3]) shows seated figures in clouds with *putti*; the *cul de lampe* at the end of act I (p.8) shows a winged horse taking flight and *putti*; the *bandeau* at the start of act II (p.[11]) shows a shepherd playing his lyre, surrounded by animals; the *cul de lampe* at the end of act II (p.20) shows musical instruments, including bagpipes and a tambourine; the *bandeau* at the start of act III (p.[23]) shows a pastoral scene, with a goat and *putti* playing musical instruments; the *cul de lampe* at the end of act III (p.30) is unsigned; the *bandeau* at the start of act IV (p.[33]) shows an enthroned woman, surrounded by *putti*, holding a shield bearing the portrait of a man named as Trajan; the *cul de lampe* at the end of act IV (p.42) shows an angel on a cloud, surrounded by *putti*, bearing a shield with Trajan's portrait on it; the *bandeau* at the start of act V (p.[45]) shows a seated woman carrying the scales of justice, with a shield portrait (presumably of Trajan) by her side and surrounded by *putti* playing musical instruments; and the *cul de lampe* at the end of act V (p.48) shows *putti* dancing in a circle with a garland.

Three further engravings, all unsigned, are not found in any subsequent editions of the play: between p.8 and p.9 (swooning figures to left foreground, soldiers right middle-ground, horse-drawn chariot striking lightning at top); between p.20 and p.21 (colonnaded scene, woman restraining lions front left with a satyr; a chariot, followed by a crowd, brings a man and woman to the steps of a temple, with three old men at the top of steps); and between p.30 and p.31 (victorious warrior touching a kneeling soldier with one hand; figures clamouring around him; a woman standing to the right; an angelic figure above casting rays of light on the scene).

Another distinguishing feature between this and subsequent editions is the presence of textual variants in act II.[67] These two pages have been

---

[66] Cf. S. Bouissou and D. Herlin, *Jean-Philippe Rameau*, p.221-30, who suggest that this is the second edition.

[67] P.12 (lines 9-11) and p.16 (lines 83, 90-94).

stuck onto the original pages, the text of which is still visible underneath. These variants are retained in 45P2, but from 45P3 onwards (apart from 46P) the text reverts to that which is visible beneath the stuck-on pages of 45P1. The presence of these cancels suggests that this is the first edition: the fact that p.12 and p.16 are stuck on top of other pages indicates a late change in the printing process, when the book had been run off, and presumably sewn, so that it would have been uneconomic to reprint the whole gathering.

Paris, BnF: Rés. Yf 2441, Rés. Yf 2442, Rés. Yf 244; Arsenal: Ra³.190. Nîmes, Bibliothèque carré d'art: 11192. Chicago, Illinois, Newberry Library: E5.L92705.v.4.

45P2

LE TEMPLE / DE / LA GLOIRE, / FESTE / DONNÉE A VERSAILLES, / Le 27 Novembre 1745. / DE L'IMPRIMERIE / DE JEAN-BAPTISTE-CHRISTOPHE BALLARD, / Doyen des Imprimeurs du Roi, seul pour la Musique. / M. DCC XLV. / Par exprès Commandement de Sa Majesté.

4°. viii-48 pp (p.i-ii unnumbered).

Watermark: [*bunch of grapes in a coat of arms surmounted by a crown*] / C [*heart surmounted by an ear of wheat*] SAUVADE FIN / P [*double heart*] GOURBEYRE / AUVERGNE 1742.

This is the second edition.[68] The main evidence for this is that the variants inserted as cancels in the first edition are printed here as part of the text. The appearance of this second edition also differs strikingly from the first: p.3, 11, 23, 33 and 45 are numbered; the frontispiece and other engravings have disappeared; and the *bandeaux* and *culs de lampe* are not engravings by Pasquier after Baudouin, but are rather part of the printed stock used frequently by Ballard: the *bandeau* at the start of act I (p.3) shows a coat of arms surrounded by musical instruments, while the *cul de lampe* at the end (p.8) is a floral flourish; the *bandeau* at the start of act II (p.11) is a floral flourish, and a different floral flourish appears as the *cul de lampe* at the end (p.20); the *bandeau* at the start of act III (p.23) is

---

[68] Cf. S. Bouissou and D. Herlin, *Jean-Philippe Rameau*, p.221-30, who suggest that this is the third edition.

another floral flourish, and yet another different floral flourish appears as the *cul de lampe* at the end (p.30); the *bandeau* at the start of act IV (p.33) is a symmetrical floral pattern either side of a *fleur de lys*, while the *cul de lampe* at the end (p.42) is a flourish of vases and garlands; and the *bandeau* at the start of act V (p.45) is a floral flourish. These changes to the physical appearance of the text might suggest that this is an edition produced in some haste to meet a popular demand for the play.

Paris, BnF: Rés. Yf 756.

45P3

LE TEMPLE / DE / LA / GLOIRE, / FESTE / DONNÉE A VERSAILLES, / Le 27 Novembre 1745. / DE L'IMPRIMERIE / DE JEAN-BAPTISTE-CHRISTOPHE BALLARD, / Doyen des Imprimeurs du Roi, seul pour la Musique. / M. DCC XLV. / Par exprès Commandement de Sa Majesté.

4°. viii-48 pp (pp. i-iv, 3, 11, 23, 33, 45 unnumbered).

Engravings by Pasquier after Baudouin.

Watermark: [*bunch of grapes in a coat of arms surmounted by a crown*] / C [*heart surmounted by an ear of wheat*] SAUVADE FIN / P [*double heart*] GOURBEYRE / AUVERGNE 1742.

This is the third edition.[69] It includes engravings by Pasquier after Baudouin. Three of the engravings are the same as in the first edition: the *bandeau* at the start of act I (p.[3]); the *cul de lampe* at the end of act I (p.8); and the *cul de lampe* at the end of act II (p.20). The other engravings, however, are different: the *bandeau* at the start of act II (p.[11]) shows an enthroned woman, surrounded by *putti*, holding a shield bearing the portrait of an unnamed woman, not a portrait of Trajan, as in the first edition; the *bandeau* at the start of act III (p.[23]) is the same as that at the start of act II; the *cul de lampe* at the end of act III (p.30) is signed 'P.B.J. [Baudouin] / Soubeiren [Soubeyran]'; the *bandeau* at the start of act IV (p.[33]) is the same as that at the start of acts II and III; the *cul de lampe* at the end of act IV (p.42) shows an angel on a cloud, surrounded by *putti*, bearing a shield with Trajan's portrait on it (it is almost identical to that in

---

[69] Cf. S. Bouissou and D. Herlin, *Jean-Philippe Rameau*, p.221-30, who suggest that this is the first edition.

the first edition, except that the head in the portrait is larger and of a different design); the *bandeau* at the start of act V (p.[45]) is the same as that at the beginning of act I; and unlike in the first edition, there is no *cul de lampe* at the end of act V in the third edition. That this is the third edition is also suggested by the fact that the textual variants introduced in act II in 45P1 and 45P2 have now been removed in favour of a return to the text originally visible beneath the stuck-on sheets in 45P1; this restored text is maintained in all subsequent editions (except 46P).

Paris, BnF: Yf 882, Rés. Yf 1521, Rés. Yf 2444, Rés. Z Beuchot 1899. Grenoble, Bibliothèque municipale: F. 6215 Rés.

46P

LE TEMPLE / DE / LA GLOIRE, / *FESTE* / *DONNÉE A VERSAILLES*, / [*double rule*] / Le 27 Novembre 1745, / [*double rule*] / REMISE AU THEATRE DE L'ACADEMIE / ROYALE DE MUSIQUE, / Le 19 Avril 1746. / [*coat of arms*] / DE L'IMPRIMERIE / DE JEAN-BAPTISTE-CHRISTOPHE BALLARD, / Doyen des Imprimeurs du Roi, seul pour la Musique. / M. DCC. XLVI. / [*single rule*] / *Par exprès commandement de Sa Majesté.*

8°. viii-39 pp (p.i-iv, 29 unnumbered).

Watermark: [*bunch of grapes*] / C [*heart*] FOURNETON.

This edition introduces major changes to the text. The play, formerly in five acts, is reduced to a prologue (corresponding to act I of the 1745 version) and three acts (corresponding to acts II-V of the 1745 version), the final scene of act III being a reworking of act V of the 1745 version. Act I of this new version is mostly new, though it includes some elements from act II of the 1745 version. Act II similarly retains material from act III of the 1745 version. Act III is closest of all to the 1745 version, using significant amounts of material from act IV. Because it is so different from the earlier and all subsequent editions of the play, 46P is reproduced in its entirety as an appendix below.[70]

Paris, BnF: Yf. 883; Arsenal: G. D. 8° 46 (8), G. D. 8° 56 (3), Th. N. 9806. Rouen, Bibliothèque municipale: O. 612. Geneva, Bibliothèque publique et universitaire: Hf. 5010 (14).

[70] See below, p.371-403.

W46

Œuvres diverses de M. de Voltaire. London [Trévoux], Nourse, 1746. 6 vol. 12°.

Vol.v, p.302-56.

There is some evidence of Voltaire's participation in this edition.

Bengesco 2127; Trapnell 46; BnC 25-26.

Paris, BnF: Rés. Z. Beuchot 8 (5).

W48R

[Title unknown]. Amsterdam, Compagnie [Rouen, Machuel], 1748. 12 vol. 8°.

Vol.ix [Pt.3], p.117-68.

Volumes i-xii of this edition, produced in or before 1748, were suppressed at Voltaire's request (see D3667, D3677, D3669, D3884). No copy of the original issue is known, but the sheets were reissued under new title pages in 1764 as part of W64R. The description given above is that of the 1764 issue.

Bengesco 2128, 2136; Trapnell 48R; BnC 27, 145-48.

W52 (1770)

Œuvres de M. de Voltaire. Dresden, Walther, 1752. 9 vol. 8°.

Vol.ix, p.389-430.

Vol.ix was produced in 1770. Amongst other texts, it includes six other plays: *Le Droit du seigneur, Zulime, Charlot, Socrate, La Femme qui a raison* and *Pandore*. Produced with Voltaire's participation.

Bengesco 2132; Trapnell 52 (vol. 1-8), 70x (vol. 9); BnC 36-38.

Paris, BnF: Rés. Z. Beuchot 30 (9).

W64R

Collection complette des œuvres de M. de Voltaire. Amsterdam, Compagnie [Rouen: Machuel?], 1764. 18 vol. 12°.

Vol.ix [Pt.3], p.117-68.

At the start of the play, between p.124 and p.125, facing the latter, is an unsigned illustration used for the first time in this edition: in the background is a colonnaded temple with a statue of a woman; on the steps are musicians; on the steps of the temple, Envy is seen being chained; and allegorical figures lurk in the wooded foreground. [71]

Volumes i-xii were produced in 1748 for publication as part of the edition suppressed at Voltaire's request (w48R). The paper on which *Le Temple de la gloire* is printed has a watermark dating it to 1745 and 1746. As in the edition of *La Princesse de Navarre*, the actors, singers and dancers are named in the paratexts, following the pattern of 45P1, 45P2 and 45P3.

Bengesco 2136; Trapnell 64R; BnC 145-48.

Paris, BnF: Rés. Z Beuchot 26 (9).

T67

Œuvres de théâtre de M. de Voltaire. Paris, Veuve Duchesne, 1767. 7 vol. 12°.

Vol.vi, p.491-538.

Bengesco 312; BnC 622-25.

Paris, BnF: Rés. Yf 3392. London, BL: C 69 b 10 (6).

NM (1768)

Nouveaux Mélanges philosophiques, historiques, critiques, &c. &c. &c. [Geneva, Cramer], 1765-1776. 19 vol. 8°.

Vol.v (1768), p.96-140.

Bengesco 2212; Trapnell NM; BnC 111-35.

Paris, BnF: Rés. Z Beuchot 28 (5).

---

[71] Envy is shown surrounded by a black snake, which Palissot interprets as a visual symbol of the *cordon de Saint-Michel*, the order to which Pierre-Charles Roy belonged (*Le Génie de Voltaire*, in *Œuvres complètes*, vi.183). On the animosity between Voltaire and Roy, see above, p.306.

w68

Collection complette des œuvres de M. de Voltaire. [Geneva, Cramer; Paris, Panckoucke], 1768-1777. 30 vol. 4°.

Vol.vii, p.419-61.

Facing the titlepage (p.419) is an illustration by Gravelot, engraved by Helman, showing Glory crowning Trajan, with soldiers in the background, and a mother and child kneeling before him.

Volumes i-xxiv were produced by Cramer under Voltaire's supervision.

Bengesco 2137; Trapnell 68; BnC 141-44.

Paris, BnF: Rés m Z 587 (7).

W70L (1772)

Collection complette des œuvres de M. de Voltaire. Lausanne, Grasset, 1770-1781. 57 vol. 8°.

Vol.xxi (1772), p.159-202.

The theatre volumes were produced with Voltaire's participation.

Bengesco 2138; Trapnell 70L; BnC 149-50.

Oxford, Taylor: V1 1770L (21). Paris, BnF: Rés. Z Bengesco 124 (8); Arsenal: 8 BL 13060 (8).

W71 (1772)

Collection complète des œuvres de M. de Voltaire. Geneva [Liège, Plomteux], 1771-1777. 32 vol. 8°.

Vol.vi (1772), p.343-77.

Follows the text of w68. No evidence of Voltaire's participation.

Bengesco 2139; Trapnell 71; BnC 151.

Uppsala, Universitetsbiblioteket: Litt. fransk.

W72P (1773)

Œuvres de M. de V... Neufchâtel [Paris, Panckoucke], 1771-1777. 34 or 40 vol. 8° and 12°.

Vol.ix (1773), p.285-324.

Follows the text of w68, though it excises the 'Préface'. No evidence of Voltaire's participation.

Bengesco 2140; Trapnell 72P; BnC 152-57.

Paris, BnF: Z. 24804; Arsenal: Rf 14095 (9).

w75G

La Henriade, divers autres poèmes et toutes les pièces relatives à l'épopée. [Geneva, Cramer & Bardin], 1775. 37 vol. (40 vol. with the *Pièces détachées*). 8°.

Vol.viii, p.375-417.

This is the Cramer *encadrée* edition, the last to be revised by Voltaire. [72] Facing the *faux-titre* of act I (p.381) is Gravelot's illustration from w68, now engraved by J.-B.-C. Chatelain and in the opposite direction to w68. This is the base text.

Bengesco 2141; Trapnell 75G; BnC 158-61.

Oxford, Taylor: V1 1775 (8). Paris, BnF: Z 24846.

K

Œuvres complètes de Voltaire. [Kehl], Société littéraire-typographique, 1784-1789. 70 vol. 8°.

Vol.ix, p.145-97.

This edition includes a 'Variante' (p.190-97), which is presented as a version of act II found in 'une partition du célèbre *Rameau*'. A note at the beginning of this 'Variante' reads: 'Cet acte, différent de celui qu'on a lu, a été tiré d'une partition du célèbre *Rameau*. Nous ignorons si c'est ici la première idée du poète, ou si ces changements avaient été faits pour la reprise du Temple de la gloire, en 1746. Cependant cet opéra donné à la cour en 1745, en cinq actes, fut représenté à Paris, en 1746, en trois actes

---

[72] There are no revisions in the Leningrad copy: see Samuel Taylor, 'The definitive text of Voltaire's works: the Leningrad *encadrée*', *SVEC* 124 (1974), p.7-132.

seulement, et celui-ci fut alors supprimé' (p.190). In fact, it corresponds to act I of the 1746 version of the play, but with significant variants.[73]

Bengesco 2142; Trapnell K; BnC 164-93.

Paris, BnF: Rés. p K 2209 (9). Oxford, Taylor: V1 1785/2 (9).

7. *Principles of this edition*

The base text for the five-act version of the play is w75G, the last edition to be revised by Voltaire. Variants have been taken from 45P1, 45P2, 45P3, w46, w52, NM, w68, w70L and K. The base text for the shortened 1746 version of the play in the appendix is 46P, with variants from K.

Treatment of the base text

The spelling of names and places has been retained, but not their italicisation. The original punctuation has been respected.

Orthography has been modified to conform to modern usage:

I. Consonants

− *p* was not used in: domter, domtez, printems, tems.
− the final *s* was not used in: condui, embelli, Etein, fui, join, revien.
− *t* was used instead of *d* in: étendarts.
− *ι* was not used in accens, brillans, chantans, conquérans, dansans, différens, emportemens, enfans, instrumens, ornemens, présens, puissans, sentimens, suivans, triomphans.
− *x* was used instead of *s* in: loix.
− *ʒ* was used instead of *s* in: aziles.
− a single consonant was used in: couroux, Poura, tranquiles.
− double consonants were used in: allarmes, allarmez.

II. Vowels

− the final *e* was not used in: encor.
− *i* was used instead of *y* in: péristiles.
− *y* was used instead of *i* in: enyvré, yvresse.

---

[73] See below, p.378-88.

III. Accents

1. The acute accent
- was used instead of the grave in: cinquiéme, fléches, quatriéme, régne, régnes, troisiéme.

2. The grave accent
- was not used in: déja.

3. The circumflex accent
- was used in: aîles, plûpart, plûrent, toûjours.
- was not used in: ame, théatre.

4. The diaeresis
- was used instead of the acute in: poësie.
- was used instead of the grave in: poëme.

IV. Capitalisation

Initial capitals were attributed to: Ballet, Bergères, Bergers, Bonheur, Cour, Dames, Empereur(s), Empire, Envie, Etats, Fureur, Gloire, Guerrier, Héros, Maître, Muses, Nation, Prêtres, Prêtresse(s), Prince(s), Roi(s), Romaines (as adjective), Seigneurs, Souverain.

IV. Various

- the ampersand was used.
- the hyphen was used in: tour-à-tour.
- bienfaicteur was used for bienfaiteur.
- pié was used for pied.
- solemnel was used for solennel.

PRÉFACE

Après une victoire signalée, après la prise de sept villes à la vue d'une armée ennemie, et la paix offerte par le vainqueur; le spectacle le plus convenable qu'on pût donner au souverain et à la nation, qui ont fait ces grandes actions, était le *Temple de la gloire*.

Il était temps d'essayer si le vrai courage, la modération, la clémence qui suit la victoire, la félicité des peuples, étaient des sujets aussi susceptibles d'une musique touchante, que de simples dialogues d'amour, tant de fois répétés sous des noms différents, et qui semblaient réduire à un seul genre la poésie lyrique.

Le célèbre Metastasio dans la plupart des fêtes qu'il composa pour la cour de l'empereur Charles VI, osa faire chanter des maximes de morale; et elles plurent; on a mis ici en action, ce que ce génie singulier avait eu la hardiesse de présenter, sans le secours de la fiction et sans l'appareil du spectacle.

Ce n'est pas une imagination vaine et romanesque que le trône de la Gloire, élevé auprès du séjour des Muses, et la caverne de l'Envie, placée entre ces deux temples. Que la Gloire doive nommer l'homme le plus digne d'être couronné par elle, ce n'est là que l'image sensible du jugement des honnêtes gens, dont l'approbation est le prix le plus flatteur que puissent se proposer les princes; c'est cette estime des contemporains, qui assure celle de la postérité; c'est elle qui a mis les Titus au-dessus des Domitiens,[1]

---

[1] Allusions to Titus Flavius Vespasianus (39-81 AD), who succeeded his father as Roman Emperor in 79 AD and who, during his short reign, became popular for his generosity and kindness; and to Titus's brother, Titus Flavius Domitianus (51-96 AD), better known as Domitian, who became Emperor on the death of his brother in 81 AD. He is most often referred to as the author of the Second Persecution of the Christians (95-96 AD), though according to Voltaire in chapter 9 of the *Traité sur la tolérance*, 'la première sévérité juridique exercée contre les chrétiens, fut celle de Domitien' (*OC*, vol.56c, p.171).

Louis XII au-dessus de Louis XI, [2] et qui a distingué Henri IV de tant de rois. 25

On introduit ici trois espèces d'hommes qui se présentent à la Gloire, toujours prête à recevoir ceux qui le méritent, et à exclure ceux qui sont indignes d'elle.

Le second acte désigne, sous le nom de Bélus, les conquérants injustes et sanguinaires dont le cœur est faux et farouche. 30

Bélus enivré de son pouvoir, méprisant ce qu'il a aimé, sacrifiant tout à une ambition cruelle, croit que des actions barbares et heureuses doivent lui ouvrir ce temple; mais il en est chassé par les Muses qu'il dédaigne, et par les Dieux qu'il brave.

Bacchus conquérant de l'Inde, abandonné à la mollesse et aux 35 plaisirs, parcourant la terre avec ses Bacchantes, est le sujet du troisième acte; dans l'ivresse de ses passions, à peine cherche-t-il la Gloire; il la voit, il en est touché un moment; mais les premiers honneurs de ce temple ne sont pas dus à un homme qui a été injuste dans ses conquêtes et effréné dans ses voluptés. 40

Cette place est due au héros qui paraît au quatrième acte; on a choisi Trajan parmi les empereurs romains qui ont fait la gloire de

---

[2] In chapter 94 of the *Essai sur les mœurs*, Voltaire presents Louis XI, the first French king to adopt the epithet 'Roi Très-Chrétien', as 'toujours perfide' and observes: 'Il y a peu de tyrans qui aient fait mourir plus de citoyens par les mains des bourreaux, et par des supplices plus recherchés'. He reserves particular scorn for the king's piety, which was nothing more than 'la crainte superstitieuse d'une âme timide et égarée. Toujours couvert de reliques, et portant à son bonnet sa Notre-Dame de plomb, on prétend qu'il lui demandait pardon de ses assassinats avant de les commettre' (*Essai sur les mœurs*, ii.3, 5, 7; see also the *Dictionnaire philosophique* article 'Confession', in which Voltaire compares Louis XI to the marquise de Brinvilliers, the famous poisoner executed in 1676: *OC*, vol.35, p.635; and *Le Dîner du comte de Boulainvilliers*: *OC*, vol.63A, p.398). Voltaire has an ambivalent view of Louis XII, at once praising him as 'le père du peuple' and acknowledging his failings, particularly in his foreign policy: see chapters 114 and 121 of the *Essai sur les mœurs* (ii.116, 163); see also the *Commentaires sur Corneille*: 'On ne niera jamais que Louis XI doive être peint violent, fourbe et superstitieux, soutenant ses imprudences par ses cruautés; Louis XII juste envers ses sujets, faible avec les étrangers. [...] L'histoire, la tragédie, les discours publics doivent représenter les mœurs des hommes telles qu'elles ont été' (*OC*, vol.55, p.1033-34).

Rome et le bonheur du monde. Tous les historiens rendent témoignage que ce prince avait les vertus militaires et sociables, et qu'il les couronnait par la justice; plus connu encore par ses 45 bienfaits que par ses victoires; il était humain, accessible; son cœur était tendre, et cette tendresse était dans lui une vertu; elle répandait un charme inexprimable sur ces grandes qualités qui prennent souvent un caractère de dureté, dans une âme qui n'est que juste.

Il savait éloigner de lui la calomnie: il cherchait le mérite modeste 50 pour l'employer et le récompenser, parce qu'il était modeste lui-même; et il le démêlait, parce qu'il était éclairé: il déposait avec ses amis, le faste de l'empire; fier avec ses seuls ennemis; et la clémence prenait la place de cette hauteur après la victoire. Jamais on ne fut plus grand et plus simple. Jamais prince ne goûta comme lui, au 55 milieu des soins d'une monarchie immense, les douceurs de la vie privée et les charmes de l'amitié. Son nom est encore cher à toute la terre; sa mémoire même fait encore des heureux, elle inspire une noble et tendre émulation aux cœurs qui sont nés dignes de l'imiter.

Trajan dans ce poème, ainsi que dans sa vie, ne court pas après la 60 Gloire; il n'est occupé que de son devoir, et la Gloire vole au-devant de lui; elle le couronne, elle le place dans son temple, il en fait le temple du bonheur public. Il ne rapporte rien à soi, il ne songe qu'à être le bienfaiteur des hommes; et les éloges de l'empire entier viennent le chercher, parce qu'il ne cherchait que le bien de l'empire. 65

Voilà le plan de cette fête, il est au-dessus de l'exécution, et au-dessous du sujet; mais quelque faiblement qu'il soit traité, on se flatte d'être venu dans un temps où ces seules idées doivent plaire. [3]

---

[3] Flaubert comments on the preface: 'Le peu d'importance de l'œuvre en tant qu'œuvre d'art n'est-elle pas implicitement avoué dans les mots qui closent la préface?' (*Le Théâtre de Voltaire*, ed. T. Besterman, *SVEC* 50-51, 1967, ii.694).

LE TEMPLE DE
LA GLOIRE

ACTEURS ET ACTRICES
CHANTANTS DANS TOUS LES CHŒURS

DU CÔTÉ DU ROI
Huit femmes et seize hommes
Musettes, hautbois, bassons

DU CÔTÉ DE LA REINE
Huit femmes et seize hommes

ACTEURS CHANTANTS au premier acte

L'ENVIE
APOLLON   5
Une Muse
Démons de la suite de l'Envie
Muses et héros de la suite d'Apollon

2   45P1, 45P2, 45P3, W46: [*under* DU CÔTÉ DU ROI, *list instead of* '*Huit femmes et seize hommes*'] *Les Demoiselles* Dun, Tulou, Delorge, Varquin, Dallemand-C., Larcher, Delastre, Rivière. *Les Sieurs* Lefebvre, Marcelet, Albert, Le Page-C., Laubertie, Le Breton, Lamarre, Fel, Bourque, Houbeau, Bornet, Cuvillier, Gallard, Duchênet, Orban, Rochette.

2   45P1, 45P2, 45P3, W46: [*under* DU CÔTÉ DE LA REINE, *list instead of* '*Huit femmes et seize hommes*'] *Les Demoiselles* Cartou, Monville, Lagrandville, Masson, Rollet, Desgranges, Gondré, Verneuil. *Les Sieurs* Dun, Person, De Serre, Gratin, St Martin, Le Mesle, Chabou, Levasseur, Belot, Louatron, Forestier, Therasse, Dugay, Le Begue, Cordelet, Rhone.

3   45P1, 45P2, 45P3, W46: [*adds names beneath the line, two per instrument*] *Les Srs* Chefdeville, Abram. Despreaux, Monot. Brunel, Rault.

4   45P1, 45P2, 45P3, W46: [*adds name*] Le Sr Le Page.

5   45P1, 45P2, 45P3, W46: [*adds name*] Le Sr Jelyotte.

6   45P1, 45P2, 45P3, W46: [*adds name*] La Dlle Romainville.

PERSONNAGES

ACTEURS DANSANTS au premier acte

Huit Démons
Sept Héros   10
Les neuf Muses

ACTEURS CHANTANTS au second acte

LIDIE
ARSINE, confidente de Lidie
Bergers et Bergères
Une Bergère   15
Un Berger
Un autre Berger
BÉLUS
Rois captifs, et soldats de la suite de Bélus
APOLLON   20
Les neuf Muses

9   45P1, 45P2, 45P3, W46: DÉMONS. Les Srs F-Dumoulin, P-Dumoulin, Feuillade, Caillé, Malter-C., Dangeville, Hamoche, Levoir.

10   45P1, 45P2, 45P3, W46: HÉROS. Le Sr Dupré; Les Srs Monservin, Javilliers-C., Dumay, Dupré, Matignon, Device.

11   45P1, 45P2, 45P3, W46: MUSES. La Dlle Lyonnois-L; Les Dlles Carville, Rabon, Erny, Rosalie, Petit, Beaufort; Le Sr Malter-3., La Dlle Le Breton.

12   45P1, 45P2, 45P3, W46: [adds name] La Dlle Chevalier.

13   45P1, 45P2, 45P3, W46: [adds name] La Dlle Jacquet.

15   45P1, 45P2, 45P3, W46: [adds name] La Dlle Bourbonnois.

16   45P1, 45P2, 45P3, W46: [adds name] Le Sr Albert.

17   45P1, 45P2, 45P3, W46: [adds name] Le Sr De la Tour.

18   45P1, 45P2, 45P3, W46: [adds name] Le Sr De Chassé.

20   45P1, 45P2, 45P3, W46: [adds name] Le Sr Jelyotte.

21   45P1, 45P2, 45P3, W46: LES MUSES. Les Dlles Romainville, Canavasse, Jaquet, Delastre, ... Les Srs Le Begue, Duguet, ..., ...

ACTEURS DANSANTS au second acte

Bergers et Bergères

ACTEURS CHANTANTS au troisième acte

Le Grand Prêtre de la Gloire
Une Prêtresse
Chœur de Prêtres et de Prêtresses de la Gloire   25
Un Guerrier, suivant de Bacchus
Une Bacchante
BACCHUS
ÉRIGONE
Guerriers, Egipans, Bacchantes, et Satires de la suite de Bacchus   30

ACTEURS DANSANTS au troisième acte

PREMIER DIVERTISSEMENT

Cinq Prêtresses de la Gloire
Quatre Héros

22   45P1, 45P2, 45P3, W46: [*adds names*] Le Sr D-Dumoulin; La Dlle Salé; La Dlle Le Breton. Les Srs P-Dumoulin, Malter-3., Hamoche, Matignon, Dumay, Dupré. Les Dlles Saint Germain, Courcelle, Puvignée, Thiery, Lyonnois-C., Grognet.
23   45P1, 45P2, 45P3, W46: [*adds name*] Le Sr Le Page.
24   45P1, 45P2, 45P3, W46: [*adds name*] La Dlle Metz.
26   45P1, 45P2, 45P3, W46: [*adds name*] Le Sr Benoist.
27   45P1, 45P2, 45P3, W46: [*adds name*] La Dlle Coupée.
28   45P1, 45P2, 45P3, W46: [*adds name*] Le Sr Poirier.
29   45P1, 45P2, 45P3, W46: [*adds name*] La Dlle Fel.
31   **45P1**, 45P2, 45P3, W46: PRÊTRESSES DE LA GLOIRE. La Dlle Carville; Les Dlles Puvignée, Thiery, Lyonnois-C., Grognet.
32   45P1, 45P2, 45P3, W46: HÉROS. Les Srs Caillez, Feuillade, Hamoche, Levoir.

328

SECOND DIVERTISSEMENT

Neuf Bacchantes
Six Egipans
Huit Satires   35

ACTEURS CHANTANTS au quatrième acte

PLAUTINE
JUNIE, } confidentes de Plautine
FANIE,
Prêtres de Mars, et Prêtresses de Vénus
TRAJAN   40
Guerriers de la suite de Trajan
Six Rois vaincus à la suite de Trajan
Romains et Romaines
La GLOIRE
Suivants de la Gloire   45

33   45P1, 45P2, 45P3, W46: BACCHANTES. La Dlle Camargo; Les Dlles Petit, Rabon, Lyonnois-L., Erny, Beaufort, Rosalie, Courcelle, Saint Germain.

34   45P1, 45P2, 45P3, W46: EGIPANS. Les Srs Matignon, Malter-C., Dangeville, F-Dumoulin, Malter-L., Malter-trois.

35   45P1, 45P2, 45P3, W46: SATIRES. Les Srs Monservin, Gherardy, Dumay, Dupré, Javilliers-C., De Vice. Le Sr Laval, fils. La Dlle Puvignée.

36   45P1, 45P2, 45P3, W46: [adds name] La Dlle Chevalier.

37-38   45P1, 45P2, 45P3, W46: [adds names] { La Dlle Romainville. La Dlle Canavasse.

40   45P1, 45P2, 45P3, W46: [adds name] Le Sr Jelyotte.

42   45P1, 45P2, 45P3, W46: [adds names] Les Srs Poirier, De la Tour, Gallard, Albert, Person, Le Fevre.

44   45P1, 45P2, 45P3, W46: [adds name] La Dlle Fel.

329

ACTEURS DANSANTS au quatrième acte

PREMIER DIVERTISSEMENT

Quatre Prêtres de Mars
Cinq Prêtresses de Vénus

SECOND DIVERTISSEMENT

Suivants de la Gloire, cinq hommes et quatre femmes

ACTEURS CHANTANTS au cinquième acte

Une Romaine
Une Bergère   50
Bergers et Bergères
Un Romain
Jeunes Romains et Romaines
Tous les acteurs du quatrième acte

ACTEURS DANSANTS au cinquième acte

Romains et Romaines de différents états   55

---

46   45P1, 45P2, 45P3, W46: PRÊTRES DE MARS. Les Srs Dumay, Dupré, P-Dumoulin, De Vice.

47   45P1, 45P2, 45P3, W46: PRÊTRESSES DE VÉNUS. La Dlle Dallemand; Les Dlles Petit, Beaufort, Puvignée, Thiery.

48   45P1, 45P2, 45P3, W46: SUIVANTS DE LA GLOIRE. Le Sr Pitro; Les Srs Monservin, Javilliers-L., Matignon, Levoir. Les Dlles Lyonnois-L., Erny, Saint Germain, Courcelle.

49   45P1, 45P2, 45P3, W46: [adds name] La Dlle Bourbonnois.

50   45P1, 45P2, 45P3, W46: [adds name] La Dlle Coupée.

52   45P1, 45P2, 45P3, W46: [adds name] Le Sr Benoist.

PREMIÈRE QUADRILLE

Trois hommes et deux femmes

DEUXIÈME QUADRILLE

Trois hommes et deux femmes

TROISIÈME QUADRILLE

Trois femmes et deux hommes

QUATRIÈME QUADRILLE

Trois femmes et deux hommes

56   45P1, 45P2, 45P3, w46: Le Sr Dupré; Les Srs Monservin, Jarvilliers-L; Les Dlles Erny, Lyonnois-L.

57   45P1, 45P2, 45P3, w46: Le Sr D-Dumoulin; Les Srs Matignon, Le Voir; Les Dlles Saint-Germain, Courcelle.

58   45P1, 45P2, 45P3, w46: La Dlle Salé; Les Srs Dumay, Dupré; Les Dlles Thiery, Beaufort.

59   45P1, 45P2, 45P3, w46: La Dlle Camargo; Les Srs Javilliers-C., Gherardy; Les Dlles Rabon, Rosalie.

ACTE PREMIER

Le théâtre représente la caverne de l'ENVIE. On voit à travers les ouvertures de la caverne, une partie du TEMPLE DE LA GLOIRE qui est dans le fond, et les berceaux des Muses qui sont sur les ailes.

L'ENVIE et ses suivants, *une torche à la main*

L'ENVIE

Profonds abîmes du Ténare, [1]
Nuit affreuse, éternelle nuit,
Dieux de l'oubli, Dieux du Tartare, [2]
Eclipsez le jour qui me luit;
Démons, apportez-moi votre secours barbare,   5
Contre le Dieu qui me poursuit. [3]

[1] The Taenarus peninsula in Thessaly, to the south of the Peloponnese, was, in Greek myth, the site of an entrance to the underworld. The words uttered by Envie at the beginning of act I recall Tanis's quatrain at the end of V.ii of *Tanis et Zélide*: 'Autels sanglants, prêtres chargés de crimes, / Soyez détruits, soyez précipités / Dans les éternels abîmes / Du Ténare dont vous sortez!' There are further allusions to Taenarus in *Pandore*, I.ii.

[2] Tartarus is, in Greek and Roman mythology, the lowest region of the world: in the *Iliad*, Jove situates it 'as far beneath Hades as heaven is high above the earth', and Virgil describes it in the *Aeneid* (VI.539-627) as a gigantic place, surrounded by the flaming river Phlegethon and triple walls. In early Greek mythology, it is primarily the prison for defeated gods: the Titans, for instance, were condemned to Tartarus after losing their battle against the Olympian gods. In Roman mythology, Tartarus is the place where sinners are sent.

[3] Retained in the prologue of the 1746 version of the play and regarded by Cuthbert Girdlestone as 'the most majestic piece in the whole opera' (*Jean-Philippe Rameau: his life and work*, London 1957, p.449), Envy's aria 'Profonds abîmes du Ténare' (lines 1-6) figures in Diderot's *Le Neveu de Rameau*, where 'Lui' admits that he is jealous of his famous uncle and explains that hearing his music reminds him of his utter mediocrity, though he insists on singing it nevertheless: 'Je n'ai jamais entendu jouer l'ouverture des *Indes galantes*; jamais entendu chanter *Profonds abîmes du Ténare, Nuit, éternelle nuit*, sans me dire avec douleur: voilà ce que tu ne feras jamais' (*Œuvres complètes*, xii.84-85; see also xii.167-68).

Les Muses et la Gloire ont élevé leur temple
   Dans ces paisibles lieux:
Qu'avec horreur je les contemple!
Que leur éclat blesse mes yeux!   10
Profonds abîmes du Ténare,
Nuit affreuse, éternelle nuit,
Dieux de l'oubli, Dieux du Tartare,
Eclipsez le jour qui me luit;
Démons, apportez-moi votre secours barbare,   15
   Contre le Dieu qui me poursuit.

SUITE DE L'ENVIE

Notre gloire est de détruire,
   Notre sort est de nuire;
Nous allons renverser ces affreux monuments,[4]
    Nos coups redoutables   20
    Sont plus inévitables
Que les traits de la mort et le pouvoir du temps.[5]

L'ENVIE

Hâtez-vous, vengez mon outrage;
Des Muses que je hais embrasez le bocage,
   Ecrasez sous ces fondements,   25
Et la Gloire, et son temple, et ses heureux enfants,
   Que je hais encor davantage.
   Démons ennemis des vivants,
   Donnez ce spectacle à ma rage.

---

[4] The author of the *Lettre d'un rhétoricien du collège des Grassins, à M. Arrouet de Voltaire, sur son Temple de la Gloire* (n.p. 1745) takes particular exception to this line: 'ce *Monument affreux* qu'on appellerait avec plus de raison, monument agréable et magnifique; mais vous avez sousentendu *affreux* à ses yeux seuls' (p.2-3).

[5] The *Mercure de France* describes the music for this chorus (lines 17-22) as 'admirable' (December 1745, i.142).

334

*Les suivants de l'*ENVIE *dansent et forment un Ballet figuré;*
un Héros vient au milieu de ces Furies, étonnées à son approche;
*il se voit interrompu par les suivants de l'*ENVIE, *qui veulent en*
vain l'effrayer.

APOLLON *entre, suivi des Muses, de demi-Dieux et de Héros*

APOLLON

Arrêtez, monstres furieux.   30
Fuis mes traits, crains mes feux, implacable Furie.

L'ENVIE

Non, ni les mortels, ni les dieux
Ne pourront désarmer l'Envie.

APOLLON

Oses-tu suivre encor mes pas?
Oses-tu soutenir l'éclat de ma lumière?   35

L'ENVIE

Je troublerai plus de climats,
Que tu n'en vois dans ta carrière.

APOLLON

Muses et demi-Dieux, vengez-moi, vengez-vous.

(*Les* HÉROS *et les demi-Dieux saisissent l'*ENVIE.)

L'ENVIE

Non, c'est en vain que l'on m'arrête.

APOLLON

Etouffez ces serpents qui sifflent sur sa tête.   40

L'ENVIE

Ils renaîtront cent fois pour servir mon courroux.

APOLLON

Le ciel ne permet pas que ce monstre périsse,
  Il est immortel comme nous:
  Qu'il souffre un éternel supplice.
Que du bonheur du monde il soit infortuné; [6]   45
  Qu'auprès de la Gloire il gémisse,
  Qu'à son trône il soit enchaîné. [7]

(*L'Antre de l'*ENVIE *s'ouvre, et laisse voir* le temple de la
Gloire. *On l'enchaîne aux pieds du trône de cette Déesse.*)

CHŒUR DES MUSES ET DEMI-DIEUX

Ce monstre toujours terrible
Sera toujours abattu:
Les arts, la gloire, la vertu   50
Nourriront sa rage inflexible.

APOLLON *aux Muses.*

Vous, entre sa caverne horrible
Et ce temple où la Gloire appelle les grands cœurs,
Chantez, filles des Dieux, sur ce coteau paisible:
La Gloire et les Muses sont sœurs.   55

(*La caverne de l'*ENVIE *achève de disparaître. On voit les deux
coteaux du Parnasse. Des berceaux ornés de guirlandes de
fleurs, sont à mi-côte; et le fond du théâtre est composé de trois
arcades de verdure, à travers lesquelles on voit* le temple de la
Gloire *dans le lointain.*)

APOLLON *continue.*

Pénétrez les humains de vos divines flammes,

---

[6] The author of the *Lettre d'un rhétoricien* glosses this critically as an 'expression
neuve' (p.3). Fréron goes further: 'Par les vers qu'il [Apollon] débite, on ne l'aurait
jamais soupçonné d'être le Dieu de la Poésie' (*Opuscules*, Amsterdam 1753, ii.182).
[7] Jacques Destrées quotes from l.31 to here as an example of the 'grand talent de
M. de Voltaire pour le genre lyrique' (*Le Controlleur du Parnasse*, Berne 1745, ii.57).

Charmez, instruisez l'univers,
Régnez, répandez dans les âmes
La douceur de vos concerts.
Pénétrez les humains de vos divines flammes,   60
Charmez, instruisez l'univers.[8]

Danse des Muses et des Héros

CHŒUR DES MUSES

Nous calmons les alarmes,
Nous chantons, nous donnons la paix;
Mais tous les cœurs ne sont pas faits
Pour sentir le prix de nos charmes.[9]   65

UNE MUSE

Qu'à nos lois à jamais dociles,
Dans nos champs, nos tendres pasteurs,
Toujours simples, toujours tranquilles,
Ne cherchent point d'autres honneurs:
Que quelquefois, loin des grandeurs,   70
Les rois viennent dans nos asiles.

CHŒUR DES MUSES

Nous calmons les alarmes,
Nous chantons, nous donnons la paix;
Mais tous les cœurs ne sont pas faits
Pour sentir le prix de nos charmes.   75

Fin du premier acte.

[8] The author of the *Lettre d'un rhétoricien* expresses surprise that when Apollo orders the Muses to sing, they do not sing in praise of Louis XV: 'On s'attendait à voir ici l'éloge du roi, mais cela serait dans le goût ordinaire. Vous ne voulez que du singulier; cette réticence l'est aussi' (p.3).

[9] Destrées, quoting this chorus, comments: 'Toutes ces ingénieuses allégories sont d'autant plus jolies qu'il est aisé de sentir qui *on* a peint sous l'image d'Apollon, comme il est facile de reconnaître qui *on* a voulu peindre sous celle de Trajan' (*Le Controlleur du Parnasse*, ii.58).

337

ACTE II

Le théâtre représente le bocage des Muses. Les deux côtés
du théâtre sont formés des deux collines du Parnasse.
Des berceaux entrelacés de lauriers et de fleurs, règnent sur
le penchant des collines; au-dessous sont des grottes percées
à jour, ornées comme les berceaux, dans lesquelles
sont des Bergers et Bergères; le fond est composé
de trois grands berceaux en architecture.

LIDIE, ARSINE, BERGERS ET BERGÈRES

LIDIE

Oui, parmi ces Bergers aux Muses consacrés,
Loin d'un tyran superbe et d'un amant volage,
Je trouverai la paix, je calmerai l'orage
Qui trouble mes sens déchirés.[1]

ARSINE

Dans ces retraites paisibles,   5
Les Muses doivent calmer
Les cœurs purs, les cœurs sensibles,
Que la cour peut opprimer.

---

[1] The author of the *Lettre d'un rhétoricien* queries why Lidie's 'sens' are described as 'déchirés' rather than 'troublés ou agités', before offering a cynical explanation in parentheses: '(mais il fallait sacrifier le mot propre à la commodité de la rime)' (p.3). Fréron similarly takes exception to this line: 'Cette expression de *sens déchirés* a révolté quelques auditeurs délicats. Je ne crois pas en effet qu'on puisse l'appliquer à tous les *sens*: mais elle convient à celui de l'ouie; car ne dit-on pas tous les jours, ces vers durs et escarpés, ces sons difficiles et travaillés en pure perte *déchirent* les oreilles?' (*Opuscules*, ii.182).

ACTE II

Cependant vous pleurez, votre œil en vain contemple
   Ces bois, ces nymphes, ces pasteurs;   10
De leur tranquillité suivez l'heureux exemple.

LIDIE

La Gloire a vers ces lieux fait élever son temple;
   La honte habite dans mon cœur!
La Gloire en ce jour même, au plus grand roi du monde,
Doit donner de ses mains un laurier immortel;   15
Bélus va l'obtenir.

ARSINE

      Votre douleur profonde
   Redouble à ce nom si cruel.

LIDIE

Bélus va triompher de l'Asie enchaînée;
Mon cœur et mes états sont au rang des vaincus.
L'ingrat me promettait un brillant hyménée: 20
Il me trompait du moins; il ne me trompe plus,
Il me laisse, je meurs, et meurs abandonnée!

ARSINE

Il a trahi vingt rois; il trahit vos appas,
   Il ne connaît qu'une aveugle puissance.

LIDIE

   Mais, vers la Gloire il adresse ses pas;   25
Pourra-t-il sans rougir, soutenir ma présence?

9-11   45P1 [*cancel*], 45P2:
     Cependant vous pleurez, votre œil en vain contemple
       Ces lieux où la raison répandit ses faveurs,
         Ces Nymphes, ces heureux Pasteurs;
       D'une profonde paix vous ont donné l'exemple.
         Vous goûtez un repos trompeur.

ARSINE

Les tyrans ne rougissent pas. [2]

LIDIE

Quoi, tant de barbarie avec tant de vaillance!
    O Muses, soyez mon appui;
    Secourez-moi contre moi-même;   30
    Ne permettez pas que j'aime
    Un roi qui n'aime que lui.

(LES BERGERS ET LES BERGÈRES, *consacrés aux
    Muses,*[3] *sortent des antres du Parnasse, au son des
    instruments champêtres.*)

LIDIE *aux* Bergers.

Venez, tendres Bergers, vous qui plaignez mes larmes,
    Mortels heureux, des Muses inspirés,
Dans mon cœur agité répandez tous les charmes   35
    De la paix que vous célébrez.

LES BERGERS EN CHŒUR

Oserons-nous chanter sur nos faibles musettes,
    Lorsque les horribles trompettes
    Ont épouvanté les échos!

UNE BERGÈRE

Que veulent donc tous ces héros?   40
Pourquoi troublent-ils nos retraites?

---

[2] Fréron glosses this line as 'cette belle maxime' (*Opuscules*, ii.183).

[3] The author of the *Lettre d'un rhétoricien* is critical of what he sees as Voltaire's grammatical infelicity: 'Lidie prie les Bergers de calmer ses agitations, un Berger *consacré aux Muses*, ce n'est pas apparemment à celle de la Grammaire, prononce que *la mémoire consacre les noms fameux*. Les hommes ordinaires diraient que l'on consacre la mémoire des noms' (p.3).

ACTE II

LIDIE

Au temple de la Gloire ils cherchent le bonheur.

LES BERGERS

Il est aux lieux où vous êtes,
Il est au fond de notre cœur.

UN BERGER

Vers ce temple, où la mémoire   45
Consacre les noms fameux,
Nous ne levons point nos yeux;
Les Bergers sont assez heureux
Pour voir au moins que la Gloire
N'est point faite pour eux.   50

(*On entend un bruit de timbales et de trompettes.*)

CHŒUR DE GUERRIERS *qu'on ne voit pas encore.*

La guerre sanglante,
La mort, l'épouvante,
Signalent nos fureurs.
Livrons-nous un passage,
A travers le carnage,   55
Au faîte des grandeurs.

PETIT CHŒUR DE BERGERS

Quels sons affreux, quel bruit sauvage!
O Muses, protégez nos fortunés climats.

UN BERGER

O Gloire, dont le nom semble avoir tant d'appas,
Serait-ce là votre langage?   60

44a   45P1, 45P2, 45P3, W46: *On danse.*

(BÉLUS *paraît sous le berceau du milieu, entouré de ses guerriers; il est sur un trône porté par huit Rois enchaînés.*)

BÉLUS

Rois qui portez mon trône, esclaves couronnés,
Que j'ai daigné choisir pour orner ma victoire;
Allez, allez m'ouvrir le temple de la Gloire,
Préparez les honneurs qui me sont destinés.

(*Il descend et continue.*)

Je veux que votre orgueil seconde   65
　　Les soins de ma grandeur;
La Gloire, en m'élevant au premier rang du monde,
　　Honore assez votre malheur.

(*Sa suite sort.*)
(*On entend une musique douce.*)

Mais quels accents pleins de mollesse
Offensent mon oreille et révoltent mon cœur!   70

LIDIE

L'humanité, grands Dieux, est-elle une faiblesse?
　　Parjure amant, cruel vainqueur,
　　Mes cris te poursuivront sans cesse.

BÉLUS

Vos plaintes et vos cris ne peuvent m'arrêter;
　　La Gloire loin de vous m'appelle;   75
　　Si je pouvais vous écouter,
　　Je deviendrais indigne d'elle.

LIDIE

Non, la Gloire n'est point barbare et sans pitié;
Non, tu te fais des Dieux à toi-même semblables;
　　A leurs autels tu n'as sacrifié   80

Que les pleurs et le sang des mortels misérables.

BÉLUS

Ne condamnez point mes exploits;
Quand on se veut rendre le maître,
On est malgré soi quelquefois
Plus cruel qu'on ne voudrait être. [4]   85

LIDIE

Que je hais tes exploits heureux!
Que le sort t'a changé! Que ta grandeur t'égare!
Peut-être es-tu né généreux:
Ton bonheur t'a rendu barbare.

BÉLUS

Je suis né pour dompter, pour changer l'univers: [5] 90
Le faible oiseau dans un bocage,
Fait entendre ses doux concerts;
L'aigle qui vole au haut des airs,
Porte la foudre et le ravage.
Cessez de m'arrêter par vos murmures vains,   95
Et laissez-moi remplir mes augustes destins.

83 45P1, 45P2: Quand on veut se rendre le maître
90-94 45P1, 45P2:
   Je suis né pour dompter, pour changer l'univers:
   L'Aigle qui vole au haut des airs,
   Porte la foudre et le ravage;
   Il n'entend point les doux concerts
   D'un faible Oiseau dans un bocage.

[4] Fréron quotes a parody of this quatrain, supposedly written by 'un des partisans du poète ordinaire de la cour': 'Quand du Quinault moderne on usurpe les droits, / Et qu'on veut se rendre le maître; / On est, malgré soi, quelquefois / Plus mauvais qu'on ne voudrait être' (*Opuscules*, ii.183).

[5] Destrées suggests, but does not specify, an echo of *Mahomet* here (*Le Controlleur du Parnasse*, ii.58). He may be alluding to Omar's claim in the play that 'Mahomet est né / Pour changer l'univers' (I.iv), or to Mahomet's own rallying cry to Zopire: 'Il faut m'aider à dompter l'univers' (II.v).

(BÉLUS *sort pour aller au temple.*)

LIDIE

O Muses puissantes Déesses,
De cet ambitieux fléchissez la fierté;
Secourez-moi contre sa cruauté,
Ou du moins contre mes faiblesses.   100

(APOLLON *et les Muses descendent dans un char qui repose*
par les deux bouts sur les deux collines du Parnasse.
Elles chantent en chœur.)

Nous adoucissons
Par nos arts aimables,
Les cœurs impitoyables,
Ou nous les punissons.

APOLLON

Bergers, qui dans nos bocages,   105
Apprîtes nos chants divins,
Vous calmez les monstres sauvages,
Fléchissez les cruels humains.

(LES BERGERS *dansent.*)

APOLLON

Vole, Amour, Dieu des Dieux, embellis mon empire,
Désarme la guerre en fureur: 110
D'un regard, d'un mot, d'un sourire,
Tu calmes le trouble et l'horreur;
    Tu peux changer un cœur,
    Je ne peux que l'instruire.
Vole, Amour, Dieu des Dieux, embellis mon empire,   115
Désarme la guerre en fureur.

344

(BÉLUS *rentre, suivi de ses guerriers.*)

 Quoi, ce temple pour moi ne s'ouvre point encore?
  Quoi, cette Gloire que j'adore,
  Près de ces lieux prépara mes autels;
  Et je ne vois que de faibles mortels,   120
  Et de faibles Dieux que j'ignore?

CHŒUR DE BERGERS

 C'est assez vous faire craindre,
 Faites-vous enfin chérir;
 Ah qu'un grand cœur est à plaindre,
 Quand rien ne peut l'attendrir!   125

UNE BERGÈRE

 D'une beauté tendre et soumise,
  Si tu trahis les appas,
 Cruel vainqueur, n'espère pas
 Que la Gloire te favorise.

UN BERGER

 Quoi, vers la Gloire il a porté ses pas,   130
  Et son cœur serait infidèle?
 Ah, parmi nous, une honte éternelle
  Est le supplice des ingrats.

BÉLUS

Qu'entends-je! Il est au monde un peuple qui m'offense?
Quelle est la faible voix qui murmure en ces lieux,   135
 Quand la terre tremble en silence? [6]
Soldats, délivrez-moi de ce peuple odieux.

---

[6] The author of the *Lettre d'un rhétoricien* comments sarcastically: 'Belus, homme extraordinaire en tout, veut *que la Terre tremble en silence*. Les tremblements de terre font ordinairement du bruit' (p.4).

LE CHŒUR DES MUSES

Arrêtez, respectez les Dieux
Qui protégent l'innocence.

BÉLUS

Des Dieux! Oseraient-ils suspendre ma vengeance?   140

APOLLON *et les Muses.*

Ciel, couvrez-vous de feux; tonnerres, éclatez,
Tremble, fuis les Dieux irrités.

(*On entend le tonnerre, et des éclairs partent du char où sont
les Muses avec* APOLLON.)

APOLLON *seul.*

Loin du temple de la Gloire,
Cours au temple de la Fureur.
On gardera de toi l'éternelle mémoire,   145
Avec une éternelle horreur.

LE CHŒUR *d'Apollon et des Muses.*

Cœur implacable,
Apprends à trembler;
La mort te suit, la mort doit immoler
Ce fortuné coupable.   150
Cœur implacable,
Apprends à trembler.

BÉLUS

Non, je ne tremble point, je brave le tonnerre;
Je méprise ce temple, et je hais les humains:
J'embraserai de mes puissantes mains   155
Les tristes restes de la terre.

346

CHŒUR

Cœur implacable,
Apprends à trembler,
La mort te suit, la mort doit immoler
Ce fortuné coupable.   160
Cœur implacable,
Apprends à trembler.

APOLLON *et les Muses, à LIDIE.*

Toi qui gémis d'un amour déplorable,
Eteins ses feux, brise ses traits,
  Goûte par nos bienfaits   165
  Un calme inaltérable.

(*Les Bergers et les Bergères emmènent Lidie.*)

Fin du second acte.

347

ACTE III

Le théâtre représente l'avenue et le frontispice du TEMPLE DE LA GLOIRE. *Le trône que la Gloire a préparé pour celui qu'elle doit nommer le plus grand des hommes, est vu dans l'arrière-théâtre; il est supporté par des Vertus, et l'on y monte par plusieurs degrés.*

LE GRAND PRÊTRE de la Gloire, *couronné de lauriers, une palme à la main, entouré des Prêtres et des Prêtresses de la Gloire.*

UNE PRÊTRESSE

Gloire enchanteresse,
Superbe maîtresse
Des rois, des vainqueurs;
L'ardente jeunesse,
La froide vieillesse   5
Briguent tes faveurs.

LE CHŒUR

Gloire enchanteresse, etc.

LA PRÊTRESSE

Le prétendu sage
Croit avoir brisé
Ton noble esclavage: [1]   10

---

[1] In response to lines 8-10, the author of the *Lettre d'un rhétoricien* engages in further stylistic carping: '[Les Prêtresses] disent qu'un *esclavage est brisé*; il me semble qu'on brise des chaînes, et qu'on sort d'esclavage. Ces Prêtresses ne sont pas Académiciennes. Vous faites apparemment une nouvelle fonte de mots, pour servir à l'histoire que vous préparez. Vous composez une langue toute neuve, et vous aurez peut-être le plaisir d'être traduit en français' (p.4).

Il s'est abusé;
C'est un amant méprisé,
Son dépit est un hommage.

LE GRAND PRÊTRE

Déesse de héros, du vrai sage et des rois,
  Source noble et féconde   15
Et des vertus et des exploits:
O Gloire, c'est ici que ta puissante voix
  Doit nommer par un juste choix,
  Le premier des maîtres du monde.
  Venez, volez, accourcz tous,   20
Arbitres de la paix, et foudres de la guerre,
  Vous qui domptez, vous qui calmez la terre,
Nous allons couronner le plus digne de vous.

(Danse de Héros, avec les Prêtresses de la Gloire.)

(Les suivants de BACCHUS, *arrivent avec des Bacchantes et des Ménades, couronnés de lierre, le thyrse à la main.)*

UN GUERRIER, *suivant de Bacchus.*

Bacchus est en tous lieux notre guide invincible,
  Ce héros fier et bienfaisant,   25
  Est toujours aimable et terrible:
  Préparez le prix qui l'attend.

UNE BACCHANTE ET LE CHŒUR

Le Dieu des plaisirs va paraître,
Nous annonçons notre maître,
  Ses douces fureurs,   30
  Dévorent nos cœurs.

(Pendant ce chœur, les Prêtres de la Gloire rentrent dans le temple, dont les portes se ferment.)

LE GUERRIER

Les tigres enchaînés conduisent sur la terre,
  Erigone et Bacchus;
  Les victorieux, les vaincus,
Tous les Dieux des plaisirs, tous les Dieux de la guerre,   35
  Marchent ensemble confondus.

(On entend le bruit des trompettes, des hautbois et des flûtes,
alternativement.)

LA BACCHANTE

  Je vois la tendre volupté
  Sur le char sanglant de Bellone, [2]
  Je vois l'Amour qui couronne
  La valeur et la beauté.   40

(BACCHUS ET ÉRIGONE paraissent sur un char,
traîné par des tigres, entouré de Guerriers,
de Bacchantes, d'Egipans et de Satires.)

BACCHUS

  Erigone, objet plein de charmes,
  Objet de ma brûlante ardeur,
Je n'ai point inventé dans les horreurs des armes
Ce nectar des humains, nécessaire au bonheur,
Pour consoler la terre, et pour sécher ses larmes;   45
  C'était pour enflammer ton cœur.
Bannissons la raison de nos brillantes fêtes.
  Non, je ne la connus jamais,
  Dans mes plaisirs, dans mes conquêtes;
  Non, je t'adore, et je la hais.   50
Bannissons la raison de nos brillantes fêtes.

---

[2] Bellona, the counterpart of Enyo, was the Romans' original war deity.

ACTE III

ÉRIGONE

Conservez-la plutôt pour augmenter vos feux;
Bannissez seulement le bruit et le ravage:
    Si par vous le monde est heureux,
    Je vous aimerai davantage.   55

BACCHUS

Les faibles sentiments offensent mon amour;
    Je veux qu'une éternelle ivresse
De gloire, de grandeur, de plaisirs, de tendresse,
    Règne sur mes sens tour à tour.

ÉRIGONE

Vous alarmez mon cœur, il tremble de se rendre;   60
De vos emportements il est épouvanté:
    Il serait plus transporté,
    Si le vôtre était plus tendre. [3]

BACCHUS

    Partagez mes transports divins;
Sur mon char de victoire, au sein de la mollesse,   65
Rendez le ciel jaloux, enchaînez les humains;
Un Dieu plus fort que moi nous entraîne et nous presse.
    Que le thyrse règne toujours
    Dans les plaisirs et dans la guerre,
        Qu'il tienne lieu du tonnerre,   70
    Et des flèches des amours.

LE CHŒUR

    Que le thyrse règne toujours
    Dans les plaisirs et dans la guerre,

---

[3] The author of the *Lettre d'un rhétoricien* queries this couplet: 'Son cœur cependant *serait plus transporté*. (De quoi? de quel sentiment? *Subauditur*. Transporté est-il terme absolu? Oui, s'il est synonyme à voituré) *plus transporté si Bacchus était plus tendre*' (p.4).

Qu'il tienne lieu du tonnerre,
Et des flèches des amours.[4]   75

ÉRIGONE

Quel Dieu de mon âme s'empare!
    Quel désordre impétueux!
Il trouble mon cœur, il l'égare.
L'Amour seul rendrait plus heureux.

BACCHUS

Mais quel est dans ces lieux ce temple solitaire!   80
    A quels Dieux est-il consacré?
Je suis vainqueur, j'ai su vous plaire:
Si Bacchus est connu, Bacchus est adoré.

UN DES SUIVANTS *de Bacchus.*

La Gloire est dans ces lieux, le seul Dieu qu'on adore,
Elle doit aujourd'hui placer sur ses autels   85
    Le plus auguste des mortels.
Le vainqueur bienfaisant des peuples de l'Aurore,
    Aura ces honneurs solennels.

ÉRIGONE

    Un si brillant hommage
    Ne se refuse pas.   90

---

[4] For a musical analysis of this large-scale, four-part chorus ('Que le thyrse'), which is retained in act II of the 1746 version of the play, see Pierre Saby, 'Le chœur dans les œuvres dramatiques de Jean-Philippe Rameau' (doctoral thesis, Lille 1989), p.459-61, who shows, significantly, how 'articulation littéraire et structure musicale ne coincident pas exactement' (p.461): Rameau plays with Voltaire's quatrain, not necessarily keeping it intact on each repetition (on the first repeat, the third and fourth lines are held over until the second repeat, separated by a three-bar orchestral interlude). This analysis is significant in the light of the evidence of the difficult working relationship between Voltaire and Rameau and their opposed views on the relative importance of words and music (see the introduction to *La Princesse de Navarre*, 'Commission and composition').

L'Amour seul me guidait, sur cet heureux rivage;
   Mais on peut détourner ses pas,
   Quand la Gloire est sur le passage. [5]

   (*Ensemble*)

La Gloire est une vaine erreur,
Mais avec vous c'est le bonheur suprême: 95
      C'est vous que j'aime,
C'est vous qui remplissez mon cœur.

      BACCHUS
   Le temple s'ouvre,
   La Gloire se découvre.
L'objet de mon ardeur y sera couronné;   100
Suivez-moi.

   (*Le Temple de la Gloire paraît ouvert.*)

     LE GRAND PRÊTRE *de la Gloire*
   Téméraire, arrête;
Ce laurier serait profané,
S'il avait couronné ta tête;
Bacchus qu'on célèbre en tous lieux,
N'a point ici la préférence;   105
Il est une vaste distance
Entre les noms connus et les noms glorieux. [6]

      ÉRIGONE
Eh quoi! De ses présents, la Gloire est-elle avare
   Pour ses plus brillants favoris?

---

[5] Destrées quotes with approval this dialogue between Bacchus and Erigone (from l.41) (*Le Controlleur du Parnasse*, ii.58-60).

[6] Fréron glosses this final couplet as a 'grande maxime' and a 'proposition incontestable' (*Opuscules*, ii.186).

353

BACCHUS

J'ai versé des bienfaits sur l'univers soumis.   110
Pour qui sont ces lauriers que votre main prépare?

LE GRAND PRÊTRE

Pour des vertus d'un plus haut prix.
Contentez-vous, Bacchus, de régner dans vos fêtes,
D'y noyer tous les maux que vos fureurs ont faits.
Laissez-nous couronner de plus belles conquêtes,   115
Et de plus grands bienfaits.

BACCHUS

Peuple vain, peuple fier, enfants de la tristesse,
Vous ne méritez pas des dons si précieux.
Bacchus vous abandonne à la froide sagesse,
Il ne saurait vous punir mieux.   120
Volez, suivez-moi, troupe aimable,
Venez embellir d'autres lieux.
Par la main des plaisirs, des amours, et des jeux,
Versez ce nectar délectable,
Vainqueur des mortels et des Dieux;   125
Volez, suivez-moi, troupe aimable,
Venez embellir d'autres lieux.

BACCHUS ET ÉRIGONE

Parcourons la terre
Au gré de nos désirs.
Du temple de la guerre,   130
Au temple des plaisirs.

(*On danse.*)

UNE BACCHANTE *avec le Chœur.*

Bacchus fier et doux vainqueur,
Conduis mes pas, règne en mon cœur;

354

ACTE III

La Gloire promet le bonheur,
Et c'est Bacchus qui nous le donne.   135

Raison, tu n'es qu'une erreur,
Et le chagrin t'environne.
Plaisir, tu n'es point trompeur,
Mon âme à toi s'abandonne.

Bacchus fier et doux vainqueur, etc.   140

Fin du troisième acte.

ACTE IV

Le théâtre représente la ville d'Artaxate[1] à demi ruinée,
au milieu de laquelle est une place publique ornée d'arcs
de triomphe, chargés de trophées.

PLAUTINE, JUNIE, FANIE

PLAUTINE

Reviens, divin Trajan, vainqueur doux et terrible;
Le monde est mon rival, tous les cœurs sont à toi;
   Mais, est-il un cœur plus sensible,
   Et qui t'adore plus que moi?[2]

Les Parthes sont tombés sous ta main foudroyante;   5
   Tu punis, tu venges les rois.
   Rome est heureuse et triomphante;
   Tes bienfaits passent tes exploits.[3]

Reviens, divin Trajan, vainqueur doux et terrible;
Le monde est mon rival, tous les cœurs sont à toi;   10

---

[1] Artaxata was, until the 5th century, the capital of Armenia, founded by Artaxias I in 190 BC on the Araks River near Lake Sevan in the Ararat valley; it was destroyed in 163 AD when Marcus Statius Priscus reconquered Armenia. It is the site of the city of Yerevan, the present-day capital of Armenia. Voltaire alludes to the destruction of Artaxata and the decline of Armenia in chapter 197 of the *Essai sur les mœurs*: 'On a pu remarquer, dans le cours de tant de révolutions, qu'il s'est formé des peuples presque sauvages, tant en Europe qu'en Asie, dans les contrées autrefois les plus policées. [...] Les pays où étaient les villes d'Artaxates, de Tigranocertes, de Colchos, ne valent pas à beaucoup près nos colonies' (ii.806).

[2] Destrées quotes with approval this opening quatrain (*Le Controlleur du Parnasse*, ii.60).

[3] This line prompts the author of the *Lettre d'un rhétoricien* to accuse Voltaire of stylistic repetition: '*Tes bienfaits passent tes exploits.* Vous aimez cette phrase, car vous direz au cinquième acte *vos vertus ont passé mon espérance même*' (p.5). The line actually appears later in this act (l.128).

356

Mais, est-il un cœur plus sensible,
Et qui t'adore plus que moi?

FANIE

Dans ce climat barbare, au sein de l'Arménie,
Osez-vous affronter les horreurs des combats?

PLAUTINE

Nous étions protégés par son puissant génie,   15
Et l'Amour conduisait mes pas.

JUNIE

L'Europe reverra son vengeur et son maître;
Sous ces arcs triomphaux, on dit qu'il va paraître.

PLAUTINE

Ils sont élevés par mes mains.
Quel doux plaisir succède à ma douleur profonde!   20
Nous allons contempler dans le maître du monde,
Le plus aimable des humains.

JUNIE

Nos soldats triomphants, enrichis, pleins de gloire,
Font voler son nom jusqu'aux cieux.

FANIE

Il se dérobe à leurs chants de victoire;   25
Seul, sans pompe, et sans suite, il vient orner ces lieux. 4

PLAUTINE

Il faut à des héros vulgaires

---

4 The author of the *Lettre d'un rhétoricien* sees here an apparent echo of *La
Princesse de Navarre*: 'Trajan viendra *seul et sans suite*, à peu près comme votre
Infante de Navarre, *sans Dame d'honneur et sans Pages*' (p.5). The allusion is to the
opening scene of the *comédie-ballet* (l.18).

La pompe et l'éclat des honneurs,
Ces vains appuis sont nécessaires
   Pour les vaines grandeurs.   30
Trajan seul est suivi de sa gloire immortelle;
On croit voir près de lui l'univers à genoux;
Et c'est pour moi qu'il vient! Ce héros m'est fidèle!
Grands Dieux, vous habitez dans cette âme si belle,
   Et je la partage avec vous!   35

TRAJAN, PLAUTINE, Suite

PLAUTINE *courant au-devant de* TRAJAN.

Enfin, je vous revois, le charme de ma vie
   M'est rendu pour jamais.

TRAJAN

Le ciel me vend cher ses bienfaits,
   Ma félicité m'est ravie.
Je reviens un moment pour m'arracher à vous,   40
   Pour m'animer d'une vertu nouvelle,
   Pour mériter, quand Mars m'appelle,
D'être empereur de Rome et d'être votre époux.

PLAUTINE

Que dites-vous? Quel mot funeste!
Un moment! Vous, ô ciel! Un seul moment me reste,   45
Quand mes jours dépendaient de vous revoir toujours.

TRAJAN

Le ciel en tous les temps m'accorda son secours;
Il me rendra bientôt aux charmes que j'adore.
   C'est pour vous qu'il a fait mon cœur.
   Je vous ai vue, et je serai vainqueur.   50

PLAUTINE

Quoi, ne l'êtes-vous pas? Quoi, serait-il encore
Un roi que votre main n'aurait pas désarmé?
Tout n'est-il pas soumis, du couchant à l'aurore?
      L'univers n'est-il pas calmé?

TRAJAN

On ose me trahir.

PLAUTINE

      Non, je ne puis vous croire,   55
On ne peut vous manquer de foi.

TRAJAN

Des Parthes terrassés l'inexorable roi
S'irrite de sa chute, et brave ma victoire;
Cinq rois qu'il a séduits sont armés contre moi;
Ils ont joint l'artifice aux excès de la rage,   60
      Ils sont au pied de ces remparts;
Mais j'ai pour moi les Dieux, les Romains, mon courage,
      Et mon amour et vos regards.

PLAUTINE

Mes regards vous suivront; je veux que sur ma tête
      Le ciel épuise son courroux.   65
Je ne vous quitte pas, je braverai leurs coups;
   J'écarterai la mort qu'on vous apprête,
      Je mourrai du moins près de vous.

TRAJAN

Ah, ne m'accablez point, mon cœur est trop sensible;
      Ah, laissez-moi vous mériter.   70
Vous m'aimez, il suffit, rien ne m'est impossible,
      Rien ne pourra me résister.

PLAUTINE

Cruel, pouvez-vous m'arrêter?
J'entends déjà les cris d'un ennemi perfide.

TRAJAN

J'entends la voix du devoir qui me guide.   75
Je vole; demeurez; la victoire me suit.
Je vole; attendez tout de mon peuple intrépide,
    Et de l'amour qui me conduit.

Ensemble

Je vais⎫
Allez ⎭ punir un barbare,

    Terrasser sous ⎰mes⎱ coups
                   ⎱vos⎰   80

L'ennemi qui nous sépare,
Qui m'arrache un moment à vous.

PLAUTINE

Il m'abandonne à ma douleur mortelle;
Cher amant, arrêtez; ah! détournez les yeux,
Voyez encor les miens.

TRAJAN *au fond du théâtre.*

                O dieux! ô justes Dieux!   85
Veillez sur l'empire et sur elle.

PLAUTINE

Il est déjà loin de ces lieux.
Devoir, es-tu content? Je meurs, et je l'admire.
Ministres du dieu des combats,
Prêtresses de Vénus, qui veillez sur l'empire,   90
Percez le ciel de cris, accompagnez mes pas,
    Secondez l'amour qui m'inspire.

ACTE IV

CHŒUR DES PRÊTRES DE MARS

Fier Dieu des alarmes,
Protège nos armes,
Conduis nos étendards.   95

CHŒUR DES PRÊTRESSES DE VÉNUS

Déesse des Grâces,
Vole sur ses traces,
Enchaîne le Dieu Mars.

(*On danse.*)

CHŒUR DES PRÊTRESSES

Mère de Rome et des amours paisibles,
Viens tout ranger sous ta charmante loi,   100
Viens couronner nos Romains invincibles,
Ils sont tous nés pour l'amour, et pour toi.

PLAUTINE

Dieux puissants, protégez votre vivante image;
Vous étiez autrefois des mortels comme lui;
C'est pour avoir régné comme il règne aujourd'hui,   105
    Que le ciel est votre partage.

(*On danse.*)

(*On entend un CHŒUR de Romains qui avancent lentement
    sur le théâtre.*)

Charmant héros, qui pourra croire
Des exploits si prompts et si grands?
Tu te fais en peu de temps,
La plus durable mémoire.   110

JUNIE

Entendez-vous ces cris et ces chants de victoire?

FANIE

Trajan revient vainqueur.

PLAUTINE

En pouviez-vous douter?
Je vois ces rois captifs, ornements de sa gloire;
Il vient de les combattre, il vient de les dompter.

JUNIE

Avant de les punir par ses lois légitimes,   115
    Avant de frapper ses victimes,
    A vos genoux, il veut les présenter.

(TRAJAN *paraît, entouré des aigles romaines et de faisceaux;*
    les rois vaincus sont enchaînés à sa suite.)

TRAJAN

Rois, qui redoutez ma vengeance,
Qui craignez les affronts aux vaincus destinés,
    Soyez désormais enchaînés   120
    Par la seule reconnaissance.
Plautine est en ces lieux, il faut qu'en sa présence,
    Il ne soit point d'infortunés.

LES ROIS *se relevant, chantent avec le chœur.*

    O grandeur! O clémence!
    Vainqueur égal aux Dieux,   125
    Vous avez leur puissance,
    Vous pardonnez comme eux.

PLAUTINE

Vos vertus ont passé mon espérance même;
Mon cœur est plus touché que celui de ces rois.

TRAJAN

Ah, s'il est des vertus dans ce cœur qui vous aime,   130
      Vous savez à qui je les dois.
J'ai voulu des humains mériter le suffrage,
      Dompter les rois, briser leurs fers,
      Et vous apporter mon hommage,
      Avec les vœux de l'univers.   135
Ciel! Que vois-je en ces lieux?

(LA GLOIRE *descend d'un vol précipité, une couronne
de laurier à la main.*)

LA GLOIRE

            Tu vois ta récompense,
Le prix de tes exploits, surtout de ta clémence;
Mon trône est à tes pieds, tu règnes avec moi.[5]

(*Le théâtre change, et représente* LE TEMPLE DE
LA GLOIRE.)

Elle continue:

Plus d'un héros, plus d'un grand roi,
Jaloux en vain de sa mémoire,   140
Vola toujours après la Gloire,
Et la Gloire vole après toi.

(LES SUIVANTS de la Gloire, *mêlés aux Romains et aux
Romaines, forment des danses.*)

UN ROMAIN

Régnez en paix après tant d'orages,

[5] The author of the *Lettre d'un rhétoricien* comments thus: 'LA GLOIRE vient couronner Trajan avec ces mots: *mon trône est à tes pieds*. J'apprends toujours avec vous, mon cher Monsieur, et je compte que désormais on descendra au trône au lieu d'y monter. Depuis Ronsard, prince des poètes sous Charles IX, comme vous l'êtes aujourd'hui, nul n'avait osé braver l'idiome français si impérieusement' (p.6).

5. 'Tu vois ta récompense'. *Le Temple de la gloire*, act IV.
(Engraving in w75G.)

Triomphez dans nos cœurs satisfaits.
Le sort préside aux combats, aux ravages; 145
La Gloire est dans les bienfaits.
Tonnerre, écarte-toi de nos heureux rivages;
Calme heureux, reviens pour jamais.
Régnez en paix, etc.

CHŒUR

Le ciel nous seconde, 150
Célébrons son choix:
Exemple des rois,
Délices du monde,
Vivons sous tes lois.

JUNIE

Tendre Vénus, à qui Rome est soumise, 155
A nos exploits joins tes tendres appas;
Ordonne à Mars enchanté dans tes bras,
Que pour Trajan sa faveur s'éternise.

LE CHŒUR

Le ciel nous seconde,
Célébrons son choix: 160
Exemple des rois,
Délices du monde,
Vivons sous tes lois.

TRAJAN

Des honneurs si brillants, sont trop pour mon partage,
Dieux dont j'éprouve la faveur, 165
Dieux de mon peuple, achevez votre ouvrage,
Changez ce temple auguste en celui du Bonheur.
Qu'il serve à jamais aux fêtes

Des fortunés humains:
Qu'il dure autant que les conquêtes,
Et que la gloire des Romains.

LA GLOIRE

Les Dieux ne refusent rien
Au héros qui leur ressemble:
Volez, plaisirs, que sa vertu rassemble;
Le temple du bonheur sera toujours le mien.

Fin du quatrième acte.

ACTE V

Le théâtre change et représente LE TEMPLE DU BONHEUR;
il est formé de pavillons d'une architecture légère, de péristyles,
de jardins, de fontaines, etc. Ce lieu délicieux est rempli
de Romains et de Romaines de tous états.

CHŒUR

Chantons en ce jour solennel,
Et que la terre nous réponde:
Un mortel, un seul mortel,
A fait le bonheur du monde.

(*On danse.*)

UNE ROMAINE

Tout rang, tout sexe, tout âge   5
Doit aspirer au bonheur.

LE CHŒUR

Tout rang, tout sexe, tout âge
Doit aspirer au bonheur.

LA ROMAINE

Le printemps volage,
L'été plein d'ardeur,   10
L'automne plus sage,
Raison, badinage,
Retraite, grandeur,
Tout rang, tout sexe, tout âge
Doit aspirer au bonheur[1].   15

---

[1] Fréron praises 'la délicatesse et la construction régulière de ces petits vers' (lines
9-15), but he then adds: 'Je suis au désespoir que dans l'énumération des saisons le

LE CHŒUR

Tout rang, etc.

(*Des Bergers et des Bergères entrent en dansant.*)

UNE BERGÈRE

Ici les plus brillantes fleurs
N'effacent point les violettes;
Les étendards et les houlettes
Sont ornés des mêmes couleurs.   20
Les chants de nos tendres pasteurs
Se mêlent au bruit des trompettes;
L'amour anime en ces retraites
Tous les regards et tous les cœurs.

Ici les plus brillantes fleurs   25
N'effacent point les violettes;
Les étendards et les houlettes
Sont ornés des mêmes couleurs.

(*Les Seigneurs et les Dames romaines se joignent en dansant
aux Bergers et aux Bergères.*)

UN ROMAIN

Dans un jour si beau,
Il n'est point d'alarmes;   30
Mars est sans armes,
L'Amour sans bandeau.

LE CHŒUR

Dans un jour si beau, etc.

---

poète ait oublié l'hiver' (*Opuscules*, ii.188). The author of the *Lettre d'un rhétoricien*
also quotes the Roman woman's lines (though the last couplet is reduced to 'Tout
aspire au bonheur') and then comments: 'Quel feu de poésie, mon divin maître! Tout
est élégament personnifié, la retraite ou la cour pouvait conduire au bonheur. Mais y
aspirent-elles? Croyez-moi, essayez de l'une après l'autre' (p.6).

LE ROMAIN

La Gloire et les Amours en ces lieux n'ont des ailes
    Que pour voler dans nos bras.   35
La Gloire aux ennemis présentait nos soldats,
    Et l'Amour les présente aux belles.

LE CHŒUR

    Dans un jour si beau,
    Il n'est point d'alarmes,
    Mars est sans armes,   40
    L'Amour sans bandeau.

        (*On danse.*)

(TRAJAN *paraît avec* PLAUTINE, *et tous les Romains*
        se rangent autour de lui.)

CHŒUR

    Toi que la victoire
    Couronne en ce jour,
    Ta plus belle gloire
    Vient du tendre amour.   45

TRAJAN

O peuples de héros qui m'aimez et que j'aime,
    Vous faites mes grandeurs;
    Je veux régner sur vos cœurs,
    Sur tant d'appas* et sur moi-même;
(* *Montrant Plautine.*)

48-50 K:
   Je veux régner sur vos cœurs,
   (*montrant Plautine.*)
     Sur tant d'appas et sur moi-même;
   Montez au haut du ciel, encens que je reçois,

Montez au haut du ciel, encens que je reçois,   50
Retournez vers les Dieux, hommages que j'attire:
Dieux, protégez toujours ce formidable empire,
    Inspirez toujours tous ses rois.
Montez au haut du ciel, encens que je reçois,
Retournez vers les Dieux, hommages que j'attire.[2]   55

(Toutes les différentes troupes recommencent leurs danses autour
de TRAJAN *et de* PLAUTINE, *et terminent la fête par*
un Ballet général.)

Fin du cinquième et dernier acte.

54-55   w70L: *[absent]*

[2] Destrées quotes Trajan's speech, commenting: '[Trajan] termine la fête par ces vers où le système de l'attraction même est glissé avec une finesse admirable' (*Le Controlleur du Parnasse*, ii.60).

APPENDIX

The text reproduced below is that of the three-act version performed and published in 1746 (46P). The title-page lists the actors, singers and dancers who participated; they are as follows.

The actors and actresses who sang in all of the choruses were (on the king's side) Mesdemoiselles Dun, Tulou, Delorge, Larcher, Delastre, Rivière, Gazeau and De Brière, and Messieurs Lefebvre, Marcelet, Le Page, Laubertie, Lamarre, Fel, Bourque, Houbeau, Bornet, Gallard, Duchênet, Orban and Rochette; and (on the queen's side) Mesdemoiselles Cartou, Monville, Lagrandville, Masson, Rollet, Desgranges, Gondré and Delorme, and Messieurs De Serre, Gratin, St Martin, Le Mesle, Chabou, Levasseur, Belot, Louatron, Therasse and Cordelet. Playing the 'Musettes, hautbois, bassons' were Messieurs Chefdeville, Despreaux, Brunel and Rault.

In the Prologue, the singers were M. Le Page (L'Envie) and M. Jeliotte (Apollon). The dancers were Messieurs F. Dumoulin, P. Dumoulin, Feuillade, Caillés, Malter, Dangeville, Hamoche and Levoir (Démons); Messieurs Monservin, Gherardi, Dumay, Dupré, Matignon, De Vice and Pelletier (Héros); Mesdemoiselles Lyonnois, Carville, Rabon, Erny, Rosalie, Petit and Beaufort (Muses).

In Act I, the singers were Mlle Chevalier (Lidie), Mlle Bourbonnois (Arsine), Mlle Coupée (Une Bergère) and M. De Chassé (Bélus). The dancers were Messieurs D. Dumoulin, Malter, P. Dumoulin, Levoir, Hamoche, Matignon, Dumay, Dupré, Mesdemoiselles Le Breton, Saint-Germain, Courcelle, Thiery, Herny, Lyonnois and Beaufort (Bergers et Bergères).

In Act II, the singers were M. Poirier (Bacchus), Mlle Fel (Erigone), Mlle Bourbonnois (Une Bacchante) and M. Le Page (Le Grand Prêtre de la Gloire). The dancers were Mesdesmoiselles Camargo, Petit, Rabon, Lyonnois, Erny, Beaufort, Rosalie, Courcelle and Saint-Germain (Bacchantes); Messieurs Matignon, Malter, Dangeville, F. Dumoulin, Levoir and Hamoche (Egipans); Messieurs Pitro, Monservin, Gherardi, Dumay, Dupré, Feuillade and De Vice (Satires).

In Act III, the singers were Mlle Chevalier (Plautine), Mlle Jacquet

371

(Junie), M. Jeliotte (Trajan), Messieurs Poirier, de La Tour, Gallard, Albert, Person and Le Fevre (Rois vaincus à la suite de Trajan) and Mlle Fel (La Gloire). The dancers were Messieurs Dumay, Dupré, P. Dumoulin and De Vice (Prêtres de Mars), Mesdemoiselles Carville, Petit, Beaufort, Thierry and Duchâteau (Prêtresses de Vénus), Messieurs Dupré, Levoir, Hamoche, Caillés, Pelletier, Feuillade, P. Dumoulin, Mesdemoiselles Camargo, Thierry, Petit, Rabon, Rosalie, Devaux and Duchâteau (Romains et Romaines).

PRÉFACE

Après une victoire signalée, après la prise de sept villes à la vue d'une armée ennemie, et la paix offerte par le vainqueur; le spectacle le plus convenable qu'on pût donner au souverain et à la nation, qui ont fait ces grandes actions, était le *Temple de la gloire*.

Il était temps d'essayer si le vrai courage, la modération, la clémence qui suit la victoire, la félicité des peuples, étaient des sujets aussi susceptibles d'une musique touchante, que de simples dialogues d'amour, tant de fois répétés sous des noms différents, et qui semblaient réduire à un seul genre la poésie lyrique.

Le célèbre Metastasio dans la plupart des fêtes qu'il composa pour la cour de l'empereur Charles VI, osa faire chanter des maximes de morale; et elles plurent; on a mis ici en action, ce que ce génie singulier avait eu la hardiesse de présenter, sans le secours de la fiction et sans l'appareil du spectacle.

Ce n'est pas une imagination vaine et romanesque que le trône de la Gloire, élevé auprès du séjour des Muses, et la caverne de l'Envie, placée entre ces deux temples. Que la Gloire doive nommer l'homme le plus digne d'être couronné par elle, ce n'est là que l'image sensible du jugement des honnêtes gens, dont l'approbation est le prix le plus flatteur que puissent se proposer les princes; c'est cette estime des contemporains, qui assure celle de la postérité; c'est elle qui a mis les Titus au-dessus des Domitiens, Louis XII au-dessus de Louis XI, et qui a distingué Henri IV de tant de rois.

On introduit ici trois espèces d'hommes qui se présentent à la Gloire, toujours prête à recevoir ceux qui le méritent, et à exclure ceux qui sont indignes d'elle.

Le second acte désigne, sous le nom de Bélus, les conquérants injustes et sanguinaires dont le cœur est faux et farouche.

Bélus enivré de son pouvoir, méprisant ce qu'il a aimé, sacrifiant tout à une ambition cruelle, croit que des actions barbares et heureuses doivent lui ouvrir ce temple; mais il en est chassé par les Muses qu'il dédaigne, et par les Dieux qu'il brave.

Bacchus conquérant de l'Inde, abandonné à la mollesse et aux plaisirs, parcourant la terre avec ses Bacchantes, est le sujet du troisième acte; dans l'ivresse de ses passions, à peine cherche-t-il la Gloire; il la voit, il en est touché un moment; mais les premiers honneurs de ce temple ne sont pas dus à un homme qui a été injuste dans ses conquêtes et effréné dans ses voluptés.

Cette place est due au héros qui paraît au quatrième acte; on a choisi Trajan parmi les empereurs romains qui ont fait la gloire de Rome et le bonheur du monde. Tous les historiens rendent témoignage que ce prince avait les vertus militaires et sociables, et qu'il les couronnait par la justice; plus connu encore par ses bienfaits que par ses victoires; il était humain, accessible; son cœur était tendre, et cette tendresse était dans lui une vertu; elle répandait un charme inexprimable sur ces grandes qualités qui prennent souvent un caractère de dureté, dans une âme qui n'est que juste.

Il savait éloigner de lui la calomnie: il cherchait le mérite modeste pour l'employer et le récompenser, parce qu'il était modeste lui-même; et il le démêlait, parce qu'il était éclairé: il déposait avec ses amis, le faste de l'empire; fier avec ses seuls ennemis; et la clémence prenait la place de cette hauteur après la victoire. Jamais on ne fut plus grand et plus simple. Jamais prince ne goûta comme lui, au milieu des soins d'une monarchie immense, les douceurs de la vie privée et les charmes de l'amitié. Son nom est encore cher à toute la terre; sa mémoire même fait encore des heureux, elle inspire une noble et tendre émulation aux cœurs qui sont nés dignes de l'imiter.

Trajan dans ce poème, ainsi que dans sa vie, ne court pas après la Gloire; il n'est occupé que de son devoir, et la Gloire vole au-devant de lui; elle le couronne, elle le place dans son temple, il en fait le temple du bonheur public. Il ne rapporte rien à soi, il ne songe qu'à être le bienfaiteur des hommes; et les éloges de l'empire entier viennent le chercher, parce qu'il ne cherchait que le bien de l'empire.

Voilà le plan de cette fête, il est au-dessus de l'exécution, et au-dessous du sujet; mais quelque faiblement qu'il soit traité, on se flatte d'être venu dans un temps où ces seules idées doivent plaire. (*a*)

(*a*) Ce poème lyrique n'ayant pas été d'abord destiné à l'Académie royale de musique, il a fallu y changer plusieurs choses pour se conformer aux usages de ce spectacle, on a surtout asservi les paroles à la musique: Mais, jusques dans les canevas, on a cru devoir célébrer la vertu, principal objet de tout ouvrage public, et surtout de ceux qui sont présentés aux rois.

PROLOGUE

Le théâtre représente la caverne de L'ENVIE.

SCÈNE PREMIÈRE

L'ENVIE, *et ses suivants.*

L'ENVIE

Profonds abîmes du Ténare,
Nuit affreuse, éternelle nuit,
Dieux de l'oubli, Dieux du Tartare,
Eclipsez le jour qui me luit;
Démons, apportez-moi votre secours barbare,   5
Contre le Dieu qui me poursuit.

Les Muses et la Gloire ont élevé leur temple
Dans ces paisibles lieux:
Qu'avec horreur je les contemple!
Que leur éclat blesse mes yeux!   10
Profonds abîmes du Ténare,
Nuit affreuse, éternelle nuit,
Dieux de l'oubli, Dieux du Tartare,
Eclipsez le jour qui me luit;
Démons, apportez-moi votre secours barbare,   15
Contre le dieu qui me poursuit.

SUITE DE L'ENVIE

Notre gloire est de détruire,
    Notre sort est de nuire;
Nous allons renverser ces affreux monuments,
    Nos coups redoutables   20
    Sont plus inévitables
Que les traits de la mort et le pouvoir du temps.

375

L'ENVIE

Hâtez-vous, vengez mon outrage;
Des Muses que je hais embrasez le bocage,
Ecrasez sous ces fondements,   25
Et la Gloire, et son temple, et ses heureux enfants,
Que je hais encor davantage.
Démons ennemis des vivants,
Donnez ce spectacle à ma rage.

(*Les Furies paraissent sur la scène, et forment
une danse caractérisée.*)

SCÈNE II

APOLLON *entre, suivi des Muses, de demi-Dieux et de Héros,
et les Acteurs de la scène précédente.*

APOLLON

Arrêtez, monstres furieux.   30
Fuis mes traits, crains mes feux, implacable Furie.

L'ENVIE

Non, ni les mortels, ni les dieux
Ne pourront désarmer l'Envie.

APOLLON

Oses-tu suivre encor mes pas?
Oses-tu soutenir l'éclat de ma lumière?   35

L'ENVIE

Je troublerai plus de climats,
Que tu n'en vois dans ta carrière.

APOLLON

Muses et demi-Dieux, vengez-moi, vengez-vous.

(*Les HÉROS et les demi-Dieux saisissent l'ENVIE.*)

376

L'ENVIE

Non, c'est en vain que l'on m'arrête.

APOLLON

Etouffez ces serpents qui sifflent sur sa tête.   40

L'ENVIE

Ils renaîtront cent fois pour servir mon courroux.

APOLLON

Le ciel ne permet pas que ce monstre périsse,
    Il est immortel comme nous:
    Qu'il souffre un éternel supplice.
Que du bonheur du monde il soit infortuné;   45
    Qu'auprès de la Gloire il gémisse,
    Qu'à son trône il soit enchaîné;
    Qu'il y soit abandonné
Aux transports impuissants d'une rage éternelle:
Il verra cent Héros qu'ici la gloire appelle.   50
Et le plus généreux, le plus juste de tous
    Y sera couronné par elle
    Aux yeux de ce monstre jaloux.

    (*L'Antre de l'ENVIE disparaît.*
On voit les deux coteaux du Parnasse. Des berceaux ornés de
guirlandes de fleurs, sont à mi-côte; et le fond du théâtre est
composé de trois arcades de verdure, à travers lesquelles paraît
LE TEMPLE DE LA GLOIRE *dans le lointain.*)

CHŒUR DES MUSES ET DEMI-DIEUX

    Ennemi toujours terrible
    Tu seras toujours abattu,   55
    Les arts, la gloire, la vertu
    Nourriront ta rage inflexible.

    APOLLON *aux Muses.*
    Vous, entre sa caverne horrible

377

Et ce Temple où la Gloire appelle les grands cœurs,
  Chantez filles des Dieux, sur ce coteau paisible:　　60
    La Gloire et les Muses sont sœurs.

Pénétrez les humains de vos divines flammes,
  Charmez, instruisez l'univers,
  Régnez, répandez dans les âmes
  La douceur de vos concerts.　　65
Pénétrez les humains de vos divines flammes,
  Charmez, instruisez l'univers.

(*Danse des Muses et des Héros.*)

CHŒUR DES MUSES

Nous calmons les alarmes,
Nous chantons, nous donnons la paix;
Mais tous les cœurs ne sont pas faits　　70
Pour sentir le prix de nos charmes.

FIN DU PROLOGUE.

PREMIER ACTE

BÉLUS

Le théâtre représente le bocage des Muses, dans lequel LIDIE, Princesse de l'Asie mineure, vient sacrifier: le Temple de la Gloire paraît dans le lointain.

SCÈNE PREMIÈRE

LIDIE, ARSINE

LIDIE

Muses, filles du ciel, la paix règne en vos fêtes,
  Vous suspendez les mortelles douleurs;

c-e　к: [*instead of stage setting*] Cet acte, différent de celui qu'on a lu, a été tiré d'une partition du célèbre *Rameau*. Nous ignorons si c'est ici la première idée du

Dans les cœurs des humains vous calmez les tempêtes,
   Les jours sereins naissent de vos faveurs.

Amour, sors de mon cœur, Amour, brise ma chaîne,   5
     Bélus m'abandonne aujourd'hui,
     Dépit vengeur, trop juste haine
     Soyez s'il se peut mon appui,
Amour, sors de mon cœur, Amour, brise ma chaîne
     Ne sois pas tyran comme lui.   10

Muses, filles du ciel, etc.

ARSINE

Les Muses quelquefois calment un cœur sensible,
Et pour les implorer vous quittez votre cour.
Mais, craignez de chercher ce guerrier invincible:
Au temple de la gloire il vole en ce grand jour,   15
     Il en sera plus inflexible.

LIDIE

Non, je veux dans son cœur porter le repentir.
Il cherche ici la gloire, et ce nom me rassure:
     La gloire ne pourra choisir
     Un vainqueur injuste et parjure.   20
     Hélas! Je l'ai vu vertueux.
Que le sort l'a changé! Que sa grandeur l'égare!
Je l'ai cru bienfaisant, sensible, généreux;
     Son bonheur l'a rendu barbare.

ARSINE

Il insulte à des rois qu'a domptés sa valeur.   25

---

poète, ou si ces changements avaient été faits pour la reprise du Temple de la gloire, en 1746. Cependant cet opéra donné à la cour en 1745, en cinq actes, fut représenté à Paris, en 1746, en trois actes seulement, et celui-ci fut alors supprimé.
11   K: [*absent*]

Devant lui marche la vengeance,
L'orgueil, le faste, la terreur;
Et l'Amour fuit de sa présence.

LIDIE

Que de crimes, ô ciel! Avec tant de vaillance!
  Déesses de ces lieux, appui de l'innocence,   30
    Consolez mon cœur alarmé;
  Secourez-moi contre moi-même,
  Ne permettez plus que j'aime
Un Héros enivré de sa grandeur suprême,
  Qui n'est plus digne d'être aimé.   35

SCÈNE II
LES BERGERS ET LES BERGÈRES
consacrés aux Muses, sortent des Grottes du Parnasse,
au son des instruments champêtres.

LIDIE *aux* Bergers.

Venez, tendres Bergers, vous qui plaignez mes larmes,
  Mortels heureux, des Muses inspirés,
Dans mon cœur agité répandez tous les charmes
  De la paix que vous célébrez.

LES BERGERS EN CHŒUR

Oserons-nous chanter sur nos faibles musettes,   40
  Lorsque les horribles trompettes
  Ont épouvanté les échos?

33   K: Et ne permettez pas que j'aime
35b-d K:
    LIDIE, ARSINE, BERGERS ET BERGÈRES.
    (*Les Bergers et Bergères entrent en dansant au son des musettes.*)

UNE BERGÈRE

Nous fuyons devant ces Héros
Qui viennent troubler nos retraites.

LIDIE

Ne fuyez point Bélus; employez l'art des Dieux   45
A fléchir ce grand cœur autrefois vertueux.
    Les Muses dans ces bocages
    Inspirent vos chants divins:
    Vous calmez les monstres sauvages,
    Enchantez les cruels humains.   50

CHŒUR DE BERGERS

    Nous calmons les monstres sauvages;
    Enchantons les cruels humains.

(*On danse.*)

UNE BERGÈRE

Le Dieu des beaux arts peut seul nous instruire,
    Mais le seul Amour peut changer les cœurs,
    Pour les adoucir il faut les séduire,   55
Du seul dieu d'Amour, les traits sont vainqueurs.

(*On danse.*)

Descends dieu charmant, viens montrer ta lyre,
Viens former les sons du dieu des neuf Sœurs;
Prête à la vertu ta voix, ton sourire,
Tes traits, ton flambeau, tes liens de fleurs.   60

(*On danse.*)

50a-52a K:
CHŒUR
Enchantons les cruels humains.
    (*Ils recommencent leurs danses.*)

381

UNE BERGÈRE

Un roi qui fait des heureux,
Voit combler ses vœux;
Le vrai bonheur le couronne
Quand il le donne.
Dans les palais, dans les bois,   65
On bénit ses justes loix;
Il goûte, il verse en tous lieux
Les bienfaits des Dieux:
A sa voix les vertus renaissent,
Les ris, les jeux les caressent;   70
    La gloire, et l'amour
    Partagent sa cour.
Dans son rang suprême,
C'est lui seul qu'on aime,
C'est lui plus que ses faveurs,   75
    Qui charme les cœurs.
Doux son de notre musette,
    Chante et répète:
Un roi qui fait des heureux, etc.

(*On reprend la danse, qui est interrompue par un bruit de
trompettes, et d'autres instruments guerriers.*)

60b-79b   K:

UN BERGER

Vers ce temple où la mémoire
Consacre les noms fameux,
Nous ne levons point nos yeux;
Les bergers sont assez heureux
Pour voir au moins que la gloire   5
N'est point faite pour eux.
    (*On entend un bruit de timbales et de trompettes.*)

CHŒUR DE GUERRIERS *qu'on ne voit pas encore.*

La guerre sanglante,   80
La mort dévorante,
Signalent nos fureurs:
Livrons-nous un passage
A travers le carnage,
Au faîte des grandeurs.   85

(*LIDIE sort.*)

PETIT CHŒUR DE BERGERS

Quels sons affreux! Quel bruit sauvage!
O Muses, protégez nos fortunés climats.

UNE BERGÈRE

O Gloire, dont le nom semble avoir tant d'appas,
Serait-ce là votre langage?

(*On voit des éclairs, et l'on entend le tonnerre.*)

CHŒUR DE BERGERS

Les éclairs enflamment les cieux,   90
La foudre menace la terre:
Déclarez-vous grands Dieux par la voix du tonnerre,
Que Bélus arrive en ces lieux?

79c   K:
                        SCÈNE III.
                    CHŒUR DE GUERRIERS.
81   K: La mort, l'épouvante
85a   K: [*stage direction absent*]
85b   K: CHŒUR DE BERGERS.
87a   K: UN BERGER.
89a   K: [*stage direction absent*]
90   K: Les éclairs embrasent les cieux,
92   K:
        Déclarez-vous grands Dieux
        Par la voix du tonnerre,

SCÈNE III

BÉLUS

Où suis-je? Qu'ai-je vu? Non je ne le puis croire;
Ce Temple qui m'est dû, ce séjour de la gloire   95
    S'est fermé devant moi?
    Mes soldats ont pâli d'effroi.
La foudre a dévoré les dépouilles sanglantes
    Que j'allais consacrer à Mars;
    Elle a brisé mes étendards   100
    Dans mes mains triomphantes.

(*Le bruit du tonnerre recommence.*)

    Dieux implacables, Dieux jaloux,
    Qu'ai-je donc fait qui vous outrage!
J'ai fait trembler l'univers sous mes coups
    J'ai mis des rois à mes genoux,   105
    Et leurs sujets dans l'esclavage;
    Je me suis vengé comme vous;
    Que demandez-vous davantage?

CHŒUR DE BERGERS

    On n'imite point les dieux
    Par les horreurs de la guerre,   110
    Il faut pour être aimé d'eux
    Se faire aimer sur la terre.

93a   K:

SCÈNE IV.
BELUS et les précédents.

94-95 K:
    Où suis-je? Qu'ai-je vu?
    Non je ne le puis croire;
    Ce Temple qui m'est dû,
    Ce séjour de la gloire
96   K: devant moi.
101a K: [*stage direction absent*]
112   K: [*after this line inserts:*] UNE BERGÈRE

Un roi que rien n'attendrit
Est des rois le plus à plaindre,
Bientôt lui-même il gémit   115
Quand il faut toujours le craindre.

BÉLUS

Quoi, dans ces lieux on brave ma fureur,
Quand le monde à mes pieds se tait dans l'épouvante!

(*On entend une symphonie.*)

Un plaisir inconnu me surprend et m'enchante,
Dans le sein même de l'horreur!   120
De ces simples Bergers la candeur innocente,
Dans mon cœur étonné fait passer sa douceur!

(*On danse.*)

LA BERGÈRE

Ecoutez dans nos chants le dieu qui nous inspire,
Rendez tous les cœurs satisfaits,

116   K: il se fait toujours
        K: [*after this line inserts:*] CHŒUR DE BERGERS *with reprise of lines 113-16*
118a   K: (*On entend le son des musettes.*)
120-21   K: [*inserts between these lines:*] (*Les musettes continuent.*)
122b-30   K:

UNE BERGÈRE

Un roi, s'il veut être heureux,
Doit combler nos vœux;
Le vrai bonheur le couronne
Quand il le donne.
Dans les palais, dans les bois   5
On chérit ses douces lois.
Il goûte, il verse en tous lieux
Les bienfaits des dieux.
A sa voix les vertus renaissent
Les ris, les jeux le caressent;   10
La gloire et l'amour

De vos sévères lois adoucissez l'empire,   125
La gloire est dans les bienfaits.

LE CHŒUR DES BERGERS

Un roi que rien n'attendrit
Est des rois le plus à plaindre;
Bientôt lui-même il gémit,
Quand il faut toujours le craindre.   130

BÉLUS

Plus j'écoute leurs chants, plus je deviens sensible.
Dieux, m'avez-vous conduit dans ce séjour paisible,
Pour m'éclairer d'un nouveau jour?
Des flatteurs m'aveuglaient, ils égaraient leur maître,
Et des Bergers me font connaître   135
Ce que j'ignorais dans ma cour.

Partagent sa cour:
Dans son rang suprême,
C'est lui seul qu'on aime;
C'est lui plus que ses faveurs   15
Qui charme les cœurs.
Un roi, s'il veut, etc.

CHŒUR DE BERGERS

Un roi que rien n'attendrit
Est des rois le plus à plaindre;
Bientôt lui-même il gémit   20
Quand il se fait toujours craindre.

LA BERGÈRE

Ecoutez dans nos chants le dieu qui nous inspire,
Rendez tous les cœurs satisfaits;
De vos sévères lois adoucissez l'empire,
La gloire est dans les bienfaits.   25

CHŒUR

Un roi que rien etc.

386

LIDIE *allant vers* BÉLUS.

Connaissez encor plus; voyez toute ma flamme:
 Je vous ai suivi dans ces lieux,
 Pour vous je demandais aux Dieux
 D'adoucir, de toucher votre âme.   140
Vos vertus autrefois avaient su m'enflammer,
Vous avez tout quitté pour l'horreur de la guerre.
Ah! Je voudrais vous voir adoré de la terre,
 Dussiez-vous ne me point aimer.

BÉLUS

C'en est trop; je me rends au charme qui m'attire: 145
Peut-être que des Dieux j'aurais bravé l'empire,
 Mais ils empruntent votre voix.
 Ils ont guidé vos pas, leur bonté vous inspire,
  Je suis désarmé, je soupire;
J'ose espérer qu'un jour j'obtiendrai sous vos lois, 150
  La gloire immortelle où j'aspire.
  Les Dieux garants de mes vœux,
  Appaiseront leur colère,
  Et pour mériter de vous plaire,
  Je rendrai les mortels heureux.   155

LIDIE ET BÉLUS *ensemble*.

Descends des cieux, lance tes flammes,
Triomphe Amour, dieu des grands cœurs,
Ranime les vertus et les nobles ardeurs
 Qui doivent régner dans nos âmes.

136a K: [*stage direction absent*]
152 K: Ces Dieux
155a K: [*stage direction absent*]
158 K: Anime les

LE CHŒUR

Allez, donnez tous deux au monde,   160
De justes lois et de beaux jours,
  Dans une paix profonde,
Entre la gloire et les amours.

FIN DU PREMIER ACTE.

SECOND ACTE

SCÈNE PREMIÈRE

BACCHUS ET ÉRIGONE, *précédés de* BACCHANTES,
D'ÉGIPANS, DE MÉNADES ET DE GUERRIERS.

UNE BACCHANTE

Accourez, Bacchus vous l'ordonne,
Chantons ses lois, suivons ses pas.

LE CHŒUR

Accourons, Bacchus nous l'ordonne,
Chantons ses lois, suivons ses pas.

LA BACCHANTE

Bacchus, après tes fiers combats,   5
La foule des jeux t'environne,
La main des plaisirs te couronne,
Et l'Amour vole dans tes bras.

160-63   K:
        Entre la gloire et les amours,
        Dans une paix profonde,
        Allez donner tous deux au monde
        De justes lois et de beaux jours.

388

LE CHŒUR

Accourons, Bacchus nous l'ordonne,
Chantons ses lois, suivons ses pas.   10

LA BACCHANTE

Tes mains ont paré nos climats
Des trésors divins de l'automne,
Le chagrin fuit, tout s'abandonne
A tes présents, à tes appas.

LE CHŒUR

Accourons, Bacchus nous l'ordonne,   15
Chantons ses lois, suivons ses pas.

(*On danse.*)

LA BACCHANTE

La brillante Erigone avec Bacchus s'avance,
L'univers s'embellit, s'anime en leur présence.
    Bacchus, de tes nobles ardeurs
    Nous ressentons la violence: 20
    Tout cède à ta puissance,
        Tes douces fureurs
        Dévorent nos cœurs.

LE CHŒUR

Tout cède à ta puissance, etc.

(*On danse.*)

BACCHUS

Erigone, objet plein de charmes,   25
    Objet de ma brûlante ardeur,
Je n'ai point inventé dans les horreurs des armes
Ce nectar des humains nécessaire au bonheur,
Pour consoler la terre, et pour sécher ses larmes;

389

C'était pour enflammer ton cœur.   30
Bannissons la raison de nos brillantes fêtes.
   Non, je ne la connus jamais,
   Dans mes plaisirs, dans mes conquêtes;
   Non, je t'adore, et je la hais.
Bannissons la raison de nos brillantes fêtes.   35

ÉRIGONE

Conservez-la plutôt pour augmenter vos feux;
Elle ajoute aux amours un charme inaltérable.
   Leurs traits en sont moins dangereux,
   Et leur flamme en est plus durable.

BACCHUS

Ces faibles sentiments offensent mon amour;   40
   Je veux qu'une éternelle ivresse
De gloire, de grandeur, de plaisirs, de tendresse,
   Règne sur mes sens tour à tour.

ÉRIGONE

Vous alarmez mon cœur, il tremble de se rendre;
De vos emportements il est épouvanté: 45
   Il serait plus transporté,
   Si le vôtre était plus tendre.

BACCHUS

   Partagez mes transports divins;
Sur mon char de victoire, au sein de la mollesse,
Rendez le ciel jaloux, enchaînez les humains;   50
Un Dieu plus fort que moi nous entraîne et nous presse.
   Que le thyrse règne toujours
   Dans les plaisirs et dans la guerre,
    Qu'il tienne lieu du tonnerre,
    Et des flèches des amours.   55

LE CHŒUR

Que le thyrse règne toujours
Dans les plaisirs et dans la guerre,
 Qu'il tienne lieu du tonnerre,
 Et des flèches des amours.

ÉRIGONE

Un désordre inconnu de mon âme s'empare!   60
Je veux calmer en vain ce trouble impétueux.
Il règne sur mon cœur, il le trouble, il l'égare.
 L'Amour seul rendrait plus heureux.

BACCHUS

Erigone, Silvains, Ménades que j'inspire,
 Sécondez mon divin délire,   65
Célébrez mes bienfaits, mon triomphe, et mes jeux:
(*En montrant le Temple de la Gloire.*)
Courons tous dans ce Temple auguste et solitaire;
Le plaisir nous égale aux Dieux qu'on y révère,
 On doit nous adorer comme eux.

LA BACCHANTE

La Gloire est dans ces lieux le seul Dieu qu'on adore,   70
 Elle doit aujourd'hui placer sur ses autels,
  Le plus auguste des mortels.
Le vainqueur bienfaisant des peuples de l'Aurore,
 Aura ces honneurs solennels.

ÉRIGONE

 Un si brillant hommage   75
  Ne se refuse pas.
L'Amour seul me guidait, sur cet heureux rivage;
 Mais on peut détourner ses pas,
Quand la Gloire est sur le passage.

ENSEMBLE.

Dans l'heureux cours   80
De nos beaux jours,
Tout est erreur, tout est folie;
Mais la gloire et les amours
Seront toujours
La plus douce erreur de la vie.   85

BACCHUS

Le Temple s'ouvre,
La Gloire se découvre.
L'objet de mon ardeur y sera couronné;
Suivez-moi.

SCÈNE II

Le Temple de la Gloire paraît ouvert.
LE GRAND PRÊTRE DE LA GLOIRE
paraît avec ses suivants.

LE GRAND PRÊTRE

Téméraire, arrête;
Ce laurier serait profané,   90
S'il avait couronné ta tête;
Déesse des héros, du vrai sage et des rois,
Source noble et féconde,
Et des vertus et des exploits,
O Gloire, c'est ici que ta puissante voix   95
Doit nommer par un juste choix,
Le premier des maîtres du monde:
Bacchus qu'on célèbre en tous lieux,
N'a point ici la préférence;
Il est une vaste distance   100
Entre les noms connus et les noms glorieux.

ÉRIGONE

Eh quoi! De ses présents, la Gloire est-elle avare
   Pour ses plus brillants favoris?

BACCHUS

J'ai versé des bienfaits sur l'univers soumis.
Pour qui sont ces lauriers que votre main prépare?   105

LE GRAND PRÊTRE

   Pour des vertus d'un plus haut prix.
Contentez-vous, Bacchus, de régner dans vos fêtes,
D'y noyer tous les maux que vos fureurs ont faits;
Laissez-nous couronner de plus belles conquêtes,
   Et de plus grands bienfaits.   110

BACCHUS

Peuple vain, peuple fier, enfants de la tristesse,
Vous ne méritez pas des dons si précieux.
Bacchus vous abandonne à la froide sagesse;
   Il ne saurait vous punir mieux.
     Volez, suivez-moi, troupe aimable,   115
   Venez embellir d'autres lieux.
Par la main des plaisirs, des amours, et des jeux,
   Versez ce nectar délectable,
   Vainqueur des mortels et des Dieux:
     Volez, suivez-moi, troupe aimable,   120
   Venez embellir d'autres lieux.

BACCHUS ET ÉRIGONE

   Parcourons la terre
   Au gré de nos désirs.
   Du Temple de la guerre,
   Au Temple des plaisirs.   125

     (*On danse.*)

393

UNE BACCHANTE *avec le Chœur.*

Bacchus fier et doux vainqueur,
Conduis mes pas, règne en mon cœur;
La Gloire promet le bonheur,
Et c'est Bacchus qui le donne.

Raison, tu n'es qu'une erreur,   130
Et le chagrin t'environne.
Plaisir, tu n'es point trompeur,
Mon âme à toi s'abandonne.

Bacchus fier et doux vainqueur, etc.

FIN DU SECOND ACTE.

TROISIÈME ACTE

TRAJAN

Le théâtre représente la ville d'Artaxate, au milieu de laquelle est une place publique ornée d'arcs de triomphe, chargés de trophées.

SCÈNE PREMIÈRE

PLAUTINE, JUNIE

PLAUTINE

Reviens, divin Trajan, vainqueur doux et terrible,
Le monde est mon rival, tous les cœurs sont à toi;
    Mais, est-il un cœur plus sensible,
    Et qui t'adore plus que moi?

Les Parthes sont tombés sous ta main foudroyante,   5
    Tu punis, tu venges les rois,
    Rome est heureuse et triomphante,
    Tes bienfaits passent tes exploits.

Reviens, divin Trajan, vainqueur doux et terrible,

Le monde est mon rival, tous les cœurs sont à toi;   10
   Mais, est-il un cœur plus sensible,
   Et qui t'adore plus que moi?

JUNIE

Dans ce climat barbare au sein de l'Arménie,
Osez-vous affronter les horreurs des combats?

PLAUTINE

Nous étions protégés par son puissant génie,   15
   Et l'Amour conduisait mes pas.

JUNIE

L'Europe reverra son vengeur et son maître,
Sous ces arcs triomphaux, on dit qu'il va paraître.

PLAUTINE

   Ils sont élevés par mes mains.
Quel doux plaisir succède à ma douleur profonde!   20
Nous allons contempler dans le maître du monde,
   Le plus aimable des humains.

JUNIE

Nos soldats triomphants, enrichis, pleins de gloire,
   Font voler son nom jusqu'aux cieux.
   Il se dérobe à leurs chants de victoire,   25
Seul, sans pompe, et sans suite, il vient orner ces lieux.

PLAUTINE

   Il faut à des héros vulgaires
   La pompe et l'éclat des honneurs;
   Ces vains appuis sont nécessaires
   Pour les vaines grandeurs.   30
Trajan seul est suivi de sa gloire immortelle;
On croit voir près de lui l'univers à genoux,

395

Et c'est pour moi qu'il vient! Ce héros m'est fidèle!
Grands Dieux, vous habitez dans cette âme si belle,
   Et je la partage avec vous!   35

SCÈNE II

TRAJAN, PLAUTINE, *Suite*.

PLAUTINE *courant au-devant de* TRAJAN.

Enfin, je vous revois, le charme de ma vie
   M'est rendu pour jamais.

TRAJAN

   Le ciel me vend cher ses bienfaits,
     Ma félicité m'est ravie.
Je reviens un moment pour m'arracher à vous,   40
   Pour m'animer d'une vertu nouvelle,
    Pour mériter, quand Mars m'appelle,
D'être empereur de Rome et d'être votre époux.

PLAUTINE

   Qu'ai-je entendu! Quel coup funeste?
Un moment! Vous, ô ciel! Un seul moment me reste,   45
Vous me quittez! Cruel! Ah, vous ne savez pas
Quels tourments loin de vous ont suivi tous mes pas.

TRAJAN

Je les éprouvais tous; et ce ciel que j'implore,
    Va terminer tant de rigueurs;
Il me rendra bientôt aux charmes que j'adore: 50
    C'est pour vous qu'il a fait mon cœur,
    Je vous ai vue, et je serai vainqueur.

PLAUTINE

Quoi, ne l'êtes-vous pas? Quoi, serait-il encore

Un roi que votre main n'aurait pas désarmé?
Tout n'est-il pas soumis, du couchant à l'aurore?   55
   L'univers n'est-il pas calmé?

TRAJAN

On ose me trahir.

PLAUTINE

      Non, je ne puis vous croire,
On ne peut vous manquer de foi.

TRAJAN

Des Parthes terrassés l'inexorable roi
S'irrite de sa chute, et brave ma victoire;   60
Cinq rois qu'il a séduits sont armés contre moi;
Je les ai vu tremblants devant l'aigle romaine,
   Se dissiper de toutes parts,
   Et la trahison les ramène;
Dans l'ombre de la nuit, non loin de ces remparts,   65
   Ils doivent s'ouvrir un passage,
   Je vais les prévenir, je pars,
J'aurai pour moi les Dieux, les Romains, mon courage,
   Et mon amour et vos regards.

PLAUTINE

Mes regards vous suivront; je veux que sur ma tête,   70
   Le ciel épuise son courroux.
Je ne vous quitte pas, je braverai leurs coups,
   J'écarterai la mort qu'on vous apprête,
   Je mourrai du moins près de vous.

TRAJAN

Ah, ne m'accablez point, mon cœur est trop sensible;   75
   Ah, laissez-moi vous mériter;
Vous m'aimez, il suffit, rien ne m'est impossible,
   Rien ne pourra me résister.

PLAUTINE

Cruel, pouvez-vous m'arrêter?
J'entends déjà les cris d'un ennemi perfide.   80

TRAJAN

J'entends la voix du devoir qui me guide,
Je vole; demeurez; la victoire me suit.
Je vole, attendez tout de mon peuple intrépide,
  Et de l'amour qui me conduit.

ENSEMBLE.

Je vais $\Big\}$ punir un barbare,   85
Allez

Terrasser sous $\begin{Bmatrix} mes \\ vos \end{Bmatrix}$ coups

L'ennemi qui nous sépare,
Qui m'arrache un moment à vous.

PLAUTINE

Il m'abandonne à ma douleur mortelle!
Cher amant, arrêtez; ah! détournez les yeux,   90
Voyez encor les miens.

TRAJAN *au fond du théâtre.*

        O Dieux! ô justes Dieux!
Veillez sur l'empire et sur elle.

SCÈNE III

PLAUTINE, JUNIE, CHŒUR ET TROUPE
de Prêtres de Mars et de Prêtresses de Vénus.

PLAUTINE

Il est déjà loin de ces lieux,
Devoir, es-tu content? Je meurs, et je l'admire.

Ministres du Dieu des combats, 95
Prêtresses de Vénus, qui veillez sur l'empire,
Percez le ciel de cris, accompagnez mes pas,
    Secondez l'amour qui m'inspire.

CHŒUR DES PRÊTRES DE MARS

Fier Dieu des alarmes,
Protége nos armes, 100
Conduis nos étendards.

CHŒUR DES PRÊTRESSES DE VÉNUS

Déesse des Grâces,
Vole sur ses traces,
Enchaîne le Dieu Mars.

(*On danse.*)

PLAUTINE

Dieux puissants, protégez votre vivante image, 105
    Vous étiez autrefois des mortels comme lui,
C'est pour avoir régné comme il règne aujourd'hui,
    Que le ciel est votre partage.

(*On danse.*)

(*On entend un CHŒUR de Romains qui avancent lentement
    sur le théâtre.*)

Charmant héros, qui pourra croire
Des exploits si prompts et si grands? 110
    Tu te fais en peu de temps,
    La plus durable mémoire.

JUNIE

Entendez-vous ces cris et ces chants de victoire?
Trajan revient vainqueur.

399

PLAUTINE

En pouviez-vous douter?
Je vois ces rois captifs, ornements de sa gloire;   115
Il vient de les combattre, il vient de les dompter.

JUNIE

Avant de les punir par ses lois légitimes,
Avant de frapper ses victimes,
A vos genoux, il veut les présenter.

SCÈNE IV

TRAJAN, entouré des aigles romaines et de faisceaux;
les rois vaincus sont enchaînés à sa suite.
CHŒUR DE ROMAINS, et les Acteurs de la scène précédente.

TRAJAN

Rois, qui redoutez ma vengeance,   120
Qui craignez les affronts aux vaincus destinés,
Soyez désormais enchaînés
Par la seule reconnaissance;
Plautine est en ces lieux, il faut qu'en sa présence,
Il ne soit point d'infortunés.   125

LES ROIS *se relevant, chantent avec le chœur.*

O grandeur! O clémence!
Vainqueur égal aux Dieux,
Vous avez leur puissance,
Vous pardonnez comme eux.

PLAUTINE

Vos vertus ont passé mon espérance même,   130
Mon cœur est plus touché que celui de ces rois.

TRAJAN

Ah, s'il est des vertus dans ce cœur qui vous aime,
  Vous savez à qui je les dois!
J'ai voulu des humains mériter le suffrage,
  Dompter les rois, briser leurs fers,   135
  Et vous apporter mon hommage,
  Avec les vœux de l'univers.
Ciel! Que vois-je en ces lieux?

(*LA GLOIRE descend, une couronne de laurier à la main.*)

LA GLOIRE

        Tu vois ta récompense,
Le prix de tes exploits, surtout de ta clémence;
Mes autels sont les tiens, tu règnes avec moi.   140

(*Le théâtre change, et représente* LE TEMPLE
    DE LA GLOIRE.
    ELLE continue:)

  Plus d'un héros, plus d'un grand roi,
  Jaloux en vain de sa mémoire,
  Vola toujours après la Gloire,
  Et la Gloire vole après toi.

TRAJAN

Des honneurs si brillants, sont trop pour mon partage,   145
  Dieux dont j'éprouve la faveur,
Dieux de mon peuple, achevez votre ouvrage,
Changez ce temple auguste en celui du bonheur.
  Qu'il serve à jamais aux fêtes
    Des fortunés humains: 150
  Qu'il dure autant que les conquêtes,
  Et que la gloire des Romains.

LA GLOIRE

Les Dieux ne refusent rien
Au héros qui leur ressemble:
Volez, plaisirs, que sa vertu rassemble;   155
Le Temple du Bonheur sera toujours le mien.

SCÈNE DERNIÈRE

CHŒUR DE PEUPLES, et les acteurs de la scène précédente.

CHŒUR

Chantons ce jour solennel,
Et que la terre nous réponde:
Un mortel, un seul mortel
Fait le bonheur du monde.   160

(*On danse.*)

LA GLOIRE

D'un bonheur nouveau
Goûtez tous les charmes,
Mars est sans armes
L'Amour sans bandeau.

LE CHŒUR

D'un bonheur nouveau   165
Goûtons, etc.

LA GLOIRE

Régnez, plaisirs, régnez sans amollir les âmes.
La mère de l'Amour est mère des Césars.
Leurs cœurs sont animés de ses plus vives flammes,
Elle a conduit leurs pas aux plus sanglants hasards.   170
Régnez, plaisirs, régnez sans amollir les âmes.
La mère de l'Amour est mère des Césars.

LE CHŒUR

D'un bonheur nouveau
Goûtons tous les charmes,
Mars est sans armes   175
L'Amour sans bandeau.

(*On danse.*
La symphonie exprime ici un ramage d'oiseaux.)

TRAJAN

Ces oiseaux par leur doux ramage,
    Embellissent nos concerts,
Ils annoncent dans leur langage
    Le bonheur de l'univers.   180

Répondez à leurs chants, voix errante et fidèle,
Echo, frappez les airs de sons harmonieux,
Répétez avec moi: *Ma gloire est immortelle,*
    Je règne sur un peuple heureux.

FIN.

Shorter verse of 1742-1745

Critical edition

by

Ralph A. Nablow

CONTENTS

COLLECTIVE EDITIONS OF VOLTAIRE'S WORKS REFERRED TO IN THIS EDITION

w38

Œuvres de M. de Voltaire. Amsterdam, Ledet [or] Desbordes, 1738-1756. 9 vol. 8°.

Volumes i-iv at least were produced under Voltaire's supervision.

Bengesco 2120; Trapnell 39A; BnC 7-11.

Paris, BnF: Ye 9213, Z 24566, and Rés. Z Bengesco 468.

w43

Œuvres de M. de Voltaire. Amsterdam [or] Leipzig, Arckstée & Merkus, 1743-1745. 6 vol. (vol.5, 1744; vol.6, 1745). 8°.

Largely, perhaps entirely, a reissue of the sheets of w38.

Bengesco iv.23; Trapnell 43.

Cologne, Universitäts- und Stadtbibliothek S23/5856. Paris, BnF: Rés. Z Bengesco 469 (vol.6)

w46

Œuvres diverses de M. de Voltaire. Londres [Trévoux], Nourse. 1746. 6 vol. 12°.

Bengesco 2127; Trapnell 46; BnC 25-26.

Paris, Arsenal: THEAT. N. 1043; BnF: Rés. Z Beuchot 8.

w48D

Œuvres de M. de Voltaire. Dresde, Walther, 1748-1754. 10 vol. 8°

Produced with Voltaire's participation.

Bengesco 2129; Trapnell 48D; BnC 28-35.

Oxford, Taylor: V1 1748. Paris, BnF: Rés. Z Beuchot 12. Bengesco 70.

w50

La Henriade et autres ouvrages. Londres [Rouen], Société, 1750-1752. 10 vol. 12°.

No evidence of Voltaire's participation.

Bengesco 2130; Trapnell 50R; BnC 39.

Geneva, ImV: A 1751/1. Grenoble, Bibliothèque municipale.

w51

Œuvres de M. de Voltaire. [Paris, Lambert] 1751. 11 vol. 12°.

Based on w48D, with additions and corrections. Produced with the participation of Voltaire.

Bengesco 2131; Trapnell 51P; BnC 40-41.

Oxford, Taylor: V1 1751. Paris, Arsenal: 8° B 13057; BnF: Rés. Z Beuchot 13.

w52

Œuvres de M. de Voltaire. Dresde, Walther, 1752. 9 vol. 8°.

Based on w48D with revisions. Produced with the participation of Voltaire.

Bengesco 2132; Trapnell 52 and 70x; BnC 36-38.

Oxford, Taylor: V1 1752. Paris, BnF: Rés. Z Beuchot 14. Vienna, Österreichische Nationalbibliothek: *38 L 1.

w56

Collection complète des œuvres de M. de Voltaire. [Genève, Cramer], 1756. 17 vol. 8°.

The first Cramer edition. Produced under Voltaire's supervision.

Bengesco 2133; Trapnell 56, 57G; BnC 55-56.

Oxford, Taylor: VF. Paris, Arsenal: 8° B 34 048; BnF: Z 24585.

w57G1

Collection complète des œuvres de M. de Voltaire. [Genève, Cramer], 1757. 10 vol. 8°.

A revised edition of w56, produced with Voltaire's participation.

Bengesco 2134; Trapnell 56, 57G; BnC 67.

Paris, BnF: Rés. Z Beuchot 21.

w57G2

A reissue of w57G1.

Paris, BnF: Rés. Z Beuchot 20. St Petersburg, GpgbVM 11-74.

w57P

Œuvres de M. de Voltaire. [Paris, Lambert], 1757. 22 vol. 12°.

Based in part upon w56 and produced with Voltaire's participation.

Bengesco 2135; Trapnell 57P; BnC 45-54.

Oxford, Taylor: VF. Paris, BnF: Z 24642-24663.

MP61

Mélanges de poésies, de littérature, d'histoire et de philosophie. [Paris, Prault], 1761. 1 vol. 12°.

Bengesco 2209; BnC 86.

Paris, BnF: Rés. Z Beuchot 1547.

OC61

Œuvres choisies de M. de Voltaire. Avignon, Giroud, 1761. 12°.

Bengesco 2182, 2206; Trapnell 61A; BnC 430-33.

TS61

Troisième suite des mélanges de poésie, de littérature, d'histoire et de philosophie. [Paris, Prault,] 1761. 1 vol. 8°.

Bengesco 2209; Trapnell 61G/61P; BnC 84-85.

Oxford, Taylor: V1 1761 (2). Paris, BnF: Z 24594.

w64g

Collection complète des œuvres de M. de Voltaire. [Genève, Cramer], 1764. 10 vol. 8°.

A revised edition of w57g produced with Voltaire's participation.

Bengesco 2133; Trapnell 64; BnC 89.

Oxford, Merton College; Taylor: V1 1764; VF.

w64r

Collection complète des œuvres de M. de Voltaire. Amsterdam, Compagnie [Rouen, Machuel], 1764. 22 tomes in 18 vol. 12°.

Volumes 1-12 were produced in 1748 and belong to the edition suppressed by Voltaire (w48r).

Bengesco 2136; Trapnell 64r; BnC 145-48.

Paris, BnF: Rés. Z Beuchot 26.

NM

Nouveaux Mélanges philosophiques, historiques, critiques, etc. [Genève, Cramer,] 1765-1775. 19 vol. 8°.

Bengesco 2212; Trapnell NM; BnC 111-35 (127).

Paris, BnF: Rés. Z Bengesco 487.

ML68

Mélanges de littérature, pour servir de supplément à la dernière édition des œuvres de M. de Voltaire. 1768. 1 vol. 8° or 12°.

Bengesco 2219; BnC 136-37.

w68

Collection complète des œuvres de M. de Voltaire. [Genève, Cramer; Paris, Panckoucke], 1768-1777. 30 (of 45) vol. 4°.

Volumes i-xxiv were produced by Cramer under Voltaire's supervision.

Bengesco 2137; Trapnell 68; BnC 141-44.

Oxford, Taylor, VF. Paris, BnF: Rés. M Z 587.

W70G

Collection complète des œuvres de M. de Voltaire. [Genève, Cramer], 1770. 10 vol. 8°.

A new edition of w64G with few changes.

Bengesco 2133; Trapnell 64, 70G; BnC 90-91.

Oxford, Taylor: V1 1770G/1. Paris, Arsenal: 8 BL 34054.

W70L

Collection complète des œuvres de M. de Voltaire. Lausanne, Grasset, 1770-1781. 57 vol. 8°.

Some volumes, particularly the theatre, were produced with Voltaire's participation.

Bengesco 2138; Trapnell 70L; BnC 149 (1-6, 14-21, 25).

Geneva, ImV: A 1770/4. Lausanne, Bibliothèque cantonale et universitaire. Oxford, Taylor: V1 1770 L.

W71

Collection complète des œuvres de M. de Voltaire. Genève [Liège, Plomteux], 1771-1777. 32 vol. 12°.

No evidence of Voltaire's participation.

Bengesco 2139; Trapnell 71; BnC 151.

Oxford, Taylor, VF. Geneva, ImV: A 1771/1.

W72P

Œuvres de M. de V.... Neufchâtel [Paris, Panckoucke], 1772-1777. 34 or 40 vol. 8° and 12°.

Reproduces the text of w68. No evidence of Voltaire's participation.

Bengesco 2140; Trapnell 72P; BnC 152-57.

Paris, Arsenal: Rf. 14095; BnF (various numbers: see BnC).

W72X

Collection complète des œuvres de M. de Voltaire. [Genève, Cramer?], 1772. 10 vol. 8°.

A new edition of w70G, probably printed for Cramer. No evidence of Voltaire's participation.

Bengesco 2133; Trapnell 72x; BnC 92, 105.

Oxford, Taylor: V1 1770G/2, vol.1, 10 (2). Paris, BnF: 8° Yth. 5949.

W75G

La Henriade, divers autres poèmes et toutes les pièces relatives à l'épopée. Genève, [Cramer & Bardin] 1775. 37 [40] vol. 8°.

The *encadrée* edition, produced at least in part under Voltaire's supervision.

Bengesco 2141; Trapnell 75G; BnC 158-61.

Geneva, ImV: A 1775/2. Oxford, Taylor: V1 1775; VF. Paris, BnF: Z 24839-24878.

K

Œuvres complètes de Voltaire. [Kehl] Société littéraire-typographique, 1784-1789. 70 vol. 8°.

Bengesco 2142; Trapnell κ; BnC 164-69.

Oxford, Taylor: V1 1785/2; VF. Paris, BnF: Rés. P Z 2209.

RÉPONSE DE M. DE VOLTAIRE
À UNE ÉPÎTRE EN VERS DE M. DE XIMENEZ

The marquis Augustin Louis de Ximenès (1726-1817) began life as a soldier, earning a mention by Voltaire for his part in the battle of Fontenoy (1745) (see Voltaire's note to line 208 of *Le Poème de Fontenoy, OC,* vol.28B). For reasons of health he then turned to writing, producing tragedies, poems, and miscellaneous prose works. It was his literary interests that sustained his long relationship with Voltaire, who in 1761 published under his name the *Lettres à M. de Voltaire sur la Nouvelle Héloïse.*[1]

A philanderer, Ximenès was one of the lovers of Mme Denis – a fact in keeping with the amatory theme of this epistle. Probably dating from 1742, in reply to an epistle by Ximenès, the poem marks Voltaire's first contact with the marquis. Ximenès published his own epistle ('Digne rival des Corneilles'), together with Voltaire's reply, in *Œuvres de M. le marquis de Ximenez,* nouvelle édition revue et corrigée (Paris 1772), p.28-29 and 30 respectively. Here, in a footnote (p.30), he dates both poems 31 December 1742. In his *Discours en vers, à la louange de M. de Voltaire; suivi de quelques autres poésies* ([Paris] 1784), p.48, Ximenès quotes the first and last stanzas of Voltaire's poem, which he entitles *Réponse de M. de Voltaire aux premiers vers de l'auteur, le 31 Décembre 1742.* And in *Le Censeur hebdomadaire* (Paris and Utrecht 1761), ii.381, as well as in the *Essai de quelques genres divers de poésie, par M. de [Ximenès]* ([Geneva], n.d.), both poems are again dated 31 December 1742. The Kehl editors, however, dated Voltaire's poem 1761 (xiii.183).

---

[1] See J. M. Quérard, *La France littéraire, ou dictionnaire bibliographique* (Paris 1839), x.548-51.

The text

The poem was first printed in 1761 in: (1) TS61, p.421-22; (2) *Mercure de France* of May, p.77-78 (MF); (3) *Pièces fugitives de monsieur de Voltaire, de monsieur Desmahis et de quelques autres auteurs* (Geneva and Lyons 1761), p.3-4; (4) *Le Censeur hebdomadaire* (Paris and Utrecht 1761), ii.381. All the editions give virtually the same text; w70L (1772), the only authorised edition to contain the poem, is reproduced here.

Editions: in addition to the four printings of the poem in 1761 listed above, it appeared in w64R, xvii.II, 599, in w70L (1772), xxiii.325, in *Œuvres de M. le marquis de Ximenez* (Paris 1772), p.30, in K, xiii.183-84, and in *Essai de quelques genres divers de poésie, par M. de [Ximenès]* ([Geneva], n.d.), unpaginated.

Base text: w70L. Collated texts: TS61, MF, K.

Réponse de M. de Voltaire à une épître en vers de monsieur de Ximenez

Vous flattez trop ma vanité:
Cet art si séduisant vous était inutile,
L'art des vers suffisait; et votre aimable style
    M'a lui seul assez enchanté.
Votre âge quelquefois hasarde ses prémices,   5
    En esprit ainsi qu'en amour:
Le temps ouvre les yeux, et l'on condamne un jour
De ses goûts passagers les premiers sacrifices.
    A la moins aimable beauté,
Dans son besoin d'aimer on prodigue son âme;   10

a-b   MF: *Réponse de M. de Voltaire*
     K: *Epître [...] à M. le marquis de Ximenès, qui lui avait adressé une épître. 1761*

On prête des appas à l'objet de sa flamme;
    Et c'est ainsi que vous m'avez traité.
Ah! ne me quittez point, séducteur que vous êtes,
    Ma muse a reçu vos serments.
Je sens qu'elle est au rang de ces vieilles coquettes,   15
    Qui pensent fixer leurs amants.

16   β, TS61, MF [*after the poem conclude with the words*]: J'ai l'honneur d'être, etc.

À SON ALTESSE ROYALE
MME LA PRINCESSE ULRIC

In September and October 1743 the French court sent Voltaire on a diplomatic mission to Berlin to determine whether it could count on Prussian support in combatting Austria and England.[1] During this mission Voltaire met Frederick's sister Louisa Ulrica (1720-1782), who in 1751 became queen of Sweden. She was artistically talented, and wrote poetry, Voltaire says, like her brother (D2900).

This poem to Ulrica appears in Voltaire's hand on the front flyleaf of a copy of volume 1 of *Œuvres mêlées de M. de Voltaire* (Geneva, Bousquet, 1742).[2] It is reasonable to believe that the poem was written soon after the 1742 Geneva edition was published, probably in 1742, possibly in 1743. Voltaire may simply have sent the book to Ulrica.

The poem was discovered and transcribed by Victor Advielle in his *Voltaire. Lettres et poésies inédites* (Paris 1872), p.43. The holograph is reproduced here;[3] the punctuation is that of Advielle.

---

[1] Voltaire explains his mission in his *Mémoires* (M.i.25-26).

[2] This volume is located in the Royal Library in Stockholm (Vu 36:1) and also contains corrections in Voltaire's hand.

[3] I am grateful to Kristina Eriksson of the Royal Library, Stockholm, for locating the holograph and providing me with a photocopy.

A son altesse royale madame la princesse Ulric

L'esprit et la bauté recoivent mon hommage[.]
Ah[!] si j'avois écrit au piéd de leur autel[,]
De vivre aupres de vous si j'eusse eu L'avantage[,]
    Vous auriez embelli L'ouvrage
    Et rendu l'auteur immortel[.]   5

a   Advielle [*begins the title with*]: 'Quatrain'

POUR LE PORTRAIT DE JEAN BERNOULLI

The work of the Swiss mathematician Johann Bernoulli the elder (1667-1748), whose son Johann tutored Mme Du Châtelet, had interested Voltaire as early as 1736.[1] He must have composed this quatrain in 1742 or 1743. It was commissioned by the publisher of the 1742 edition of Bernoulli's *Opera omnia*,[2] and appears under his portrait, facing the title-page of the first volume. The portrait-page however is dated 1743; along the bottom of the page we read: 'A Lausanne et Geneve, chez Marc-Michel Bousquet et Comp.ᵉ 1743'.

The text

The quatrain was first printed in 1742 in Johannis Bernoulli, *Opera omnia*. It did not appear in any of the Cramer editions of Voltaire's works, including w75G. All the eighteenth-century editions of the poem give the same text; κ has been reproduced here.

Editions: Johannis Bernoulli, *Opera omnia* (Lausanne and Geneva, Bousquet, 1742), 4 vols (Opera); oc61, p.197; ts61, p.392; mp61, p.196; w64R, xvii.II, 591; w70L (1772), xxiii.313; κ, xiv.308. The quatrain also appears in *Le Portefeuille trouvé* (Geneva 1757), i.33 (pт); in *Nouvelle anthologie françoise* (Paris 1769), ii.296; and in *Elite de poésies fugitives* (London 1770), v.264.

Base text: κ. Collated texts: Opera; pт; w70L.

---

[1] See D1137, D1195, D1974.
[2] See Otto Spiess, 'Voltaire und Basel', *Basler Zeitschrift für Geschichte und Altertumskunde* 47 (1948), p.120.

Pour le portrait de Jean Bernoulli

Son esprit vit la vérité,
Et son cœur connut la justice;
Il a fait l'honneur de la Suisse,
Et celui de l'humanité.

a   Opera: [*absent*]
    PT, W70L: *Vers pour mettre au bas du portrait de monsieur Bernouilli*

ÉTRENNES À MME DU CHÂTELET, AU NOM DE MME DE BOUFFLERS

Madeleine-Angélique de Neuville-Villeroy (1707-1787), grand-daughter of the maréchal de Villeroy, married in 1721 Joseph-Marie, duc de Boufflers; widowed in 1747, she remarried in 1750 Charles-François-Frédéric de Montmorency, duc de Luxembourg.[1] We are not sure when Voltaire first met the duchesse de Boufflers. We know that she was appointed *dame de Palais* to the queen in 1734, that Mme Du Châtelet knew her by 1735 (D874, D876), and that Voltaire was at Versailles in 1742 and 1743 (D2614, D2736), but he does not mention her in his (extant) letters until 1761 (D9908).

On 23 January 1743 Mme de Graffigny wrote to her friend Devaux, quoting this seven-line poem under the title 'Par Md. la duchesse de Bouflers a Md. du Chatelet'.[2] It is a New Year's present to Mme Du Châtelet in the name of the duchesse de Boufflers, and as such must have been composed in the weeks or even days preceding this date. As a tribute to Mme Du Châtelet, the poem accurately reflects her many talents and activities, ranging from biribi to algebra and even lawsuits. Mme Du Châtelet replied with a touching quatrain (see below), in which she stressed the supreme importance of friendship.

As far as we know Voltaire wrote only one other poem for the duchesse de Boufflers, the madrigal of 1749 *A madame de Boufflers, qui s'appelait Madeleine. Chanson sur l'air des Folies d'Espagne* (*OC*, vol.31B, p.527-28).

[1] On the duchesse de Boufflers, see *VST*, i.355, Hippolyte Buffenoir, *La Maréchale de Luxembourg, 1707-1787* (Paris 1924), and Casimir Carrère, *Les Amours 'scandaleuses' du maréchal-duc de Richelieu* (Paris 1980), p.201-15. The duchesse de Boufflers is not to be confused with her nephew's wife, Marie-Françoise-Catherine de Beauvau-Craon, marquise de Boufflers-Remiencourt.

[2] Graffigny, iv.99.

The text

First printed in the *Journal des savants* of July 1744, where it is attributed to Mme de Boufflers, the *Etrennes* entered Voltaire's works in MP61 and TS61. There are four readings of the text: (1) that of the base text (K); (2) that of the *Journal des savants*, Clément, MP61, TS61, W70L, the *Portefeuille trouvé*, and the *Elite*, which give 'les biribis' in line 5; (3) that of MS1, W72P, the *Nouvelle anthologie*, the *Trésor du Parnasse*, the *Almanach des muses*, and the *Galerie françoise*, which give, in addition to 'les biribis' (line 5), 'docte génie' in line 3; and (4) that of MS2, which contains other minor variants. Since there is hardly any textual difference between W70L (the only authorised edition) and K, and since the *Réponse* is included in K and omitted from W70L, K has been taken as the base text.

Mme Du Châtelet's *Réponse* was first published in the *Journal des savants* of July 1744. Since it was never published under Voltaire's supervision, K has been taken as the base text. All readings of the text are virtually the same.

Manuscripts

MS1: manuscript in the hand of Henri Rieu; undated; entitled 'Etrennes à Mme La Mqse du Chatelet'; without the *Réponse* (St Petersburg, BV, annexes manuscrites 45, f.4).

MS2: manuscript in the hand of Mme de Graffigny, forming part of her letter of 23 January [1743] to Devaux (Yale, G.P., xiv.233-36 (D517^d)); published in Graffigny iv.99; here the poem is entitled 'Par Md. la duchesse de Bouflers a Md. du Chatelet'.

Editions

Le Journal des savants (1744), p.363-64; MP61, p.134; TS61, p.349; W64R, xvii.II.565; W72P (1771), iv.136; W70L (1772), xxiii.278; W72P (1773), xv.282; K, xiv.329-30; Pierre Clément, *Les Cinq années littéraires* (Berlin 1755), under the date of 20 January 1748, p.10; *Le Portefeuille trouvé* (Geneva [Paris] 1757), i.294; *Nouvelle anthologie françoise* (Paris 1769), i.416; *Elite de poésies fugitives* (London 1770), v.112; *Le Trésor du Parnasse* (London 1770), vi.156; *Galerie françoise: ou, Portraits des hommes et des femmes célèbres qui ont paru en France* (Paris 1771-1772), t.i ('Mme Du Châtelet'), p.6; *Almanach des muses* (Paris 1771), p.44; *Le Journal des savants* (Paris 1772), p.598-99.

Base text: K. Collated texts: *Le Journal des savants* (1744) (JS); W70L.

Etrennes à madame Du Châtelet, au nom de madame de Boufflers

Une étrenne frivole à la docte Uranie![3]
Peut-on la présenter? oh, très bien, j'en réponds.
Tout lui plaît, tout convient à son vaste génie:
Les livres, les bijoux, les compas, les pompons,
Les vers, les diamants, le biribi,[4] l'optique,[5]   5

---

a-b β: *Etrennes à la même, au nom de madame de Boufflers*
     JS: *Etrennes de madame la D. de B. à madame la M. du C*****
     W70L: *Etrennes à la même*
5   JS, W70L: les biribis,

---

[3] Voltaire had already given this name to Mme Du Châtelet in two verse epistles of 1734 (*OC*, vol.14, p.526, 528), and to Mme de Rupelmonde in his *Le Pour et le contre* or *Epître à Uranie* of 1722 (*OC*, vol.1B, p.473).

[4] A gambling game very fashionable at the time; see D80, D524, and Voltaire's *Sur le Biribi. A Mme de **** (*OC*, vol.1B, p.426).

[5] Voltaire had had a dark room constructed at Cirey for experiments in optics (see *OC*, vol.15, p.48, 59; *Emilie Du Châtelet: rewriting Enlightenment philosophy and science*, ed. J. P. Zinsser and J. Candler Hayes, *SVEC* 2006: 01, p.175-83; and D1611, p.291).

L'algèbre,[6] les soupers, le latin,[7] les jupons,
L'opéra,[8] les procès,[9] le bal et la physique.[10]

Réponse de madame Du Châtelet

Hélas! vous avez oublié,
Dans cette longue kyrielle,
De placer la tendre amitié;
Je donnerais tout le reste pour elle.

10

7a   JS: *Réponse de madame du C*
10   JS: placer le mot d'amitié,

---

[6] See D795 and Voltaire's poem *A Mme la marquise Du Châtelet, lorsqu'elle apprenait l'algèbre* (1734) (*OC*, vol.14, p.517).

[7] On Mme Du Châtelet's knowledge of Latin, see D488, note 7, and D1643.

[8] On her singing of opera, see D1864, D1872, D1876.

[9] Mme Du Châtelet's lawsuit over the Trichâteau property near Ham dragged on from 1738 (D1675, note 9) until 1747 (D3531).

[10] Her *Institutions de physique* was published in 1740 (D1645, commentary). See also *OC*, vol.20A, p.215-62.

À M. L'ABBÉ DE BERNIS

François-Joachim de Bernis (1715-1794) probably met Voltaire in Paris in 1742;[1] their extant correspondence begins the following year (D1089, note 3, D2727). At this time Bernis was known for his flowery light verse, for which Voltaire dubbed him 'Babet la bouquetière' (D3616, note 7). This notwithstanding, their long relationship was in the main a friendly one. In 1758 the abbé Bernis became a cardinal.

This ten-line poem, which may have formed part of a prose letter to Bernis (see D2759), dates in all likelihood from 1743. It is an invitation to Bernis to join him, and may well have elicited Bernis's prose and verse letter of ?c.May 1743, addressed to Voltaire at the hôtel de Luxembourg (D2759). In points of content and vocabulary there is a marked resemblance between the two poems; in the verse part of his letter Bernis writes (italics mine):

> J'avais espéré tour à tour
> De passer le soir chez Homère,
> Et de *souper avec l'amour;*[2]
> Mais je perds dans le même jour
> Le bonheur d'entendre Voltaire,
> Et celui de voir *Luxembourg*.[3]

'Vos vers sont adorables', Bernis continues, explaining that he will not be free to join Voltaire on this occasion.

The text

First printed in the *Almanach des muses* of 1770, the poem entered

---

[1] See René Vaillot, *Le Cardinal de Bernis* (Paris 1985), p.63.
[2] Cf. line 3 of the poem.
[3] Cf. line 5 of the poem.

Voltaire's works in 1771 in W72P. Since MS1 and the editions all give the same text, and since the poem was not printed with Voltaire's participation, K is reproduced here.

Manuscript

MS1: contemporary copy, undated, in the hand of Henri Rieu (St Petersburg, BV, annexes manuscrites 45, f.2).

Editions

Almanach des muses (1770), p.108 (AM); *Opuscules poétiques* (Amsterdam and Paris 1773), p.43; W72P (1771), iv.275; W72P (1773), xv.297; K, xiv.319.

Base text: K. Collated text: AM.

A M. l'abbé, depuis cardinal de Bernis

Votre muse vive et coquette,
Cher abbé, me paraît plus faite
Pour un souper avec l'amour,
Que pour un souper de poète.
Venez demain chez Luxembourg,   5
Venez la tête couronnée
De lauriers, de myrthe et de fleurs;
Et que ma muse un peu fanée
Se ranime par les couleurs
Dont votre jeunesse est ornée.   10

a AM: *Billet à M. le C.D.B.*

À M. VAN HAREN

These stanzas to Willem van Haren (1713-1768), the Frisian poet and statesman, were written at The Hague in 1743 during the diplomatic mission to which Voltaire had been assigned by the French government. His purpose was to gather details about Prussian and Dutch affairs, and van Haren provided him with helpful information (D2895, D2909). [1] At the same time a genuine friendship developed between the two men, based on mutual esteem. 'Mr Vanharen fameux poète, fameux citoyen', Voltaire wrote in his *Notebooks* on 12 July 1743 (*OC*, vol.82, p.483). 'Je suis lié assez intimement avec le fameux Mr Vanharen', he told Amelot de Chaillou on 21 July. 'Je peux vous assurer [...] que mr Vanharen est un homme d'un esprit très profond et d'un cœur inébranlable' (D2792; see also D2810). And in his letter of 16 August to Thiriot Voltaire commented on the popularity of van Haren's verse in Amsterdam as well as on his courtesy and friendship. He honoured this friendship with the present poem, 'cette fadaise' as he called it (D2809).

The poem was composed before 12 August, on which day it appeared in *L'Epilogueur politique galant & critique pour servir de suite au Magazin* (Amsterdam 1743), viii.24. It is preceded by an interesting account of its genesis; the poem, it is explained, turns on the question of human liberty and freedom of expression (p.23):

Depuis la mort de l'Empereur[2] et les démêlés auxquels sa succession a donné lieu, on reproche aux écrivains de ce pays[3] *d'avoir publié trop librement la vérité.* Ce reproche nous[4] fait de l'honneur, c'est nous faire un

---

[1] Voltaire explains his mission in his *Mémoires* (M.i.25-26).
[2] The Emperor Charles VI, who had died in October 1740.
[3] France.
[4] The Dutch.

crime d'être nés libres, et de jouir des belles prérogatives attachées à cette grâce que la nature nous a fait. Un des beaux esprits de ce siècle a senti à cet égard toute la différence qu'il y a entre un homme libre, et le sujet d'un état despotique ou monarchique. Le premier peut tout penser et tout dire; le dernier peut tout penser, mais doit ne rien dire; s'il ne veut s'exposer aux chagrins de l'inconfidence, qui ont ordinairement de fâcheuses suites. Voilà comme s'en exprime Mr. de Voltaire, dans quatre strophes[5] adressées à Mr. W. van Haren.

In his poem Voltaire compares French and Dutch liberty, to the advantage of the latter – a comparison which, according to him, was accepted with equanimity. The poem, he says, helped him win over the local populace. 'Vous ne sauriez croire combien cette fadaise [...] m'a concilié ici les esprits', he wrote to Thiriot on 16 August 1743 (D2809). However, according to the *Epilogueur politique* of 9 December (ix.12-14), the comparison created quite a storm – a storm which in the opinion of the journalist it would be best to let subside:

Mr Voltaire n'a fait que passer ici; il y a allumé une guerre, qui pourrait devenir aussi violente que celle qu'il a faite à Rousseau jusques sous la tombe.[6] Quatre stances sur la liberté d'un Hollandais comparée à la servitude d'un Français, y ont donné lieu. [...] Mr Voltaire a fait voir, dans ces vers, qu'il connait parfaitement le gouvernement de France, mais qu'il ignore absolument celui de la République. [...] En vérité, importe-t-il assez au public qu'un poète ait pensé juste ou non sur un sujet, et y a-t-il un si grand crime à le louer ou à le critiquer, pour que des personnes d'esprit sacrifient à un si petit objet leur tranquillité, et livrent leur âme à une animosité, qui peut dégénérer en haine?

The same year the style and thought of the poem were treated in detail in the *Bibliothèque française ou histoire littéraire de la France* (1743), xxxvii.I, 111-18. Here the poem is praised for its rhymes, its historical references, and its political, moral, and psychological

---

[5] In all the manuscripts and editions the poem is divided into three stanzas.
[6] Jean-Baptiste Rousseau had died in 1741.

import, while its comparisons are even equated with those of Homer (p.113):

Voyez, je vous prie, quelle abondance de rimes, d'expressions et de choses. Prenez garde, surtout, à ces dernieres. Traits d'histoire ancienne et moderne; leçons de politique et de morale; profondes réflexions sur la nature de l'esprit de l'homme. Je vois tout cela rassemblé avec art dans une douzaine de vers alexandrins. De plus, n'avez-vous pas remarqué, Monsieur, que la pièce est pleine de comparaisons? Pour moi, il me semble d'en voir de telles dont le divin Homère, grand faiseur de comparaisons, comme vous savez, n'aurait point à rougir.

The thought of the poem, however, is severely criticised; there is confusion, we are told, involving the concepts of the hero, the sage, human freedom, and service to one's country (p.117):

Je vous avoue que je ne comprends rien à cette logique. Le héros est-il donc seul libre? Ou celui qui est libre est-il seul héros? On m'avait appris au contraire que le seul sage était libre; mais apparamment qu'on m'a trompé. On m'avait dit aussi que la liberté du sage n'était attachée à aucune circonstance de la vie, mais qu'elle était égale par tout, égale et semblable à elle-même dans le grand monde, comme dans la retraite. Là-dessus vous voyez que j'ai été mal informé aussi. Enfin je m'étais laissé dire qu'en vivant *obscurément*, on n'est guère propre à servir sa patrie, ou son roi, et voici pourtant Mr. de Voltaire qui croit la chose si aisée, et qui plus est, si digne du Sage, qu'il s'en fait une espèce de mérite.

The poem moreover gave rise to a clever parody, written in French by a Dutchman, in which Voltaire's rhyme words are retained (see Appendix II, below). Like the poem, the parody provoked considerable public agitation. 'Cette parodie a trouvé ses partisans', we read in the *Epilogueur politique* of 9 December 1743 (ix.12),

ainsi que les stances de Mr. Voltaire; celles-ci ont trouvé des critiques ainsi que la prémière. On écrit de part et d'autre pour soutenir son sentiment, on se laisse aller à la passion, on s'emporte, et l'on passe les bornes de la politesse; on se plaint, on réplique, en un mot la guerre est déclarée dans les formes, et l'on implore même des auxiliaires, qui, suivant la mode présente, ne se déclareront point.

In *L'Anti-magazin du 19 Novembre 1743 ou Réponse aux observations d'un anonime insérées dans cette feuille* (The Hague 1743), p.18-21, we find a transcription of a discussion, which took place in the café Procope, of both Voltaire's poem and the parody.[7] Here the last six lines of the poem are considered superior to the first six, while the parody is deprecated.

The poem also became known through its translations. In his letter of 16 August 1743 to Thiriot (D2809), Voltaire remarked that more than twenty translations had been printed. For a discussion of translations of the poem and of the parody into Dutch, see J. Vercruysse, *Voltaire et la Hollande*, *SVEC* 46 (1966), p.86-88, and *L'Epilogueur politique* of 23 December 1743 (ix.27-31).

The text

The poem was printed in the *Epilogueur politique* of 12 August 1743, where we are told (ix.12; 9 December 1743) it also appeared in a work entitled *Magazin anglais*. It appeared again on 24 August in the *Bibliothèque française* and on 19 November in the *Anti-magazin*.[8] It entered Voltaire's works in 1745 in w38. Since MS1, MS3, and all the editions in which Voltaire participated (save w38) give the same text, the *encadrée* (w75G), the last edition revised under Voltaire's supervision, is reproduced here. The other printed versions agree with the base text, except for the *Epilogueur*, the *Bibliothèque française*, the *Anti-magazin*, and the *Pièces recueillies de MM de Voltaire et Piron*; the *Epilogueur* and the *Pièces recueillies* give an alternate reading of lines 10-12; MS2 gives the text of the *Bibliothèque française* and of w38.

---

[7] The *Anti-magazin* is reproduced in J. Vercruysse, *Les Voltairiens, 2ème série; Voltaire jugé par les siens, 1719-1749* (Millwood, New York 1983), v.354-57.

[8] See Vercruysse, *Les Voltairiens*, p.340-41.

Manuscripts

MS1: contemporary copy in the hand of Henri Rieu; dated 1755 (St Petersburg, BV, annexes manuscrites 51, f.3).

MS2: copy, among the papers of van Haren; undated (Leeuwarden, Provinciale Bibliotheek van Friesland, MS 860 Hs).

MS3: copy, undated (Rheims, Bibliothèque municipale).

Editions

L'Epilogueur politique (12 August 1743), viii.24 (EP); *Bibliothèque française* (24 August 1743), xxxvii.I, 112-13 (BF); *L'Anti-magazin* (19 November 1743), p.[4]-5 (AM); *Pièces recueillies de MM de Voltaire et Piron* (Au parnasse 1744), p.22-23 (PR); w38, 43 (1745), vi.190; oc61, p.189; w64R, v.421; NM (1770), x.391-92; w68 (1771), xviii.490; w72P (1771), iv.187; w70L (1773), xxxv.335; w72P (1773), xv.288; w71 (1774), xviii.424; w75G, xiii.397; K, xiii.305. The poem also appears in the *Mercure de France* of October 1755, p.41-42, in the *Portefeuille trouvé* (Geneva 1757), i.295, and in the *Elite de poésies fugitives* (London 1770), iv.113.

Base text: w75G. Collated texts: MS1, EP, BF, AM, PR, w38, NM, w68, w70L, K.

A monsieur van Haren

Démosthène au conseil, et Pindar au Parnasse,
L'auguste vérité marche devant tes pas.

a   EP: *A Mr. W. van Haren*
    BF: [*untitled*]
    PR: *Quatrains, à M. Van-Haren, Poète Hollandois, et Député à L'Assemblée des Etats Généraux des Provinces-Unies*
    w38: *Vers à Monsieur Van Haren, Député de la Province de Frise aux Etats-Généraux*
    K: *A. M. van-Haren, député des Etats généraux*
2   EP, BF, AM, PR, w38: L'auguste Liberté marche

432

Tyrtée a dans ton sein répandu son audace,[9]
Et tu tiens sa trompette organe des combats.

Je ne puis t'imiter; mais j'aime ton courage;
Né pour la liberté tu penses en héros:
Mais qui naquit sujet ne doit penser qu'en sage,
Et vivre obscurément, s'il veut vivre en repos.

Notre esprit est conforme aux lieux qui l'ont vu naître,
A Rome on est esclave, à Londres citoyen.
La grandeur d'un Batave est de vivre sans maître,
Et mon premier devoir est de servir le mien.

5

10

---

5   BF, AM, W38: ne peux t'imiter
    EP, PR: Je ne t'imite pas;
7   EP: ne peut penser
10   EP: Tout Etat a ses mœurs et tout homme a son lien.
    PR: Tout Etat a ses mœurs, tout homme a son lien.
11   EP: Ta gloire, ta vertu est de vivre sans maître;
    AM: grandeur du Batave
    PR: Ta gloire et ta vertu sont de vivre sans maître;
12   EP, PR: Et mon premier devoir est de chérir le mien.
    AM: La gloire du Français est de servir le sien.

---

[9] Concerning van Haren, Voltaire wrote to Jean Jacques Amelot de Chaillou from The Hague on 13 August 1743: 'Le poète Tirtée est revenu de Frize où il a fait tout ce qu'il a voulu. Je ne crois pas que les poètes français soient aussi heureux' (D2806). Tyrtacus was a Greek poet of the 7th century BC, who inspired the Spartans by his war-like songs.

433

À MME LA PRINCESSE ULRIQUE DE PRUSSE, DEPUIS REINE DE SUÈDE

According to Otto Christoph, count von Podewils, Voltaire composed this madrigal to Princess Ulrica while in Berlin in September 1743. The count quotes it in a letter to Heinrich, count von Podewils, dated Berlin, 10 September (D2837). Voltaire received a rather belated reply (in prose and verse) from Ulrica on 11 October – a reply modelled on Voltaire's poem and dictated no doubt by Frederick (see D2863 and commentary). On 29 October, Jean Louis Du Pan, writing from Paris, quoted the poem, which he said had been circulating for a fortnight (D2863 and commentary).

Within a few years, however, the originality of the poem was called into question. In his *Lettres sur quelques écrits de ce temps* (5 April 1752), vi.40-42, Fréron expressed surprise at having found the poem in the 1746 edition of the *Bibliothèque des gens de cour* (i.370),[1] where it is attributed to Houdar de La Motte (d. 1731), who is said to have composed it a long time previously for a French princess. Fréron cites the poem as he says he found it:

> Qu'un peu de vérité flatte dans un mensonge!
> Cette nuit, dans l'erreur d'un songe,
> Au rang des rois j'étois monté.
> Vous écoutiez alors tout ce qu'Amour fait dire.
> Les Dieux, à mon réveil, ne m'ont pas tout ôté:
> Je n'ai perdu que mon empire.

Then citing Voltaire's version, Fréron concludes:

Les petits ennemis de ce grand homme ne manqueront pas de triompher, et de crier au plagiat. Que ces insectes méprisables sachent une fois pour

---

[1] This was the original title of the work by [François] Gayot de Pitaval, published in Paris in 1723-1725; the edition cited here is entitled *Bibliothèque de cour, de ville et de campagne*, new ed. (Paris 1746).

toutes, que M. de Voltaire est un esprit vaste qui contient tous les esprits, et qu'ayant reçu de la nature tous les talents inégalement partagés entre les poètes anciens et modernes, il est naturel que son heureux génie produise sans effort les mêmes choses que les uns et les autres ont enfantés avec beaucoup de peine.

This implied charge of plagiarism is denied in a letter by Mme Denis of May-June 1752 (D4901), printed anonymously in the *Mercure de France* of June of that year (i.198-99). The 1746 edition of the *Bibliothèque* is the only one containing Voltaire's poem, Mme Denis informs us. Moreover Prault, who was undertaking an edition of La Motte's works (*Œuvres*, Paris, Prault, 1754, 10 vols in 11), assured her of having nothing resembling the madrigal in question; and M. Le Fevre, La Motte's nephew and holder of all his manuscripts, permitted her to search, in vain, among his uncle's manuscripts. But Fréron returned to the attack (*Lettres sur quelques écrits de ce temps*, 21 October 1752, vi.130-34), arguing from a comparison of the texts that the version of the poem in the 1746 *Bibliothèque* must be the original, and even producing a letter from the abbé Gabriel Pérau, who was in charge of this issue. In his letter Pérau claims to have had a copy of the madrigal bearing La Motte's name. Nor did the matter rest here. In 1753 La Beaumelle repeated the charge of plagiarism in his annotation of the *Siècle de Louis XIV* (Frankfurt 1753), ii.315, to which Voltaire replied in his *Supplément au Siècle de Louis XIV* (1753) (*OH*, p.1261).

Fréron's contention is no more convincing that a claim by Dieudonné Thiébault to the effect that Voltaire's poem was an imitation of an Italian madrigal.[2] The poem is one of ingenious taste, a wonderful stroke of finesse, and no doubt aroused Fréron's jealousy. 'Se peut-il rien de plus spirituel et de plus délicat que cette déclaration d'amour?' a contemporary asked.[3] In the next century the poem received high praise from Carlyle. 'Readers

[2] *Souvenirs de vingt ans de séjour à Berlin*, in *Bibliothèque des mémoires relatifs à l'histoire de France pendant le 18e siècle* (Paris 1860), xxiv.337.

[3] *Voltariana ou éloges amphigouriques de Fr. Marie Arrouet* (Paris 1748), p.163.

have heard of Voltaire's madrigals to certain princesses', he wrote in his *History of Friedrich II of Prussia* (1858-1865), vol.5, bk.14, ch.6, 'and must read these three[4] again, – which are really incomparable in their kind; not equalled in graceful felicity even by Goethe, and by him alone of poets approached in that respect'. The three poems follow. No less enthusiastic was Goethe himself, who discussed the poem with Johann Eckermann: '[Das Gedicht] ist eins seiner vorzüglichsten, sagte Goethe, indem er rezitierte: [he quotes in French the last three lines of the poem]. Ja, das ist artig! – Und dann, fuhr Goethe fort, hat es wohl nie einen Poeten gegeben, dem sein Talent jeden Augenblick so zur Hand war wie Voltaire'.[5]

Voltaire's madrigal had a wide vogue: it was translated into English by Alfred Noyes,[6] into Latin by M. de Modène,[7] into Russian by Pushkin,[8] into German by Goethe,[9] and into Dutch.[10] For replies and parodies, see Appendix I, below.

The text

The poem was first printed in 1743 in the *Mercure de France* of November, p.2491, in *L'Anti-magazin du 19 novembre 1743, ou Réponse aux observations d'un anonime insérées dans cette feuille* (The Hague 1743), p.6, and in *L'Epilogueur politique, galant & critique pour servir de suite au Magazin* (Amsterdam 1743), ix.15 (9 December 1743). It entered Voltaire's works in 1761 in MP61 and TS61. Most versions of the poem contain slight variants of no

---

[4] See below, p.438, 441, 443.

[5] Johann Peter Eckermann, *Gespräche mit Goethe*, ed. H. H. Houben (Wiesbaden 1959), p.233.

[6] *Voltaire* (London 1936), p.310.

[7] See Appendix I, below.

[8] See Appendix I, below.

[9] See Appendix I, below.

[10] *L'Epilogueur politique, galant et critique pour servir de suite au Magazin* (Amsterdam 1743), ix.32 (23 December 1743).

special significance. The only authorised edition to contain the poem is w70L, which does not however give Ulrica's name in the title. Kehl, which gives virtually the same text as w70L and the title in full, is therefore reproduced here.

Manuscripts

MS1: the holograph of D2837, no longer extant, was among the Podewils papers in the Schönburg family archives at Gusow in der Mark (see D2837, manuscripts).

MS2: contemporary copy forming part of a letter by Aimé Ambroise Joseph Feutry, dated Lille, 21 November 1743 (New York, Pierpont Morgan Library, MA 4355).

MS3: contemporary copy forming part of a letter by Jean Louis Du Pan, dated Paris, 29 October 1743 (Geneva, Bibliothèque publique et universitaire, Suppl. 1537, f.43v).

MS4: copy, undated (Rheims, Bibliothèque municipale).

MS5: contemporary copy, forming part of Mme de Graffigny's letter of 11 November 1743 to Devaux (Yale, G.P., xi,245-48 (D615)); printed in Graffigny iv.459.

MS6: copy, dated 21 October 1743 (BnF, 4090, f.172-73).

Editions

Mercure de France of November 1743, p.2491 (MF); *L'Antimagazin du 19 novembre 1743* (The Hague 1743), p.6 (AM); *L'Epilogueur politique* (Amsterdam 1743), ix.15 (9 December 1743); *Bibliothèque des gens de cour* (Paris 1746), i.370; *Voltariana ou éloges amphigouriques de Fr. Marie Arrouet* (Paris 1748), p.163; Fréron, *Lettres sur quelques écrits de ce temps*, vi.41-42 (Paris, 5 April 1752); *Le Portefeuille trouvé* (Geneva 1757), i.19; MP61, p.186; TS61, p.385; *Pièces fugitives de monsieur de Voltaire, de monsieur Desmahis et de quelques autres auteurs* (Geneva and Lyons 1761), p.4; [Frederick II], *Œuvres diverses du philosophe de Sans-Souci* (Berlin 1762), iii.5; *Le Trésor du parnasse ou le plus joli des* recueils (London 1762), i.124; w64r, i.II, 701; *Elite de poésies fugitives* (London 1764), i.140; *Nouvelle anthologie françoise* (Paris 1769), i.167; *Le Portefeuille d'un homme de goût, ou l'esprit de nos meilleurs poètes* (Paris and Amsterdam 1770), i.29; w72p (1771), iv.276; w70l (1772), xxiii.305; k, xiv.338.

Base text: k. Collated texts: mf, am, w70l.

A madame la princesse Ulrique de Prusse, depuis reine du Suède

Souvent un peu de vérité
Se mêle au plus grossier mensonge;
Cette nuit, dans l'erreur d'un songe,
Au rang des rois j'étais monté.
Je vous aimais, princesse, et j'osais vous le dire! 5
Les dieux à mon réveil ne m'ont pas tout ôté:
Je n'ai perdu que mon empire.

a-b mf: *Madrigal*
am: *Vers de M. de Voltaire, pour la princesse Ulrique, sœur cadette de sa majesté prussienne*
w70l: *Madrigal à madame la princesse***
1 mf, am, w70l: un air de
5 mf, am: aimais alors et
6 w70l: A mon réveil, les dieux ne

AUX PRINCESSES DE PRUSSE
ULRIQUE ET AMÉLIE

During his diplomatic mission to Berlin in 1743, Voltaire met both Frederick's sisters, the musically talented Anna Amelia (1723-1787), as well as the younter Ulrica. According to Otto Christoph, count von Podewils, he composed this madrigal to the two princesses while in Berlin in September of that year; the count quotes it in his letter to Heinrich, count von Podewils, dated Berlin, 10 September, preceding it with the remark: 'Comme on lui témoigna que la princesse Amélie était jalouse de la préférence,[1] il fit sur le champ les vers suivants' (D2837).

A possible first sketch of the poem appears in Voltaire's Leningrad Notebooks (written *c*.1735-1750) (*OC*, vol.81, p.29, 233):

> Quand Pâris a Vénus
> La pomme présenta
> Elle eût été pour vous,
> Mais vous n'étiez pas la.

The poem also invites comparison with a strikingly similar poem, undated and attributed to Montesquieu; entitled *Madrigal à deux sœurs qui lui demandoient une chanson*, it reads:

> Vous êtes belle, et votre sœur est belle;
> Si j'eusse été Pâris, mon choix eût été doux:
> La pomme aurait été pour vous,
> Mais mon cœur eût été pour elle.

The two sisters of this poem may well have been Anne-

---

[1] Otto Christoph had just cited the lines to princess Ulrica beginning 'Souvent un peu de vérité' (see preceding poem).

Marguerite, marquise, then duchesse, de Mirepoix and Marie Catherine de Beauvau, marquise de Boufflers. [2]

Voltaire's madrigal, which offers an ingenious treatment of the myth of the 'Judgement of Paris', received high praise from Carlyle, who quoted it in his *History of Friedrich II of Prussia*, vol.5, bk.14, ch.6 (see above, p.435-36). It was translated into English by Alfred Noyes. [3] For a parody of the madrigal, see Grimm, *Correspondance littéraire* under the date of 1 January 1756 (iii.156).

The text

Two versions of the poem (EP1 and EP2) were printed in *L'Epilogueur politique, galant & critique pour servir de suite au Magazin* (Amsterdam 1743), ix.15-16 (9 December 1743); here it is indicated (p.15) that it is the second version that represents the author's intention. There are four readings of the text: (1) that of EP1 and MS2; (2) that of *L'Anti-magazin du 19 novembre 1743, ou réponse aux observations d'un anonime insérées dans cette feuille* (The Hague 1743), p.8; (3) that of EP2; (4) that of K, which is reproduced here.

Manuscripts

MS1: the holograph of D2837, no longer extant, was among the Podewils papers in the Schönburg family archives at Gusow in der Mark.

MS2: copy, in a series of 'Nouvelles à la main', under the date of 18 November 1743; entitled: 'Sur les deux Princesses soeurs du Roi' (Rheims, Bibliothèque municipale, ms 2093, unfoliated).

---

[2] Cf. *Œuvres complètes de Montesquieu*, ed. Edouard Laboulaye (Paris 1879), vii.202 and note, and Robert Shackleton, *Montesquieu, a critical biography* (Oxford 1961), p.180.

[3] *Voltaire* (London 1936), p.310.

Editions

L'Anti-magazin (see above) (AM); *L'Epilogueur politique* (EP1 and EP2) (see above); K, xiv.344.

Base text: K. Collated texts: MS2; AM; EP1; EP2.

Aux princesses de Prusse Ulrique et Amélie

Si Pâris venait sur la terre
Pour juger entre vos beaux yeux,
Il couperait la pomme en deux,
Et ne produirait plus de guerre.[4]

a MS2: *Sur les deux princesses soeurs du roi.*
    EP2: [*absent*]
1-2 AM: Si Pâris eut eû sur la terre
          A choisir entre vos beaux yeux;
3-4 MS2, AM, EP1: Il eût coupé la pomme en deux
                    Et n'aurait point produit la guerre.
4 EP2: Et l'on ne verrait point de guerre.

[4] According to the Greek myth, Paris awarded the 'apple of discord' to Aphrodite; with her help he abducted Helen, thus bringing about the Trojan War.

AUX PRINCESSES DE PRUSSE
ULRIQUE ET AMÉLIE

This madrigal to the Princesses Ulrica and Amelia was in all probability written during Voltaire's stay at the German courts in September and October 1743. The poet completes the trio by bringing in (line 5) Frederick's eldest sister, Sophia Friderika Wilhelmina, margravine of Brandenburg-Bayreuth, who had been devoted to Voltaire ever since she had met him in 1740 (see D2366, D2663). For him she was a 'princesse philosophe', a patroness of the arts, a perfect musician, and a model of politeness and affability (D2663).

The madrigal received high praise from Carlyle, who quoted it in his *History of Friedrich II of Prussia*, vol.5, bk.14, ch.6 (see above, p.435-36). It was translated into English by Alfred Noyes, who, translating two other poems to the royal princesses (see above, p.438 and 441), observed: 'The cumulative effect of these three little lyrics, rising from the one sister to the three, gives them a delightful artistic unity. They have a further interest in the light they throw upon the intimate acceptance of Voltaire at the Prussian court'.[1]

The text

The poem was first printed in 1784 by the Kehl editors (xiv.344), whose text is reproduced here.

---

[1] *Voltaire* (London 1936), p.310-11.

[Aux princesses de Prusse Ulrique et Amélie]

Pardon, charmante Ulric, pardon, belle Amélie:
J'ai cru n'aimer que vous le reste de ma vie,
    Et ne servir que sous vos lois;
    Mais enfin, j'entends et je vois
Cette adorable sœur[2] dont l'Amour suit les traces.   5
    Ah! ce n'est pas outrager les trois Grâces
    Que de les aimer toutes trois.

a   β: *Aux mêmes*

[2] Wilhelmina.

IMPROMPTU SUR UNE ROSE QUE LE ROI DE PRUSSE DONNA À VOLTAIRE

This couplet dates from Voltaire's diplomatic mission to Berlin in September and October 1743. It appears in a letter from Maupertuis to Frederick, dated Berlin, 14 September 1743, where it is preceded by the remark: 'Voici encore un impromptu de Voltaire sur une rose que le roi lui donna.'[1] MS1 adds a further detail to the history of the poem by indicating that it was also entitled: *Impromptu sur une rose que le roi lui donna à table.*

A curious comparison in point of vocabulary may be drawn between the couplet and Boileau's *Satire XI*, vv. 83-84 (italics mine):

> Dans trois jours nous verrons le *phénix* des *guerriers*
> Laisser sur l'échafaud sa tête et ses *lauriers.*

The text

The couplet was first printed in K (xiv.338); all versions give virtually the same text. The title has been reconstructed from the above remark by Maupertuis.

Manuscript

MS1: copy, in a series of 'Nouvelles à la main', under the date of 18 November 1743; entitled 'Vers de Voltaire faits à Berlin dans un souper avec la famille royale. Pour le Roi de Prusse qui à table lui donna une rose' (Rheims, Bibliothèque municipale, ms 2093, unfoliated).[2]

---

[1] *Nachträge zu dem Briefwechsel Friedrichs des grossen mit Maupertuis und Voltaire*, ed. Hans Droysen *et al.* (Leipzig 1917), p.104.

[2] François Moureau kindly drew this manuscript to my attention. See also W. Mangold, *Voltairiana inedita* (Berlin 1901), p.16.

444

Editions

κ, xiv.338; *Nachträge* (see above, note 1).
Base text: κ. Collated text: *Nachträge*.

[*Impromptu sur une rose que le roi de Prusse donna
à Voltaire*]

Phénix des beaux esprits, modèle des guerriers,
Cette rose naquit au pied de vos lauriers.

a-b β: *Impromptu sur une rose demandée par le même roi* [le roi de Prusse]
Nachträge: [*absent*]
2   Nachträge: naquit aux pieds de ses lauriers

ÉPÎTRE AU ROI DE PRUSSE

The opening line of this epistle makes it likely that it dates from Voltaire's visit to Potsdam in September 1743. If the dates given by Otto Christoph, count von Podewils, in his letter to Heinrich, count von Podewils (D2837) are correct, Voltaire could not have seen Frederick, who left Potsdam for Bayreuth the day after Voltaire's arrival.

The poem is a recital of the similarities between Voltaire and Frederick, and shows that despite their differences they had much in common: love of the arts, hatred of bigots, an interest in discussing the divine essence, an almost constant activity of mind and body, the avoidance of boredom, the enjoyment of life's pleasures, the curbing of their quick impatience.

The text

The epistle was first printed in 1784 by the Kehl editors (xiii.136), whose text is reproduced here.

Epître au roi de Prusse

J'ai donc vu ce Potsdam, et je ne vous vois pas;
On dit qu'ainsi que moi vous prenez médecine.
Que de conformités m'attachent sur vos pas!
    Le dieu de la double colline,
L'amour de tous les arts, la haine des dévots;   5
Raisonner quelquefois sur l'essence divine,
    Peu hanter nosseigneurs les sots;

Au corps comme à l'esprit donner peu de repos;
   Mettre l'ennui toujours en fuite,
Manger trop quelquefois, et me purger ensuite;   10
Savourer les plaisirs, et me moquer des maux;
Sentir et réprimer ma vive impatience;
Voilà quel est mon lot, voilà ma ressemblance
   Avec mon aimable héros.
O vous, maîtres du monde, ô vous rois que j'atteste,   15
Indolents dans la paix, ou de sang abreuvés...
   Ressemblez-lui dans tout le reste.

VERS DE M. DE VOLTAIRE À
MME LA MARGRAVE DE BAREITH

Voltaire developed a lasting friendship with Frederick's sister Princess Sophia Friderika Wilhelmina of Prussia (1709-1758), margravine of Brandenburg-Bayreuth, whom he had met at Rheinsberg in 1740 (see D2366, D2663). So when Frederick travelled to Bayreuth in September 1743 to visit her, Voltaire went along in the entourage (D2837). He stayed there for two weeks and was in his element. 'J'y ai vu une cour où tous les plaisirs de la société, et tous les goûts de l'esprit sont rassemblés. Nous y avons eu des opéras, des comédies, des chasses, des bals, des soupers délicieux', he remarked (D2853). In its tone and wit, this poem reflects the atmosphere of the German courts. It is clear from lines 9-12 that it was composed on Voltaire's journey to or from Bayreuth in September 1743.

Almost every line of the poem contains a religious allusion. Like *Le Mondain* (1736), it shows Voltaire substituting the values of this life ('votre paradis', he tells the princess in line 11) for those of the next.

The text

The poem was first printed by W. Mangold, *Voltairiana inedita* (Berlin 1901), p.44 (VI), whose text is reproduced here. Mangold printed the poem from a manuscript now lost but formerly in the Berlin Royal Archives (see his 'Vorwort').

Vers de M. de Voltaire à madame la margrave de Bareith

Les pèlerins s'en vont dans leurs voyages
Courir les saints et gagner les pardons.
Plus dévot qu'eux, je fais mes stations
Chez des héros, des belles et des sages.
Voilà des saints en qui j'ai de la foi,   5
Et l'Evangile où tout esprit doit croire.
Bareith, Berlin sont des temples pour moi,
Et c'est toujours le temple de la gloire. [1]
    Fait dans des chemins maudits,
    Que le diable a forgés sans doute   10
    Pour m'ôter votre paradis
    Et pour me damner sur la route.

5   β [*records as a variant*]: Voilà les saints

[1] Two years later Voltaire would collaborate with Rameau on his opera *Le Temple de la gloire*, in this volume.

À CHASOT, MAJOR DE CAVALERIE

The *chevalier* François Egmont de Chazot, born in Caen in 1716, was taken in by Frederick II after being exiled from France for killing a man in a duel. One of Frederick's French circle, he excelled at concerts (like Frederick, he played the flute) as well as on the battlefield. He saved Frederick's life at the battle of Mollwitz (10 April 1741), and as a result was made 'major du régiment' of Bayreuth.

Voltaire, who may have met Chazot in Berlin in 1740, wrote this epigram during his journey from Bayreuth back to Berlin in September 1743, as is evidenced by references to both Chazot and Bayreuth in his tripartite letter to Frederick, dated respectively at Gera, Halle and Dessau, on 27, 28 and 29 September (see D2848 and note 1). 'Chazot qui voyage avec moi, / Vient de me quitter sur la route', Voltaire begins, explaining that Chazot left him to pursue a deserter. His relations with Chazot later deteriorated as a result of the Hirschel affair (D4303, D4463).[1]

The text

The quatrain was first printed by W. Mangold, *Voltairiana inedita* (Berlin 1901), p.42, whose text is reproduced here. Mangold printed the poem from a manuscript now lost but formerly in the Berlin Royal Archives (see his 'Vorwort').

---

[1] On Chazot, see Gustave Desnoiresterres, *Voltaire et la société au XVIIIe siècle*, 8 vols (Paris 1869-1876), iv.51-65, and baron Henri Blaze de Bury, *Le Chevalier de Chasot* (Paris 1862).

A Chasot, major de cavalerie

La nuit sur la paille en charrette,
Du sort je brave la rigueur,
De Chasot l'amitié parfaite
Fait de ma paille un lit de fleurs.

À MME LA DUCHESSE DE WÜRTTEMBERG

In his letter of 3 October 1743 to Jean-Jacques Amelot de Chaillou, minister for foreign affairs, Voltaire recounts his meeting the previous month at Bayreuth with countess Maria Augusta von Thurn und Taxis, duchess of Württemberg and widow of Charles Alexander, duke of Württemberg, who had died in 1737. The duchess tearfully complained to Voltaire that Frederick seemed to want to force her son, Charles Eugene, to remain in Berlin, whereas she wished to send him to Vienna to be educated – a matter which was finally settled to the satisfaction of all (D2852). It is likely, as Mangold pointed out (p.4-5), that this quatrain and the following one date from this time. The quatrain is an excellent example of Voltaire's witticisms.

The text

The quatrain was first printed by W. Mangold, *Voltairiana inedita* (Berlin 1901), p.42, whose text is reproduced here. Mangold printed the poem from a manuscript now lost but formerly in the Berlin Royal Archives (see his 'Vorwort').

A madame la duchesse de Wurtemberg

Princesse, vous pouvez m'en croire,
Qui vous voit et vous entend,
Peut bien perdre le jugement,
Mais non pas la mémoire.

À MME LA DUCHESSE DE WÜRTTEMBERG

On the date of this poem, see the preceding item.

The quatrain *A madame la duchesse de Wurtemberg*, another courtly little minuet, illustrates the ingenuity with which Voltaire complimented the duchess on her beauty and dignity. It was first printed by W. Mangold, *Voltairiana inedita* (Berlin 1901), p.42, whose text is reproduced here. Mangold printed the poem from a manuscript now lost but formerly in the Berlin Royal Archives (see his 'Vorwort').

A madame la duchesse de Wurtemberg

Si je fus trop timide en vous rendant hommage
    Daignez n'en point punir mon cœur:
Il faut que la beauté d'un coup d'œil encourage
    Ceux qu'intimide la grandeur.

VERS DE MONSIEUR DE VOLTAIRE

This witty and graceful madrigal to Princess Ulrica was in all likelihood composed during Voltaire's stay in Berlin in September and October 1743. Writing to her from Paris on 22 December 1743, Voltaire echoes the last line of the poem: 'J'avais bien raison madame de dire que Berlin est devenu Athènes.[1] Votre altesse royale contribue bien à la métamorphose' (D2900).

The text

The poem was first printed by W. Mangold, *Voltairiana inedita* (Berlin 1901), p.45, whose text is reproduced here. Mangold printed the poem from a manuscript now lost but formerly in the Berlin Royal Archives (see his 'Vorwort').

Vers de monsieur de Voltaire

Je n'aurais jamais cru, sur les bords de la Seine,
　　Que des Amours la souveraine
　　Eût un nom qui finit en – *ic*:[2]
Que je fus détrompé, voyant la belle Ulric,
　　Cette sœur du grand Frédéric!　　　　　　　5
En Grèce on l'a connu[e] sous le nom d'Aphrodise,
Et de Vénus à Rome on chantait les appas;

[1] Voltaire had already made this remark in verse to Frederick on *c*.30 March 1737 (D1307, p.273) and 15 December 1740 (D2383, note 1).

[2] On 27 September 1743 Voltaire spoke to Frederick of his 'charmante sœur Ulric, / Que je voudrois en mariage, / Si j'étois quelque prince en *ic*' (D2848).

454

Quand on la nomme Ulric, notre oreille est surprise,
   Mais les regards ne le sont pas.
Eh! Qu'importe du nom, quand Elle est adorée?   10
   Il n'est pas étonnant enfin
Que Vénus ait un temple aux rives de la Sprée,
   Puisqu'Athènes est à Berlin.

VERS À LA PRINCESSE AMÉLIE DE PRUSSE

This madrigal to Princess Amelia, evincing a lightness and grace of rhythm, was again probably written during Voltaire's stay in Berlin in September and October 1743. In its last four lines it is similar in tone, treatment, and vocabulary to the last four lines of the poem above, 'Pardon, charmante Ulric, pardon, belle Amélie' (compare 'l'Amour suit les traces' and 'L'Amour ... Suit sans cesse vos traces'; 'les trois Grâces' and 'les Grâces').

The text

All the editions give the same text. w70L, the only one which was produced with Voltaire's participation, is taken as the base text; 'amour' and 'grâces' have been capitalised.

Editions

TS61, p.198; *Le Trésor du Parnasse, ou le plus joli des recueils* (London 1762), ii.158; w64R, xvii.II, 502; *Nouvelle Anthologie française* (Paris 1769), i.112; *Elite de poésies fugitives* (London 1770), v.200; w70L (1772), xxiii.275.
Base text: w70L.

Vers à la princesse Amélie de Prusse

De plus d'une divinité
J'adore en vous l'image;
Vénus avait moins de beauté,

Minerve était moins sage.
L'Amour, timide et retenu,
Suit sans cesse vos traces:
Vous faites aimer la vertu,
Et respecter les Grâces.

5

AU MARQUIS D'ARGENS SUR CE QUE
LA COMTESSE DE HACKE LUI
CONTAIT LA FLEURETTE

After a dissipated youth Jean-Baptiste de Boyer, marquis d'Argens (1704-1771) settled for a few years in Amsterdam, where he probably met Voltaire in 1737 (D1182, D1245). He then went to Prussia (1740) where he became Frederick II's chamberlain and director of belles-lettres at the Berlin Academy.

This five-line poem, based no doubt on a contemporary incident, was probably written during Voltaire's stay in Berlin in September and October 1743. In his *Mémoires* Voltaire comments on d'Argens's amusing behaviour at Frederick's court at this very time (M.i.28), and describing this court in a letter of 16 October 1743, he writes: 'Dargens est chambellan avec une clef d'or à sa poche, et cent louis dedans payés par mois' (D2866). As for d'Argens's lethargy, of which Voltaire speaks in the poem, it is noteworthy that Frederick addressed an epistle to d'Argens 'sur la faiblesse de l'esprit humain', and in another epistle to him remarked:

> Mais, indolent Marquis ...
> La Paresse, qui vous enchante,
> L'œil chargé de pavots, engourdie et pesante,
> Sous ses lois vous captive enfin. [1]

Much less is known about the comtesse de Hacke. According to Mangold (p.3), she was probably the wife of the master of the hounds for the supreme court. In October 1754 Wilhelmina of Prussia mentioned her in a remark to Frederick concerning Mme Denis: 'C'est une grosse femme qui ressemble à madame Hacke' (D5964).

[1] *Œuvres complettes de Frédéric II, roi de Prusse*, 17 vols (n.p. 1790), ix.35, 199-200.

The text

The poem was first printed by W. Mangold, *Voltairiana inedita* (Berlin 1901), p.41, whose text is reproduced here. Mangold printed the poem from a manuscript now lost but formerly in the Berlin Royal Archives (see his 'Vorwort').

———————

Au marquis d'Argens sur ce que la comtesse de Hacke lui contait la fleurette

De ton aimable esprit tu ne peux rien tirer?
   Tu te contentes d'adorer
   Ce sexe charmant qui t'oublie?
   La beauté ne peut t'inspirer?
   Ah, d'Argens! Quelle léthargie! 5

IMPROMPTU FOR PRINCESS AMELIA

The date of this quatrain to Princess Amelia turns on the references to her saint's day (10 October) and to Johann Adolph Hasse's opera, *Tito Vespasiano ovvero la Clemenza di Tito* (1735), with libretto by Metastasio. On 10 October 1743 a performance of this work was given in Berlin. 'Le roi de Prusse daigne en quatre jours de temps faire ajuster sa magnifique salle des machines, et faire mettre au théâtre le plus bel opéra de Metastasio et de Hasse, le tout parce que je suis curieux', Voltaire wrote to Thiriot on 8 October 1743 (see D2857 and note 2).

The text

The poem was first printed by W. Mangold, *Voltairiana inedita* (Berlin 1901), p.43, whose text is reproduced here. Mangold printed the poem from a manuscript now lost but formerly in the Berlin Royal Archives (see his 'Vorwort').

Impromptu

C'est aujourd'hui la fête d'Amélie,
C'est aujourd'hui la fête de Titus.[1]
Tous les plaisirs et toutes les vertus
Sont les saints de votre patrie.

---

[1] On emperor Titus, see the following poem.

IMPROMPTU ON HASSE'S OPERA
TITO VESPASIANO

This impromptu to Frederick, with its references to emperor Titus and Hasse's opera of the same name, must have been written in the autumn of 1743. In a letter of 8 October to Thiriot (D2857), Voltaire indicates that Frederick was having Hasse's *Tito Vespasiano ovvero la Clemenza di Tito* performed (see line 2 of the preceding poem). And on 16 October he comments further on Hasse's opera to Maupertuis: 'j'ai été encore plus frappé de l'opéra de Titus, qui est un chef-d'œuvre de musique. C'est sans vanité une galanterie que le roi m'a faite, ou plutôt à lui; il a voulu que je l'admirasse dans sa gloire' (D2866; see also D2871).

The poem, with its allusion to the clemency of Titus, is probably related to a contemporary incident. Voltaire tells us in his *Mémoires* (1758) that after a performance of Hasse's opera he presented a petition to Frederick, in verse form, for the release of a certain Courtils from the Spandau prison (M.i.31; see also D2862, c.10 October 1743). He again beseeched Frederick on 16 November: 'Titus prie toujours votre majesté pour ce pauvre Courtils qui est à Spandau sans nez' (D2887, p.26). This impromptu may well have been written as part of Voltaire's request.

The text

The poem was first printed by W. Mangold, *Voltairiana inedita* (Berlin 1901), p.43, whose text is reproduced here. Mangold printed the poem from a manuscript now lost but formerly in the Berlin Royal Archives (see his 'Vorwort').

Impromptu

Dans l'histoire j'aimais Titus,
Dans l'opéra je l'aime davantage;
Mais grand roi, je l'aime encor plus
Quand je vois en vous son image. [1]

[1] Voltaire considered Titus a great emperor who was beloved by his people. 'Il fut aimé; voilà sa grandeur véritable', he says in his *Réponse à une lettre dont le roi de Prusse honora l'auteur à son avènement à la couronne* (1740). In the conclusion to the *Réponse* he again compares Frederick to Titus (*OC*, vol.20A, p.469).

LE DÉPART DE VOLTAIRE DE BERLIN

'Berlin est un séjour digne de tous les arts que vous cultivez', Voltaire wrote to a correspondent on 16 October 1743 (D2867). This quatrain, composed in all probability on the occasion of his departure from Berlin on 12 October of that year,[1] was perhaps addressed to Charles Etienne Jordan (1700-1745), Frederick's learned friend and secretary, whom Voltaire had met in Paris in 1733 (D635, note 5).

The text

The poem was first published by W. Mangold, *Voltairiana inedita* (Berlin 1901), p.43, whose text is reproduced here. Mangold printed the poem from a manuscript now lost but formerly in the Berlin Royal Archives (see his 'Vorwort'). The title has been translated from the German.

---

[1] On this date, see Christiane Mervaud, *Voltaire et Frédéric II*, *SVEC* 234 (1985), p.155, note 135.

[*Le départ de Voltaire de Berlin*]

Des beaux-arts amoureux, des bigots l'ennemi,
Enchanté de Berlin, à mon devoir fidèle,[2]
Je quitte en regrettant mon nouveau Marc-Aurèle[3]
Et le gros Jordan, mon ami.

a   β: *Voltaires Abschied von Berlin*

[2] The purpose of Voltaire's diplomatic mission to Prussia was to detach
Frederick from his allies and to persuade him to take up arms on the side of France.
[3] Voltaire had consistently high praise of Marcus Aurelius, 'Ce philosophe roi, ce
divin Marc Aurèle, / Des princes, des guerriers, des savants le modèle', and often
compared Frederick to him: see Voltaire's epistle *Au prince royal de Prusse, sur
l'usage de la science dans les princes*, *OC*, vol.16, p.373, n.1, and variant to lines 4-6.

464

VERS

Wilhelm Mangold, who first printed this epigram (see below), included it among other poems of the year 1743. It was in all likelihood addressed to a lady at the court of Prussia, and displays Voltaire's grace and lightness of touch. The lady's identity is unknown.

The text

The poem was first printed by Mangold, *Voltairiana inedita* (Berlin 1901), p.42; this text is reproduced here. Mangold printed the poem from a manuscript now lost but formerly in the Berlin Royal Archives (see his 'Vorwort').

Vers

Augmentez doucement votre auguste famille!
Je ne sais pas qui vous mettrez au jour,
Si ce sera garçon ou fille,
Mais ce sera Mars ou l'Amour.

AU ROI DE PRUSSE

This poem, in which Frederick is compared to Prometheus, [1] may well have formed part of a lost letter from Voltaire. The first section of the poem (lines 1-9) is a tribute to Frederick, the second, an attack on Voltaire's enemy Jean-François Boyer (1675-1755), bishop of Mirepoix. Both sections are unified by the image of fire.

The contrast between Frederick and Boyer in lines 10-15 permits us to ascribe the poem probably to 1743, possibly to 1744. In 1743 Boyer, who had been elected to the Académie française in 1736, opposed Voltaire's candidature to the Academy (D2741 and note 1, D2744). [2] The verse moreover is reflected in Voltaire's correspondence of the time. He makes a similar contrast between Frederick and Boyer in his letter of 27 June 1743 to Cideville (D2776, p.380), in his letter of 28 June 1743 to Frederick (D2777, p.381), and in his letter of 7 January 1744 again to Frederick (D2910, p.50). His depiction of Boyer as 'ce lourd pédant' (line 10) is echoed in this last letter ('sa voix pesante') as well as in Frederick's letter to Voltaire of 14 November 1743 ('Ce Mirepoix en dieu pédant', D2885, p.22). [3]

More precise are the parallels between Voltaire's poem and the verse part of Frederick's letter to Voltaire of c.30 October 1743, which like the poem begins with a reference to the fire of Prometheus and ends with a similarly unflattering description of the bishop of Mirepoix (D2873). The idea that the human race has been insufficiently endowed with this fire is repeated (cf. the opening lines of both poems); and the form of these octosyllabic

---

[1] Voltaire had recently written his opera *Pandore* (1740), which he also called *Prométhée* (D2968).

[2] See also Voltaire's *Mémoires* (M.i.24), *Commentaire historique* (M.i.84), *VST*, i.420-22, and *OC*, vol.30A, p.1-36.

[3] See also D2771, p.375, and D2821, p.436.

poems is the same, with the concluding reference to Boyer set off from the rest of the poem.

Finally, it is important to note that Voltaire's praise of Frederick is ironic, since Frederick was trying at this time, with the help of Boyer, to embroil Voltaire with the French government so as to induce him to settle in Berlin (see D2813 and commentary, and *VST*, i.428).

The text

The verse was first printed in 1784 by the Kehl editors (xiv.337), whose text is reproduced here.

[*Au roi de Prusse*]

O fils aîné de Prométhée,
Vous eûtes, par son testament,
L'héritage du feu brillant
Dont la terre est si mal dotée.
On voit encor, mais rarement,   5
Des restes de ce feu charmant
Dans quelques françaises cervelles.
Chez nous, ce sont des étincelles:
Chez vous, c'est un embrasement.

Pour ce Boyer, ce lourd pédant,   10
Diseur de sottise et de messe,
Il connaît peu cet élément;
Et dans sa fanatique ivresse,
Il voudrait brûler saintement
Dans des flammes d'une autre espèce.   15

a   β: *Au même*

VERS À LA PRINCESSE ULRIQUE

Writing from Paris on 9 January 1744 to Otto Christoph, count von Podewils, Voltaire says that Gabriel Jacques de Salignac, marquis de La Mothe-Fénelon, had delivered to him a letter and gifts from the court of Prussia, among which was a portrait of 'cette divine princesse Ulric' (D2914). The poem in question is Voltaire's 'petite réponse' to the princess. 'Elle mérite mieux', he adds, 'mais j'aime encore mieux m'acquitter vite de mon devoir que de perdre du temps à chercher ce que peut-être je ne trouverais pas'. The poem may well have been composed on 6 January, the day of the Epiphany, on which day Voltaire he received the portrait (see lines 4-5 of the poem).

The text

The poem was first printed in W. Mangold, *Voltairiana inedita* (Berlin 1901), p.46, whose text is reproduced here. This text, which derives from MS2 (see Mangold's 'Vorwort'), is the same as that of the Koser-Droysen *Nachträge* (see below).

Manuscripts

MS1: missing; formerly among the Podewils papers in the Schönburg family archives at Gusow in der Mark (see D2914, commentary).

MS2: missing; formerly in the Berlin Royal Archives (see Mangold's 'Vorwort').

Editions

Mangold (see above); Koser-Droysen, *Nachträge zu dem Brief-wechsel Friedrichs des grossen mit Maupertuis und Voltaire* (Leipzig 1917), p.106.

Base text: Mangold.

Vers [*à la princesse Ulrique*]

Princesse, qui donnez la loi
    A mon cœur, comme à mon génie,
Je vois avec respect, je baise avec folie
    Votre portrait, que je reçois
    Le saint jour de l'Epiphanie;   5
Et tous les souverains seront jaloux de moi.
Vous, Messieurs les trois rois, qu'on fête et qu'on ignore,
    Vous, qu'une étoile, un beau matin,
Amena des climats où se lève l'aurore
    Devers les rives du Jourdain,   10
Du Ciel, qui vous guida, la profonde sagesse
Ne fit point naître alors ma divine princesse,
Votre étoile eût marché vers les murs de Berlin.

À MME LA DUCHESSE DE ***

Anne Julie Françoise de Crussol d'Uzès (1713-1793), successively duchesse de Vaujour and de La Vallière, married in 1732 Louis César de La Baume Le Blanc, duc de Vaujour, afterwards duc de La Vallière, great-nephew of the duchesse de La Vallière, mistress of Louis XIV. She had met Voltaire by the time this impromptu was written (9 January 1744; D2914), and was to become one of his most devoted admirers (D18656).

The poem forms part of Voltaire's letter to Otto Christoph, count von Podewils, dated Paris, 9 January 1744 (D2914). Here he remarks that two days previously Mme de La Vallière had told him she was difficult to portray, whereupon he immediately drew her portrait. 'Ne ressemble-t-il pas comme deux gouttes d'eau à votre amie?' he asks. The same day Mme Du Châtelet sent the poem to Cideville, describing it as 'le portrait de Mme de La Valière que M. de Voltaire a fait à souper sans avoir l'air d'y songer' (D2915). Antoine Adam, quoting the poem in his letter of 11 June 1770 to Frédéric Samuel Osterwald, confirms this statement: 'Ces petits vers furent faits dans une grande table, où Madame la duchesse de La Valière demande à Monsieur de Voltaire qu'il lui fît son portrait. En peintre admirable et unique, il répondit sur le champ' (D16408).

Furthermore, Thiriot quoted the poem in a letter of 12 January 1744 to the prince de Nassau-Usingen. [1] And there is a reference to the poem in a letter of 6 February 1744 from Devaux to Mme de Graffigny. [2]

---

[1] See *Correspondances littéraires inédites – Etudes et extraits. Suivies de Voltairiana*, ed. Jochen Schlobach (Paris and Geneva 1987), p.139.

[2] Graffigny v.85, note 39; see the introduction to the following poem.

The text

First printed (separately) in *Pièces recueillies de MM de Voltaire et Piron* (Au Parnasse 1744), p.23, the poem entered Voltaire's works in w64r. Since all the manuscripts and editions give virtually the same text, the *encadrée* (w75G), the latest edition prepared with Voltaire's participation, is reproduced here.

Manuscripts

MS1: holograph of D2914, dated 9 January 1744 (Bh Rés.2027, f.96-97); the lines of the poem are written in two columns of four lines each.

MS2: copy, undated (Yale, Lewis Walpole Library, Du Deffand papers, f.198).

MS3: contemporary copy, undated, in the hand of Henri Rieu (St Petersburg, BV, annexes manuscrites 49, f.19).

MS4: holograph of D16408, dated 11 June 1770 (Th.B.CD691).

MS5: contemporary copy, dated 12 January 1744 (Wiesbaden, Staatsarchiv, Abt. 130 II, n° 3327, f.1-5). MS5 has been published in Schlobach, p.139, cited above.

Editions

Pièces recueillies (PR) (see above); w64r, v.395; NM (1768), v.310; w52 (1770), ix.478; w68 (1771), xviii.480; w72P (1771), iv.131; w70L (1772), xxxv.351; w72P (1773), xv.284; w75G, xiii.329); K, xiv.313. The poem also appeared in *Elite de poésies fugitives* (London 1764), iii.28, in the *Nouvelle Anthologie françoise* (Paris 1769), ii.42, in the *Mercure de France* of February 1774, p.88, and in *Poèmes, épîtres et autres poésies, par M. de Voltaire* (Geneva 1777), p.190.

Base text: w75G. Collated texts: MS1, PR, NM, w52, w68, w70L, K.

A madame la duchesse de ***

Etre femme sans jalousie,
Et belle sans coquetterie,
Bien juger sans beaucoup savoir,
Et bien parler sans le vouloir,
N'être haute, ni familière,   5
N'avoir point d'inégalité;
C'est le portrait de la Valière,
Il n'est ni fini, ni flatté.

a   MS1: [absent]
    PR: *Portrait de madame la duchesse de La Vallière la jeune, ci-devant appelée*
    duchesse de Vaujour
    K: *Portrait de madame la duchesse de La Vallière*
7   NM, W52, W68, W70L: la V...

VERS SUR UN DINDON À L'AIL

This quatrain can be dated to 1744 by virtue of Mme de Graffigny's letter of 6 February of that year to her friend Devaux. Here she writes: 'J'ai vu les chansons et madrigal de Voltaire. Ou j'ai oublié de te les envoyer, ou je les ai trouvé si plats et le portrait si flaté que je n'en ai tenu compte' (Graffigny v.79). Devaux, for his part, remarked: 'On me montra hier deux madrigaux de cet Atis, que je ne trouve presque jolis que parce qu'ils sont de luy. C'est un portrait de Mde de La Valiere et un quatrain a Mde de Luxembourg. Les voulez-vous?' (Graffigny, v.85, note 39). The 'portrait de Mde de La Valiere' must have been the eight-line poem above. And the 'quatrain a Mde de Luxembourg', which would in all likelihood date from the same time, was probably the present poem.

The Kehl editors identify the diners as Marie Sophie Honorate Colbert, marquise de Seignelay (c.1710-1747), who in 1724 married Charles François Frédéric de Montmorency, duc de Luxembourg, and the duc de Richelieu who was famous for his gallantries. He was in the habit of making an excessive use of amber and musk – hence the humour of the poem.[1]

Voltaire knew the duchesse de Luxembourg by 1724, in which year he sent her, together with a copy of *La Henriade*, the quatrain beginning 'Mes vers auront donc l'avantage' (*OC*, vol.3A, p.300). The duchesse de Luxembourg apparently expressed a desire to visit Voltaire at Cirey in the year the poem was written. In his letter to Cideville, dated Cirey, 8 May 1744, Voltaire remarked: 'Cette duchesse de Luxembourg dont le nom de baptême est *belle et bonne*, avait quelque velléité de venir voir comment on vit entre

---

[1] See Casimir Carrère, *Les Amours 'scandaleuses' du maréchal-duc de Richelieu (1696-1788)* (Paris 1980), p.305-306.

deux montagnes dans une petite maison ornée de porcelaines et de magots' (D2968).

The text

The poem was first published in 1757 in *Le Portefeuille trouvé*. All the editions give virtually the same text. w70L is reproduced here since it is the only edition containing the poem in which Voltaire is known to have participated.

Editions

Le Portefeuille trouvé (Geneva [Paris] 1757), i.7 (PT); MP61, p.181; TS61, p.381; W64R, xvii.II.584; W70L, xxiii.301; K, xiv.280. Base text: w70L. Collated texts: PT, K.

Vers sur un dindon à l'ail

Un dindon tout à l'ail, un seigneur tout à l'ambre,
    A souper vous sont destinés:
On doit, quand R*** paraît dans une chambre,
    Bien défendre son cœur, et bien boucher son nez.

a K: *Impromptu à madame la duchesse de Luxembourg qui devait souper avec M. le duc de Richelieu*
3 K: quand Richelieu paraît

474

VERS QUE M. DE VOLTAIRE A FAITS SUR LA TABATIÈRE QUE SA MAJESTÉ LA REINE-MÈRE LUI A DONNÉE

Sophia Dorothea (1687-1757), mother of Frederick II of Prussia, met Voltaire in November 1740 during his first visit to Berlin (D2369) and became especially attached to him during his second visit in September-October 1743, even inviting him to join her at table (D2369, D2900, D2907, commentary). This quatrain, in which he acknowledges her present of a snuffbox and two portraits, was written after he had left Prussia. On 29 October Princess Ulrica told him that the queen-mother would send him 'la tabatière avec les portraits', 'et vous les auriez déjà reçus si le peintre avait été plus diligent', she added (D2872). On 13 November Charles Jordan informed him that he had been ordered by the queen mother to send him 'cette tabatière' in which he would find 'deux petits portraits' (D2884). Voltaire received the presents belatedly in Paris on 7 January 1744. 'J'aurai devant les yeux toute ma vie ce portrait de la meilleure reine, de la meilleure mère qui soit au monde', Voltaire told the queen mother. 'J'ai reçu très tard ce présent qui renferme à la fois tout ce que nous avons de plus auguste et de plus aimable, et je me hâte d'en remercier votre majesté à l'instant que je le reçois' (D2911; see also D2910 and D2914). The poem was no doubt written at this time.

The text

The poem was first printed by W. Mangold, *Voltairiana inedita* (Berlin 1901), p.43, whose text is reproduced here. Mangold printed the poem from a manuscript now lost but formerly in the Berlin Royal Archives (see his 'Vorwort').

Vers que M. de Voltaire a faits sur la tabatière que sa
majesté la reine-mère lui a donnée

J'admire et j'aime cet ouvrage,
Mais ces portraits sont pour moi sans valeur;
Je ne voulais que votre image,
Je la connais; car elle est dans mon cœur.

À M. LE PRÉSIDENT HÉNAUT, AUTEUR D'UN OUVRAGE EXCELLENT SUR L'HISTOIRE DE FRANCE

Charles-Jean-François Hénault (1685-1770) met the young Voltaire at the Temple, perhaps as early as 1715.[1] Their friendship lasted until Hénault's death. Voltaire contributed greatly to his literary reputation, praising highly for example his historical chronology, the *Nouvel abrégé chronologique de l'histoire de France* (Paris 1744),[2] and in turn availed himself of Hénault's powerful connections, sending him, for instance, a request for redress against Desfontaines's scurrilous *Voltairomanie* (1738).[3]

Voltaire sent Hénault poems on a number of occasions.[4] This 'himne à la santé' forms part of a verse and prose letter to the président Hénault (he was generally known by this title), dated Cirey, 13 July 1744 (D3002). In it Voltaire implores the goddess of health to cure Hénault of a digestive ailment (Hénault apparently had a delicate constitution). The recipient found the epistle 'charmante'; he received it, he says, immediately after arriving at Plombières from Cirey (to which he had been invited by Voltaire and Mme Du Châtelet), and kept it 'aussi précieusement' as many others which he had received from the pope, the king of Poland, and the king of Prussia (see D2996, commentary).[5]

---

[1] See Theodore Besterman, *Voltaire*, 2nd edn (Oxford 1976), p.63, and René Pomeau, *D'Arouet à Voltaire*, *Voltaire en son temps*, 2nd edn (Oxford 1995), i.58.

[2] See D2983, D3205. In the 'Catalogue des écrivains français' of the *Siècle de Louis XIV* Voltaire describes Hénault's *Nouvel abrégé chronologique* as 'la plus courte et la meilleure histoire de France, et peut-être la seule manière dont il faudra désormais écrire toutes les grandes histoires' (*OH*, p.1168).

[3] See D1868, D1887, and lines 44-55 of the poem.

[4] See also below, p.497, D2437 (2 March 1741), the epistle to Hénault of 1748 (*OC*, vol.30A, p.475), and D8909 (15 May 1760).

[5] For Hénault's reply of 19 July, see D3005.

The poem concludes with an attack on Voltaire's enemy Desfontaines who included it in his *Jugements sur quelques ouvrages nouveaux* (Avignon 1745), viii.282-84, omitting lines 17-20, 41, and 54-55, and not reproducing his own name in full (line 45). He precedes the poem with a somewhat condescending remark, while informing us that a separate printing of the poem had been available for several months: 'Voici une piéce fugitive, où il est aisé de discerner celle de nos muses françaises qui a réussi le plus dans ces petites piéces, où il ne faut que de l'esprit et du style. Il y a plusieurs mois qu'elle a été imprimée en une feuille volante. Pour l'empêcher de périr, nous l'insérons ici' (p.282).

Finally, it is of interest that an English translation of the poem appeared in *The Works of M. de Voltaire*, translated from the French with historical and critical notes, by T. Smollett and others, 35 vols (London 1761-1765), xxxiii.216-18.

The text

No copies of the 'feuille volante' mentioned by Desfontaines are known to us. The earliest surviving printing of the poem is his *Jugements sur quelques ouvrages nouveaux* (Avignon 1745), viii.282-84, where lines 17-20, 41, and 54-55 are omitted. The poem was first printed by Voltaire in its entirety in w46, v.10-12, where, as in all the eighteenth-century editions, it appears together with the prose. It was again printed (minus the final stanza) without the prose in the *Mercure de France* (MF) of December 1770, p.205-207. MS1-2 omit lines 54-55, and OC61 and MF omit lines 44-57; this apart, all versions of the poem are practically the same. Since the cumulative authority of the editions outweighs that of the holograph (MS1), the *encadrée* (W75G), the last edition revised under Voltaire's supervision, has been taken as the base text.

Manuscripts

MS1: holograph of D3002, dated 'à Cirey ce 13 juillet' (Th.B.CD114). The following note appears at the bottom of the first page of MS1: 'cette Pièce n'a jamais été imprimée'.

MS2: copy, undated (Yale, Lewis Walpole Library, Du Deffand Papers, *Recueil de divers ouvrages*, p.174-76, Hazen 2545 III); Hénault's reply follows, p.176-78.

Editions

W46, v.10-12; W48D, iii.46-48; W50, iii.65-67; W51, iii.60-62; W52, iii.184-86; W56, ii.231-33; W57G1, ii.231-33; W57G2, ii.231-33; W57P, vi.228-30; OC61, p.304-305; W64G, ii.248-50; W64R, vi.274-76; W70G, ii.248-50; W68 (1771), xviii.335-36; W72P (1771), iii.367-68; W70L (1772), xxiii.144-46; W72P (1773), xiv.412-14; W75G, xii.335-37; K, xv.177-78. The poem was also printed in the *Mercure de France* (MF) of December 1770, p.205-207. As described above, it was printed by Desfontaines.

Base text: W75G. Collated texts: MS1, W46, W48D, W51, W52, W56, W57G1, W57G2, W57P, W64G, W70G, W68, W70L, K. Desfontaines, an incomplete text with a few slight variants of no particular significance, has not been collated.

A M. le président Hénaut, auteur d'un ouvrage excellent sur l'histoire de France

A Cirey ce 1 sept. 1744

O déesse de la santé,
Fille de la sobriété,
Et mère des plaisirs du sage,
Qui sur le matin de notre âge
Fais briller ta vive clarté,   5
Et répands ta sérénité
Sur le soir d'un jour plein d'orage.

    O déesse, exauce mes vœux;
Que ton étoile favorable
Conduise ce mortel aimable: 10
Il est si digne d'être heureux.
Sur Hénaut tous les autres dieux
Versent la source inépuisable
De leurs dons les plus précieux.
Toi, qui seule tiendrais lieu d'eux,   15
Serais-tu seule inexorable?
Ramène à ses amis charmants,
Ramène à ses belles demeures
Ce bel esprit de tous les temps,
Cet homme de toutes les heures.   20
Orne pour lui, pour lui suspends
La course rapide du temps,
Il en fait un si bel usage:
Les devoirs, et les agréments,
En font chez lui l'heureux partage.   25
Les femmes l'ont pris fort souvent

c   w46-k: A Cirey ce 1 septembre 1744
    ms1: à Cirey ce 13 juillet
26 ms1, w46-w51, w56: si souvent
    w52, w57p: pris souvent

Pour un ignorant agréable;
Les gens en *us* pour un savant,
Et le dieu joufflu de la table
Pour un connaisseur si gourmand. [6]   30
Qu'il vive autant que son ouvrage; [7]
Qu'il vive autant que tous les rois,
Dont il nous décrit les exploits, [8]
Et la faiblesse et le courage,
Les mœurs, les passions, les lois,   35
Sans erreur et sans verbiage.
Qu'un bon estomac soit le prix [9]
De son cœur, de son caractère,
De ses chansons, de ses écrits. [10]
Il a tout, il a l'art de plaire,   40
L'art de nous donner du plaisir,
L'art si peu connu de jouir:
Mais il n'a rien s'il ne digère. [11]
    Grand dieu, je ne m'étonne pas,

30   K: connaisseur très-gourmand
33   MSI: nous a peint les [*first reading:* nous a décrit les loix]
36   K: Sans erreurs et

[6] Hénault was well known for his supper parties (see D3838, commentary).
[7] The *Nouvel abrégé chronologique de l'histoire de France*. Voltaire quotes this line in letters to Hénault of 4 December 1763 (D11529) and 6 February 1768 (D14734), in the latter altering it to 'qu'il vive autant que sa gloire'. The line also forms the epigraph of the portrait of Hénault drawn and engraved by Claude Antoine Littret de Montigny (see D11529, commentary).
[8] Voltaire quotes lines 31-33 in his letter of 18 December 1752 to Hénault, changing line 33 to read: 'Dont il parle sans verbiage' (D5115).
[9] Voltaire quotes this line in his letter to Hénault of 8 December 1751 (D4618).
[10] Hénault's writings comprise poetry (including *chansons*), dramatic works, the *Nouvel abrégé chronologique*, memoirs, opuscules, and correspondence. See Henri Lion, *Le Président Hénault* (Paris 1903), p.[161]ff.; on Hénault's *chansons*, see p.180-81.
[11] Voltaire quotes this 'cruel vers' in his letter to Hénault of 7 September 1751 (D4566).

Qu'un ennuyeux, un des Fontaine,[12]   45
Entouré dans son galetas
De ses livres rongés des rats,
Nous endormant, dorme sans peine,
Et que le bouc[13] soit gros et gras.
Jamais Eglé, jamais Sylvie,   50
Jamais Lise à souper ne prie
Un pédant à citations,
Sans goût, sans grâce et sans génie;
Sa personne, en tous lieux honnie,
Est réduite à ses noirs gitons.[14]   55
Hélas! les indigestions
Sont pour la bonne compagnie.

47   w57P: rongés de rats
50   MS1: Jamais Eglé, jamais Arrie,
51   w48D: à son soupé
54-55   MS1: [omits these lines]

[12] On Voltaire's embittered relations with Desfontaines, see the *Ode sur l'ingratitude* (*OC*, vol.16, p.456-57).

[13] The reference is to one of Piron's epigrams on Desfontaines, in which the following lines appear: 'Au haut du Pinde, entre les neuf pucelles, / Il est planté comme un épouvantail. / Que fait le bouc en si joli bercail?' See the commentary on D3002 as well as *Œuvres complètes d'Alexis Piron*, 7 vols (Neuchâtel 1777-1778), vi.387.

[14] Voltaire had intervened on Desfontaines's behalf when the latter was in the prison of Bicêtre for sodomy (1725); see D232, commentary, and D235.

ÉPIGRAMME
LA MUSE DE SAINT-MICHEL

The ill-feeling between Voltaire and the minor poet and play-wright Pierre-Charles Roy (1683-1764) probably began in about 1714 at the court of the duchesse Du Maine at Sceaux,[1] and led to many reciprocal attacks which ended only with Roy's death.[2] When in 1742 Roy achieved his greatest glory by being made a knight of the order of Saint-Michel, Voltaire was deeply vexed, Roy, who had striven to prevent Voltaire's election to the Academy, was in the meantime hoping for a seat himself. Finally an opportunity came. When on 19 August 1744 it was reported in Paris that Louis XV was recovering from the serious illness he had suffered at Metz,[3] Roy seized the occasion to compose his flattering ode, *La Convalescence du roi* (1744).[4] Voltaire retorted with this six-line epigram.

The poem attracted the attention of Mme de Graffigny, who cited it in her letter of 8 September 1744 to Devaux, inverting the last two lines.[5] In its theme of a cure for insomnia, the epigram anticipates the opening of Voltaire's *Relation de la maladie [...] du*

---

[1] Arouet would no doubt have looked upon Roy at this time as a rival. See D40, René Pomeau, *D'Arouet à Voltaire*, *Voltaire en son temps*, 2nd edn (Oxford 1995), i.49, and Elliot H. Polinger, *Pierre Charles Roy, playwright and satirist* (New York 1930), p.205.

[2] See, for example, the *Epître à Mme la marquise Du Châtelet, sur la calomnie* (*OC*, vol.9, p.295), and the epigram beginning 'Connaissez-vous certain rimeur obscur' (*OC*, vol.52). See also Polinger, *Pierre Charles Roy*, p.77-80, 203-46.

[3] See *Précis du siècle de Louis XV*, ch.12 (*OH*, p.1364-65). On the king's illness, see *Sur les événements de l'année 1744. Discours en vers*, line 56 and note (*OC*, vol. 28B).

[4] *La Convalescence du Roy* (Paris 1744), 4 p.

[5] Graffigny, v.449.

jésuite Berthier (1759). Both these texts have an antecedent in Pope's *Dunciad* (1728, 1742). [6]

The text

The epigram was first printed in 1761 in MP61 and in TS61. The only authorised edition to contain it is W70L, whose text is reproduced here. All the editions give virtually the same text.

Manuscript

MS1: contemporary copy, dated 8 September 1744 (Yale, G.P., xxvii, 175-78 (D739) and xciv, 51-52).

Editions

MP61, p.246; TS61, p.427; W64R, iii.II.107; W70L (1772), xxiii.331; K, xiv.322.

Base text: W70L. Collated texts: MP61, TS61, K.

Epigramme
La muse de Saint-Michel

Notre monarque, après sa maladie,
Etait à Metz attaqué d'insomnie;
Ah! que de gens l'auraient guéri d'abord!
Le poète R* dans Paris versifie,
La pièce arrive, on la lit, le roi dort: 5
De Saint-Michel la muse soit bénie.

4 K: poète *Roi* dans

[6] ii.367-420, iv.605-18.

ÉPÎTRE À UNE JEUNE VEUVE

This epistle, in which Voltaire invites a young widow to enjoy the freedom that her new status permits her, was in all probability addressed to Mme Denis, who was widowed in April 1744 at the age of thirty-five (see D2958). It is likely that the poem was written relatively soon after this event, probably in 1744 or 1745. We know moreover that uncle and niece had already made love before Denis's death; on their amatory relations, see Besterman, *Voltaire* (London 1969), p.261-67.

Under the date of January 1773 (CL, x.152-53), Grimm asserts that the poem had been refused by the censor of a collection of light verse, that it was known in Paris, and that it had moreover been composed some years earlier. Attributing it to Bernard-Joseph Saurin, Grimm writes:

On assure que le censeur d'un recueil de je ne sais quelles pièces fugitives qui s'imprime actuellement n'a pas voulu laisser passer les vers que vous allez lire. Ce censeur est bien sévère, et c'est apparemment à quelque docteur de Sorbonne qu'on a commis le soin d'approuver les productions légères des muses françaises. Depuis les difficultés du censeur, ces vers se sont répandus dans Paris, et on les a attribués à M. de Voltaire, ce qui n'a pas nui à leur célébrité. Premièrement je ne les crois pas de M. de Voltaire, et je parierais qu'ils n'en sont pas. En second lieu, j'ai quelque idée confuse qu'ils ne sont pas nouveaux et qu'ils ont déjà couru anciennement. Je les crois de M. Saurin.

Except by Grimm (p.153), the poem does not appear to have been printed under the name of Saurin.

The poem is a supreme example of Voltaire's ability to combine sage advice with humour, and to do so in an ingenious, original way. The humour derives from the poet's whimsical exaggeration and deliberate linking of incongruous terms: the young widow, he tells us, has received the treasures of charm, beauty, wit, and widowhood; she is now invited to enjoy the rare advantage of being without prejudice and without a husband. Free of this 'double esclavage' (line 6), she can devote herself to love and mirth. The poet permits us to savour the comic implications of a wife's situation by illustrating the disadvantages of marriage and of an insensitive husband. The lady's natural vigour, he explains, has been enervated by this institution, which she must eschew. 'Loin de vous tous liens, fût-ce avec Plutus même!' she is warned (line 20). Up to now she has known only duty: 'Le plaisir vous reste à connaître', she is told (line 23). She will now seek in a new relationship the emotions denied her by marriage. To allay any misgivings, the poet encourages her in an amusing *pointe*: in surrendering to the call of her sensual nature, the lady will be reborn and Amour itself will experience what hitherto it has never known.

Despite certain differences, the *Epître à une jeune veuve* invites comparison with La Fontaine's fable *La Jeune Veuve* (*Fables*, VI.xxi), as well as with his treatment of Petronius's story of the 'Ephesian Matron' (*Fables*, XII.xxvi).

The text

First recorded in Grimm's *Correspondance littéraire*, under the date of January 1773 (CL, x.153), the poem was first printed in 1828 in the Dalibon-Delangle edition of Voltaire's *Œuvres complètes* (xvii.247-48). In a note appended to the poem, Louis Du Bois tells us that he took it from a manuscript collection dating from about 1760, in which the poem was attributed to Voltaire. The base text is that of the first printing, which has been collated with Grimm. Both texts are almost identical.

Epître à une jeune veuve

Jeune et charmant objet à qui pour son partage
Le ciel a prodigué les trésors les plus doux,
Les grâces, la beauté, l'esprit, et le veuvage!
   Jouissez du rare avantage
D'être sans préjugés ainsi que sans époux!   5
   Libre de ce double esclavage,
Joignez à tous ces dons le don d'en faire usage;
Faites de votre lit le trône de l'Amour;
Qu'il ramène les ris bannis de votre cour
    Par la puissance maritale.   10
Ah! ce n'est pas au lit qu'un mari se signale:
Il dort toute la nuit, et gronde tout le jour,
   Ou s'il arrive par merveille
Que chez lui la nature éveille le désir,
Attend-il qu'à son tour chez sa femme il s'éveille?   15
Non: sans aucun prélude il brusque le plaisir;
Il ne connaît point l'art d'animer ce qu'on aime,
D'amener par degrés la volupté suprême;
Le traître jouit seul ... si pourtant c'est jouir. [1]
Loin de vous tous liens, fût-ce avec Plutus même!   20
L'Amour se chargera du soin de vous pourvoir.
Vous n'avez jusqu'ici connu que le devoir,
    Le plaisir vous reste à connaître.
Quel fortuné mortel y sera votre maître!
    Ah! lorsque d'amour enivré,   25
Dans le sein du plaisir il vous fera renaître,
Lui-même trouvera qu'il l'avait ignoré.

11   CL: n'est point au
17   CL: d'échauffer ce
20   CL: vous tout hymen,

[1] The negative view of marriage in lines 11-19 recalls Molière's *Les Précieuses ridicules* (1659) (scene iv) and *Les Femmes savantes* (1672) (I.i).

À MME LA DUCHESSE DE LA VALLIÈRE, AU NOM DE MME LA DUCHESSE DE ***, EN LUI ENVOYANT UNE NAVETTE

This quatrain, in which Voltaire sends the duchesse de La Vallière an incense-box, was probably written in 1744 or 1745, when he visited her and her husband at their home at Champs, on the Marne a few miles out of Paris (see D3025, note 1, D3035, D3158, and above, p.84).

The text

The quatrain was first recorded in the abbé Raynal's *Nouvelles littéraires* (CL, ii.97), under the date of 6 September 1751. All versions of the poem give virtually the same text, although Clément, Fréron, and the *Elite* (see below) attribute it to Mme la maréchale de Luxembourg. Since the poem was not published with Voltaire's supervision, the text of K is reproduced here.

Editions

CL, ii.97, under the date of 6 September 1751; Pierre Clément, *Les Cinq années littéraires* (Berlin 1755), p.141, under the date of 15 September 1751; Elie Fréron, *L'Année littéraire* (Amsterdam and Paris 1762), i.272; *Elite de poésies fugitives* (London 1764), i.40; *Nouvelle Anthologie française* (Paris 1769), i.150; K, xiv.321.

Base text: K. Collated text: CL.

A madame la duchesse de La Vallière, au nom de madame la duchesse de ***, en lui envoyant une navette

L'emblème frappe ici vos yeux:
Si les grâces, l'amour et l'amitié parfaite
Peuvent jamais former des nœuds,
Vous devez tenir la navette.

---

a-b   CL: *Vers envoyés avec une belle navette d'or, par Mme la duchesse de Luxembourg, son intime amie, à Mme la duchesse de La Vallière*
    1   CL: ici les yeux

À MME **, QUI AVAIT ADRESSÉ
DES VERS À L'AUTEUR, EN LUI DEMANDANT
D'ENTRER AVEC SA FILLE AUX FÊTES
DE VERSAILLES POUR LE MARIAGE
DU DAUPHIN

Mme Dumont (née Lutel), a minor poet of whom little is known, probably met Voltaire at Paris or Versailles at the beginning of 1745. The lady had a fifteen-year-old daughter who wished to attend the celebrations at Versailles on the occasion of the marriage of the dauphin to Maria Teresa, infanta of Spain. Included in these celebrations was a performance on 23 February of Voltaire's comedy-ballet *La Princesse de Navarre*. Mme Dumont accordingly addressed an epistle to this effect to Voltaire, and obtained with this quatrain permission for her and her daughter to attend.[1]

The text

Voltaire's quatrain and Mme Dumont's epistle were first printed in 1764, both in her *Nouveau Recueil de pièces en vers et en prose* (Paris 1764), p.10-11, and in a review of her book in the *Année littéraire* (1764), i.131-32. The quatrain entered Voltaire's works in 1773 in w72P. Since it was not printed in any edition in which Voltaire participated, κ is reproduced here. All versions give the same text.

Editions

Nouveau recueil (see above) (NR); *L'Année littéraire* (see above)

---

[1] See the *Année littéraire* (1764), i.130.

(AL); *Almanach des muses* (Paris 1773), p.166; W72P, XV.309, K, xiv.331.

Base text: K. Collated texts: NR, AL.

A madame **, qui avait adressé des vers à
l'auteur, en lui demandant d'entrer avec sa fille aux
fêtes de Versailles pour le mariage du dauphin

Il faut au duc d'Ayen² montrer vos vers charmants:
De notre paradis il sera le saint Pierre;
   Il aura les clefs, et j'espère
Qu'on ouvrira la porte aux beautés de quinze ans.

a-c   NR: *Réponse de M. de Voltaire*
       AL: [*absent*]

² Louis de Noailles, duc d'Ayen (afterwards duc de Noailles), was captain of the guards.

ÉPÎTRE AU ROI DE PRUSSE. FRAGMENT

Voltaire became involved, through the duc de Richelieu, in the preparations for the marriage of the dauphin (February 1745), and composed his *Princesse de Navarre* for this occasion. This verse fragment in praise of Frederick may be ascribed to 1745 by virtue of the allusion in lines 10-11 to the dauphin's marriage.

The poem is particularly noteworthy for one reason: it contains, as a rhyme word in line 14, Voltaire's only reference to Handel.

The text

The *Epître au roi de Prusse. Fragment* was first printed in 1784 by the Kehl editors (xiii.135-36), whose text is reproduced here.

Epître au roi de Prusse. Fragment

Ah! mon prince, c'est grand dommage
Que vous n'ayez point votre image;
Un fils par la gloire animé,
Un fils par vous accoutumé,
A rogner ce grand héritage   5
Que l'Autriche s'était formé. [1]
　　Il est doux de se reconnaître
Dans sa noble postérité;
Un grand homme en doit faire naître:

---

[1] The political background of the poem is the War of the Austrian Succession.

492

Voyez comme le roi mon maître   10
De ce devoir s'est acquitté.
Son dauphin, comme vous, appelle
Auprès de lui les plus beaux arts,
De le Brun, de Lulli, d'Handelle,[2]
Tout aussi bien que ceux de Mars.[3]   15
Il apprit la langue espagnole;[4]
Il entend celle des Césars,
Mais des Césars du capitole.
Vous me demanderez comment
Dans le beau printemps de sa vie   20
Un dauphin peut en savoir tant;
Qui fut son maître? le génie:
Ce fut là votre précepteur.
Je sais bien qu'un peu de culture
Rend encor le terrain meilleur;   25
Mais l'art fait moins que la nature.[5]

[2] Both the painter and decorator Charles Le Brun (1619-1690) and the composer Jean-Baptiste Lully (1633-1687) are discussed in the catalogue of the *Siècle de Louis XIV* (*OH*, p.1215-18). Handel was little known in France at that time but Voltaire may have heard his operas in London (see Edmond Vander Straeten, *Voltaire musicien*, p.257).

[3] The dauphin participated in the battle of Fontenoy (11 May 1745); see *Le Poème de Fontenoy*, lines 170-76, *OC*, vol.28B.

[4] The dauphin married Maria Teresa, infanta of Spain.

[5] On art versus nature, see also Voltaire's *Epître au prince royal de Prusse* ('Vous ordonnez, que je vous dise') (1738) (M.x.306-308).

À SA MAJESTÉ IMPÉRIALE

Elizabeth Petrovna, empress of Russia from 1741 to 1762, began her friendly relations with Voltaire in 1745, in which year he drafted a letter to her in the name of Louis XV[1] and arranged to send her copies of some of his works. Among the works to be sent was a copy of *La Henriade*, which according to the Kehl editors Elizabeth had requested. 'J'ose ensuite mettre sous votre protection', Voltaire told the comte d'Alion,[2] 'cet exemplaire de la plus belle édition de la Henriade, le seul qui reste à Paris et que je vous supplie de vouloir bien présenter à sa majesté en lui montrant le petit envoi qui accompagne le livre et qui est à la première page' (D3146, dated Paris, 16 June 1745). We do not know whether Elizabeth received her copy of *La Henriade*. But we do know that a copy of the 1741 London edition, on large paper and bearing the Russian coat of arms, was sold in Paris in 1881.[3] On one of its flyleaves appeared this eight-line poem, written in Voltaire's hand and dated 10 June 1745.[4]

Voltaire was hoping to receive from Elizabeth material for a history of her father, Peter the Great (D3146). He was also hoping to be elected to the Academy of St Petersburg – an honour that was bestowed upon him the following year.

A further development in this story is of particular interest for our purposes. In the library of Waddesdon Manor, near Oxford,

---

[1] The empress had offered to act as mediator in the War of the Austrian Succession; see Voltaire's *Lettre du roi à la czarine pour le projet de paix*, M.xxiii.197-98, and D3115, commentary.

[2] The French ambassador to the court of St Petersburg.

[3] See *Catalogue de livres rares et précieux et d'ouvrages à figures dont la vente aura lieu les vendredi 4 et samedi 5 février 1881* (Paris 1881), p.49, no.260; see also *OC*, vol.2, p.240.

[4] See Bengesco, i.106.

there is a copy of the 1741 London edition of *La Henriade*, containing this poem in Voltaire's hand, and again dated 10 June 1745.[5]

The text

First printed in the *Elite de poésies fugitives* (London 1764), iii.311, the poem did not enter Voltaire's works until the Kehl edition. The holograph is reproduced here. Except for the title and Voltaire's note, all versions give the same text.

Manuscript

MS1: holograph; dated 10 June 1745 (Library, Waddesdon Manor, near Oxford; see above).

Editions

Elite de poésies fugitives (see above); κ, xiv.347.

Base text: MS1. Collated texts: Elite; κ.

---

[5] This holograph is reproduced in *Les Notes de Voltaire. Une écriture polyphonique*, ed. Nicholas Cronk and Christiane Mervaud, *SVEC* 2003:03, opposite p.3.

A sa majesté impériale

Semiramis du nord, auguste imperatrice
  et digne fille de Ninus; (a)
Le ciel me destinoit a peindre Les vertus,
et je dois rendre grace a sa bonté propice.
il permet que je vive en ces temps glorieux   5
qui t'ont vu commencer ta carriere immortelle.
au trone de Russie il plaça mon modele.
  c'est lâ que j'eleve mes yeux

Voltaire 10 juin 1745

(a) legislateur d'Asie; comme Pierre le grand[6]

a Elite: *Vers à Elisabeth, Impératrice de toutes les Russies, écrits de la main de M. de Voltaire, à la tête d'un exemplaire de la Henriade destiné pour elle.*
    K: *A l'impératrice de Russie, Elisabeth Petrowna, en lui envoyant un exemplaire de La Henriade qu'elle avait demandé à l'auteur.*
  n.a. K: [*absent*]

[6] The Assyrian queen Semiramis, to whom Voltaire liked to compare Catherine II (e.g. D10648), was the wife of Ninus, king of Assyria.

L'HOMME INUTILE

In 1745 the président Hénault sent Voltaire a long hortatory poem entitled *L'Homme inutile*,[1] the theme of which, reversing the title, is the importance of using one's time profitably (lines 33-36):

> Ainsi chaque mortel, par ses talents divers,
> Orne, règle, entretient l'ordre de l'univers;
> Ainsi peut subsister ce lien salutaire,
> Ce lien qui rend l'homme à l'homme nécessaire.

Like Hénault's poem, this nine-line reply conveys a philosophical message: the useful and the pleasurable go hand in hand. It is in a sense a distillation of the longer poem, and opens Voltaire's verse and prose epistle to the président of 6 July 1745 (D3170). 'Oui, monsieur', he continues, referring to Hénault's poem, 'si vous avez assez de loisir pour retoucher cette pièce dont le fond est si vrai, et les détails si charmants, si vous vous donnez la peine de l'embellir au point où elle mérite de l'être, vous en ferez un ouvrage digne de Boyleau, mais il faut sa patience'. This hyperbolic praise could only be explained by tactical motives, and Hénault, we recall, had powerful connections.[2]

The text

The poem was first printed (separately) in *Le Censeur hebdomadaire* (Paris and Utrecht 1761), i.53, and in *Pièces fugitives de monsieur de Voltaire, de monsieur Desmahis et de quelques autres auteurs* (Geneva and Lyons 1761), p.5. Here we are told (pages 48 and 5 respectively) that both Voltaire's and Hénault's poems were

---

[1] Hénault's poem appears in *Le Censeur hebdomadaire* (Paris and Utrecht 1761), i.48-52.

[2] See above, p.477.

taken from a 'Recueil L'. The only eighteenth-century volume of Voltaire's works to contain the poem is ML68. Since the poem was not printed in an authorised edition or in K, and in the absence of the holograph, the published holograph (see below) is reproduced here. All versions give practically the same text.

Manuscripts

MS1: holograph of D3170 (present whereabouts unknown; see D3170, manuscripts). MS1 was published in *Collection Dentu: autographes* (Paris 1887), ii.107-108, no. 2582(1).

MS2: old copy, dated 14 August 1744 (BnF 12945, f.449).

Editions

Le Censeur hebdomadaire (see above) (CH); *Pièces fugitives* (see above) (PF); ML68, p.194; *Collection Dentu* (see above) (CD).

Base text: CD (MS1). Collated texts: CH, PF.

L'Homme inutile

D'un pinceau ferme et facile
Vous nous avez, trait pour trait,
Dessiné l'homme inutile.
On ne dira jamais, grâce à votre style,
Le peintre a fait là son portrait.   5
On dira: ce mortel aimable,
Unissait Minerve et les ris,
Et dans tous les beaux arts, comme avec les amis,
Mêlait l'utile à l'agréable.

a   CH: *Réponse de M. de Voltaire.*
     PF: *Vers de M. de Voltaire, à l'auteur de l'*'Homme inutile'*: Poème qui se trouve dans le Recueil L.*
8   CH, PF: avec ses amis

À MME LA MARQUISE DE POMPADOUR

The future Mme de Pompadour (1721-1764) met the young Voltaire through her family, which he knew well.[1] In 1745 he visited them several times at their château at Etioles in the forest of Sénart (D3132, D3157, D3174).

This set of stanzas was composed in July of that year at Etioles, if not on 11 July, very soon thereafter, as is evidenced by the reference in the first stanza to the royal warrant of 11 July by which Mme d'Etioles was officially made marquise de Pompadour,[2] and by the reference in the second stanza to the capture of Ghent by the French army on the same day.[3] The two events are in fact interrelated: Louis XV dedicated the victory to Mme d'Etioles by making her on that day the marquise de Pompadour.

Two of the great themes of poetry are thus celebrated, love and war, which run in parallel throughout the poem.

The text

The poem was first printed in 1784 by the Kehl editors, whose text agrees with that of MS1.

Manuscript

MS1: copy; dated 'à Etiole ce 13 juillet 1745' (New York: Pierpont Morgan Library, MA 638, f.10).

---

[1] See Voltaire's *Mémoires* (M.i.33) and his 'Epître dédicatoire' to *Tancrède* (*OC*, vol.49).

[2] See *Mémoires du duc de Luynes* (Paris 1861), vii.5.

[3] See *Précis du siècle de Louis XV*, ch.16 (*OH*, p.1391-92), *Histoire de la guerre de 1741*, ch.16, p.164, and Barbier, *Journal*, iv.62.

Edition

K, xiii.304-305.
Base text: K. Collated text: MS1.

A madame la marquise de Pompadour

A Etiole, juillet 1745

Il sait aimer, il sait combattre:
Il envoie en ce beau séjour
Un brevet digne d'Henri Quatre,
Signé Louis, Mars, et l'Amour.

Mais les ennemis ont leur tour: 5
Et sa valeur et sa prudence
Donnent à Gand, le même jour,
Un brevet de ville de France.

Ces deux brevets si bien venus
Vivront tous deux dans la mémoire: 10
Chez lui les autels de Vénus
Sont dans le temple de la Gloire.

a   MS1: [*absent*]
b   MS1: à Etiole, ce 13 juillet 1745

À MME DE POMPADOUR QUI TROUVAIT QU'UNE CAILLE SERVIE À SON DÎNER ÉTAIT 'GRASSOUILLETTE'

The circumstances in which this couplet was written are recounted in an anecdote by J.-B.-D. Després (d. 1832).[1] Després attributes this anecdote to Laujon, who witnessed the scene: Voltaire was attending a dinner given by the marquise de Pompadour, at which he heard her comment on a quail being plump (*grassouillette*). In return he whispered this couplet, which turns on the pun of 'caillette', meaning both a petrel and a frivolous young woman. Apparently other courtiers overheard the couplet and considered it an impertinence. This caused his relations with the marquise to cool considerably.

The poem would have been written during Voltaire's years at court, 1745-1749, probably in 1745, in which year he and the marquise exchanged several letters, with Voltaire expressing in verse his warm feelings (D3122, D3132) and the marquise commenting on his poems (D3140), and, if we follow Després, before 1747 since he claims that the incident on which it is based predated the composition of Voltaire's poem to Mme de Pompadour beginning 'Ainsi donc vous réunissez', composed in 1747.[2]

It is interesting to compare Voltaire's couplet with a later song which began:

> Il vous faut, dites-vous, poulette,
> Pour vous rendre plus grassouillette,
>   Un mandat?[3]

---

[1] *Mémoires de Mme Du Hausset, femme de chambre de Mme de Pompadour* (Paris 1824), p.137.

[2] *OC*, vol.30A, p.426.

[3] See the marquis de Sade's letter of 14 December 1780 to his wife, in *Œuvres complètes du marquis de Sade*, 16 vols (Paris 1967), xii.259.

The text

First printed in *Mémoires de madame Du Hausset, femme de chambre de madame de Pompadour* (Paris 1824), p.137, note. The couplet entered Voltaire's works in 1828 in the Dalibon-Delangle edition (xviii.314). Both these versions (save the title) give the same text; that of Dalibon-Delangle is reproduced here and collated with Hausset.

A madame de Pompadour qui trouvait qu'une caille servie à son dîner était 'grassouillette'

Grassouillette, entre nous, me semble un peu caillette;
Je vous le dis tout bas, belle Pompadourette.

a-b   Hausset: [*absent*]

À MME DE POMPADOUR, DESSINANT
UNE TÊTE

This quatrain, in which we see Mme de Pompadour drawing a head, can be assigned to 1745 on the basis of a wrong title given to Voltaire's poem *A Mme de Pompadour alors Mme d'Etioles, qui venait de jouer la comédie aux petits appartements* (*OC*, vol.30A, p.426), which reads: *A Mme de Pompadour, alors Mme d'Etiole, en 1745, pendant qu'elle dessinait* (see NM, v.348, w68, xviii.435, w70L, xxii.412, w75G, xiii.318). The quatrain moreover is referred to in Mme de Graffigny's letter to Devaux of 3 November 1745.[1] Noteworthy as well are the warm relations Voltaire had with Mme de Pompadour in 1745 – relations which, as we have seen, then changed somewhat (see the introduction to the preceding poem).

There are two similar accounts of the genesis of the poem. In Métra's *Correspondance secrète, politique et littéraire*,[2] we read under the date of 30 May 1778: 'Je viens de trouver un quatrain de ce poète célèbre, lequel est, je crois, fort peu connu. Il est aussi ingénieux que galant. M. de Voltaire entra chez Madame de Pompadour qui était occupée à dessiner une tête au crayon. La Marquise en fit présent au poète, et celui-ci mit sur le champ ces quatre vers au bas du portrait [the poem follows]'. And in a footnote in Barbier,[3] we read concerning Mme de Pompadour: 'On raconte que Voltaire, alors dans son intimité, étant venu lui faire visite sans être annoncé, et l'ayant trouvée dessinant une tête, improvisa ce quatrain [the poem follows]'.[4]

---

[1] Graffigny, vii.82, note 16.

[2] 18 vols (London 1787-1790), vi.245.

[3] *Journal* (Paris 1857), vi.247.

[4] See also Antoine Jules Dumesnil, *Histoire des plus célèbres amateurs français*, 3 vols (Paris 1856-1858), i.137.

The text

In the *Elite de poésies fugitives* (London 1764), iii.297, where the poem was first printed, we read in a footnote: 'Ce madrigal n'est pas connu; il est imprimé ici pour la première fois'. All versions give the same text. Since it was not printed under Voltaire's supervision, the text of K is reproduced here.

Manuscript

MS1: contemporary copy; dated 1753 (Merseburg: Zentrales Staatsarchiv Merseburg, Königliches Hausarchiv, Rep. 56 I F 12, f.61r).

MS1 has been published in *Correspondances littéraires inédites*, ed. Jochen Schlobach (Paris and Geneva 1987), p.245.

Editions

Elite de poésies fugitives (see above); *Nouvelle Anthologie françoise* (Paris 1769), i.262; *L'Année littéraire* (Paris 1770), p.43; K, xiv.333. Base text: K. Collated text: Elite.

A madame de Pompadour, dessinant une tête

Pompadour, ton crayon divin
Devait dessiner ton visage:
Jamais une plus belle main
N'aurait fait un plus bel ouvrage.

---

a   Elite: *Impromptu. A Mme la marquise de Pompadour qui dessinait une tête*

APPENDIX I

Voltaire's madrigal 'Souvent un peu de vérité' Replies, parodies, translations[1]

In addition to D2863, commentary, Frederick produced the following reply, in the name of Ulrica, to Voltaire's madrigal. The text is taken from *Œuvres de Frédéric le Grand*, 31 vols (Berlin 1846-1857), xiv.92.

> Je ne fais cas que de la vérité.
> Mon cœur n'est pas flatté d'un séduisant mensonge.
> Je ne regrette point, dans l'erreur de ce songe,
> La perte du haut rang où vous étiez monté;
> Mais ce qui vous en reste et que vous n'osez dire,   5
>   S'il est vrai que jamais il ne vous soit ôté,
>   Vaut à mes yeux le plus puissant empire.

The following parody of Voltaire's madrigal is taken from *L'Antimagazin du 19 novembre 1743, ou Réponse aux observations d'un anonime insérées dans cette feuille* (The Hague 1743), p.6:

> Oui, c'est la pure vérité,
> Et le contraire est un mensonge,
> Quand Voltaire nous dit qu'en songe
> Au rang des rois il est monté:
> Il est le roi des fous, chacun ose le dire,   5
>   C'est un point qui jamais ne lui peut être ôté,
>   C'est là son véritable empire.

Here is a variant of this parody, taken from *Voltariana ou éloges amphigouriques de Fr. Marie Arrouet, Sr. de Voltaire* (Paris 1748), p.163:

> Oui, c'est la pure . . . . *vérité*

---

[1] See above, p.434.

Le contraire serait. . . . . *mensonge*
V*** en veille comme en . . . . *songe*
Au rang des rois se croit . . . . *monté*
Personne, à mon avis, ne peut y contre . . .*dire*   5
A ce grand roi des fous rien ne doit être . . .*oté,*
On lui laisse tout son . . . . *empire.*

Other replies to Voltaire's poem appear in the *Nachträge zu dem
Briefwechsel Friedrichs des Grossen mit Maupertuis und Voltaire*
(Leipzig 1917), p.104:

Quand Voltaire, trompé par des songes flatteurs,
Osait vous aimer et le dire,
Princesse, il ne pouvait vous offrir qu'un empire,
Et n'en avez-vous pas autant qu'il est de cœurs?

and in the commentary on D2863, a slightly different version of
which is given in the above-cited *Voltariana*, p.164:

On remarque pour l'ordinaire
Qu'un songe est analogue à notre caractère,
Un guerrier peut songer qu'il a passé le Rhin,
    Un marchand qu'il a fait fortune,
    Un chien qu'il aboie à la lune,
    Un voleur qu'il a fait butin.   5
Mais que V*** en Prusse à l'aide d'un mensonge
Ose se croire roi, lui qui n'est qu'un faquin;
    Ma foi c'est abuser du songe.

This last poem may well be by Piron (see D2863, commentary,
and Desnoiresterres, ii.407-408).

The following Latin translation of Voltaire's madrigal by M. de
Modène, captain of the dauphin's regiment, is taken from κ
(xiv.338):

Sæpe aliquid veri secum mendacia ducunt;
Hac nocte, in somno, demens, regnare putavi:
Te ardebam, princeps, audebam dicere! Mane
Amisi imperium: non abstulit omnia numen.

The poem was translated into Russian by Pushkin (BnC, vol.214, ii, no.2396; see also no.2487):

> Недавно, обольщен прелестным сновиденьем,
> В венце сияющем, царем я зрел себя;
>   Мечталось, я любил тебя—
>   И сердце билось наслажденьем.
> Я страсть у ног твоих в восторгах изъяснял.   5
> Мечты! ах! отчего вы счастья не продлили?
> Но боги не всего теперь меня лишили:
>   Я только—царство потерял.

Finally, the poem was translated into German by Goethe (*Sämtliche Werke: Gedichte, 1756-1799*, ed. Karl Eibl, Frankfurt 1987, p.74):

> Auch in die allergröbste Lügen
> Mischt oft ein Schein von Wahrheit sich.
> Ich war im Traum' zum Königsrang gestiegen,
> Und liebte dich,
> Erklärt' es kühn zu deinen Füßen.   5
> Doch mit dem Traum' verließ nicht alles mich;
> Nichts als mein Reich ward mir entrissen.

APPENDIX II

The following parody of *A M. van Haren* (above, p.428) is taken from *L'Anti-magazin du 19 novembre 1743 ou Réponse aux observations d'un anonime insérées dans cette feuille* (The Hague 1743), p.5:

Esprit universel, intendant du Parnasse,
Arbitre des exploits du style et du compas,
Dans tes moindres transports j'admire ton audace,
Et crois voir un Tyrtée au milieu des combats.

Mais ce n'est qu'en rimant, que brille ton courage,   5
Ton âme désavoue en secret tes héros,
Comme s'il suffisait de composer en sage
Et prôner la vertu sur un lit de repos.

Ton BRUTUS plus fidèle au lieu qui le vit naître,
Osa rompre ses fers en brave citoyen: 10
Mais tu crains la BASTILLE; un seul homme est ton MAITRE:
UN SENAT IMMORTEL ET MODESTE est le mien.

WORKS CITED

Advielle, Victor, *Voltaire. Lettres et poésies inédites* (Paris 1872).

Aliverti, M. I., 'Les acteurs en tant que gens de lettres: occasions et limites d'un combat voltairien', in *Voltaire et ses combats*, ed. U. Kölving and C. Mervaud (Oxford 1997), p.1479-86.

Allmand, C. T., *The Hundred Years War* (Cambridge 1989).

Anthony, J. R., *French baroque music from Beaujoyeulx to Rameau*, 2nd ed. (London 1978).

– 'Intermède', in *Dictionnaire de la musique en France aux XVII* et *XVIII* siècles, ed. Marcelle Benoit (Paris 1992), p.360.

L'Anti-magazin du 19 novembre 1743, ou Réponse aux observations d'un anonime insérées dans cette feuille (The Hague 1743).

Apostolidès, J.-M., *Le Roi-machine: spectacle et politique au temps de Louis XIV* (Paris 1981).

Autreau, Jacques, *Le Chevalier Bayard* (1731).

Baby-Litot, Hélène, 'Réflexions sur l'esthétique de la comédie héroïque de Corneille à Molière', *Littératures classiques* 27 (1996), p.25-34.

Bachman, A., *Censorship in France from 1715-1750* (New York 1934).

Ballets, opéra et autres ouvrages lyriques par ordre chronologique (Paris 1760).

Barnwell, H. T., *Les Idées morales et critiques de Saint-Evremond: essai d'analyse explicative* (Paris 1957).

Beaussant, P., *Les Plaisirs de Versailles: théâtre et musique* (Paris 1996).

Benoit, Marcelle (ed.), *Dictionnaire de la musique en France aux XVII* et *XVIII* siècles (Paris 1992).

Bergman, G., 'La grande mode des pantomimes à Paris vers 1740 et les spectacles d'optique de Servandoni', *Recherches théâtrales* 2 (1960), p.71-81.

Bérubé, G., 'Don Pèdre dans le théâtre de Voltaire: le cas d'un personnage référentiel', in *L'Age du théâtre en France / The Age of theatre in France*, ed. D. Trott and N. Boursier (Edmonton 1988), p.107-18.

Besterman, Theodore, *Voltaire* (London 1969).

Blaze de Bury, Henri, *Le Chevalier de Chasot* (Paris 1862).

Boissy, Louis de, *La Vie est un songe* (1734).

Boucher, T., 'Rameau et les théâtres de la cour (1745-1764)', in *Jean-Philippe Rameau: colloque international*, ed. J. de La Gorce (Paris 1987), p.565-77.

Bouhours, Dominique, *Les Entretiens d'Ariste et d'Eugène*, ed. R. Radouant (1671; Paris 1920).

Bouissou, Sylvie, and Denis Herlin, *Jean-Philippe Rameau: catalogue thématique des œuvres musicales. Tome 2. Livrets* (Paris 2003).

Boursault, M., *Lettre d'un théologien* (1694).

Boyer d'Argens, Jean-Baptiste de, *Mémoires secrets de la république des lettres, ou le théâtre de la vérité* (Amsterdam 1744).

Brosses, Charles de, *Lettres familières écrites d'Italie en 1739 et 1740*, 2nd ed., ed. R. Colomb (Paris 1885).

Brown, Andrew, *Calendar of Voltaire manuscripts other than correspondence*, *SVEC* 77 (1970).

Brumfitt, J. H., *Voltaire historian* (Oxford 1958).

Buffenoir, Hippolyte, *La Maréchale de Luxembourg, 1707-1787* (Paris 1924).

Caldicott, C. E. J., 'La cour, la ville et la province: Molière's mixed audiences', *Seventeenth-century French studies* 10 (1988), p.72-87.

Carlyle, Thomas, *History of Friedrich II of Prussia* (London 1858-1865).

Carrère, Casimir, *Les Amours 'scandaleuses' du maréchal-duc de Richelieu (1696-1788)* (Paris 1980).

Castel, Louis Bertrand, *La Mathématique universelle abrégée* (Paris 1728).

Catalogue de livres rares et précieux et d'ouvrages à figures dont la vente aura lieu les vendredi 4 et samedi 5 février 1881 (Paris 1881).

Chennevières, P. de (ed.), *Archives de l'art français: recueil de documents inédits relatifs à l'histoire des arts en France* (Paris 1853-1855).

Christout, M.-F., 'Quelques interprètes de la danse dans l'opéra de Rameau', in *Jean-Philippe Rameau: colloque international*, ed. J. de La Gorce (Paris 1987), p.533-49.

Clément, Pierre-Paul, *Les Cinq années littéraires* (Berlin 1755).

Coeyman, B., 'Theatres for opera and ballet during the reigns of Louis XIV and Louis XV', *Early music* 18 (1990), p.22-37.

Collé, Charles, *Journal et mémoires sur les hommes de lettres, les ouvrages dramatiques et les événements les plus mémorables du règne de Louis XV (1748-1772)*, ed. H. Bonhomme (Paris 1868).

Condorcet, Jean-Antoine-Nicolas de Caritat, marquis de, *Vie de Voltaire* (1787), ed. E. Badinter (Paris 1994).

Conlon, P. M., *Voltaire's literary career from 1728 to 1750*, *SVEC* 14 (1961).

Corneille, Pierre, *Le Cid* (1637).

– *Don Sanche d'Aragon* (1649).

Couvreur, M., *Jean-Baptiste Lully: musique et dramaturgie au service du prince* (Paris 1992).

Cronk, N., 'The celebration of carnival in Molière-Lully's *Les Amants magnifiques*', in *The Seventeenth century: directions old and new*, ed. E. Moles and N. Peacock (Glasgow 1992), p.74-87.

Cucuel, G., *La Pouplinière et la musique de chambre au XVIIIᵉ siècle* (Paris 1913).

Dartois-Lapeyre, F., 'Les divertissements dansés dans les opéras de Rameau', in *Jean-Philippe Rameau: colloque international*, ed. J. de La Gorce (Paris 1987), p.501-17.

Decroix, Jacques-Joseph, *L'Ami des arts ou justification de plusieurs hommes célèbres* (Amsterdam 1776).

Desfontaines, abbé Pierre Guyot, *Poésies sacrées, traduites ou imitées des Psaumes* (Rouen, M. Lallemant, 1717).

– *Le Nouveau Gulliver, ou Voyage de Jean Gulliver, fils du capitaine Gulliver, traduit d'un manuscrit anglais, par M.L.D.F.* (Paris, Veuve Clouzier, 1730).

– *Histoire des révolutions de Pologne, depuis le commencement de cette monarchie jusqu'à la mort d'Auguste II*, 2 vol. (Amsterdam, F. L'Honoré, 1735).

– *Mémoire pour Pierre-François Guyot Desfontaines, prêtre du diocèse de Rouen, contre Pierre-Mathias Gourné, prieur commendataire de Taverny* ([Paris], imp. de Quillau, [1743]).

– *Les Œuvres de Virgile, traduites en français, avec des remarques, par M. l'abbé D.* (Paris 1743).

– *Jugements sur quelques ouvrages nouveaux* (Avignon 1745).

[–], *La Voltairomanie*, ed. M. Waddicor (Exeter 1983).

– and Adrien-Maurice de Mairault, abbé Jacques Destrées, abbé François Granet, Elie-Catherine Fréron, *Observations sur les écrits modernes* (Paris, Chaubert, 1735-1743).

Després, J.-B.-D., *Mémoires de Mme Du Hausset, femme de chambre de Mme de Pompadour* (Paris 1824).

Destouches, Néricault, *L'Ambitieux et l'indiscrète* (1737).

Devriès, Anik, and François Lesure, *Dictionnaire des éditeurs de musique français* (Paris 1979-1988).

Diderot, Denis, *Le Neveu de Rameau*, in *Œuvres complètes*, xii.84-85.

Droysen, Hans *et al.* (ed.), *Nachträge zu dem Briefwechsel Friedrichs des grossen mit Maupertuis und Voltaire* (Leipzig 1917).

Dumesnil, Antoine Jules, *Histoire des plus célèbres amateurs français*, 3 vol. (Paris 1856-1858).

Du Vernet, Théophile-Imarigeon, *La Vie de Voltaire* (Geneva 1786).

Eckermann, Johann Peter, *Gespräche mit Goethe*, ed. H. H. Houben (Wiesbaden 1959).

L'Epilogueur politique, galant & critique pour servir de suite au Magazin (Amsterdam 1743).

Fajon, R., 'La comédie-ballet, fille et héritière du ballet de cour', *Littératures classiques* 21 (1994), p.207-19.

Favier, J.-L., *Le Poète réformé, ou apologie pour la Sémiramis de M. de V**** (Amsterdam 1748).

Favre, R., 'Lueurs médiévales au siècle des Lumières', in *Le Siècle de Voltaire: hommage à René Pomeau*, ed. C. Mervaud and S. Menant (Oxford 1987), i.471-77.

Fénelon, François de Salignac de La Mothe-, *Télémaque* (1699).

Fields, Madeleine, 'Voltaire et le *Mercure de France*', *SVEC* 20 (1962), p.175-215.

Flaubert, Gustave, *Le Théâtre de Voltaire*, ed. Th. Besterman, *SVEC* 50-51 (1967).

Fleck, S. H., *Music, dance and laughter: comic creation in Molière's comedy-ballets* (Paris, Seattle, Tübingen 1995).

Fletcher, D. J., 'Voltaire et l'opéra', in *L'Opéra au XVIIIᵉ siècle* (Aix-en-Provence 1982), p.552-54.

Frederic the Great, *Politische Correspondenz Friedrich's des Grossen*, vol.iii (Berlin 1879), p.176, 181-82.

Frères Parfaict, *Dictionnaire des théâtres de Paris* (Paris 1767).

Fréron, Elie-Catherine, *Lettres sur quelques écrits de ce temps* (25 July 1746), in *Opuscules* (Amsterdam 1753), ii.398, 407.

– – (5 April 1752), in *Opuscules* (Amsterdam 1753), vi.40-42.

Gaudriault, Raymond, *Filigranes et autres caractéristiques des papiers fabriqués en France aux XVIIe et XVIIIe siècles* (Paris 1995).

Gayot de Pitaval, [François], *Bibliothèque de cour, de ville et de campagne*, new ed. (Paris 1746).

Gethner, P., 'Le divertissement dans la comédie de Dancourt', *Littératures classiques* 21 (1994), p.103-12.

Girdlestone, C. M., *Jean-Philippe Rameau: his life and work* (London 1957).

– 'Voltaire, Rameau et Samson', *Recherches sur la musique française classique* 6 (1965), p.133-43.

Goodden, A., *Actio and persuasion: dramatic performance in eighteenth-century France* (Oxford 1986).

Goulbourne, Russell, *Voltaire comic dramatist*, *SVEC* 2006:03.

Gourné, abbé Pierre-Mathias de, *Le Géographe méthodique, ou Introduction à la géographie ancienne et moderne, à la chronologie et à l'histoire, avec un essai sur l'histoire de la géographie*, 2 vol. (Paris, J.-A. Robinot, 1741-1742).

– *Requête de P.-M. Gourné, relativement aux attaques dont le 'Géographe méthodique' a été l'objet* (s.l. n.d. [17 décembre 1742]).

– *Lettre de M. de Gourné, [...] auteur du 'Géographe méthodique', à Dom Gilbert, bénédictin de la congrégation de Saint-Maur, tant au sujet de cet ouvrage que du sieur abbé Desfontaines* (Amsterdam, F. L'Honoré, 1743).

– *Lettre de M. Le Tort, [...] à M. l'abbé Guyot au sujet de la nouvelle traduction des œuvres de Virgile* (s.l. n.d. [28 juillet 1743]).

– *Mémoire signifié pour Pierre de Gourné, prieur de Taverny, [...] contre Pierre Guyot Desfontaines* (La Haye, P. Marteau, 1743).

– *Mémoire pour l'abbé de Gourné, prieur commendataire de Notre-Dame de Taverny, diocèse de Paris, défenseur et demandeur contre l'abbé Guyot, prêtre du diocèse de Rouen, demandeur et défenseur* (s.l. 1744).

Grimm, Friedrich, *Correspondance littéraire, philosophique et critique* (Paris 1812-1814).

Grosperrin, Bernard, *La Représentation de l'histoire de France dans l'historiographie des Lumières* (Lille 1982).

Haeringer, E., *L'Esthétique de l'opéra en France au temps de Jean-Philippe Rameau*, *SVEC* 279 (1990).

Hall, J., *Dictionary of subjects and symbols in art*, 3rd ed. (London 1996).

Hallays-Dabot, V., *Histoire de la censure théâtrale en France* (Paris 1862).

Hammond, N., 'Quel diable de babillard! *Le Mariage forcé* and the fall from language', *Nottingham French studies* 33 (1994), p.37-42.

Hanley, W., 'The policing of thought: censorship in eighteenth-century France', *SVEC* 183 (1980), p.285-86.

Hénault, Charles-Jean-François, *Nouvel Abrégé chronologique de l'histoire de France* (Paris 1744).

Horace, *Ars poetica*.

Huerne de la Mothe, François-Charles, *Libertés de la France, contre le pouvoir arbitraire de l'excommunication, ouvrage dont on est spécialement redevable aux sentiments généreux et supérieurs de Mlle Clai***, contenant un mémoire en forme de dissertation sur la question de l'excommunication que l'on prétend encourue par le seul fait d'acteurs de la Comédie-Française* (Amsterdam 1761).

Hyde, Thomas, *Historia religionis veterum Persarum* (1700).

Ilie, P., 'Voltaire and Spain: the meaning of *Don Pèdre*', *SVEC* 117 (1974), p.153-78.

Isherwood, R. M., *Music in the service of the King: France in the seventeenth century* (Ithaca, NJ 1973).

Jonard, Norbert, 'La fortune de Métastase en France au XVIIIᵉ siècle', *Revue de littérature comparée* 40 (1966), p.552-66.

Juvenal, *Satires*, ed. P. de Labriolle and F. Villeneuve (Paris 1994).

Keller, B. G., *The Middle Ages reconsidered: attitudes in France from the eighteenth century through the Romantic movement* (New York 1994).

Kenny, R., 'Molière's tower of Babel: *Monsieur de Pourceaugnac* and the confusion of tongues', *Nottingham French studies* 33 (1994), p.59-70.

Kintzler, C., 'Rameau et Voltaire: les enjeux théoriques d'une collaboration orageuse', *Revue de musicologie* 67 (1981), p.139-68.

La Harpe, Jean François de, *Cours de littérature ancienne et moderne* (Paris 1825-1826).

– *Lycée, ou Cours de littérature ancienne et moderne* (Paris 1837).

La Porte, Joseph de, *Observations sur la littérature moderne* (1749-1752).

Lagrave, H., *Le Théâtre et le public à Paris de 1715 à 1750* (Paris 1972).

– 'Deux avocats des comédiens excommuniés, Huerne de La Mothe et Voltaire: l'affaire Clairon (1761-66)', in *Regard de/sur l'étranger au XVIIIᵉ siècle*, ed. J. Mondot (Bordeaux 1985), p.69-88.

Lalande, J., *Voyage d'un Français en Italie* (Venice 1769).

Lancaster, H. C., 'The Comédie-Française, 1701-1774: plays, actors, spectators, finances', *Transactions of the American philosophical society* 41 (1951), p.593-849.

Le Brun, Pierre, *Discours sur la comédie, où l'on voit la réponse au théologien qui la défend, avec l'histoire du théâtre et les sentiments des docteurs de l'Eglise, depuis le premier siècle jusqu'à présent* (Paris, L. Guérin et J. Boudot, 1694).

– *Discours sur la comédie, ou Traité historique et dogmatique des jeux du théâtre et des autres divertissements comiques soufferts ou condamnés depuis le premier siècle de l'église jusqu'à présent. Avec un discours sur les pièces de théâtre, tirées de l'Ecriture Sainte*, ed. F. Granet (Paris, Delaulne, 1731).

Lemaître, E., 'Comédie lyrique', in *Dictionnaire de la musique en France aux XVIIᵉ et XVIIIᵉ siècles*, ed. Marcelle Benoit (Paris 1992), p.166-68.

Lepan, Edouard, *Vie politique, littéraire et morale de Voltaire* (1825), 6th ed. (Paris 1838).

Lesage de l'Hydrophonie [abbé Jacques Destrées], *Le Controlleur du Parnasse, ou Nouveaux Mémoires de littérature française et étrangère en forme de lettres* (Berne 1745).

Lespinard, B., 'De l'adaptation des airs de danse aux situations dramatiques dans les opéras de Rameau', in *Jean-Philippe Rameau: colloque international*, ed. J. de La Gorce (Paris 1987), p.477-99.

Lettre d'un avocat de Rouen [...] au sujet du feu abbé Desfontaines (s.l. 1746).

Lettre d'un rhétoricien du collège des Grassins, à M. Arrouet de Voltaire, sur son Temple de la Gloire (1745).

Lévesque de La Ravallière, Pierre Alexandre (ed.), *Les Poésies du roi de Navarre* (1742).

Levey, M., *Painting and sculpture in France, 1700-1789* (New Haven, CT 1993).

Levron, Jacques, *Un Libertin fastueux: le maréchal de Richelieu* (Paris 1971).

Lion, Henri, *Le Président Hénault* (Paris 1903).

Luynes, Charles Philippe d'Albert, duc de, *Mémoires sur la cour de Louis XV (1735-1758)*, ed. L. Dussieux and E. Soulié (Paris 1860-1865).

Lyonnet, Henry, *Dictionnaire des comédiens français (ceux d'hier): biographie, bibliographie, iconographie* (Geneva 1969).

Mallinson, J., 'The braggart: survival and transformation of a type in French comedy of the 1630s', *Australian journal of French studies* 21 (1984), p.3-14.

Mangold, W., *Voltairiana inedita* (Berlin 1901).

Marivaux, Pierre Carlet de Chamblain de, *Le Prince travesti* (1724).

– *Le Cabinet du philosophe* (1734), in *Œuvres complètes*, ed. M. Duviquet (Paris 1825-1830), ix.565-66.

Marmontel, J.-F., *Mémoires*, ed. J. Renwick (Clermont-Ferrand 1972).

Marville, C. H. F. de, *Lettres de Mr de Marville, lieutenant-général de police, au ministre Maurepas (1742-1747)*, ed. A. de Boislisle (Paris 1896-1905).

Mat-Hasquin, M., 'Voltaire et l'opéra: théorie et pratique', in *L'Opéra au XVIIIe siècle* (Aix-en-Provence 1982), p.527-46.

Mazouer, C., *Molière et ses comédies-ballets* (Paris 1993).

– 'Théâtre et musique au XVIIe siècle', *Littératures classiques* 21 (1994), p.5-28.

Mellot, Jean-Dominique, and Elisabeth Queval, *Répertoire d'imprimeurs/libraires (vers 1500-vers 1810)*, new ed. (Paris 2004).

Mervaud, Christiane, *Voltaire et Frédéric II*, *SVEC* 234 (1985).

Métra, Louis, *Correspondance secrète, politique et littéraire*, 18 vol. (London 1787-1790).

Millot, Claude-François-Xavier, *Eléments de l'histoire de France* (1768; Leyden 1777).

Mitford, Nancy, *Madame de Pompadour* (London 1968).

Molière, *Les Précieuses ridicules* (1659).

– *Dom Garcie de Navarre* (1661).

– *Les Femmes savantes* (1672).

– *Œuvres complètes*, · ed. G. Couton (Paris 1971).

Montaigne, Michel de, *Essais* (1580).

Montesquieu, Charles de Secondat, Baron de, *Essai sur le goût* (1757) *Œuvres complètes de Montesquieu*, Vol.9 (Oxford 2006), p.459-517.

– *Œuvres complètes de Montesquieu*, ed. Edouard Laboulaye (Paris 1879).

Moréri, Louis, *Le Grand dictionnaire historique* (Lyon 1683).

Morris, Thelma, *L'Abbé Desfontaines et son rôle dans la littérature de son temps*, *SVEC* 19 (1961).

Moureau, F., 'Les poètes de Rameau', in *Jean-Philippe Rameau: colloque international*, ed. J. de La Gorce (Paris 1987), p.61-73.

Moureaux, José-Michel, 'Voltaire et

Saint-Evremond', in *Voltaire en Europe: hommage à Christiane Mervaud*, ed. M. Delon and C. Seth (Oxford 2000), p.331-43.

Nachträge zu dem Briefwechsel Friedrichs des Grossen mit Maupertuis und Voltaire (Leipzig 1917).

Naves, R., *Le Goût de Voltaire* (Paris 1938).

Neillands, R., *The Hundred Years War* (London 1990).

Nonnotte, *Erreurs de Voltaire* (Liège 1766).

Nouveau Recueil contenant la vie, les amours, les infortunes [...]. avec l'histoire de la matrone d'Ephèse (Amsterdam, Henry Schelte, 1713).

Noyes, Alfred, *Voltaire* (London 1936).

Œuvres complettes de Frédéric II, roi de Prusse, 17 vol. (1790).

Œuvres de Frédéric le Grand, 31 vol. (Berlin 1846-1857).

Œuvres de J. B. Rousseau (Paris, Crapelet, 1820).

Palissot, Charles, *Le Génie de Voltaire*, in *Œuvres complètes* (Paris 1809), vi.174.

Patrick Lee, J., 'Voltaire and César de Missy', *SVEC* 163 (1976), p.57-72.

Piron, Alexis, *Œuvres complètes*, ed. J.-A. Rigoley de Juvigny (Paris 1776).

– *Œuvres complètes d'Alexis Piron*, 7 vol. (Neuchâtel 1777-1778).

– *Œuvres complètes*, ed. P. Dufay (Paris 1928-1931).

Pitou, Spire, 'The Players' return to Versailles, 1723-1757', *SVEC* 73 (1970), p.7-145.

Pliny the Younger, *Epistularum libri*

decem, ed. R. A. B. Mynors (Oxford 1963).

Polinger, Elliot H., *Pierre Charles Roy, playwright and satirist* (New York 1930).

Posner, D., *Antoine Watteau* (London 1984).

Prynne, William, *Histrio-Matrix: The Player's scourge [...] wherein it is largely evidenced by divers arguments [...] that popular stage-playes [...] are sinfull, heathenish, lewde, ungodly spectacles* (1632).

Quérard, J. M., *La France littéraire, ou Dictionnaire bibliographique* (Paris 1839).

Racine, Jean, *Britannicus* (1669).

Raillicourt, Dominique de La Barre de, *Richelieu: le maréchal libertin* (Paris 1991).

Rameau, Jean-Philippe, *Le Temple de la gloire*, ed. Alexandre Guilmant, in *Œuvres complètes*, ed. C. Saint-Saëns, vol.14 (Paris 1909).

Recueil des nouvelles ordinaires et extraordinaires (Paris 1745).

Ridgway, R. S., 'Voltaire's operas', *SVEC* 189 (1980), p.119-51.

Robrieux, J.-J., 'Rameau et l'opinion philosophique en France au XVIIIe siècle', *SVEC* 238 (1985), p.269-395.

Rougemont, M. de, *La Vie théâtrale en France au XVIIIe siècle* (Paris 1988).

Rousseau, Jean-Jacques, *Les Confessions*, in *Œuvres complètes*, ed. B. Gagnebin and M. Raymond (Paris 1959-1995), i.335-37.

– *Discours sur les sciences et les arts*, in *Œuvres complètes*, ed. B. Gagnebin and M. Raymond (Paris 1959-1995), iii.15.

— *Correspondance complète*, ed. R. A. Leigh (Oxford 1965-1998).

Roy, Pierre-Charles, *La Convalescence du Roy* (Paris 1744).

Saby, P., 'Le chœur dans les œuvres dramatiques de Jean-Philippe Rameau' (doctoral thesis, Université de Lille 1989).

Sade, marquis de, *Œuvres complètes du marquis de Sade*, 16 vol. (Paris 1967).

Sadler, Graham, 'A re-examination of Rameau's self-borrowings', in *Jean-Baptiste Lully and the music of the French baroque: essays in honour of James R. Anthony*, ed. J. H. Heyer (Cambridge 1989), p.259-90.

Sainte-Marie, Louis de, *Recherches historiques sur Nevers* (Paris 1995).

Saint-Evremond, *Sur les opéras* (1677) in *Œuvres en prose*, ed. René Ternois (Paris 1962-1969), iii.155.

Savage, R., 'Rameau at Covent Garden', *Early music* 5 (1977), p.499-505.

Sawkins, Lionel, 'Rameau's last years: some implications of re-discovered material at Bordeaux', *Proceedings of the Royal musical association* 111 (1984-1985), p.66-91.

— 'Voltaire, Rameau, Rousseau: a fresh look at *La Princesse de Navarre* and its revival in Bordeaux in 1763', *SVEC* 265 (1989), p.1334-40.

Scarron, Paul, *Roman comique* (1651-1657).

— *Dom Japhet d'Arménie*, comédie (Paris, A. Courbé, 1653).

Schneider, Herbert, 'Metastasio in der Musik ausserhalb Italiens', *Händel-Jahrbuch* 45 (1999), p.186-205.

Servières, baron de, *Mémoires pour servir à l'histoire de M. de Voltaire* (Amsterdam 1785).

Sgard, Jean (ed.), *Dictionnaire des journaux*, 2 vol. (Oxford 1991).

— *Dictionnaire des journalistes*, 2 vol. (Oxford 1999).

Shackleton, Robert, *Montesquieu, a critical biography* (Oxford 1961).

Shakespeare, William, *Love's labour's lost* (1595-1596).

Souchal, François, *Les Slodtz, sculpteurs et décorateurs du roi (1685-1764)* (Paris 1967).

Spiess, Otto, 'Voltaire und Basel', *Basler Zeitschrift für Geschichte und Altertumskunde* 47 (1948), p.120.

Table générale des œuvres de M. de Voltaire, sur l'édition de Genève in-8° (Geneva 1774).

Taylor, Samuel, 'The definitive text of Voltaire's works: the Leningrad *encadrée*', *SVEC* 124 (1974), p.7-132.

Thiébault, Dieudonné, *Souvenirs de vingt ans de séjour à Berlin*, in *Bibliothèque des mémoires relatifs à l'histoire de France pendant le 18e siècle* (Paris 1860).

Thomas, D., *Music and the origins of language: theories from the French Enlightenment* (Cambridge 1995).

Thormann, W. E., 'Again the Je ne sais quoi', *Modern Language Notes* 73 (1958), p.351-55.

Tomlinson, R., *La Fête galante: Watteau et Marivaux* (Geneva 1981).

Travenol, Louis, *Voltariana ou éloges amphigouriques de Fr. Marie Arrouet* (Paris 1748).

Vaillot, René, *Le Cardinal de Bernis* (Paris 1985).

Van den Heuvel, J., and E. Haeringer,

'Les librettistes de Rameau, de Pellegrin à Cahusac', *Cahiers de l'association internationale des études françaises* 41 (1989), p.177-85.

Van Heuvel, J., *Album Voltaire* (Paris 1983).

Vance, S., 'History as dramatic reinforcement: Voltaire's use of history in four tragedies set in the Middle Ages', *SVEC* 150 (1976), p.7-31.

Vander Straeten, Edmond, *Voltaire musicien* (Paris 1878).

Vercruysse, J., *Les Voltairiens, 2ème série; Voltaire jugé par les siens, 1719-1749* (Millwood, New York 1983).

Verèb, Pascale, *Alexis Piron, poète (1689-1773), ou la difficile condition d'auteur sous Louis XV*, *SVEC* 349 (1997).

Versnel, H. S., *Triumphus: an inquiry into the origin, development and meaning of the Roman triumph* (Leiden 1970).

Villaret, Claude, *Histoire de France depuis l'établissement de la monarchie jusqu'au règne de Louis XIV* (Paris 1769-1786).

Virgile, *Les Bucoliques*.

Voltaire, *Alzire*, ed. T. E. D. Braun, *OC*, vol.14 (1989).

– *A Mme de Pompadour alors Mme d'Etioles, qui venait de jouer la comédie aux petits appartements*, ed. Ralph A. Nablow, *OC*, vol.30A (2003).

– *A Mme la marquise Du Châtelet, lorsqu'elle apprenait l'algèbre*, ed. Sylvain Menant, *OC*, vol.14 (1989).

– *Anecdotes sur Fréron*, ed. Jean Balcou, *OC*, vol.50 (1986).

– *Articles pour l'Encyclopédie*, ed. Jeroom Vercruysse, *OC*, vol.33 (1987).

– *Au prince royal de Prusse, sur l'usage de la science dans les princes*, ed. Christiane Mervaud, *OC*, vol.16 (2003).

– *Le Baron d'Otrante*, ed. Roger J. V. Cotte, *OC*, vol.66 (1999).

– *La Bégueule*, ed. Nicholas Cronk and Haydn T. Mason, *OC*, vol.74A (2006).

– *Commentaires sur Corneille*, ed. David Williams, *OC*, vol.53-55 (1974-1975).

– *Le Comte de Boursoufle*, ed. Colin Duckworth, *OC*, vol.14 (1989).

– *Conseils à un journaliste*, ed. François Moureau and Dieter Gembicki, *OC*, vol.20A (2003).

– *Les Deux Tonneaux*, ed. Roger J. V. Cotte, *OC*, vol.66 (1999).

– *Dialogue de Pégase et du vieillard* (1774).

– *Dictionnaire philosophique*, ed. Christiane Mervaud, *OC*, vol.35-36 (1994).

– *Le Dîner du comte de Boulainvilliers*, ed. Ulla Kölving and José-Michel Moureau, *OC*, vol.63A (1990).

– *Discours de l'empereur Julien contre les chrétiens*, ed. José-Michel Moureaux, *OC*, vol.71B (2005).

– *Discours de M. de Voltaire en réponse aux invectives et outrages de ses détracteurs*, ed. T. E. D. Braun, *OC*, vol.16 (2003).

– *Discours en vers sur l'homme*, ed. Haydn T. Mason, *OC*, vol.17 (1991).

– *L'Ecossaise*, ed. Colin Duckworth, *OC*, vol.50 (1986).

– *L'Enfant prodigue*, ed. John Dunkley and Russell Goulbourne, *OC*, vol.16 (2003).

– *Epître à Mme la marquise Du Châtelet, sur la calomnie*, ed. D. J. Fletcher, *OC*, vol.9 (1999).

– *Essai sur la poésie épique*, ed. David Williams, *OC*, vol.3B (1996).

– *Exposition du livre des Institutions de physique*, ed. W. H. Barber and Robert L. Walters, *OC*, vol.20A (2003).

– *Le Fanatisme ou Mahomet le prophète*,

ed. Christopher Todd, *OC*, vol.20B (2002).

– *La Femme qui a raison*, ed. Russell Goulbourne and Mark Waddicor, *OC*, vol.30A (2003).

– *La Fête de Bélébat*, ed. Roger J. V. Cotte et Paul Gibbard, *OC*, vol.3A (2004).

– *Harangue prononcé le jour de la clôture du théâtre*, ed. Robert Nicklaus, *OC*, vol.5 (1998).

– *La Henriade*, ed. O. R. Taylor, *OC*, vol.2 (1970).

– *Histoire de la guerre de 1741*, ed. J. Maurens (Paris 1971).

– *Letters concerning the English nation*, ed. N. Cronk (Oxford 1994).

– *Lettre sur les inconvénients attachés à la littérature*, ed. Karlis Racevskis, *OC*, vol.20A (2003).

– *Mémoire du sieur de Voltaire*, ed. Olivier Ferret, *OC*, vol.20A (2003).

– *Mémoire sur un ouvrage de physique de Mme la marquise Du Châtelet*, ed. Robert L. Walters, *OC*, vol.20A (2003).

– *Mémoire sur la satire*, ed. Olivier Ferret, *OC*, vol.20A (2003).

– *Mérope*, ed. Jack R. Vrooman and Janet Godden, *OC*, vol.17 (1991).

– *La Mort de César*, ed. D. J. Fletcher, *OC*, vol.8 (1998).

– *Nanine*, ed. Marie-Rose de Labriolle and Colin Duckworth, *OC*, vol.31B (1994).

– *Notebooks*, ed. Theodore Besterman, *OC*, vol.81 (1968).

– *Œdipe*, ed. David Jory, *OC*, vol.1A (2001).

– *Panégyrique de Louis XV*, ed. Janet Godden and Paul H. Meyer, *OC*, vol.30C (2004).

– *La Pucelle*, ed. Jeroom Vercruysse, *OC*, vol.7 (1970).

– *Sémiramis*, ed. Robert Niklaus, *OC*, vol.30A (2003).

– *Sur le Biribi. A Mme de ***, ed. Nicole Masson, *OC*, vol.1B (2002).

– *Le Temple du goût*, ed. O. R. Taylor, *OC*, vol.9 (1999).

– *Thérèse: a fragment*, ed. D. Flower (Cambridge 1981).

– *Traité sur la tolérance*, ed. John Renwick, *OC*, vol.56C (2000).

– *Vie de Molière*, ed. Samuel S. B. Taylor, *OC*, vol.9 (1999).

– *Zaïre*, ed. Eva Jacobs, *OC*, vol.8 (1998).

Wikander, Matthew H., *Princes to act: royal audience and royal performance, 1578-1792* (Baltimore, Md 1993).

Willens, Lilian, *Voltaire's comic theatre: composition, conflict and critics*, *SVEC* 136 (1975).

Williams, D., *Voltaire: literary critic*, *SVEC* 48 (1966).

– 'Voltaire and the language of the gods', *SVEC* 62 (1968), p.57-81.

Williams, H. Noël, *The Fascinating duc de Richelieu* (London 1913).

Wilson, A. M., *French foreign policy during the administration of cardinal Fleury, 1726-1743* (Cambridge, Massachusetts 1936).

Wink, George [*abbé* d'Allainville], *Lettre à milord ***, sur Baron et la demoiselle Lecouvreur* (Paris, Heuqueville, 1730).

Ximenès, Augustin Louis de, *Œuvres de M. le marquis de Ximenez* (Paris 1772).

– *Discours en vers, à la louange de M. de Voltaire; suivi de quelques autres poésies* ([Paris] 1784).

INDEX OF VERSE INCIPITS

INDEX

 Birkbeck
UNIVERSITY OF LONDON

Malet Street, London WC1E 7HX
020-7631 6239
Items should be returned or renewed by the latest date stamped below.
Please pick up a Library guide or visit the Library website
http://www.bbk.ac.uk/lib/
for information about online renewals.

14.9.06